知苑新语

（续编一）

陈钰鹏 ◎ 著

文汇出版社

图书在版编目(CIP)数据

知苑新语续编 / 陈钰鹏著. —上海：文汇出版社，2022.2
　　ISBN 978-7-5496-3708-9

　　Ⅰ.①知… Ⅱ.①陈… Ⅲ.①中国文学－当代文学－作品综合集 Ⅳ.①I217.2

中国版本图书馆 CIP 数据核字(2022)第 022537 号

知苑新语(续编)

著　　者 / 陈钰鹏

责任编辑 / 甘　棠
封面装帧 / 薛　冰

出版发行 / 文汇出版社
　　　　　　上海市威海路 755 号
　　　　　　(邮政编码 200041)
经　　销 / 全国新华书店
排　　版 / 南京展望文化发展有限公司
印刷装订 / 上海新文印刷厂有限公司
版　　次 / 2022 年 1 月第 1 版
印　　次 / 2022 年 1 月第 1 次印刷
开　　本 / 890×1240　1/32
字　　数 / 220 千字
印　　张 / 10.5

ISBN 978-7-5496-3708-9
定　　价 / 58.00 元(全二册)

"千千文"是这样炼成的(代序)

严建平

《知苑新语》(上下)两卷在2018年出版后,钰鹏仍未停歇,继续为传播知识而辛勤耕耘,如今又结出硕果,编成续集两卷,在表示祝贺的同时,不能不心生敬意。

与钰鹏知交近四十年,他的每一篇知识散文我几乎都读过,我想用十六个字来概括这些文章的特点:热爱生活,时效鲜明,细节生动,饱含情感。

时有读者问钰鹏,你怎么会喜欢写知识散文的?他回答说:"因为我热爱生活,而热爱知识,首先是因为热爱生活。生活中到处是知识,只有热爱生活,才能对生活中的知识感兴趣。"

钰鹏从小和祖父母生活在一起,在杭州的故居,有两个天井。每至春夏,他会将吃水果剩下的核或种子埋进前天井的泥土里;在后天井的一棵大柏树下,放置着不少从家里寻出来的瓦盆,种的是凤仙花、鸡冠花、葱、菜秧——所谓的平民花卉和秧苗。他心里老惦记着这些植物,每天必去观察和关注它们的成长。翻检《知苑新语》(续编)的篇目,还可以看到他当年的情结:《让植物听从安排》《树木的呼救声》《植物的智商》《绕篱攀架牵牛花》……从童年到老年,不变的是对生活的热爱。

说到时效鲜明,我不由想起了一件往事:2008年1月底,中国南方遭受接连数天的强降雪,给出行的人们带来了措手不及的困难。"夜光杯"要组织文章,帮助大家抗击雪灾,我马上想到了钰鹏,打电话请他尽快写一篇关于国外对付雪灾、采取除雪措施的文章。钰鹏一口答应。偏偏这天下班后他单位有活动,等活动结束冒雪回到家已是晚上十点半了。他立即启动电脑,一个劲儿喝咖啡提神,完稿已是凌晨两点了。次日,这篇以《扫雪-推雪-融雪》为题的文章就和读者见面了。

时效鲜明还体现在时令性强,就拿这两本续编来看:《千朵浓芳,占断春光》《苏河湾的夏天》《落叶牵愁秋风劲》《入冬说羽绒》……四季转换皆人文。

钰鹏的创作态度严谨而细腻,特别注重细节。以《表情和笑纹愁纹》为例,细节之一:"在光线不变的情况下,一个人的瞳孔变大,说明他看见了赏心悦目的东西。"进而谈到情绪可以影响人的表情,而脸部表情也会反过来影响人的情绪。细节之二:"人的表情相当丰富,面部肌肉由80余种不同的小肌组成,可以产生出多达上万种的肌肉动作组合。"在细节的铺垫下,引出文章的主题"由喜怒哀乐引起的表情会随着时间的进展而在人的脸上留下不同程度的痕迹,年龄越大,表情痕迹越深。表情过多或过分地道,会使参与表情的皮肤经常受累,使支持皮肤的胶原束变细,结缔组织松弛,脸部皮肤变得没有弹性而出现皱纹——笑纹、愁纹……"

注入情感是钰鹏知识散文的最重要的特点。在《爱路——浪漫之路》的篇首,他写道:"通常,自己家附近的风物、人情、故事,哪怕发生在几十年以前,都会记忆犹新。"他写儿时经常走过的甜爱路,进入新世纪后出现了一个爱心邮筒,"只要是通过这个邮筒寄出的信,都会被盖上一个爱心邮戳,圆形的邮戳中间是一个长着翅膀的邮筒图案,圆周上有'万年真爱盛典'和'上海虹口'字样。"他充满感情地说:"可以想象,加上爱的甜言蜜语,收件人会收获多少浪漫、爱意和值得纪念的回忆及收藏啊。"

钰鹏的本职工作是翻译,写作是他的业余爱好,但他通过自己的勤奋和努力,成就了"两番事业",用自己的智慧,将各种有用的知识揉合成人们爱读的散文,如今已累积一千多篇,"千千文"——一千多篇千字文,就是这样炼成的。

目　录

001 / 流动匠人与民间俗语
003 / 千丝垂柳江南岸
005 / 吻之韵
007 / 大千世界的命名
009 / 丑的魅力
011 / 坟亲
013 / 绝世搭档秀千秋
015 /《泰坦尼克号》情结
017 / "达人"的共性
019 / "飞行"的故事
021 / 幽香秘史
023 / 赏菊时节蟹正肥
025 / 啤酒杯的盖与垫
027 / 勤劳与懒惰
029 / 黄卷不厌百回读
031 / 不可小瞅领子
033 / 漫长的历程
035 / 低地造就的……
037 / 才人一代胜一代

淡雅素香青草味 / 039

谎言的真相 / 041

签名盖章按手印 / 043

使用语言不可任性 / 045

花儿为谁彩艳 / 047

相邻不仅是邻居 / 049

爱路——浪漫之路 / 051

百炼之祖 / 053

办公室及其绿化 / 055

保护好"地球之肾" / 057

病房哪个床位好 / 059

病后说外语 / 061

捕风有术 / 063

服装的载体效应 / 065

吸酒 / 067

茶店与老娘舅 / 069

城市和街道 / 071

城市小街亭 / 073

等脑子有空了再说 / 075

闯地狱 / 077

春秋在萎缩 / 079

炒鱿鱼和最低工资 / 081

从低等动物繁殖说起 / 083

大墙人性化 / 085

087 / 大脑中的黑匣子
089 / 关于情感服务
091 / 戴太阳镜的理由
093 / 单车再复兴
095 / 第三代牙齿
097 / 电话亭留下的……
099 / 电子脚镣伴过年
101 / 动物的悲情意识
103 / 动物的同性恋
105 / 动物也讲道德
107 / 对抗健忘
109 / 俄罗斯套娃
111 / 饿
113 / 飞行汽车
115 / 飞机起飞的气味
117 / 高楼也用木头造
119 / 给行人更多安全
121 / 吃薯片停不下来
123 / 狗狗的第六感官
125 / 古今身份职务拾零
127 / 古人与咏雪诗——兼说声音传送
129 / 故乡人的理儿
131 / 关于"鱼塘效应"
133 / 记忆是可以维护的

假如你被人排斥 / 135

坚不可攻 / 137

跨物种的爱 / 139

老猪，人类寄望你们 / 141

记忆·遗忘·门框效应 / 143

健忘和难忘 / 145

垃圾山·垃圾矿 / 147

快递直送后备箱 / 149

梁祝哀史另类版 / 151

流浪的孤星 / 153

六尺巷与邻里情 / 155

对蚂蚁的再认识 / 157

猫窝·猫食·猫情 / 159

门槛是障碍吗 / 161

名人不乏强迫症 / 163

牧羊人的帽子 / 165

拿什么代替棉布 / 167

哪只耳朵好使 / 169

内服外用巧克力 / 171

你见过鬼吗 / 173

你睡得好吗 / 175

你有多老 / 177

牛奶不是唯一 / 179

牛乳·鼠乳·人乳 / 181

183 / 农业的将来时
185 / 女人何以不脱发
187 / 女士优先起源说
189 / 盼君如期至
191 / 喷嚏，来者至少两个
193 / 功能服装
195 / 朋友和战友
197 / 啤酒和品牌延伸
199 / 品位和礼貌
201 / 破烂百搭裤
203 / 千峰画屏烟雨中
205 / 乔布斯团队理论
207 / 桥边的茶店
209 / 且听下回分解
211 / 巧记地名
213 / 让道和被让道
215 / 八千年前大地懒
217 / 辩证食盐
219 / 回顾手机
221 / 大麻的另一面
223 / 地球的自疗
225 / 第三只手
227 / 男女有别
229 / 关注自然灾害

恒星的终极 / 231

匠心独运岛变船 / 233

蓝色大药房 / 235

真菌 / 237

鲤鱼天下鲜 / 239

床的另类功能 / 241

光头秀 / 243

光污染与生境 / 245

哈欠和移情 / 247

何处天最蓝 / 249

话说"良药苦口" / 251

婚礼重在创意 / 253

肌肉是怎样工作的 / 255

也说谜语 / 257

此君何人 / 259

吃茶和喝茶 / 261

监狱文学 / 263

见仁见智说雀斑 / 265

负重致远说骆驼 / 267

江山易改,性格可变 / 269

狡兔怎样营造三窟 / 271

街灯 / 273

酒精与创意劳动 / 275

绝食能手 / 277

279 / 抗灾房
281 / 科学家首先是梦想家
283 / 眼睛的形状
285 / 雷电之威
287 / 北欧风情
289 / 马甲的身价
291 / 为鹅叫屈
293 / 白日梦
295 / 有空来坐坐
297 / 彩虹
299 / 失眠种种
301 / 屋顶上的白雪
303 / 体温
305 / 鞭子的用途
307 / 指示植物
309 / 语言的纯洁和健康
311 / 直觉
313 / 玫瑰狂
315 / 晚香带冷说菊花
317 / 不如归去说杜鹃
319 / 年俗游戏

流动匠人与民间俗语

江南地区,河湖交错,港汊纵横,运货船曾经是人们运输的主要交通工具。行船靠划桨、摇橹、风帆、背纤、竹竿撑……行船的工人称为运货船工,也叫船老大,他们不仅凭体力,还需要有技术和经验。传说有一次一艘船帮货主转运一船来自景德镇的瓷器,有一天天气不好,风雨交加,摇橹的和掌舵的沟通也很困难,过了一会进入了一个河道较窄的地段,摇橹者发现前面一条船突然向自己的船冲过来,他连声(向掌舵人)喊道:"勿好哉!勿好哉!"由于掌舵人来不及配合,两船还是相撞了。"乃么好哉!"两人同时叫了起来。有人说这是一件真的事情,也有的认为只是一个传说罢了。事情尚未发生,先呼"不好了!不好了!"当事情真的发生了,反而叫"这下好了!"从此就流传起这么一句(反义)俗语:乃么好哉!

运货船工从事的是移动式劳动,所以属于流动匠人。早先的各行各业中,多多少少都有一些行会俗语在流行。滴水不漏才付钱——箍桶匠。箍桶匠往往穿街走巷、不紧不慢地喊着:"箍桶哦!"杭嘉湖一带的水乡人家,家里用得最多的是各种各样的木桶:水桶、吊桶、马桶、脚桶(脚盆),还有锅盖(以前很多人家用柴灶烧饭,米饭上面再架一个蒸架,蒸架上可放置三四个菜,所以锅盖是一个立体的圆桶)。木桶也好,木盆也罢,箍桶师傅都用七八厘米宽的木板一块一块地围成圆形,箍桶的圆篾箍是从下套上去的(因为木桶的直径是两头小中间大);木盆底小口大,也是先从底下套进去,接着用一块四方木条慢慢将篾箍往大处敲,越敲,各块木板挨得越紧,无论桶和盆,都不会漏水。此时箍桶师傅便会向你自豪地表示:"保险箍得牢,你试试,滴水不漏再付钱。"后来,"滴水不漏"衍生到生活的方方面面,表示说话、做事严谨周密,没有漏洞。可作为俗语词源学的补充。

  小时候,我和祖父母生活在一起。祖父母有的时候很大方,但对有些事情却很节俭。比如说,碗掉在地上摔成了两半,祖母就会把碎片捡起来用纸包好,等到哪一天听到由弄堂传来的钉碗匠(锔碗匠)的吆喝声,祖母便拿了破碗出去钉补。我非常好奇,便跟着一起去。看后我显得很高兴,凡是经历了我从未经历过的事情,看到了从未见过的东西,我就有一种满足感。那钉碗匠人的手艺竟然驱使我以后每次钉碗都去"观摩"。补碗师傅先从补碗担子的小抽屉里取出一根长绳,用绳头上的钩子钩住碗边,再把破裂的碗准确对接好,用绳子缚紧,双腿夹住碗。只见师傅用一把似二胡弓弦的人工钻头在裂纹的两边来回拉弓,使钻头不断旋转,钻出两排细孔,最后将铜制的锔子(扁平的两脚钉,亦称骑马钉)跨缝轻轻敲入碗中,再抹上白瓷膏。钉碗匠人还有一手——为顾客在碗的内底刻上姓氏。有一句开玩笑的歇后语:江西人钉碗——自顾自。操钉碗行当的多为江西人,"自顾自"系模仿拉弓时发出的声音。其实,我们更应该记住的是另一句俗语:没有金刚钻,不敢揽这瓷器活——中国匠人历来崇尚的匠人精神。

千丝垂柳江南岸

民谚有"七九八九,沿河看柳"之说,意谓"冬九九"八十一天将尽,已经感受到了春天的苗头。柳树系杨柳科,柳属植物的泛称。落叶乔木或灌木,枝条柔韧。《周礼》中已经有栽柳的记载。隋炀帝似乎对柳树情有独钟,于公元七世纪下令开造运河,并在两岸尽栽杨树和柳树,"隋柳"于是成为长达两千多里的历史风景线。但有人很顶真,非把杨和柳分清楚;于是"捣浆糊"者强调说,我是站在植物分类的上一个层面(科)说话,杨和柳都是杨柳科植物,谁让林奈这么晚才出世呀。还有人煞有介事搬出李时珍的风趣"调侃":"杨枝硬而扬起,故谓之杨,柳枝弱而垂流,故谓之柳。"

春风千里扬州路,明代的扬州人十分重视沿街及沿河的植树绿化,素有"街垂千步柳,霞映两重城"之称。春早日暖,杭州苏堤的"六桥烟柳"时而随风摇曳,时而垂下万条绿丝;穿行在桃花柳丝间,令人大有醉春之感。自唐代起,中国就有了清明插柳的习俗。唐高宗春游时让群臣头戴柳圈,谓可祛邪,后来在江南一带演化为清明节井边插柳,有人认为这是成语"井井有条"的出典。柳树的生命力很强,插条成活率极高,清明插柳后来又成为清明植树,1915年,我国首次规定清明节为植树节。

古人常将柳树和离别情思联系在一起,唐朝人送别亲友时往往折柳相赠,乃因"柳"与"留"谐音,以柳相送,表示离愁别恨和挽留的意思。西方有戴柳叶环之俗,系戴孝或失恋、失去亲人的意思。英语中"哭泣"一词也有"低垂"之意,某些国家亦以垂柳象征离愁。柳树喜温湿,耐水。月、水、柳在很多国家一直是女性的象征,比如在以色列,收获节过后的第七天是"柳节",这一天,人们用柳条拍打土地,祈求来年春天雨水充足、庄稼茂盛。又因柳树雌雄异株,靠扦插繁殖,古代基督教于是把柳看作无生殖力的象征,进而认为柳有避孕作用。家长通常都避免用柳条打孩子,据说,否则孩子会长不大的。

柳树在西方给人的印象不太好,也许是因为出卖耶稣的叛徒犹大是在一棵柳树上吊死自尽的。后来若罪犯被处以绞刑,而当地又无绞刑架,那就被吊死在柳树上,寓意罪犯就像犹大那样罪有应得,谓之"柳树赎罪"。柳枝柔韧婀娜,随风飘拂,"枝袅清风似舞腰",一向被用来形容女子的细腰。然而正因为柳丝的"轻柔摇舞"和柳絮的"满天飞扬",柳又成了轻佻、轻浮、轻薄的代称。"花柳"便是指娼妓,寻花问柳即逛妓院、逛窑子,性病因此也叫"花柳病",而那些妓院集中的地方也就叫花街柳巷。只有一个例外,太原的柳巷从未改过名字,一直作为一条闻名全国的商业老街而保留着,因为这条"柳巷"是为了纪念明朝军民鱼水情的。明朝大将常遇春在收复太原城之前扮成樵夫潜入太原打探军情时,受到一位孤寡老妇柳氏的保护,常将军特意关照将士攻城时要保护好门上挂有柳枝的人家。

垂柳依依,苗条也好,轻佻也罢,能屈能伸、低首谦恭的柳枝一直在示意我们,面对人生,如何做到失意泰然、得意淡然。

吻之韵

吻是幸福的、浪漫的……这是恋人心中和艺术家笔下的韵味；吻远不止于韵味，它被科学家当作一种重要文化来研究。中世纪的欧洲，有关接吻的文化反映出封建领主和仆役之间的从属关系。那时候有一种吻叫"订婚吻"，是具有法律效力的。

吻有很多种类：小吻（亦称轻吻），只是闭着嘴在对方的脸颊上或嘴唇上轻轻触一下，往往被当作家庭礼仪中的"晚安吻"使用。嘴尖吻，用嘴尖接吻，轻轻碰一下对方的嘴唇，有时甚至是无接触的，大有"形式主义之吻"的意味。空中吻，也就是人们常说的"飞吻"，象征性接吻，用在与对方隔得距离较大时，以前的送吻者做动作比较到位：先用嘴往手心"吹"一个吻，然后把手心朝上，将吻往对方吹去；今天仅仅是一个快动作而已。

从机制来讲，接吻牵涉到生理学、社会学和民俗学，所以吻的研究不简单，需要跨学科知识。吻多被看成一种表达爱、爱慕、好感的行为，关于吻的起源，曾经有过很多研究和理论，但是结论在不断更新，同时，一些缺乏科学基础的说法受到摈弃。有一种"嘴对嘴喂食"的理论曾经被认为"可能是吻的起源"——在许多动物（包括一些尚生活在原始状态的人种）中，母亲用嘴将嚼烂了的食物喂给婴儿吃；不少研究者便推断是人类接吻的起源。

人们还发现，许多动物也出于其他原因而有头部区域的互相接触,比如在嘴的周围留着残余的嗅觉、味觉、触觉信息,这些信息的获得是有利于择偶以及其他社会性互动行为的。

对人类而言,接吻在互动中起着重要作用,因此形成了表达感情的各种各样接吻行为。不久前通过一次世界范围的调研——对168个民族(种族)的文化作了详细研究,发现只有46%的民族中流行接吻行为,有些民族甚至觉得接吻非常恶心。

其实,即使在西方,接吻也并非随随便便的事情。尽管西欧和北美洲的大部分国家已经不再把公共场合的接吻看成"有伤风化"的举止,但仍然有些国家将非亲戚、非夫妻的成年异性之间的接吻视作一种可被处罚的行为。在美国,自奴隶制取消后,20世纪50年代和60年代继续开展了"所有公民权利平等"的运动,1968年终于首次在电视中出现了白人和黑人之间的接吻镜头。

需要强调一下的是,吻经常也是一种迎接和告别的礼仪(主要是吻脸颊),对此,不同的国家也有不同的潜规则(在吻的次数和时间长短方面)。

也许有个问题很多人感兴趣:为什么绝大多数异性接吻总是闭着眼睛。从医学角度来看,一次热忱的接吻能促使产生幸福激素(多巴胺)、促使产生免疫细胞并增强免疫系统、降低应激激素的分泌。有一种解释是,闭上眼睛是因为接吻者的相隔距离太近,无法准确对焦,闭上眼睛是一种反射式动作。另一种观点认为,如果视觉、触觉和味觉等信息都需要同时加工的话,对大脑的负担太重,反而会减弱感觉的强度,所以很多人会本能地"关掉"视觉刺激。

倘若有人担心,接吻会不会传染疾病;传染疾病当然是不能绝对排除的,要是实在不放心,那么改成抱一抱如何?

大千世界的命名

在我的职业生涯中,北京是去得最多的地方,北京给我的好印象之一是,北京的道路命名颇为合理,很多都能给人方向感和方位感。比如开始时下榻在王府饭店(听说现在改为王府半岛酒店了),大门朝北,开在金鱼胡同,对外地人来讲,金鱼胡同可能不太好找;不过若有人对你说:"如果你站在大门口,东边是一条南北向的'东四南大街,'著名的协和医院就在这条街上。"这下就好找得多了。后来,供职的公司与建国饭店签了协议,员工下榻可以享受诸多优惠,建国饭店的地址是建国门外大街(等于多了一个提示——长安街),益发好找了……

命名道路(或街巷)还可用很多其他方式,可利用当地的某一著名建筑物作为参照,如苏州的观前街;很多地方历来有府右街(但就是没有"府左街",因为右比左高级),也是一种办法。杭州有东坡路、岳家湾、苏堤、白堤;武汉有张自忠路……系纪念对该地或对国家有贡献的人物而起的地名。上海解放前充斥了用侵略成性的殖民主义者和本地的买办、流氓、地痞命名的道路,这一丧权辱国的现象解放后得到了彻底清理,要么改成用国内其他地名来命名,要么代之以积极向上和体现正能量的路名(如人民路、长寿路……)。孙中山是伟大的中国民主革命家,几乎每个城市都有中山路。五一路也是很多城市采用的路名。

命名的对象其实远不止道路，很多客体都可以被命名的。世界著名的学者洪堡（亚历山大·冯·洪堡，1769—1859）系德国著名自然科学家、探险家，也是近代地理学奠基人之一，他攻学过经济学和工程学，对矿物学天生睿智。曾考察过中、南美洲（历时5年），旅居巴黎的23年期间，完成了30卷《新大陆热带地区旅行记》。晚年所著《宇宙：物质世界概要》（5卷）是洪堡对自己一生研究和发现的总结。洪堡的自然科学知识面宽广，研究涉及到自然地理学、地质学、气候学、生物学、地球物理学等众多领域。

洪堡的名字至今活在世人的心中，地球上没有一个人像他那样被人永远纪念着。全世界有11个北美的城市和许多国家的国家公园均用洪堡的名字命名，加利福尼亚州和南美洲有洪堡湾；丹麦、德国、加拿大的国内都有叫洪堡的地名；格陵兰岛有个冰川叫洪堡冰川；科罗拉多有个小洪堡峰，委内瑞拉的洪堡峰高达5 000米；美国内华达州有洪堡洼地，南极周围地区有洪堡山，新西兰有洪堡瀑布；除此以外，世上尚有数十个大大小小的河、湖被冠以"洪堡"。

单子尚未拉完，有20种动物名的前面也被加上了"洪堡"，包括一种企鹅、一种海豚、一种枪乌贼以及多种猿类。不可不提的是，用"洪堡"命名的植物同样多不胜数。甚至在宇宙中，洪堡也是永垂不朽的：两座月面环形山和两颗小行星均以洪堡冠名。看来大自然在两个多世纪前赋予了这位勤奋博学的科学家90岁高龄，好像是有意识地多让他为人类作贡献。功夫不负勤奋人，荣誉和贡献的杠杆永远是平衡的。

丑的魅力

世上有因丑而美的人吗？有，舞台上的丑角。杂技团和马戏团的小丑是全世界小朋友（甚至大人）所喜欢的人；中国戏曲中的丑角更以精湛的表演艺术和多样而复杂的人物性格深受观众欢迎。

作为完整的人物形象，小丑最早出现于爱尔兰神话中，他是高鼻、光头的瘦长个子，穿一身红衣和一双长长的鞋子。16世纪，小丑首次出现在英国和意大利的舞台上，他们仅仅是幕间补空者。马戏团的小丑形象产生于19世纪初，由中世纪的宫廷小丑和意大利民间喜剧中的小丑形象发展而成。关于马戏团小丑的由来，传说1869年，马戏班里的演员汤姆·贝林在一次演出时不慎失手，班主将他关在更衣室里，不许他再出来。贝林不甘心，想出一个主意：他穿起极不合身的衣服，模仿班主的动作，以此丑化班主。不料班主突然闯了进来，贝林赶紧逃走，慌忙中窜进了表演场，不小心又跌到围栏外。观众大呼"奥古斯特"，情绪激烈。班主见状，灵机一动，让贝林以后在每一个节目后都作类似的滑稽动作娱乐观众。好事者问，观众为什么大呼"奥古斯特"。有人解释说，贝林跌出围栏时，正好有一个观众在对别人大声说"八月"（"奥古斯特"既是人的名字，又是"八月"的意思）；其他观众以为这个演员名叫奥古斯特，于是跟着起哄，大呼"奥古斯特"。从此以后，"奥古斯特"

成了"小丑"的代名词。又有人问,马戏团的小丑为什么有一个大红鼻子。一种解释认为,小丑在场上跌跌撞撞,俨然是个喝醉酒的人,所以给他按上个红鼻子,权作酒糟鼻。另一种说法是,小丑经常会出现在观众中间,为了区别于观众和引人注目,因而有个大红鼻子。

小丑出场,可以是一个人,也可以是两个人。如果是两个人,就比较热闹,这时其中一个是纯白脸(白脸小丑),另一个有红鼻子。白脸小丑通常代表理智;红鼻子则是个胡闹者,但他是个热心肠的人,只是笨手笨脚,而且反对"完美",一味追求"自由",往往把事情搞得一团糟,使观众笑得前俯后仰,此时此刻,"小丑艺术"的魅力也就"秀"出水平了。小丑通常是不说话的,即用身体语言表演,偶尔冲出一个关键词,更让观众忍俊不禁。

中国的戏曲中也早有丑角这一行当,而且丑角可以唱主角。"丑角"这一名称最早见于宋元南戏中,和西方的小丑一样,丑角在鼻梁上抹一块白色,京剧中俗称"小花脸"或"三花脸",根据人物的性格和身份,可分文丑、武丑。如果扮演女性(通常由男演员反串),则又称"彩旦"或"丑旦"、"摇旦"。文丑语言幽默,武丑武功特异(如走矮子步等)。丑虽排在行当的最后(也有例外,如豫剧中往往有丑角挂头牌的剧目),但他们对自己的表演要求很高,除丑行外,还要掌握其他行当的要领;除京白、韵白外,还要会讲各种方言,所以丑角的表演,懂行和不懂行的观众都喜欢看。京剧的武丑戏有个特点:偷盗戏较多,如《三盗九龙杯》中的杨香武盗杯、《连环套》中的朱光祖盗钩、《雁翎甲》中的时迁盗甲……这些传统剧目是专门让丑角充分表演武功、轻功的。戏中的偷盗者多为正面人物,因为他们盗之有理、偷之有理,观众喜欢自然有理。

坟 亲

坟墓，筑土为坟，穴地为墓，埋葬亡者之地；最早时，封土成丘者叫坟，填平则称墓，后来很少区别而用，经常是坟墓连用。坟墓的别名极多，如"土中宅""土馒头""长夜室""幽台""玄堂""青冢""松邱"……大概有一百出头。

小时候跟着祖父坐黄包车到杭州西郊古荡（今属西湖区）去扫墓，这是每年一次的"三人档"结伴踏青。祖父和我是"祖孙俩"，第三个人就是拉黄包车的"车夫"，车夫其实是祖父的朋友，他也是去上坟的，他祖先的坟也在古荡。祖父和车夫是一个"朋友圈"的。祖父平时有空就去家附近的城隍庙前逛逛，要么进茶店喝壶茶，要么上庙祝那里坐一会儿。车夫的车通常停在庙前，人却不一定在车旁，也会到处转悠，时间一长，他俩就认识了，于是做了个口头约定，每年清明节结伴去古荡上坟，祖父和我当乘客，由他拉车。对他来说，"烧香望菩萨，一带两便"（烧香是因为有求于菩萨，请求保佑解决某个问题，趁此机会也就看望了菩萨，表示敬意），既把我们送到了坟地，他自己也扫了墓。听祖父说，给他车钱，他硬是不要，僵持不下，只好稍为接受一点，意思意思，祖父也会日后"请吃茶"表示谢意。从此以后，这一规矩延续了好几年。

为了便于祭扫，坟一般筑在山坡或山脚。不仅如此，江浙一带，城里人要到城外去筑坟，一般都要找一个专门为人营造坟墓、看守坟墓和管理坟墓的人,这样的人往往都住在山里,通过筑墓和看墓与墓主(亡者活着的家属)建立了联系并结了"亲",有不少还常常与墓主"走亲戚",于是成为一种被称作"坟亲"的阶层。

记得每次去上坟,总是先到坟亲家,见面寒暄后,祖父将事先准备好的酬金递与坟亲,坟亲用新茶招待我们,接着便带我们去坟地。车夫的祖坟比我们家的位置高一点,他没有雇坟亲,我们就暂且分手,各人便扫自家坟,此时坟亲也就回家去了。

那时候上坟都会提上一只木制的专用攒盒,攒盒的面板是可以上下抽插的,盒里分好几层,有的层还要再分格,便于细分各种食物,包括酒。用什么菜祭供,没有具体规定,但总少不了红烧鱼、红烧肉和豆芽烧油豆腐的,当然还有青团。菜放好了,燃香烛,烧纸钱锡箔,奠酒……对了,每次上坟,祖父都会说一句:"先要给附近的野鬼烧一堆钱,否则给先人的钱会被他们拿走的。"

上完坟,我们仨又一起到坟亲家告别,有一次坟亲一定要请我们到古荡镇上去吃午饭,我们很高兴地接受了。坟亲年纪不是很大,大概只比我大十几岁,他比较腼腆,不爱多说话;念过几年私塾,会背诵很多古诗,有一首诗他背得分外流利:"南北山头多墓田,清明祭扫各纷然;纸灰飞作白蝴蝶,泪血染成红杜鹃。"尽管当时我并未听懂每个字,但看得出来,他是注入了感情在吟诵的。

几年后的一个秋日,坟亲来到了我们家作客,还带着一篮子的土产,谈话间透露出他身体有病,恐怕挨不到明年清明……所以想乘早过来看看我们。又过了几个月,听祖父说,坟亲走了。我顿时觉得很凄然,坟亲尚未娶妻……我不禁想到,今后谁去给他上坟呀?他的坟前也会有白蝴蝶那样的纸灰飞舞吗?

绝世搭档秀千秋

2013年是一个值得纪念的年份——世界著名影星格里高利·派克和奥黛丽·赫本分别逝世10周年和20周年,虽然相差十年,但全世界的影迷总是不忘将他们俩的逝世周年一起纪念。《罗马假日》是这对银幕黄金搭档贡献给全世界粉丝绝世无双的浪漫主义经典电影,曾让整整一代人为之倾倒。影片描述欧洲某公国的安妮公主在继承王位前出访欧洲,来到最后一站罗马,不顾王室阻挠,偷跑到罗马街头游览,因事先被御医注射了镇静剂而在喷泉旁的长椅上大睡起来。碰巧美国某新闻社驻罗马记者乔·布莱德里路过,误以为她醉酒,准备送她回家,无奈叫她不醒而将她带回自己寓所。经解释后,安妮向乔借了一笔钱即告辞,继续上街游玩。乔从报上得知他带回的少女就是安妮公主,便立即打电话请朋友欧文帮助一起跟踪安妮,来一个独家报道。两人又找到了安妮,佯装巧遇,愿做她的导游。乔开着摩托车带安妮公主玩转罗马城,而欧文开小车紧随其后,偷拍了许多珍贵照片。与此同时,国王派出了众多便衣寻找公主。乔和安妮在一个舞厅被发现,公主不愿回去,和乔及欧文一起与警察大打出手,后乘混乱之际逃走。一天时间过去了,公主终于觉得该回去了,然而此时此刻,她和乔都发现自己已经深深爱上了对方。但两人都清楚有"门第"这一栏杆将他们阻拦在两边,乔已无心于独家报道,将全部照片送给公主留念。在公主依依不舍的"再见"声中,影片落下帷幕。

《罗马假日》不仅故事情节让人难忘,而且当观众走出影院时都觉得若有所失,好像自己就是影片中的记者或公主安妮。在很多人的眼前,赫本在影片中的音容笑貌挥之不去。奥黛丽·赫本因此片而获奥斯卡最佳女主角奖。然而她在领奖台上却激动得语不成声,她向全世界说:"这是派克送我的礼物。"的确,1953年拍摄《罗马假日》时,派克已经颇有名气,而奥黛丽·赫本还是一颗年轻的新星。影片拍完后,派克看到演员表上"主演格里高利·派克"的字体很大,便立即通知制片在该处换成奥黛丽·赫本的名字。此后派克又十分淡定地说:"《罗马假日》之所以成功,是因为有赫本的完美。"

派克知道赫本一直渴望一种真挚永恒的爱情,尽管赫本作了很大努力,愿将婚姻和家庭放在事业之上,但她的第一和第二次婚姻还是以失败告终,没能实现"好莱坞婚姻典范"的愿望。赫本有事愿跟派克商量,而派克也承认:"我非常喜欢她,我很爱奥黛丽;其实每个人都很容易爱上她。她是我见过的最迷人、最优雅的女子,我在《罗马假日》里相识了一位让我永远觉得自己是配角的人。和她在一起,我永远觉得我是她的陪衬。"尽管如此,派克始终对妻子忠诚,保持着自己谦谦君子的本色。

赫本晚年孜孜不倦从事慈善事业,关心受饥挨饿的不幸儿童,1993年获奥斯卡人道主义奖(由其子西恩领奖)。派克同样是公益事业的积极参与者,他同情民权运动,同情黑人。1993年1月,派克在赫本的灵柩上深情地吻了一下:"你是我一生中最爱的女人。"10年后,派克握着妻子维罗妮克的手安详地走了。

《泰坦尼克号》情结

拥有多种"世界之最"的泰坦尼克号游轮于1912年4月15日竟然在其处女航中撞冰山而沉没至大西洋3 800米深处的海底，导致震惊世界的沉船事件。就在海难发生的当年，这一事件被拍摄成电影《夜撞冰山》。1958年，这一题材再次被搬上银幕，片名为《冰海沉船》。影片生动地刻画了灾难发生时不同身份、不同阶层的人物形象以及他们所暴露出的精神面貌。

1997年，美国20世纪福克斯公司耗资2亿多美元，推出旷世之作《泰坦尼克号》，轰动全球影坛；该片获第七十届奥斯卡金像奖（最佳影片奖）。影片中描写的穷画家杰克和破落贵族的女儿露丝坚贞不渝的爱情故事被喻为"水上的罗密欧与朱丽叶"，情节多为虚构，然而深深地打动了受众，"船头情"成为该片的标志性镜头，纷纷被其他艺术样式移植。

据说以泰坦尼克号沉船事件为题材的影片共拍过15次，惟1997年的《泰坦尼克号》最感动人，人们难忘《泰坦尼克号》，难忘杰克和露丝的患难之恋；于是紧接着在欧美很多国家出现了为《泰坦尼克号》写续集的风潮，作者绝大部分是业余的，他们喜欢杰克和露丝，他们多么希望杰克和露丝能脱险、能活下去、能继续伟大的爱……

有一家青少年杂志举办了一次有奖征文活动，应征者踊跃，最后不得不增加获奖者名额，使得120名作者能展示他们竭尽幻想力创作的饶有趣味的续集故事。有一位作者写露丝幸运得救，抵达纽约码头时在人群中看见一位和杰克长得一模一样的青年男子，便一头扑进他的怀里："杰克，杰克，真的是你吗？"这位男子吃惊地回答："我不是杰克，我叫约翰，不过我的孪生哥哥叫杰克。我是到码头来接他的，他在哪儿？他还活着吗？"露丝抽泣着讲述了泰坦尼克号的沉没及杰克被海浪吞没的惨情。从此约翰对露丝百般关心，两人的感情越来越亲密。不久，露丝成了一名演员，几年后与约翰结了婚。他们生了个儿子并为他起名杰克。每年4月15日，露丝都要默默祭悼杰克；而这一天，约翰总是让露丝一个人待着，让她毫无干扰地缅怀杰克和沉醉在往日的美好回忆中。同时，约翰也要为他的孪生哥哥献上一份充满感激的祈祷，感谢杰克让他结识了美丽可爱的露丝……

2010年，国外有媒体报道说，有一家公司准备拍摄《泰坦尼克号》续集，起名《泰坦尼克号2·美人鱼救星》，正筹备招聘演员。续集内容讲的是沉船后，船上的遇难者全被传说中的美人鱼所救，并来到"海底天堂"，杰克被选为"海底人类"的领袖……后来人们发现，所谓的"续集"不过是一种恶搞而已。

然而有一个美国影迷却实实在在地制作了《泰坦尼克号2》的预告片，内容和素材全来自杰克的扮演者莱昂纳多·迪卡普里奥的其他影片，经他精心剪辑和处理而成，这又让人们大为感动。无论是恶搞，还是拼凑，没有人生气，没有人吐槽——《泰坦尼克号》情结使然。

"达人"的共性

有一种令人关注的研究结果,说那些聪明过人者常常显得胆小谨慎,有的比如怕乘飞机,有的有广场恐惧症。但这些人的创意能力很强,在童年时期,他们便显示出详细观察、分析和描述不合理现象的能力,他们的语言智商很高。已经去世的英国精神病科医生费利克斯·波斯特曾经发现,经他分析过的作家中,几乎有一半经历过心理治疗;而普通人中作心理治疗的只占5%。他还发现,名作家中的自杀率也较其他职业者为高。

斯蒂芬·金特别怕乘飞机,所以他很少出远门。海明威患有严重的社交恐惧症。丹麦著名童话家汉斯·克里斯蒂安·安徒生有疑病症(病态的自疑患病),怀疑自己会被活埋;此外他常无缘无故地带一根绳子,据说是万一房子着火了,可以顺着绳子逃生。伍迪·艾伦不仅是演员和导演,而且是一位颇有创意的作家;据他自己说,直至66岁,他一直患有恐黑症。德国著名戏剧家贝托尔特·布雷希特总感到自己离心脏病发作的日子不远了,不久他真的于1956年死于心梗。

关于名作家古怪性格特点的轶事,笔者以为有的是真实的,有的是过分夸张的,有的真实性(或者细节上)值得质疑,还有的是属于强迫症。说到"聪明过人"、"超强创意"不免让人想到"达人"。中国春秋时期出现了"达人"一词(《左传·昭公七年》:"圣人有明德者,若不当世,其后必有达人。"孔颖达疏:"谓知能通达之人。")。此词后来不太常用。2006 年,美国创先推出了"达人秀"电视节目,颇受欢迎,后来很多国家相继模仿,纷纷举办达人秀节目。中国以前有些类似的节目被称为"才艺表演",2010 年 7 月,东方电视台开播首季"中国达人秀"。应该说,将 talent 译成"达人",不像有的人所说的那样"牵强附会",而是将"音译"和"意译"较好地融汇了起来,犹如将"本茨"汽车译成"奔驰"那样(后来有人不满意,只好改回"本茨");唯一不足之处是 talent 的含义被"达人"缩小了一点,上述名作家,还有才华出众的科学家、艺术家等在中国很少被称为"达人",而 talent 是包含这些名家的。

一直以来,很多专家,尤其是心理学家都在研究一个问题,"达人"们为什么会具有那样的才华、天赋和怪习惯。智能超常、才干出众的人有什么共同特点吗?有,他们往往不信宗教迷信,有的尽管加入了教会,但他们仍然是无神论者。他们通常有音乐天才,很多人从小至少喜欢一种乐器,善于想象和幻想;研究表明,从事音乐的人,尤其是会作曲者,大脑比别人活跃得多,音乐人的大脑结构和功能有可能发生有利的变化,有研究者发现,他们用来加工音乐的脑区同时也负责记忆和语言。这些"达人"们习惯于"充电盹"——午间 10 至 20 分钟的小睡。他们擅长倾听,不善滔滔不绝。天才不乱交朋友,免得将有限的时间用来扶植友谊,因为他们手头有着需要付出大量时间的工作要做。

"飞行"的故事

20世纪末,因为改革开放的需要,我国航空业有了较大的调整和发展:建立了很多新的航空公司,从原来的CAAC(中国民用航空总局)一家发展成二三十家大小不等的国家级、地区级或省级航空公司。这在当时很重要,经济要发展,首先要把交通事业搞上去。就像很多行色匆匆的航空旅客一样,笔者也见证和经历了这一重要时期,如今回想起来,眼前经常会跳出来很多"飞行"故事。

我一向善于利用旅途时间,因此养成了旅途中的一些"怪习惯"。比如我喜欢在候机室里找一个左右无人的座位,以便利用时间写点东西。然而,候机室均按航班区分,同一航班的旅客在同一候机室等候,往往没有较空的地方。一次我结束了在重庆的出差任务,准备乘机返沪,找到了一个无人候机室,因该航班起飞时间很晚,尚无候机客人,门是开着的,我便走了进去,找了一个离门较远的座位。我刚坐下,看见进来一位女青年,直冲我走来。"不好意思,我能占用你几分钟的时间吗?""请问你有什么事?"我问。"是这样的,我正在做一份调查统计,想对你作一些问询,请你帮个忙好吗?不会占用你很多时间的。"我好像听说四川有个航空培训学校的,于是答道:"那你问吧。"

对那位女生来讲,这其实是一次实习性采访,我的回答竟然让她吃惊万分,比如她问我至今为止坐了几次飞机,我说:"没有统计过,如果把返程也算作一次的话,毛估估有400多次了吧。""你有没有碰到过危险?""你说的是空难吧,碰到过,但最后有惊无险,否则我今天不会在这里了。"她像一个孩子那样好奇地恳求我:"请你简单给我讲一讲那次'空难'好吗?"我满足了她的好奇心。

后来,女生提了最后一个问题:"如果有人在国际航班的飞行途中分娩了婴儿,该如何确定孩子的国籍?"关于这个问题,我欠着她答案,因为我得回我的航班候机室去了,马上要登机了。我给了她一张名片,只听见她说:"我没有名片,我还没有参加工作。"现在不妨将几种可能性也分享给其他想知道的读者:按国际惯例,孩子的国籍可随父母双方的任何一方;如孩子出生一刻飞机正好位于某国领空,则可为孩子申请该国国籍;若飞机正好处于治外法权区的上空,则孩子可加入飞机注册国的国籍。不过有的国家可能不按惯例行事或有自己的规定。

幽香秘史

20世纪八九十年代，改革开放的中国大地上流行一种名叫"古龙水"的香水，开始很多人不了解为什么这种香水有个中国名字。还有人以为是女用香水。从名字看，古龙水是在给人一个模糊的概念。古龙水其实主要是男用香水，因为它清凉、淡雅、幽香。凡是去德国出差的人，都会买些回来送人。然而古龙水也不是绝对的男用香水，很多欧美人都认为古龙水是两用香水（或中性香水）。

"古龙"者，科隆也，德国大城市，应该叫科隆香水，译者不是不知道，而是商家故弄玄虚。

话说1792年10月8日，德国望族银行家老米伦斯的儿子威廉·米伦斯举行婚礼。婚礼上，他收到了一份不同寻常的礼物——一张很旧的羊皮纸，它是（提倡苦修冥想的）卡尔特会僧侣弗朗茨·马里亚·法里纳馈赠的"紫茉莉水"配方。

过了4年，即1796年，一个骑马的法军下士在威廉·米伦斯家的墙上写了门牌号4711。按说，威廉·米伦斯住在科隆城的钟巷，一条小巷何来这么大的门牌号。原来是科隆被法国占领后，规定整个科隆城里所有的房子实行流水编号，排到钟巷的米伦斯家，门牌已是4711号。不久，威廉·米伦斯在家开了一爿小作坊，根据僧侣在婚礼上赠送的配方生产香水，并起名"古龙水"（科隆香水），同时打出一个长长的牌子"弗朗茨·马里亚·法里纳，莱茵河畔科隆钟巷 4711 号"。而且把 4711 写得特别醒目。威廉·米伦斯不愧出身于银行世家,他推出这个牌子真有点商标意识,事隔不久,科隆城里先后冒出 50 几种打着"法里纳"牌子的古龙水,但"4711"独此一家。

不过正式用 4711 作为古龙水商标的是威廉·米伦斯的孙子费迪南德·米伦斯,1881 年,他以 4711 向商业局注册由他亲自设计的商标。费迪南德将 4711 大大地写在金－蓝色商标纸的中间,上边才用黑色小字写上"真正古龙水"(真正科隆香水)。18、19 世纪,古龙水在全世界大为畅销,纽约和里加(现拉脱维亚首都)都先后开张了分公司;法王路易十五、拿破仑·波拿巴、莫扎特等名人都是忠实的古龙水用户;伏尔泰称它是一种能激扬精神的香水;歌德的写字桌附近则始终放着浸了古龙水的手帕。而那些纨绔子弟和花花公子更是不遗余力地把古龙水炒成占主导地位的男用香水。在两次世界大战中,古龙水也遭受了严重损失,由于广告和营销方法的睿智先进、六角形的香水瓶从一开始就确保了长途运输的可靠性,使"古龙水-4711"始终保持着"德国老牌产品"的地位。

平心而论,古龙水的最初用途是"清凉",后来却被吹捧成一种"药物"。按拿破仑于 1810 年发布的命令,所有具有药用价值的配方都必须公开,以便穷人也能享受。于是古龙水生产行会赶紧修正说它仅仅是香水而已,致使神秘的古龙水配方至今没有公开,今天仍有一部分古龙水在按原始配方生产。

香水按浓度分成 5 类,古龙水在我国专门列为一类,其香精油的成分较少,尤其适用于男士,可在夏天适量用之或在家沐浴后抹用。至于男士用香水好不好,则应由女士们来发言。

赏菊时节蟹正肥

金秋时节乃至秋末冬初，约几个好友，烫一壶绍兴老酒，再来上一大盘红澄澄的阳澄湖大闸蟹，把酒持螯，不失为一种优雅的休闲方式。2020年的国庆中秋双节假期，许多上海人选择了去苏州旅游的方案，有的是合家出动，有的是朋友组群，他们把旅游的最后一档节目安排在回程途中的昆山——品尝阳澄湖大闸蟹以及店家奉送的嫩鲜螺蛳。阳澄湖位于苏州市的吴中区、相城区和昆山市之间，此处的水域拥有供大闸蟹生长的丰富食料，大闸蟹肉质细鲜，让人吃后留下永久的念想，所以大闸蟹被誉为"天堂美食"；又因这里的大闸蟹体格强健，据说蟹钳和爪子能挺立在玻璃上，活像一只亭亭无人机，故又有人称之为"蟹中之王"。

阳澄湖一带的老百姓口中流传着一个美丽的故事：古代有个书生由其新婚娘子相伴前去赶考，船至湖心，突然风起浪涌，夫妻二人均跌落湖中，正好附近有只小船划过，书生用全力将娘子托上小船，自己却力尽而沉入湖底。小娘子在阳澄湖边痛哭不已，不愿独自活在人世，竟然重新跳入湖中。老天爷被这对小夫妻的深切之爱所感动，让妻子化成一株菊花，使书生变成一只大闸蟹。每至重阳赏菊时，大闸蟹必定从湖水里爬到岸上，来到金黄色的秋菊旁，倘若是中秋节那天，他们会紧紧相偎，互诉思念之情。当地人曾在湖边修建一座酒楼，名为"菊蟹楼"，从此，品蟹与中秋赏月和重阳赏菊成了江南人民的传统习俗。

"秋尽江南蟹正肥",记得有个时期,不少香港同胞在上海办完事后,专门留出一天时间,上午去菜市场采购大闸蟹,坐下午的航班返港,让全家人共饱新鲜大闸蟹的口福。诸多名人在尽享蟹福时为后人留下了不朽的名句。传说苏东坡当年在苏州时曾用诗作"换取"大闸蟹解馋,事后自嘲曰:"可笑吴兴馋太守,一诗换得两夫团。"中国民主革命家和学者章太炎(章炳麟的号,留有《章太炎全集》)居苏州时,和其夫人亦喜食蟹。尤其章夫人,是个大蟹迷,她的赞蟹诗颇为流行:"不是阳澄湖蟹好,此生何必住苏州。"直接了当的表白。

大闸蟹是太湖流域、江浙一带的叫法,其他地方统称为螃蟹。蟹,属甲壳纲,十足目,爬行亚目。多数栖于海中,少数生活在淡水或咸淡水中,也有水陆两栖或陆栖的。由于螃蟹生性横行,蟹钳一旦钳住了东西往往死死不放,人们就把"横行霸道"等"横行"当头的成语和螃蟹联系起来。其实,据进化论学者分析,螃蟹的身体结构本来就是这样的,八只脚爪分别长在身体的两侧,关节都可向外侧弯动,然而它们的眼和大钳却是长在前方的,因此被迫横行。如此看来,是大自然在跟螃蟹开玩笑?于是动物行为学家补充说,横向爬行使螃蟹在碰到危险时能顺利地抵御和伪装,一侧的脚爪进行挖掘,另一侧的脚爪推移助力,使扁平的身体和大钳迅速埋进沙土或泥土中;再说,从觅食角度来讲,尤其是生活在水中的螃蟹,它们基本上是食尸动物,不需要为存活而去跟活的动物搏斗,换言之,它们最需要的不是速度。朋友,你在阳澄湖蟹坊吃到的美味螺蛳,也是坊主们(将肉挑出)拿来喂大闸蟹的呀。

啤酒杯的盖与垫

德国的啤酒堪称世界第一,全德共有大大小小的啤酒酿造厂(包括家庭酿造作坊)1 270多家,5 000多个啤酒品种。除了每年在慕尼黑举行的十月啤酒节外,每年的4月23日被定为"德国啤酒日",是日向全球展示德国的啤酒文化。

啤酒杯垫是啤酒文化的内涵之一,可以这么说,全球的啤酒杯垫几乎都来自德国,位于北黑林山区的卡茨有限公司和位于艾弗尔山区的马里恩塔勒有限公司,基本上占领了全球啤酒杯垫市场。

作为低酒精饮料的啤酒在我国很受欢迎,然而啤酒杯垫至今没有在中国流行(少数外企酒馆和高星级酒店除外)。有人问,啤酒杯垫很重要吗?那倒不一定,要看从什么角度出发,饮啤酒本来就是一种休闲和享受行为,既然是文化现象,不妨讲究一点。

19世纪的欧洲,富人饮啤酒用大锡杯或大银杯,杯子上有一个可翻动的盖子。平民百姓则用无盖的陶杯或瓷杯。当时的德国人喜欢在露天的太阳下饮啤酒,或者坐在人行道上边喝边聊天。露天有灰尘、树叶和其他脏物,为了防止它们掉进啤酒杯里,人们便用圆形的硬纸板或毛毡盖在杯上,称作啤酒杯盖。不过一年四季,在外面喝酒的时间毕竟较少。另一方面,啤酒泡沫和冰镇啤酒的冷凝水经常会顺着杯子流到桌面或吧台上,饮酒时不小心还会滴到衣服上。"这啤酒杯盖是不是用错了地方?"酒客们开始怀疑起来,于是纷纷把盖子拿下来放到杯子底下,让它吸收流出的液体,从而保持桌子和衣服的干净,并准备将其改名为啤酒杯垫,然而"啤酒杯盖"已经深入人心,先入为主,改不了啦。

人们继续说着"杯盖",指的却是"杯垫",于是德语中有了这么一个意义错误(颠倒)的名词。这里当然还有别的原因:啤酒杯盖的功能转移和延伸。慢慢地,杯垫有了记账和证明功能,店主或服务生将价格和客人饮用的杯数写在杯垫上(杯数通过画上道道表示),常客在离店时可以不付钱,写上了"未支付"字样的杯垫留在店里作为赊账的凭据。杯垫可以用来做广告,印上广告语宣传啤酒品牌,或者记录名人名言,传播文化艺术。如今,杯垫上又出现了二维码。要是贴上邮票,还可作为明信片投寄。啤酒杯垫已成为一种收藏品,我国亦有少数人在收藏啤酒杯垫。在欧洲,有关协会经常举行啤酒杯垫展览会和研讨会。年岁大一点的酒客仍然记得啤酒杯垫的初始功能(上位功能),如果他们将杯垫盖在杯子上,则表示"本人不再需要啤酒"。

没有料到,建立在诚信基础上的杯垫记账功能竟然引出一场不大不小的官司。事情发生在 2011 年 2 月,慕尼黑的一个初级法院受理了一起不寻常的诉讼案件:一家啤酒店的女店主状告一位女常客,说她累计赊饮了 136 欧元的啤酒,至今没有结账。女常客反驳说她只消费了 96 欧元,记在杯垫上的道道有错或者有假。女店主认为,每杯啤酒价 2.20 欧元及所画道道是经客人确认的,决无造假。审判员立案并问询了两位当事人和三位证人,最后经协调判被告支付 112 欧元,尽管三位证人表示愿意放弃到庭作证的补偿费,但本案的诉讼费为 255 欧元。

勤劳与懒惰

雅各布·格林和威廉·格林兄弟都是德国著名童话作家和语言学家，兄弟两人曾共同收集德国民间故事、传说和童话，合编的《儿童和家庭童话集》被译成多种语言。两人一起写过一篇嘲讽"安乐国"的小品，揭露了懒人是怎样贪图享受、不劳而获的，为了反对劳动，懒人们制定了特殊的经济体制，谁干活，谁就要挨罚，因此最懒的人反而最富有。

懒惰是人性的一大弱点，但世上就是有人不愿和这一弱点划清界线，相反动不动就想偷懒。懒惰有其社会、历史和生理上的原因，国外有一家卷烟厂对厂里的四百名职工作过一次民意问卷调查，大部分人回答说情愿在家里看电视、喝啤酒、吃薯片，也比在机器旁或办公室里工作强；按生理学家的分析，因为工作确实需要人体做功和付出能量的，如果过分劳累，人很可能趋向惰性。

也有人说，懒惰和勤劳是有民族性的，德国前经济部长兰布斯多夫不得不承认，日本每个工人每工时创造的财富比德国人多。其实每个民族都有好的传统，日耳曼民族在几百年前曾被誉为"工蜂"，而中华民族则一向以吃苦耐劳、勤奋自强而著称于世。

在古希腊和罗马文化中，懒惰被宣扬成一种荣耀，自由民和奴隶主是不能随便干活的，否则就失去了自己的身份和荣誉。在很多外语的词源中，"工作"一词和"劳累、折磨、负担"的意义相近。

古希腊犬儒学派哲学家第欧根尼被看成懒惰的象征,他整日里就靠在一只雨桶上晒太阳,懒得甚至不想挪动一下自己的身体。有一次国王经过,问他有什么愿望,只要说出口,就可以满足。第欧根尼居然不假思索地回答:"如果允许我提一个愿望的话,那么请陛下不要挡住我的阳光。"从此人们又给了他一个"讨饭哲学家"的称号。

与古代的怠惰哲学针锋相对,历史上的许多进步哲学家和有识之士一直在和懒散、懈怠作斗争,16世纪的宗教改革运动也是一次反懒惰的改革。马丁·路德反复宣布:"要工作,要干活!我们城里不准有讨饭的,只要不是病人和年岁太高,都应该工作,否则将被赶走。"工业革命以后,无所事事被看成是对人的折磨。

难怪很多人一旦退休了便觉得浑身不舒服,不过每个人都有自己的办法:与原单位签一返聘合同,继续把自己掌握的知识和技能贡献给社会,或者为有些原来就想把你挖过去的外单位服务。现代人的寿命越来越长,中年、老年的概念通常可以往后推迟10年。有的人由于在职期间没有时间和机会实现某一理想或愿望,就利用退休后的岁月来完成,即所谓的"做自己喜欢做的事情"。凡此种种,都属可点可圈的"活到老、贡献到老"精神。当然,并不是所有退休人都有上述那样的胸怀,棋牌室的常客、变相赌博、天天泡在"大户室"盼望掉馅饼皆属负面的"有所事事"。有人仗着家里人赚得动,提前退休,享受自由、惬意,接二连三组团结队,去了北半球,再闯南半球,反正钱用不完。说句也许会得罪人的话:"为什么不做更有意义的'有所事事'呢,有所事事的前提(或目的)是利人利己。"

黄卷不厌百回读

前些日子突然心血来潮,开始整理书房的一角,原因是书房似乎显得"越来越小"了,想扔掉一些旧书。结果与愿望大相径庭:我竟然在一本名叫《中国最新仕商尺牍教科书》的线装书上停留了足足一个多钟头,那是我念小学六年级时,祖父作为语文课外读物买给我的,不能扔的,因为它远远胜过某些新书。

不过这本书很黄,但它不是呈斑块或斑点的黄,而是所有纸张一样均匀地黄。原来,中国古代为了防止木蠹(蛀蚀木料和纸张的蛀虫),特意用辛味和苦味之物染纸,纸色显得较黄,所以古人称书籍为"黄卷"。这样的纸还有个好处:写错了字可用雌黄改,古人抄书或校书离不开雌黄,改后纸便恢复成了本色。

西方造纸尽管不用"致黄"物质染纸,但由于造纸的主要材料是木材,木材中的木质素是纸张泛黄的"推手",它能使纸张具有一定强度,却同时也是纸张泛黄的"主要责任者"。即使用化学漂白剂处理后的纸张,也不能阻止本身的泛黄过程。

有一种纸叫"无木纸"(说是"无木",其实是木材中的木质素用化学方法去除了),这种纸张中的主要成分就剩下纤维素了,纸张的白色倒是可以保持下去,但是为了保持纸张的强度而添加的粘接剂是有潮气的,如果存放不得法,纸张会作出负面反应:变脆。而且,为了保持纸张的抗老化能力,还要经过化学处理,做成"无酸纸"(不含酸和氯化物)，因此"无木纸"的生产颇为费时、费工、费钱，通常只允许用在印制极其珍贵的出版物上。

有了复印机和扫描仪，现代人很容易复制书页和资料了，但不少旧书或旧报纸，不仅已经泛黄，而且还有脆性、虫蛀等缺点为复制带来困难。因此人们希望用一种扫描仪，不需要翻开书可一次性将一本书扫描复制下来。几乎所有的档案管理人员和藏书家都有一个梦想：让更多的读者能够读到古旧书——珍贵的书，但最好不要去翻页，以便让这些文物级的善本、孤本不受损害地留存下去。据悉，世上已经有人研发出一种能对合上的书进行扫描的仪器。

这种扫描仪称为"太赫"扫描仪，即采用太赫频率范围的电磁波进行工作。由于太赫频段是一个交叉过渡区，它既不完全适用光学理论来处理，也不能完全用微波理论来解释问题，所以20世纪90年代以前一度被称为"太赫兹空白"。太赫射线和X射线一样，能穿过许多固体材料而对材料无损伤；和X射线不一样的是，人的皮肤会把太赫射线反射回去(故能用来检查登机旅客是否携带武器或炸药)。由于书的纸页之间有很薄的空气层，它们也会将太赫波反射回去，根据反射到高分辨率摄像头的信号形状和能量，就能分辨出书页上的字母(可能汉字和其他非拼音文字需要专门的软件)。

除了大型博物馆以外，工业界也对"多层物体扫描仪"感兴趣。一位专家说："很抱歉，目前最多只能同时扫描9页纸。不过离最终目标只是一个时间问题。"

很多所谓的"旧书"，不但不能扔，而且还必须想办法用现代科技加以保护，进行无损复制。

不可小瞧领子

有一位男青年在某公司应聘面试,尚未考完,人事部经理突然对他说:"你可以走了。"然后这位年轻人的名字被划去了。后来从内部传出消息,这个小伙子竟然穿了一件领子很脏的衬衣来参加招聘会,不仅体现出自己的不讲卫生习惯,而且说明了他对招聘会的藐视。英国人曾经有过一句口头语,某某人"在领子外",意为没有工作或失去职务。

领子虽然只占衣服的一小部分,但它能反映人的整个面貌,有条件的话,每天换衬衣不算过分。明朝的缔造者朱元璋当皇帝后,采取了不少旨在巩固政权、减轻百姓负担、节省朝政开支的措施。他发现仅宫女所穿的衣服一项费用就很可观,按历朝传统,宫女穿着必须美观整洁,但这样势必常换新衣。朱元璋于是下令一律用纸做护领,每天换一个,既能保证衣服清洁,又可省掉许多新衣服,后来民间女子亦相继仿效。

西方人重视领子不仅出于仪表的原因,而且因为"领子"尚有"生命、性命"之意。"事关领子问题"即"性命攸关的事情","让某人付出领子代价",就是要某人的命。

领子的作用本是保护脖颈和御寒,但和衣服本身一样,领子也起装饰作用,领子基本上分为两种,一种是和衣服相连的衣领,另一种是脱离衣服而独立存在的装饰领。古埃及男女都戴独立的、宽而低的装饰领,这种领子系用金属细丝串起来做成。但西方人认为,和衣服相连的衣领是从亚洲中部地区的缝在内衣上的围巾演变而来的。

16世纪下半叶至17世纪初,西班牙流行复杂的轮状皱领,1623年,因这种领子太费料而被废除。以后,肩领开始在欧洲走俏,它是一种几乎盖住肩的宽领,属当时典型的时尚,瑞典国王古斯塔夫二世嗜好名贵的肩领,所以肩领又被称作"瑞典领"。18至19世纪欧洲妇女的连衣裙通常无领,但英国是例外,可以在袒领的上方围一个高而尖的皱领,那是伊丽莎白女王习惯用的服饰。1978年开始流行飘带领(又称蝴蝶结领)女衬衣,由于朝鲜人多爱穿,所以又叫朝鲜领。

外衣和外套可以不用领子,由内衣的立领或叠领来衬托,如毛衣的一字领实际上只是一个领口而已。

衬衣没有领子不好看,有了领子又爱脏,为了省料并经常显露一个清洁领,中外都流行过假领,如我国清代的礼服无领,只在礼服内加一假领,谓之"领衣",此乃一种带钮扣的硬竖领。此类假领的用料十分讲究,春秋用缎子,夏天用纱,冬天用毛皮,戴孝者则穿黑色领衣。我国在20世纪六七十年代出现"假领热",它省料、易洗、可常换,穿在毛衣内最为合适,鉴于假领没有气派,且不能穿在外面,脱掉毛衣便"露馅",终于被淘汰。

漫长的历程

假如有人对你说，一根扁担的长度是一寻，或他家的桌子有四拃宽，休要奇怪，他用的是我们祖先表示长度的方法。"寻"和"拃"这两个字在古代某些国家被正式确定为单位词（即量词），一寻相当于成人两手左右平伸的长度；张开手掌，拇指尖与中指尖之间的距离叫一拃，约为二十厘米。人类用过的度量衡单位可谓五花八门，无奇不有。跨一千步就是一英里，所以"哩"在当时罗马人的眼里就是"千步"的意思。要想量很微小的间距怎么办，古代阿拉伯人用骆驼毛作最小的长度单位。君可知，世上还有"鸡鸣""茶盅"这样的长度单位；"鸡鸣"指人离开公鸡而能听到鸡叫的最大距离；而表示一个人在开始沏茶至茶水凉却到可进口的这段时间里，以中等速度所走完的距离称一"茶盅"。1101年，英王亨利一世伸直了右臂，将其鼻尖至拇指的距离作为"国定"长度单位——码。罗马国王卡尔一世也曾为他的臣民统一了"呎"的大小——一呎等于他脚的长度，所以英语"呎"和脚是同一个字 foot。1820年，一艘英国帆船驶达新西兰，当地居民很想知道，这华美壮丽的大船有多长，只见毛利人的酋长沿着船身一个劲儿躺下又起来，起来又躺下，原来这儿的长度单位是以酋长的身高为标准的。

我国古代的容积计量相当复杂，比如用于粮食的基本单位是升，其他量名有斗、斛、区、釜。十升为一斗，十斗为一斛（后改为五斗),四斗为区,六斗四升为釜,似乎没有逻辑性。还有角、斗、石指的是饮器,具体容量每个朝代都很含糊。计量轻重时,中国古代善用两,旧制一斤等于 16 两,比两更小的单位有锱(一两的四分之一)、铢(一两的二十四分之一);比两大的单位有锾(等于六两)、镒(一镒即一金),重二十两;三十斤重的单位称钧。我们的祖先专门设立了表示弓的强度的单位:力和石,一个力相当于九斤十四两,十个力为一石,这是一种较早的中国特色。

度量衡是计量长短、容积、轻重的标准之统称。国计民生离不开度量衡,但如果各国(或各朝)皆各自为政,会严重影响生活和贸易等经济活动,因此度量衡的统一势在必行。秦始皇统一中国后,作了一系列的改革和统一工作,其中包括统一度量衡。以后的汉代、三国时期、隋朝、唐代都在不断完善和继续统一度量衡体制,并试着与国际接轨。社会在发展,科学要进步,人类迫切希望有一种世界通用的度量衡制度。1790 年,各国科学家聚集巴黎,召开了世界计量会议,讨论并确定,以北极到赤道的距离除以一千万,作为长度单位——米,后来又统一改成:一米等于氪-86 在真空中所发射的橙色光波波长的 1 650 763.73 倍。国际单位制总共规定了七种基本单位,它们是长度单位米、质量单位千克、时间单位秒、电流单位安培、热力学温度单位开尔文、光强度单位坎德拉及物质的量单位摩尔,其他单位均可由此导出。从此,度量衡制度达到了空前的精确性和统一性。

尽管如此,中国的田亩丈量制现在仍然保留着以亩为单位的方式,只进行了国内的纵向调整,因为秦代的一亩已经相当于今天一亩的 99%,再说,中国的农业人口众多,他们应该更有话语权。

低地造就的……

2019年底,荷兰提出要为自己的国家正名——今后应称尼德兰(荷兰文为 Netherlands,"低地"的意思),因为"荷兰"只体现了北荷兰省和南荷兰省,而整个国家共有12个省,因此叫"荷兰"显得非常偏颇。

"荷兰"是一个议会制君主立宪国家,虽然首都是阿姆斯特丹(相当于王宫),但政府所在地却是海牙,议会及各国使馆、国际法庭(亦称"和平宫")等都在海牙;和平宫建于20世纪初,建造时,各国政府纷纷捐献建材和陈列品,以显示协力缔造和平之意。然而,和平宫建成的第二年,就爆发了第一次世界大战。后来,"荷兰"政府把和平宫献给了联合国作为国际法庭。

"荷兰"全境均为低地,三分之一的土地海拔不到一米,四分之一的土地低于海面,靠堤坝及排水防止水淹。国土处于低地,人们不得不采取各种控制和管理水系的措施,比如建造有效和足够的堤岸、拦截堤、分水坝。喜欢研究地理和地名的人也许会发现,尼德兰境内的许多地名都是"丹"字结尾的,"丹"(dam)在荷兰语中是"堤"和"堤围"之意,随便查看一下,就能抓上一大把:首先是最大城市首都阿姆斯特丹和第二大城鹿特丹;不妨再列举一些:芬丹、莱尔丹、泽丹、蒙尼肯丹、厄伊特丹、明滕丹、阿平厄丹、斯泰伦丹、瓮德尔登丹、伊彭丹、米尔丹、马斯丹……

低地，不仅形成了那么多丹字缀尾的地名，而且促使人们发明了独特的木头鞋，脚可以全部伸进鞋里，不致被水弄湿。多少世纪以来，"荷兰木头鞋"一直是世界旅游热销产品；很多人买回去为这种鞋开发了众多其他用途，比如用来盛放小物件，更多的人则纯粹作为纪念品将它们"供"起来。

低地其实是一个辩证的地理概念，正是低地让尼德兰人民的智慧大放异彩，把坏事变成好事；他们干脆将有的海湾改造和围拦成淡水湖或运河，于是，阿姆斯特丹的运河游船便成为了尼德兰的一条靓丽风景线，运河两岸的漂亮建筑物及沿河穿过的一座座运河桥，让人用双手点赞"不虚此行"。据说阿姆斯特丹整个城市的建筑由几百万根涂着特殊黑油的木桩支撑着，而拦海大坝和抽水设备也在协力保证着城市的安全。

尼德兰人普遍个头很高，男女平均身高分别为 1.87 和 1.78 米，但他们住房的门却狭窄得很，这与古时的纳税法有关——每户人家纳税的金额根据门的宽窄而定，聪敏的尼德兰人常常用绳子从窗口吊家具，把不利的因素转化为引人注目的景点，几乎每个导游都会介绍："女士们、先生们，你们一定注意到了，为什么每家窗户上方的墙上都伸出一个大型铁钩，那就是用来吊家具的。"丰富的旅游资源、运河、风车、奶酪、木鞋，还有郁金香，勤劳加智慧，使尼德兰一直立于世界经典旅游大国之林。

才人一代胜一代

"代"字，在汉语中是可以独立应用的单音多义词，比如用来表示历史上的分期（古代、近代、现代）、朝代（汉代、宋代、明代）……；在民间用得最多的意思是"世系相传的辈次（辈分）"。在同一个时期长大的群体被称为同代人，他们有着大致相同的集体经验（比如都经历过某一战争、技术进步或社会变革），因此他们在一定程度上具有共同的价值观或行为方式；这也就是代沟（亦称代差）产生的主要原因。群体之间的代沟体现在个体身上，但个体之间的差异不能统称为代沟。

从时间角度来讲，两代人之间还有一个"代距"的概念，即两代人生活和存在于世所相差的时间。欧洲人常常在族谱学研究中为代距取一个平均值（通常为 20 至 25 年），而实际值往往和平均值有较大出入（跟女子生孩子年龄的改变有关）。代距这一概念经常在人口统计学中应用到，因为代距其实可看作生育行为的标志值，可以用来预测人口。

中国人非常重视家谱（又称族谱、宗谱）——记载一姓世系及其重要人物和事迹的谱籍。这里就牵涉到一个"第几代人"及如何称谓的问题：从本位出发，上及父亲，父亲之父称祖父、祖父之父称曾祖父、曾祖父之父称高祖父……下至儿子，儿子之子称孙子、孙子之子称曾孙、曾孙之子称玄孙、玄孙之子称来孙、来孙之子称昆孙……国外有一个家庭创造了世系相传的辈次世界纪录——七代同堂,可惜他们没有具体的名称来表示辈次,只会用罗马数字在族谱中体现辈分的次序。用中国人的称谓来表达:那位名叫奥古斯塔·邦格的老人在109岁时见证了他的昆孙出世。

清代诗人和史学家赵翼(与袁枚、蒋士铨合称"乾隆三大家")有《诗论》曰"李杜诗篇万口传,至今已觉不新鲜。江山代有才人出,各领风骚数百年。"道出了写诗做学问要有不断创新的精神,后代理应胜过前代。

有一位哲人说过,在科学和技术上,人会把自己开发得美轮美奂,然而牵涉到良心与道德问题时,每个人都要从头开始。换句话说,每一代人都必须从头学做一个善良而有爱心的人,而且要一代胜过一代。

当前,人类正在进行一项伟大的国际性合作,旨在持续和环保地解决人类的能源问题,是让当代和子子孙孙的后代受益无穷的大项目——国际热核聚变实验堆,由起着领军作用的中国及欧盟、印度、日本、韩国、俄罗斯、美国七方为主30多国共同出资出力,这也许不是一代人能单独完成的世纪工程,尚需后浪推前浪的精英们多多给力。

淡雅素香青草味

尽管我家的住房在十几层的高处,但每当小区的草坪在用机器修剪时,我不需看,也会在"第一时间"说:"今天小区在修草。"而妻子也立即讽刺道:"你是马蜂(胡蜂)啊,住这么高也能闻到青草味?"我确实对青草味十分敏感,也非常喜欢闻这种淡雅的香气,但说到对青草的嗅觉能力,我当然是远远不及马蜂的。

植物为了吸引昆虫来帮助自己传授花粉,会发出各种花香或草香,不同的昆虫有不同的香型爱好。芳香气味的基本成分是芳樟醇及安息香醛,不同的植物再加配不同的酯类,所以不同的植物也就由不同的传粉者(昆虫)前来传粉。一些蝇类昆虫却反其道而行之,它们不爱香味爱腐臭;于是需要蝇类昆虫传粉的植物便在花香中加入胺类物质。

有些花朵和植株发出的气味既不芳香也不臭,而是一种草坪修剪后的青草味(其实青草味香得高雅而低调),马蜂最爱这种青草味。当植物或花朵受到食草动物的袭击时,便释放脂肪酸衍生物——带青草味的化学物质,以吸引马蜂等肉食性昆虫前来帮助消灭敌害。一旦修剪草坪的师傅开动机器剪草了,植物(青草)就把此举当作受到敌害的攻击,因而大量分泌脂肪衍生物,同时又因草叶被割断,青草味散发格外浓重,老远就能闻到。

青草味不仅仅存在于青草中,也不仅仅在春夏天修剪草坪时才能闻到;秋收时,当很多作物收割时或者收割后一段时间内都能闻到清香素雅的青草味,所以也有人把青草味说成"干草味"。由于人具有很强的联想能力,当你闻到一股熟悉而又有利于身心健康的气味时,定会联想到童年时期或某些特别值得怀念的人或事以及相关的场景。于是有些人闻到青草味就会想起一些古人的诗句;傍晚,在野外闻到青草味又看见远处小屋烟囱里冒出的淡淡炊烟,难免在眼前浮现出一种相思或乡野"归晚"的情景。

也许有少数人不喜欢青草味,这可能与经历有关。笔者喜欢青草味,同样也与经历有关,从小闻惯了青草味,而这一清淡气味经常和一些值得纪念的人事相关,青草味能使人怀旧并勾起人的某种幸福回忆。

至于马蜂最爱青草味,我似乎获得了可靠的证据,小区有好几块草坪,物业对草坪的修剪工作比较关心,每年都要组织几次,从而导致青草大量释放带青草味的脂肪酸衍生物,马蜂赶来救助时发现是"虚报险情",干脆就在小区扎营建新窝,赖着不走了,将居民吓得不敢开窗不敢去碰。我记得,为了帮助居民摘去马蜂窝,万能救险队员(消防队员)已来过小区多次了。

谎言的真相

有那么几个善良的年轻人，他们向一位日夜思念自己儿子、身患重病的老人隐瞒了一个真相：老人的儿子在国外因车祸身亡。他们每次都编出一个理由来安慰老人，每个月还替儿子给老人寄来相当可观的生活费。他们自己也不知道事实还能隐瞒多久，因为他们在说谎，说一个美丽的谎言。

日常生活中，我们每个人都在撒谎，在交谈时，大概每天都会撒谎，撒谎是人类的家常便饭。有的进化生物学家甚至声称，撒谎是驾驭生活的前提。纽约的哲学教授戴维·纽伯格说："反对一切谎言是错误的，就像谴责包括生产葡萄酒和奶酪时所用细菌在内的所有细菌一样是错误的。"世界公认的奥地利谎言研究专家和"谎言学"创始人施蒂格尼茨提出了谎言的两个要点，第一是谎言的定义：故意掩盖或避开真相的话才能叫谎言。第二，恶意谎言和善意谎言的界限就在于"是否有意用谎言损害自己和别人"。

撒谎其实在很多情况下是为了少给自己添麻烦；有时是为了活得轻松一点；有时是为了得到别人的爱和认可。心理学家认为男人的下意识撒谎要么是为了掩饰自己的弱点和缺点，要么是为了显示自己的工作能力或某一方面的成绩。女人往往为了炫耀自己生活中的优越而不经意地说谎。经试验发现，孩子从4岁开始会说谎了，这说明孩子思维的发展，具有了"亲社会"智慧的能力。

会说谎并能揭露谎言，这是人类自远古以来就储存在自己基因中的本领，而语言使撒谎这一行为变得更加完善。"谎言进化论"指出，灵长目动物善于操纵同类的注意力，它们会假装对食物不感兴趣，从而将食物的竞争对手引开；或者发出错误警报欺骗同类。然而灵长目动物在语言进化中的失败，使它们在撒谎这一点上也远远不及人类。

谎言被分为（亲）社会谎言（为了与受骗者和平相处而撒的谎）、礼节性谎言（避免使人不愉快而说的应付话）、目的性谎言（实用性谎言）、蓄意谎言（恶意谎言或离社会谎言）和病理性谎言（或称谎语症）。阿根廷足球明星马拉多纳于1986年6月22日在墨西哥举行的世界杯四分之一决赛中，用一个头球将比分改写成1∶0领先。直至2005年，马拉多纳才承认那是一个犯规动作（手球），"那是上帝的手。"他说。隐瞒真相当然是撒谎，马拉多纳的谎言是一个典型的实用性谎言。

曾几何时，人们受到"测谎仪"的误导，认为用测谎仪可以测出一个人是否在撒谎。测谎仪只不过能测出一个人什么时候因紧张激动而出现心跳加快、浑身冒汗的情况，但这个人也可能是被冤枉的。研究表明，测谎仪将无辜者指控为撒谎者的比例可高达47%。科学家们正在设法通过磁共振X-线断层照相术的帮助，从太阳穴后面的脑区被强烈活化这一点出发，争取获得较为可靠的信息。

签名盖章按手印

许多人都在用一种性格化的、龙飞凤舞的、潦草得使人几乎难以认读的字体展示他们的签名艺术。有人说,大凡艺术家的签名都是与众不同、有风格、有气派的。对美术家而言,也许是的。演艺界的人,他们有一种被要求"签名"的压力,所以必须得练好"花式"签名的基本功,免得有人说三道四。于是乎,有人会请一些"签名设计师"帮他们设计一个能"对得起"受众的艺术签名。这样一个签名,若经临摹和改造,也勉强能算作自己的签名,因为它和原创的已经不一样了。当然,笔迹学家是很容易将它们区别的。笔者以为,签名最好还是由自己设计,以便起到真正"独一无二"的作用,因为一个设计者可以设计几十个、几百个"艺术签名",不要临了,设计人成为你的签名真人,你倒成了"冒充者"。

签名,我国古代称画押,在公文、契约上所签的名字,表示认可和同意,因为用草书写成,龙飞凤舞,故称画押。两汉以及南北朝时期,官吏批复文牍时,往往写上"诺"字或"依"字,以表"同意"。有一种字体叫"花书",人们在画押时,为了防伪辨假,用花书签名(将姓名签成类似于花卉的图案,所以画押又叫花押),故意让人看不懂而无法模仿。

画押的创始者据说是宋朝的王安石,他签名时通常只写一个"石"字,先写一横、一撇,然后在一撇的中间处画上一个圆圈。由于王安石性子较急,画圈常常不圆,甚至偏离或不完整,导致人们私下议论,说他所署实为"反"字,于是王安石不得不重视而"加意作圆"。后来,越来越多的人效法于他,用一个圈代替署名,尤其是不识字的穷人,他们除了画圈外,还会用"+"号代替签名。

我国长期以来用盖章来代替签名或"签名盖章"联合使用,以表示确认和同意,然而盖章其实不具有严格的防伪作用,因为图章可以到刻字社去制作,刻字社向来是规规矩矩、连刻带修地进行加工,无论是私章还是公章,没有特色和个性,容易被伪造。只有出自篆刻家之手的印章,才是极有特色的正身手段,因为篆刻艺术讲究流派风格和布局刀法,一刀下去不能修改;边部也要求自然而成,有时还要用刻刀随意造成一种"残缺美"。一个篆刻家通常是不可能创作出两方一模一样的印章的。

中国人很早就开始使用一种既安全又有效的签名方法——按手印,此法看起来很土,其实相当科学。不过以前人们只知道用,基本上不去(也不可能)验证其指纹的真伪。西方较流行签名,不太重视盖章;很多国家对签名是有些规定的,为了使签名具有法律效果,要求字母至少要能够让人辨认,姓必须写完整,不能省略,名字允许用缩写,不能用图案代替名字的意思,比如花,则不能用花的图案表示。不会写字的人,也允许画符号,如一条有特征的线或一个圆圈,但这样的签名必须由公证人加以公证。

多数人并不遵守签名的规定,因为否则体现不出自己的"特色",很多外文签名初看就像一份心电图的截屏,给人一种粗狂感,仔细辨认还是很规矩的,每个字母的下部都在一条很直的水平线上。

使用语言不可任性

自从有了互联网,对待语言和文字的应用及规范显得越来越自由和任性,比如发表的自由和任性,有个别人甚至老想在国家级出版物上使用"神马"和"东东"。最近几年来,电视节目和电视剧中的语言文字的运用错误屡见不鲜、屡错不改。当然,其中有不少字幕错误是用汉语输入法选字按错键而造成的,但至少说明有关人员工作马虎不认真(也许是发现了但不想改,认为是无伤大雅的事情)。还有相当多的语言错误是属于内容错误,由于对内容和语法的无知或错误理解而造成的,如"他们连太医都给抓了。"一个很短的句子,是很容易被受众忽视的,但仔细梳理就会发现在九个字的句子中,让"太医"在当宾语的同时又当主语,致使句子转为被动式,而且还留着累赘。

还有一类任性地、错误地使用语言的现象:故意别出心裁,以引起别人注意;故意用贬义词表达正面意义(后者较多用在商业炒作和广告语中)。请看"从沪剧名角蜕变舞台剧精英……",以及跟风者的话"期待我的蜕变吧"。蜕变,比喻形质退化、转变,现在常用的"蜕化变质"比喻人的变质,且多指变坏。在词语浩瀚的汉语中,为什么非要选取长期沿用的贬义词来褒奖别人呢?商家在号召顾客的时候总是爱说"快来抢吧!"我们是否去试试抢他一下如何?

不妨再看一句似对非对的话(台词):"他们给了多少钱你?"倘若你说这不符合汉语的句法,他会回答你,外语中不也经常这样的吗,句子成分不是可以适当更换位置的吗?且不说外语中是否可以随便更换句子成分的位置,有的外语对宾语的位置变化是有规律的(比如上述句子中的及物动词"给"是谓语,"你"和"钱"都是宾语,为了区别起见,这里的宾语采用"变格",人用第三格,物用第四格,所谓的"人三物四"也。至于是第三格放在前面还是第四格放在前面,通常也有一个规律:短的宾语放在前面)。

有的人在说不出理由的时候会搬出"外来语"来说事。曾经看到过一个词组叫"防守的侵略性",是说体育比赛的,有点令人费解,既然是防守,又何来"侵略性"。其实这一毛病应归咎于对 aggressive 一词的"死译死用",如果能用"侵略性"的衍生意义(比如"野蛮""积极""拼死拼活地"),就容易为汉语的使用者所接受了。

就是上海眼下流行的"上海闲话"也已持续多年了,这和"提倡推广普通话"并无矛盾,相反,是一种"海纳百川"的体现。想当初,上海人响应"推广普通话"是相当模范的,以致形成了一种独有的、让人见笑的上海普通话,如今的"学说上海闲话"是为了让"新上海人"和正在成为"新上海人"的人更好地融入上海和上海文化,当然也是为了更好地传承上海文化和不忘初心。不过上海话中有很多是没有书写字的,希望各位专家在创造和选择时尽量做到合理并有创意,像"茄山河"有报纸版和电视版的两个"山头",似应予以统一。

总之,使用语言,必须考虑语言的继承性、稳固性和民族性,要避免任性。

花儿为谁彩艳

春天纵然是百花烂漫的时节,其他季节又何愁没有七彩斑斓的花朵呢。于是有人问了:花儿为什么要如此争奇斗艳地展示自己的多姿多彩?答案很简单,也很重要:她们是为了用美丽的色彩吸引小动物(昆虫或小鸟)来帮助自己传授花粉、孕育果实种子、繁殖后代。那么为什么要用这么多不同的色彩呢?原来,这是植物的智慧;为了确保授粉的准确性,不同的植物往往会尽量互相错开时间开花,以免传粉者张冠李戴。更重要的是,为了不让传粉者搞错对象,每种植物都固定委托专为自己传粉的小动物,委托昆虫传粉的花儿统称为虫媒花,依靠小鸟传粉的花儿就叫鸟媒花。不同的小动物喜欢不同的颜色,比如蜜蜂、大黄蜂等蜂类昆虫喜欢黄色和蓝色;蛾类喜欢白色。植物不仅能产生各种花色,而且还能产生人类感觉不到的紫外色,如蜂类昆虫能像识别普通紫色、蓝色和黄色那样分辨出紫外色。然而蜂类恰恰是红色色盲,尤其在中欧地区,那里的蜂类曾经是主要传粉者,因此鲜红的花色也曾经较少。

也许有人会追问:既然如此,艳红的虞美人怎么也能由蜂类昆虫传粉呢?这是因为虞美人并不动用其漂亮的红色,而是在蜂类昆虫身上"撒上了"人类看不见的"点状紫外色",这是虞美人的强项。

如果植物长着殷红的花朵，那说明了它们要吸引鸟儿来传粉，因为红色对鸟儿很有吸引力；在美洲以及非洲、亚洲和澳洲的部分地区，许多植物长着大红的花朵（如多花水仙的变种红水仙、半边莲等），它们依靠"迷你鸟"（蜂鸟或其他传粉小鸟）帮助授粉。

看似规规矩矩的植物，其实心眼多着呢，为了配合花色，它们会迎合一些传粉小动物的特殊爱好，比如黄色的腊梅所散发之香甜气味是为那些喜欢香味的蜂类准备的，能为传粉者起到指示作用。再如金银花刚开放的时候是白色的，过些日子却变成了橙黄色，其原因对植物来讲也许已经达到了"哲理"的地步：花开时节，蝴蝶、蜜蜂等成群来采花蜜，花朵改变自己的颜色是为了让蜜蜂知道自己是处于最适合被采花的时节，在客观上起到了提高传粉效率的作用。眉兰采用的辅助手段更具"狡猾性"：花儿刚开放时，发出雌性胡蜂求偶的气味，诱雄性胡蜂来传粉；一旦授粉成功，花儿便改成发出一种让胡蜂讨厌的气味，可谓精明至极。

植物呀，真不带小看的；物事，再小也要重视。

相邻不仅是邻居

"相知无远近,万里尚为邻。"(唐·张九龄《送韦城李少府》)。中国人一向看重邻里关系,尤其在古代,把好的邻居看得如同知己,甚至胜过亲人,有句老话叫"远亲不如近邻";更有人把邻居的荣誉视作自己的光彩,民间因有一句"俗"语:邻居做官,大家喜欢。我给俗字打上引号,因为它确有俗气的嫌疑。

"邻"既是名词,又是形容词(表示邻近的,邻接的)。邻,通过和别的词素组成复合词,概念在不断扩大。邻可以放在前面,此时往往起修饰作用,如"邻居"(住处接近的人家或人,但经常是只用一个"邻"就表示了);这是邻字的常用意义。如果邻字后面加别的字,那就表示相邻的物体或东西,如邻室(隔壁房间)、邻床(医院里同一病室的其他床位,也指住校生同一寝室的其他床位),但为了方便,人们往往用这些物体来代替人,比如邻床指同一病室的病友或同一寝室的同学。在农村里,邻被理解的范围更大。当人们离开了自己的家乡,把自己住处对面的、附近的、离自己家不远的,甚至方圆一公里的人都称邻居,常常把邻居和老乡等同起来。

邻的意义又因社会学的介入而大为衍生:邻字加上一个空间较接近的社会系统、体制、机构、处所等,都能扩义。例如:两个相接壤的乡镇(邻镇或邻镇的人)、两个相接壤的省(邻省或邻省的人)、两个相接壤的国家(邻国、邻邦或邻国的人民);另外,还可以把金星和火星称为地球的邻星。

有的人干脆把所有与邻近有关的概念全用"邻居"来表示(所谓的广义邻居)。曾经有一个病人家属在医院里谈到一件事:"在医院里要当心一种叫'邻居效应'的现象。这是2016年芝加哥大学的专家们发现的一种新的风险因素,当住院病房里有一名病人突然陷入危急状态,比如心跳突然停止而被转入抢救中心,这时在抢救中心的、离他很近的重症病人很有可能也会陷入临界状态。这一效应已被8 000多名受试病人的数据所证实……"

听到这里,一位医务人员插话说:"你说得对,不过我想纠正一个字,这叫'邻床效应',不叫'邻居效应'。如果一家医院的抢救站有20个床位,那么其他19位重症病人以及因床位不够而临时躺在走廊的重症病人,在那位遭遇不幸的病友走后6小时之内,他们的病危风险会增长18%;倘若同时有两位病人病情恶化,则抢救站的所有病人的风险甚至会增加53%。"

发生"邻床效应"的原因在于,一方面是其他病友在获悉一个病友的悲剧后,不安和害怕指数上升,事件于是成为"风险放大器"。还有,发生这种事情后,医务人员会集中精力去关心那位危急病人,其他病人的状况有可能被暂时疏忽或未被充分注意到。所以有关部门提醒:在发生一次紧急抢救后,要对抢救站的所有病人作一次检查。

海内存知己,天涯若比邻。邻居——无论是狭义的邻居,还是广义的邻居,只要他在你的邻近处,发生事情都要伸一把手哦。

爱路——浪漫之路

通常,自己家附近的风物、人情、故事,哪怕发生在几十年以前,都会记忆犹新。虹口区四川北路和山阴路交叉处的旁边有一条小路,一直以来都叫甜爱路。这条小路虽然不在我家附近,但我对这一带非常熟悉,念中学时,我在四川路桥堍的天潼路坐有轨电车到山阴路下车,然后走百来米路到学校。上了大学,每周末从学校回家时,也在山阴路先跳下车(复兴中学门口),不是去甜爱路,而是去一家开在甜爱路和山阴路之间的四川北路上、坐北朝南的新华书店,常常会买上一二本书,然后继续坐上有轨电车回家。

记忆中,甜爱路当时很冷清,也从来没有人想到要问一句,为什么叫甜爱路。自进入新世纪后,甜爱路开始受到人们的注意;也许应该说受到了人们的关心,比如甜爱路与甜爱支路的交界处开出了一家甜爱咖啡馆、甜爱路口竖起了一个爱心邮筒、道路两侧出现了爱情墙;还有人为甜爱路的得名编了一个传说⋯⋯甜爱咖啡馆是情侣们首选的休闲场所;爱情墙上的几十首中外爱情名诗为谈情说爱增添了颇多诗意;有意思的是那个爱心邮筒,只要是通过这个邮筒寄出的信,都会被盖上一个爱心邮戳,圆形的邮戳中间是一个长着翅膀的邮筒图案,圆周上有"万年真爱盛典"和"上海虹口"字样,当然还有日期。可以想象,加上爱的甜言蜜语,收件人会收获多少浪漫、爱意和值得纪念的回忆及收藏啊。

再说离上海很远的乌克兰西北部,那里也隐藏着一个童话般的地方,吸引着全世界的情侣们。具体说,小城克利万(也有人称其为"有城市风味的居民点"——克利万只有居民七千多人)有一家具有相当规模的纤维板生产厂,为了将产品顺利地运往七公里以外的地方,厂主出资建造了一段专用铁路,每天只开三趟车,也就是说,这是一条因交通不便而建造的私有铁路,所有权属于纤维板厂。但因铁路线穿过一个茂密的森林,铁路两旁全是参天大树,两边的树枝和树叶互相"勾搭"在一起,时间长了,形成了一条长长的拱形通道,人们称之为"绿色隧道",是大自然和人之间不经意的合作成果。地上也是一片葱绿,草地很少受到压力负荷,因而成为厚实柔软的"绿色地毯",连铁轨的痕迹都被埋没了。

全世界恋爱着的人不约而同地赋予这条铁路一个浪漫的名字——"爱情隧道",在树木和枝束繁茂的时刻,隧道只能透过单束的阳光,恋人们散步到隧道末端,喜欢以光束为背景,互相看着对方,发誓相爱到老,永不背叛;人们相信,有光束为见证,一定很灵验。于是,"来这里的情侣必须完成光束下爱的许愿"成为了导游们最爱说的话。

甜爱路也好,爱情隧道也罢,她们都在为相爱的人们铺筑通往浪漫和真爱之路。

百炼之祖

行走和散步，意思基本上是相同的，它们都是人的徒步前进动作，也就是说，都是在走路；但散步却是悠闲地走动，尽管它是通过行走实现的；所以严格讲，两者是有些区别的，一个健康的人是必须走路的，但他可以不散步。于是有人说，行走是"被动的"，散步是"主动的"。因为走路有时候是不得已而为之，而散步是为了改善身心状态，为了放松自己；一路走来一路看，可怀旧、可忆友、可赞夕阳无限好、可喜长寿尚健在……

中国人很早就知道走路（或散步）是"百炼之祖"；南朝梁文学家刘孝威在《奉和六月壬午应令诗》中曰："神心重丘壑，散步怀渔樵。"

走路对身体的许多部位都有保健和养护作用。首先能促使大脑分泌内啡肽，能调节脑电波呈最有利于大脑的状态。其次，人体有三分之二的肌肉位于下半身，如果这些肌肉发生萎缩，人体便无法保持正确的姿势，所以走路时的双腿锻炼可防止体力衰退。还有，对老年人而言，可以减少便秘的风险，因为走路是一种促进肠胃蠕动的动作，能加速消化和吸收营养、帮助废弃物排出；倘若走的时候能加上一些肢体动作，则更好。再者，为了避免某些部分受力过多，可试试"交替走"（正走、倒走、快走、慢走交替进行）。

有人问曰："走步和慢跑，选择哪一种好？"这要根据具体情况而定，通常年纪稍大者或体质较弱者，应选择走步。跑步（包括慢跑）和走步不一样，在动作周期中身体是有腾空阶段的，而走步时，身体在每一个阶段中都通过腿和脚跟地面接触；人走路时，用双腿支撑阶段代替了腾空阶段，这一阶段在人身上大概占全部动作周期20％的时间。

美国俄勒冈州的一次调研中产生了一些数据，可供参考：一个正在穿过交通灯的行人，其行走平均速度约为5.5公里/小时，这一数据根据年龄、性别和其他因素而有所波动（如单人行走和集体行走大概在4.5和5.5公里/小时之间波动）。从容悠闲的散步平均速度为3公里/小时。

不久前，美国数学教授卡尔·纽波特提出了一种新论点：世上没有一种比长距离散步更好的创意动力了。他本人经常背了笔记本电脑在他任教的校园里散步，同时不断在长椅上坐下写作。2014年，斯坦福大学的一个实验印证了这一结论：176名大学生参与实验，测试前要求参试者做较长时间静坐或散步，然后在短时间内说出一个普通物件尽可能多的用途，比如一把刀可以用来干什么。答案有切面包、把黄油涂在面包片上、防身、割断绳子、刮掉脏物……结果，散步者得分比静坐者优秀60％。所以科学家们的结论是：散步有利于创意。

历史上的许多天才如贝多芬、达尔文、弗洛伊德、狄更斯、歌德、席勒、柴可夫斯基、康德、雨果……他们每天要散步很长时间；达尔文有个时期每天三次在一条专门开辟的小径上散步。

能动动就动动，动动比不动好，总之，散步和走路也要因人制宜，恰到好处为尚。

办公室及其绿化

时钟指着下午三点,坐在办公桌后的她已经无法集中思想;今天的太阳真好,使她不得不每隔2分钟便朝窗外望去。在她看来,外面的世界好比伊甸园,五光十色,而她的办公室叫人气闷得慌。此时此刻的她,多么想到外面去享受一番大自然赐予的阳光和色彩,然而离下班还有两个半小时呢。不过她也多次想过,是否该换一换工作环境……

以前曾经在办公室出现过一些绿色植物,后来有人认为应该拿走,说它们会分散或转移员工的注意力,于是没有人再去关心这些室内的花花草草了。如今,办公室绿化的问题重新被提到议事日程上,并作为"现代效益论"的组成部分而倍受重视。经科研人员的长期试验和详细调查,发现在绿色植物陪伴下工作的员工总体幸福感(自我健康感觉、心情舒适和满意程度)大有改善,工作效益平均可提高15%;而撤走花草后,上述指标纷纷下跌。

很多人大部分工作时间是待在办公室的,将办公室建设成给人带来舒心和健康的环境决不能疏忽。植物能产生"非化学物质"、造成含氧丰富的空气,在清新的空气中工作有利于思维;让情感和工作、效益结合起来(使人体会到管理人员对植物的关怀实际上是对员工的爱护)。此外绿色植物可减少人的紧张情绪、适当吸收噪声(尤指大叶植物)、增湿空气、调剂显示屏对视力的影响。办公室有了植物,能吸附有害物质,有的植物甚至还能对空气起过滤作用。

值得注意的是,很多植物是喜光的,低于1 000勒克斯的照度对某些喜光植物来讲意味着死亡(在用水栽法或熔岩培养基等方法时,需顾及到楼层的负荷)。

除绿色植物外,员工的心情往往与办公室的空间大小和气氛有相当关系,所以办公室的结构也应受到重视。办公室通常有六种结构:一．单人办公室,能让办公者专心致志,不受干扰地工作,温度、照明等条件可按办公者的需要设置和调节;不必处处顾及别人。缺点是沟通和协作不方便,个别人甚至觉得孤独。二．多人办公室(2至4人)。特别适合于从事类似工作的员工(如市场营销、财会人员),互相之间容易实现替代工作。三．组合式单人办公室。带有公用的敞开式区域(如公用会议室),既能单独思考、集中思想工作,又能切换到公共区域去讨论。但占用岗位面积较多。四．团队办公室(10至20人)。尤其适用于科技部门从事较大的项目,可频繁交流、沟通;岗位分割灵活,新成员的加入方便,空间利用率高。五．无定点办公室。工作岗位由所有的员工自发或预约使用,每个员工有自己的滚动办公台车,根据不同的任务选择工作位置。随着工作时间和组织管理的灵活性越来越强,无定点办公室也越来越多。六．大空间办公室。关于大空间办公室,没有明确的定义,通常认为多于10个岗位的办公室就属于大空间办公室。每个岗位往往用空间隔离板隔开,高度不许达天花板,有时干脆用柜子相隔。鉴于大空间办公室的存在,有人提出了一些思考问题:大空间办公室是否不利于健康?工作效率高吗?高管办公室和大空间办公室之间是否存在惊人的反差?

保护好"地球之肾"

湿地与森林、海洋并称为地球最重要的三大生态系统。专家们对湿地的研究采用狭义的湿地概念,即暂时或长期覆盖水深不超过 2 米的低地、土壤充水较多的草甸以及低潮时水深不超过 6 米的沿海地区。沼泽是最重要、最典型的湿地。

人们把湿地喻为"天然海绵",因为湿地能调节水分平衡,比如发生洪水时,湿地能储存水量,此时湿地的表面被淹没,到了干旱时节,湿地便用吸收的水量支援附近的河流和地下水,起到滞洪蓄洪的作用。湿地能通过水分循环来改善周边的气候,茂盛的植物能大量吸收空气中的二氧化碳。水分的直接蒸发和植物的蒸腾作用能使湿地的水分化为气体送入大气,增加湿度。湿地植物能降解污染物和有毒物质,受污染的水进入湿地后,由于运动速度很慢而有利于有害物质的沉淀,湿地植物将有毒物质吸收并转化毒素,从而使水重新变干净,就像人体的的肾脏能调节身体水分循环和排泄新陈代谢废物一样,所以湿地被称为"地球之肾"。此外,湿地还为水生动物的栖息、繁衍、生长以及候鸟越冬提供了优越条件。

世界最大的湿地是位于巴西马托格罗索州南部的潘塔尔沼泽地,那里有着大量河流、湖泊和平原,物种丰富。2000 年联合国教科文组织将它列为世界生物圈保护区并列入人类自然遗产名录。我国的三江平原湿地占世界第二位,是全球少见的淡沼泽湿地之一。位于黑龙江省齐齐哈尔市的扎龙湿地系同纬度物种最丰富、景观最原始的湿地综合体,被确认为世界第三大湿地,1992年被列入世界重要湿地名录。

近几年上海十分重视湿地建设,上海的湿地可分为河流湿地、湖泊湿地、滨海湿地和人工湿地四类,有名的湿地有明珠湖西沙湿地景区(崇明岛西南端,上海首座国家级湿地公园)、吴淞炮台湾国家湿地公园、崇明岛东滩湿地公园等。

杭州是上海的近邻,上海游客近几年似乎有了新发现,凡去游西湖者,不会忘记漫步西湖杨公堤(杨公即明代杭州知州杨梦瑛,重庆丰都人)。杨公堤以西是西溪国家湿地公园,西溪与西湖、西泠并称"杭州三西",这里河流水巷纵横,鱼塘小岛棋布。2009年,被列入世界重要湿地名录。西溪属杭州西湖区,那里有个富有风情和故事的著名古镇叫"留下"(就是以前的西溪),据《钱塘县志》载,宋高宗赵构南渡,本想在西溪建都,后觉得在凤凰山东麓建都更符合他的"偏安"政策,于是对群臣曰:"西溪且留下。"从此西溪镇改名为留下镇。其实西湖三公(白居易、苏东坡、杨梦瑛)早在古代就通过他们的开发西湖和疏浚污泥葑草为今天的西湖和西溪湿地打下了坚实的基础。

颇为惋惜的是,由于污染、围垦、淤积和过度捕猎,全球湿地面积日益减少。为加强湿地的管理和保护,1971年2月2日,18个国家在伊朗缔结了《关于特别是作为水禽栖息地的国际重要湿地公约》。中国于1992年加入《湿地公约》。每年2月2日被定为"世界湿地日",以提醒地球人保护好"地球之肾"。

病房哪个床位好

光和照明的作用早就在心理学上得到应用。近几年来，光对人以及动物的其他有利作用也不断被发现和认可。有人提出了一个关于住院病房的问题："如果你生病住院了，你喜欢选哪一个床位？""我首选靠窗的床位，因为靠窗床位空气好；我喜欢空气流通，床位靠窗，会拥有较多的对窗户在通风方面的控制权。""答案倒是正确的，但理由不充分。"为什么？因为这样的答案不全面，而且显得有点自私。

研究者认为，靠近窗户，能经受到按时间变化的自然光线的照射，对疾病的治疗起积极作用，有利于身体的痊愈和康复。对人和部分动物来讲，长期以来，机体和激素系统已经适应了自然光及其节奏变化。多受自然光的照射和自然光节律的影响，对疾病的治疗十分有利。

然而并非所有床位都能安置在窗口，有的床位在白天也只能用人造光照明。经研究调查，专家们得出结论，认为人造光在设计时对大自然的模拟越真实，治疗效果越接近自然光。研究过程中，人们曾对一个监护病房作了试验，用发光二极管将病房的天花板安装成一个"人造天空"。这些发光二极管最大可产生2万勒克司的照度，相当于一个普通的多云天气的光照情况。除了模仿一天不同时间的光照外，专家们还将一种人造的蓝色光加上绿色的斑块（一棵树的阴影）也画到了天花板上；经过不断的调试，使其所起的作用相当于一张靠窗的病床。

德国斯图加特的弗劳恩霍夫劳动经济和管理研究所很快将"模拟天空"（人造天空）这一研究成果应用到一个公司的办公室：一个34平方米的大型动态发光天花板在模拟一个普通白天的光照过程——从东方出彩霞、太阳升起、中午的天空直至晚霞露脸，期间不时能看到走过的云彩。这一研究成果同样可用到生活的其他领域，比如应用到小学校和养老院。

有些上班族常会有莫名其妙的不舒服感觉，例如感到懒散乏力、无精打采，或者常常在上班时头疼，倘若找不出原因，那就不妨怀疑一下，是不是工作岗位的照明有问题。就目前的认识来看，有很多人必须上夜班，许多事情必须在夜间处理，人不得不依靠人造光。人造光中的白炽灯和卤素灯是健康的光，但效益差；节能灯、金属蒸气灯和荧光灯属于不健康的光；现代化的发光二极管技术是理想的照明，且能保证最大的能效。工作单位实现照明技术改造是一件双赢的好事，能使生产过程或工作过程得到改善，提高生产效率，减少差错和事故率。其次，理想的照明对改善职工的心情有好处，能减少因心理障碍引起的上班请假。

病后说外语

2015年有一则报道,说湖南一位94岁的老太太患脑梗醒来后只会说英语,不会说汉语了。严重的脑梗,往往有可能成为死亡的原因,即使(通过溶栓)抢救,也存在风险,因为容易造成颅内大面积出血,但这位老太太挺过来了。不过她从此只会说英语,不会说汉语了。电视台采访了老太太及为她治疗的医生,国外媒体也纷纷报道了这一病例。

这位退休老人曾长时间当过英语教师,尽管她已有30年没有教书了,但她的外语知识仍然保留着。不过她能听懂汉语,却只能用英语回答别人的话。

类似的例子尚有,德国图林根州的一个小城有一位中年妇女发过一次轻度中风(俗称小中风),后来有一天早上醒来,突然说起了瑞士式德语,她都不敢相信自己的耳朵,周围的人更不用说了,以为她在开玩笑,故意把南部德语方言说得瑞士腔十足。

一位得过脑梗的加拿大女子在家人的陪同下去医院的神经内科求诊,因为家人发现她说话带有严重的加拿大东海岸方言的口音,而患者从来没有在东海岸呆过,更不会说那里的方言。医生认为这有可能是"外语口音综合征"FAS(foreign accent syndrome)。

医界首次记录这种病例是在1919年。至今为止,全世界患外语口音综合征的病人只有60名左右,"口音"变了,就很难回到原先的说话腔调了,但如果进行积极的语言锻炼,大部分患者能慢慢接近原来的正常语言。需要强调指出,这里所说的"外语",不一定是外国语,而是包括了"外地语"在内的母语(即母语中的某些方言)。

位于大脑左前区的、负责清晰言语的白洛嘉脑回(由法国外科医生白洛嘉发现的言语区)如果受到严重损伤,则会丧失说话能力,即失语症。然而控制语言的脑区远比我们以往所认识的要复杂,比如我们学习一种外语(或方言),大脑就会把学到的外语知识储存到相关的脑区中,当我们需要用到某一学过的外语或母语时,则语言中枢便会进行控制,阻止除此以外的其他语言。倘若某一脑区受到损伤,而这一脑区正好是"分管"某一学过的语言的,那么该语言的知识就会丧失,或者发生变化。湖南老太的病例也许能用这样的论点来解释。

有人提出,有的病人脑梗后说话带某种方言的口音,但患者从小到现在从来也没有说过和接触过该方言,这又是怎么回事呢。事情也许是这样的,认为患者在说一种方言,这只是患者周围人群的一种看法,如果仔细研究和分析的话,有时候很可能不是一种方言,而仅仅是患者原来的语调、声调和发音方式发生了变化而已。

国外有人把外语口音综合征归入失语症,这不太妥当,因为FAS是罕见病,而失语症是比较普遍的,我国目前因脑卒中而导致失语症的病人约有 2 000 多万。

捕风有术

小时候，炎夏酷暑难熬时，总是盼望来一场台风凉快凉快；现在不是了，因为现在的台风实在是穷凶极恶，谁愿意招祸呀。其实风灾自古就存在的，只是如今的气候变得更为恶劣罢了。不过风颇有它好的一面，风是通过其能量（风能）而发威的；反过来，风能可为人类大做好事。人们很早就开始通过风车，利用风能抽水灌溉、磨面、榨油、磨矿石、驱动简单的机械等。

风能用在风力发电上，是一种可再生的清洁能源，全世界的风能蕴藏量很大，其中可利用的风能约为 2×10^7 MW，为可供开发利用的水能的 10 倍左右。早在 20 世纪 30 年代，瑞典、丹麦、苏联、美国等已研制出小型风力发电装置。现代风力发电机组主要由风轮（包括尾舵）、发电机和铁塔组成。在带动发电机之前，由风能带动的风车叶片的旋转速度先通过齿轮箱增速到发电机的额定转速，并通过调速机构使转速保持稳定，然后驱动高速发电机；也可直接驱动低速多极发电机。

现代的风力发电机往往用电瓶将电能储存起来，因此用中小型风电比较合理，因为小风力发电机容易被小风量带动，在大电瓶和逆变器的配合下，同样能获得大功率输出。于是风力发电机的小型化和家庭化成为发展趋势之一。通过采用现代化的充电器和逆变器，使风电成为一个小发电系统，用途很广，可供山区路灯、高速公路夜间路标灯、旅游景点、学校、草原、高原、岛屿及交通不便之地的用电。

为了适应家庭化和小型化的需要，建筑师们设计了许多富有艺术性和实用性的风力发电机。在俄罗斯，靠近千湖之国芬兰的边界不远处有一个拉多加湖。这里的风向是常年不变的，人们准备在这一山谷里扯起一个面积1 600平方米的巨型帆蓬，将风力集中"捕捉"到一台普通的涡轮发电机上，通过这种方式，附近的35个家庭就能用到足够的风电。

荷兰有一家名叫"家庭能源"的小型企业，可向小区居民家庭提供无噪声风力发电机，其风车形状新奇，叶片旋转起来的"动态形象"是一个球形，直径为1米或2米。最大供电可达2 200瓦。

美国有一位发明家设计了一台抛锚在海里的"浮水风电针"，这根"针"其实是一根蛮粗的碳纤维制成的主轴，上有许多旋翼。风力越大，"针"被压入海里越深。倘若风暴太猛，该"针"干脆沉没于水中，使设备不受损坏。

小高层屋顶边缘刮风比较强烈，于是丹麦一名工程师发明了一种名叫"屋顶旋翼"的小型风力发电机。这台40米长的卧式风力涡轮机可解决大楼居民平均用电量的30%—35%。

建设一个新的沙漠之城是阿拉伯联合酋长国的一个计划，作为公用设施，将建一片只有空心树干的树林，空心树干用高强度合成纤维做成，灌有压电材料。每一根树干高60米，上面5厘米粗，下面30厘米粗。树干在风中的每一次摇摆都产生一个电流脉冲——人类就是这样孜孜不倦地在解决能源问题。

服装的载体效应

生活中有很多举止是不得不注意的,尤其在注重文明的社会里,比如穿衣要得体,而且需结合时代、社会体制、阶层、服装的载体、穿衣的时间、场合……

服装的载体也就是穿衣的人,所以说,穿着是否得体,关键取决于载体。改革开放初期,我首次随团去德国考察,我们下了飞机,前来接机的一位参加过多次交流和会谈的德国朋友一见面就上下左右地打量着我们全体成员。"你干嘛这样看着我们?""你看,你们这身打扮多得体呀。"原来如此,他确实是第一次看到我们穿着西装哦。

打那以后,平时穿西装的时候越来越多了,而且,在许多国际会议和学术活动中,西装是必须穿的(尽管每个国家和民族都有自己的民族服装或"国服",如中国的衣、裳、袍、长衫、马褂、中山装直到近代的唐装,而且各自也有所谓的"得体"理念)。在较长的时间内,通过学习、领教和别人的指点,发现西装能在全球流行是有一定道理的——讲究礼仪和"得体"。举个简单的例子,有一次在国外的一家中国餐馆用餐,餐间,老板轻轻对我说:"告诉你的同事,穿西装打领带时,领带不应该甩在羊毛衫外面的,应该塞在羊毛衫的里面。"(打领带只能穿鸡心领的羊毛衫,否则打领带就没有意思了,但不能把领带显露在羊毛衫外面)。

通常认为,在上班时间内,男子尤其要穿着得体,这里的得体意味着"恰如其分":所穿的衣服长短合适,不艳不素,要和自己的职业以及职务相称。一个准备去求职面试的人,必须注意自己的"外表",所以许多人都把"面试形象"当作一门学问来做,让"考官"觉得你在做同一件事情时,将会显示出比别人更高的价值,因此被录取的机会相应较高,承诺你的报酬也会比别人高。关于这一点,不少心理学和时装研究专家均得出了类似的结论:穿着得体者的被录用机会可提升5％到20％;研究者同时也提出了一些具体的意见。

当然,穿着是否"得体"也不能一概而论,应随职业(行当)而异,不过在金融业、大公司或大企业中,特别是担任领导职务者,尤应庄重、严肃;建议穿颜色较暗淡的西装三件套,或者灰色系列、深蓝系列的;勿穿褐色系列,也不要穿黑色系列的,更应忌讳穿白色的或彩色的外套。还有,皮带(腰带)、鞋子和文件包都要求是真皮制作的,皮的颜色应跟衣服颜色和谐;袜子颜色要深,袜子的长度是这样衡量的:当你坐着的时候,别人看不见你露脚的皮肉。根据个人的习惯,不妨系一条领带或外露的装饰巾,但不可显得太刻意。"绝不要戴昂贵的金手表、袖口金扣子或粗金项链,否则会给人一种'天堂鸟'或'暴发户'的印象。"同样有损形象的是:上装或裤子太短或者西装歪扭不整齐、皱皮疙瘩;总之,要争取实现服装的载体效应。

吸 酒

酒与烟不一样,烟基本上一无是处,该禁;但酒不能随便禁,要禁也是有条件地禁,比如要驾车就不能饮酒、工作时间不能饮酒、生病时不能饮酒……饮酒和饮酒量有很大关系,量多了有坏处,适当饮酒或饮些有利健康的药酒通常认为是有好处的。再说人类从发明酿酒以来,创造了多少富有智慧的酒文化呀。所以烟酒应分家,烟酒需要区别对待。

了解饮酒(主要指过量饮酒)的害处,从而学会有节制地饮酒,这一点对跳出亚健康至关重要。酗酒对人体的危害主要表现在损害脏器,包括对肾脏、肠胃、胰腺、肝脏、心脏的损伤。也许人们比较清楚酒精对肝脏的损害,因此有必要提醒一下酒精对其他脏器的损害,以便引起警惕。

比如过量饮酒会导致抗利尿激素的分泌,从而抑制肾脏对水分的再吸收。对胃肠来讲,酒精能促使胃黏膜分泌过量胃酸,使胃黏膜上皮细胞受损,引起黏膜水肿和出血,严重时可造成胃出血。胃壁细胞受到酒精的刺激而分泌的盐酸还会殃及胰腺,激励胰腺分泌亢进,导致慢性胰腺炎的恶化。

然而,只要有酒的地方就会有酒文化,酒文化让人们放不下酒,因为酒有一种凝聚力,能起社交作用。有时候,人们去酒馆真的是"酒翁之意不在酒",而是为了走进一个社交圈,为了"嘎山河"。酒在其中作为一种"催化剂"和"助兴剂"而不知不觉地使人失去控制能力，于是从社交变成了饮酒比赛。饮酒比赛在古代是"狂饮"的意思，比赛规则其实都是不成文的规定（不过再怎么也得按规矩出牌），最后弄得当事人失去知觉、不省人事。

还有，有钱人去酒馆有时候是为了显摆显摆，酒馆常常开在拐角处，两条路都搭界，据有心人说，他们作过调查，美国、欧洲、澳洲……都是这样的。于是有人会说："我去拐角耍上一圈。"（意谓"我到酒馆去，请所有在场的客人喝上一杯"。）不过这句话一定要说全哦，如果你只说前面半句"我去一下拐角。"德国人听了会以为你要去一下厕所呢。

说来说去还是那句话，酒再美味，酒文化再吸引人，酒量一定要控制好。问题在于，很多人不会自控。咋办呢，几年前，伦敦的街头巷尾都在传一个新闻，说的是在一个集市的旁边新开张了一家酒吧，酒吧的名字很特别——含酒精的建筑物。这幢建筑物既没有拱顶酒窖，也没有传统吧台。酒客被告知，在这里只要花18欧元，就会获得一件塑料保护衣，然后可以选一个被分割成小间的吸酒室。在吸酒室里，你吸到的是酒精蒸气烟霭——杜松子酒＋奎宁汽水的细雾。客人根本喝不到一口酒，据说这种会行走的酒精烟霭是通过肺和眼球被吸收的。酒吧创意设计人邦帕斯和帕尔声称，大概一刻钟后，客人就会有一种大杯饮酒的感觉，但绝对不会喝醉，因为访问这一酒吧的时间被限制在50分钟以内。邦帕斯和帕尔是一对食品创意设计的老搭档，之前他们已经设计了很多其他作品，这次"含酒精的建筑物"旨在保护饮酒者的肝脏，颇受本土酒客和旅游者的欢迎，后来不断有人仿效。因健康之故，不妨吸酒。

茶店与老娘舅

祖父晚年生活中唯一去不厌的地方是茶店,茶店是交换信息和获得信息的场所。到茶店坐坐的,各色人等都有,有小老板、小商小贩、落魄知识分子……祖父生长在绍兴,他说吃茶的人中"店王"不少,我知道越剧传统剧目《九斤姑娘》中有一个叫"石二店王"的,用绍兴话讲,听起来如"十二店王"("二"读音应发成 ni),"店王"是绍兴话中对财主和富人的称呼。

祖父在茶馆结识了许多朋友,包括教书先生、庙祝、人力车夫等。星期天祖父往往会带我一起去茶馆,而且一定会给我买一样茶点。晚上睡觉前,祖父和我一老一小分坐在茶几的两旁,白天在茶店没听懂的事情,我就会进一步刨根究底。"吃讲茶"的事情就是这么灌进我的小耳朵的。祖父十分怀念绍兴茶馆里的"吃讲茶",那是一种调解民事纠纷的吃茶形式,邻里间发生了较为重要的纠纷,但当事人又不想通过法律途径解决,可以到茶馆申请"吃讲茶"。吃讲茶这天,担任调解的是当地有影响、有威信、有地位,或有社会背景的长者(明清以后,常常由"退休"绍兴师爷担任),他们坐在临街的两张"马头桌"旁。矛盾双方先各自陈述事由,茶客可以评议,各抒己见;然后由马头桌上的调解员作出裁决,茶客们通常还会说几句附和的话,表示拥护。被判输的一方不仅输了官司,还得承担所有在场茶客的茶资,包括咯个老倌、夯个老倌(走过路过正巧碰上而串进来的这个人、那个人,泛指来看热闹的人)的茶资。其实祖父到杭州生活以后,杭州已经不流行吃讲茶了,但他喜欢回忆年轻时的经历。

祖父说"吃讲茶"中的调解人也叫"老娘舅"。为什么要叫老娘舅?这个问题牵涉到中国原始社会母系氏族制及父系氏族制早期,存在于舅甥之间的一种权利和义务。在母系氏族制时期,舅舅被视作甥儿甥女最亲的男性长辈,他承担着与姐姐(或妹妹)一起抚养和教育下一代的职责。舅舅年老后,甥儿甥女也有对他的供养义务,个人财产由甥儿甥女继承。到了父系氏族时期,仍有舅权的残留。一切都要听从舅舅,家庭矛盾也要舅舅来评理。直至现在,凡是调解矛盾的角色,都被亲切地称作老娘舅。

矛盾的双方当事人因为怕麻烦以及付出较大的诉讼费而选择吃讲茶这种民间调解方式,而茶店经营者为了增加营业收入而乐意承办吃讲茶,应该说吃讲茶是一种双赢的民间行为。通常都能按潜规则办事,老娘舅也能秉公执事;但偶尔也会因双方当事人脾气急躁倔强而发生掀翻桌子、大打出手的现象。

清末时期,苏杭绍一带和成都等地吃讲茶十分盛行。吃讲茶的没落和消失据说是因为有的茶店经营者勾结社会恶势力从事非法业务(如鸦片等),流氓无赖冒充"老娘舅"鱼肉良民。值得一提的是,有的爱国茶店经营者在辛亥革命前夜,把自己的茶店变成"制邮送电"和传播革命信息的场所。

城市和街道

城市形态学是专门研究城市形状、街道结构、居民住宅、城市管理、城市供给……的。城市有相对固定界限,也是道路的汇集点。从大小和规模分,城市可分为小城、中城、大城、百万人口大城、千万人口大城、(欧洲以前的)诸侯城市、国际城市、大都会;从功能特点来区别,可分为县级城、城堡城市、海滨城市、工业城、大学城、山城、附属城、卫星城、体育城、城市群、桁架建筑城……

城市有街道、街道有住宅,住宅离不开人;城市居民数的底线在丹麦只有 200 人,在德国,2 000 人以上的住宅地才能成为城市;奥地利的城市人口底线为 5 000 人;瑞士、意大利、英国的城市人口底线为 10 000 人、日本 50 000 人。从城市历史来看,欧洲中世纪以后,必须拥有城市权(或开市权)才能称城市,有了城市权也就有了城市及城市居民的各种其他权利:城市管理权、市民自由权、诉讼权、海关权、围墙和捍卫权、造币权等。

城市数量在不断增加——通过新建城市或者授予城市称号(如我国出现的很多县级市)。欧洲历史上的典型建城时期为中世纪盛期和巴洛克时期以及工业革命时期。世界范围有个时髦的概念叫"城市化",1800 年左右,德国已有 75% 的人住在城市里,2005 年,城市人口上升到 85%;在所有发达国家都有类似现象,如 2005 年,奥地利和日本有 66% 的人住在城市、法国 77%、美国 81%、英国 90%。

城市的产生、发展、建设体现了人类文明的不断进步,城市形态学也在不断完善。早先的建城是按东西—南北走向来安排街道网络的(如中国古代的城市以及部分美国的老城);唐朝的"京师"是在隋朝大兴城的基础上设立的,恢复长安之名,后来另建新宫城"大明宫",唐玄宗时又加建兴庆宫,城市的布局、气势、豪华和繁荣堪称当时的世界之最;日本的奈良(原平城京)和京都(原平安京)都是模仿长安兴建的。还有一种圆形的建城模式(如伊拉克首都巴格达)。以上两种建城理念属于有规则的建城,除此以外,尚有不少不规则的建城理念,往往是为了适应建城地的特殊情况所致,如古希腊的城市以及德国中世纪有机形成的城市。

18世纪以前,中欧地区有四种典型的城市平面布置图(即街道网络图):街市型,一个城市从头到底一条长街(就像中国的古镇一条街),大一点的城市可建第二条平行的长街。鱼刺型,就像鱼的脊椎那样,主干道上伸出很多支路。辐射型,从一个中心出发向周围"射出"许多街道。古典型,如上述的正方形或长方形的街道网络。

城市需要有街道,街道需要有房子;城市建设,主要还是造房子和建筑物,改革开放以来,中国人民最幸福的一点是解决了住房这一沉重的历史问题,然而也有遗憾的地方,少数贪官污吏和不法的房屋开发商蓄意误导群众,不断掀起炒房子和投机买卖房子的热潮,从中大捞和大发横财,让人们忘记一个很简单的道理:房子是用来住的,不是用来炒的。

偷工减料、以假乱真、以次充好、违法施工等建造的房屋,已经造成了房屋寿命问题。在城市建设和造房中,千万不能忘记"百年大计",一定要对子孙后代负责。

城市小街亭

城市和街道讲究清洁、美丽、有内涵,比如说除了建筑物和交通工具外,城市应有各种公用设施、服务机构、便民点、行道树、街亭……中国自古流行在街上建凉亭(街亭),供路人歇脚或临时聊天,如位于浙闽边界地金乡卫的街上有一座相当有名的街亭——丰乐亭(原名消夏亭),很受老百姓欢迎,1985年由热衷公益的人士捐款重建一新。民国后,街亭渐渐倾向于实用化,比如曾经是人行道上风景线的电话亭(今天由于智能手机的日新月异而退出了历史舞台)。

事物的隐失有时让人感到很矛盾,不过人们终于摆脱无奈,将一些报亭和电话亭转型为具有一定纪念意义和文化传承作用的迷你建筑物。

留恋城市有千百个理由,有一种人(主要是眼下的中老年人)非常留恋弄堂口的烟杂亭(烟纸店);留恋弄堂、留恋石库门、留恋老虎窗;爱屋及乌,必然留恋弄堂口的烟纸店。

人有一种怀旧情结,根据人的性格,有的人深重一点,有的人淡泊一些。也许北欧地区的国家离大陆中心较远,人们对传统较为怀念,在开发时尚和现代化规划的同时,也会念念不忘传统的城市和道路。芬兰从十几年前开始推广"健康之亭",旨在帮助卫生部门解决公民对普通疾病的诊治和对医卫知识的需求问题。光顾这种"报亭式"医卫机构无需预约，随到随看，亭内的工作人员以护士、退休医生及专家为主，常有志愿者及具有各种技能和知识的人来参与。芬兰人提倡"正常的"的生活节奏，不紧不慢，珍惜人与人之间的交流，他们做事不是为了赶时髦，而是首先奉行安静和安定的生活，很多人希望在健康之亭能听取一些"经验之谈"，因为有些知识在医院也未必能得到。有一位公民曾来咨询一个问题：为什么有的"节食"减肥者有时候身上有一种奇怪的气味——醋酸和果味混合的气味。当时亭内没有人能回答，于是请这位"顾客"留下电话号码；当他第二次光顾的时候，如愿以偿，问题得到了解决：减肥者开始节食时，不仅放弃碳水化合物，而且往往连蛋白质和脂肪都不吃；为了维持身体的功能，就不得不消耗肝脏和肌肉中储藏着的、对生命极为重要的糖（葡萄糖）……以后，等到开始"燃烧"脂肪时，肝脏也开始活跃起来，将身体中的脂肪酸转化为丙酮、双醋酸盐和ß-羟基丁酸盐，丙酮的作用是"告诉"大脑：只需少量葡萄糖。丙酮进入血液，最后通过出汗和呼吸排出体外，于是产生一种说不清的醋酸＋水果的气味。

2017年秋，德国大城市汉堡的两个城区分别效法芬兰，开张了两间"健康之亭"，这里的团队是多元化的，用德语和多种外语提供医药咨询，并得到"伙伴医生网"的支持，两年来完成了3 000多种咨询服务，较多的"顾客"是为了接受关于减肥、戒烟以及社交心理学方面的指导。健康之亭也定期举行体育讲座和营养讲座，帮助糖尿病人、哮喘病人制定治疗程序。联邦政府的一个革新基金会负责对两个健康之亭提供头三年的资金。

小街亭，消失了一批旧的，出现了一波新的，可喜。

等脑子有空了再说

每个人拥有的脑细胞数量虽然是不一样的,但通常不会差得太多;但记忆能力跟脑神经细胞功能有关。日本科学家曾经说过,记忆是生存的机能之一,所以记忆其实是为了让人能有功能地活着,记忆也是思维活动的必要条件,无记忆也就无从思维。八十年前,加拿大著名神经外科医生彭菲尔德发现,大脑颞叶是重要的记忆中心。后来人们还发现,大脑边缘系统的许多脑区也跟记忆有关。

人的记忆过程很像一台计算机的运作:信息经编码成为数据,然后被输入电脑储存起来,当我们需要用的时候,再将信息(数据)提取出来,人就完成了一个记忆过程。

很多人(尤其是老人)总是抱怨自己的记忆力不好,有时候把偶尔的"记不起来"看得过分严重,甚至以为"脑子出毛病了"。笔者以为,作为一个人,我们不妨干脆把大脑当作电脑看待,电脑有出问题的时候,比如由于储存时的错误操作,或者信息归类搞混了,或者一个大容量的文档把其他信息堵住了……这种时候,我们需要作适当的调整——利用一些触发记忆的元素,大脑有时候会很忙,也许当你想提取信息的时候,大脑正在进行其他运作。

如果你发现,你在说话时,有一个你想提及的人的名字记不起来了,你可以利用感觉的触发功能:回想这个人的形象特点、你跟他曾经一起做过或一起阅历过的事情……让其他感觉功能活跃起来,促使你发出人名的声音,在这里,是采用形象思维触发逻辑思维的办法,姓名、数字、符号等的记忆属于逻辑思维,比较抽象;所以用形象思维的方法来支撑逻辑思维,有助于记忆姓名。

当武汉疫情相当严重的时候,全国人民都在关怀,由关怀而引发记忆,然而记忆并不是你想记起的时候就会立马成功的,我在武汉生活和工作过5年,可那是四十多年前的事情了。我尽量在心里暗暗默记着,眼前始终只有很少几个不完整的名字闪过;但我总觉得有一些生活片段在脑海里"过电影"。那天临睡前,我终于想起了两个同事的名字:"蒸发糕"和"哈尚文",为什么偏偏是他们两个呢?是形象思维的帮助:"蒸发糕"本名钟华皋,他是湖南人,有点微胖,人们常用湖南话发音叫他的名字,听起来就像"蒸发糕",给我印象较深。另一位叫"哈尚文"的是英语同事,是湖南人还是湖北人,我不确定,但我每天至少能听到他在走廊里唱两三遍湖南民歌《挑担茶叶上北京》。我似乎觉得夜里一直在做梦(其实是不可能的),第二天上午我陆陆续续从记忆中拎出了一串武汉同事的名字,这是重大事件和形象思维触发记忆的效果。

还有一个方法不妨也可试试,有时候突然叫不出一位其实是很有名的人物名字(如演员、画家或音乐家),好像名字就在嘴边,可就是叫不准;此时此刻,千万别以为自己脑子不行了,这叫"等脑子有空了再说!"可能是脑子正在为处理别的事情而运作,等脑子空闲了,记忆也就回来了。再说一个触发记忆的因素——不妨记住一个人的外号,有的外号其实挺有用的,记住外号,等于记住了人。

闯地狱

前苏联曾在科拉半岛靠近芬兰边界的地方进行过一个创世界深度纪录的钻探工程，其中最深一个孔打到离地表 12 262 米处，该工程于 20 世纪 70 年代已经开始，至 1983 年，最大深度已达 12 000 米，而最后的 262 米竟然花了 10 年时间完成。后来就停止了该项目，官方理由是经费问题，但内部人士却透露说，因为洞钻到地狱碰到鬼了。而且从拾音器里传出一大批罪人在地狱受苦的呻吟和惨叫声。一时间，各种有关说法让人觉得这是千真万确的，因为人们"看见一个鬼从洞里跳出来"。甚至有参与工程的科学家发誓说："作为共产党员，我不信有天堂，也不相信《圣经》上说的话，但作为科学家，我现在相信有地狱。"

最后有科学家解释这一"见鬼"现象：地下并无地狱，也无罪人和鬼，从深处传上来的"呻吟和惨叫"其实是远处运动着的大陆板块发出的声音，被地下传声器录下，然后传到地面。

上天和入地曾被看成是人类最伟大的工程，在苏联以前，即 20 世纪 60 年代，美国提出了"深海钻探计划"。美国科学家用钻探船在海底开始研究，因为通常认为地壳在海底比陆上薄。可是到了 1966 年，该项目终止了，原因是技术人员在海中已无法超越 183 米的深度。

苏联科学家们终于创造了人类钻地最深的世界纪录，他们用的是200吨重的钻杆,钻孔直径为21.4厘米。除了碰到一些意想不到的岩层外,钻到10 000米深处时,科学家们发现了14种"生命形式"的化石,引起"对科学世界观起革命性作用"的轰动。另一个令人兴奋的收获是,当钻探深度达到9 500米时,钻头进入了一个含有黄金和钻石的岩层,经分析发现,该矿石的含金量为80克/吨。

从事过类似入地项目的还有德国,德国开展过一个"大陆深钻计划"(KTB),德国人选择了两个大陆板块的接缝处深入地下,进行了8年之久的科研工作,达到9 101米的深度。在回答"为什么不再继续下去"时,有关负责科学家说:"在10 000米深处,岩石的温度已达180℃,在220℃的温度下,我们的钻探技术就会失灵。"

科学家估计,地球的地核温度在5 000℃以上,而且那儿有着一种难以想象的压力(400万帕)。几代科学家苦苦思索着如何解开地球深处的秘密,因为至今被推断和确定的数据或现象还没有一个人亲历和验证过。尽管如此,有的科学家仍然非常乐观,他们希望有朝一日人类能从地核采集能源,并相信会有更先进的技术问世,比如从宇宙出发探测地球深处。

春秋在萎缩

四季是温带和亚热带地区对春夏秋冬的总称。中国古代用二十四节气中的立春、立夏、立秋、立冬作为四季的开始；北半球的欧美国家则以春分、夏至、秋分、冬至界定四季的开始。然而，随着全球气温的变化、环境和生态的破坏，这样的划分离实际意义上的春夏秋冬越来越远，所以我国用平均候温来划分四季。五天为一候，候温指每候的平均气温。连续五天日平均气温的平均值大于或等于22℃，这五天中第一个大于或等于22℃的日期为夏季的始日；连续五天日平均气温的平均值小于或等于10℃，这五天中第一个小于或等于10℃的日期为冬季的始日；介于两者之间的分别为春季和秋季。用候温来确定季节到来的迟早对农业生产、交通旅游和百姓的经济生活都有实际意义。

我国的农谚和气象谚语往往和节气有着千丝万缕的联系，如"立春要晴，雨水要淋"、"要种四季豆，不在清明后"、"春分前后，大麦豌豆"……显然，随着温室气体的排放和全球变暖、资源的滥用和生态平衡的破坏，不少"农民的智慧"（农谚）开始丧失其准确性，或者不能再用节气为衡量标准。

印度奥里萨邦的季节较特殊，每年有六季：春季、夏季、雨季、秋季、湿季、冬季。这种传统的季节划分可追溯到公元前一世纪，那时的土著印度人不需要记住什么时候开始什么季节，他们完全依赖于黑头黄鹂之类的鸟儿的及时提醒。可是现在奥里萨邦的农民却不断在抱怨,他们发现不管是否收获季节,人们都会看到鹳;而黑头黄鹂几乎一年到头在歌唱。"智慧鸟"不再可靠,奥里萨邦已经没有六个季节了,现在只有短期的雨季和酷热的夏季了,冬季只是这两季之间的过渡季,春季、秋季和湿季"萎缩"成让人几乎感觉不到的"小插曲"。

欧洲的一个科学家小组归总了所有历史的和现有的数据而得出结论:在1971年至2000年这一时间段有78%的植物叶子提前发芽,75%的果实提前成熟。北欧地区的春季比30年前提前6至8天开始。

近年来,除了全球升温,人们还纷纷议论:传统的季节正在不断推移,北欧的大部分地区,春天的开始在前移,而有的地方如尼泊尔,则一切都在迟到。四季已经不再分明,尤其是春季和秋季变得越来越短,仅仅是过渡而已,甚至在逐渐消亡;夏季和冬季却越来越长。春季来得早,固然使有些国家能种植一些以前不太好种的果树。然而春来过早或者冬天温度较高都会有利于越冬害虫的存活。再说,大自然有一个食物链,比如几千年来,白条尺蠖的幼虫和大山雀的生命周期都和橡树是同步的,白条尺蠖的幼虫吃橡树嫩叶,大山雀则捉白条尺蠖幼虫来喂养幼鸟。春季开始的时间发生变化必然迫使两者跟着适应,否则食物链就会中断。

季节的推移印证了一位诗人所说的话:"因为我们的罪过,大自然正在惩罚我们。"

炒鱿鱼和最低工资

解放前以及解放后公私合营前,为私人老板打工的劳动者最怕老板在年边构想来年的"人事变动"——解雇员工。当然,老板是不会提前告知的,尽管如此,将要"中彩"的雇员通常也会事先得到风声,比如一家店里的店员,有很多是包吃包住的,或者至少包吃一顿午饭,而这顿午饭一般都由一家"包饭作"提供(上海的很多弄堂里都有从事"包饭作"的,每天买菜、做菜、烧饭,午饭做好了,由包饭作的一名伙计挑着两只装满了饭菜的大笼屉送到店里去)。明年若是吃饭的人数有减,这位挑饭菜的伙计肯定会提前从店里的账房先生那儿得到风声,一旦消息传开了,大家都会提心吊胆。等到老板正式宣布,被解雇的店员便立马卷好被褥,准备走人,后来人们也就用"卷铺盖"来代替"被解雇"。至于"卷铺盖"为什么又叫"炒鱿鱼",这跟香港话(广东话)有关,香港话称解雇为"炒鱿鱼",据说是因为炒鱿鱼时,鱿鱼肉会卷起来,跟卷铺盖的过程很相像;改革开放后,"炒鱿鱼"这个词很快在内地流行起来。

生活在一个社会里,不论是何种体制的,社会结构通常可分为两个方面:一方面是用人单位,另一方面是劳动者,用人单位必须依法支付给在法定工作时间内提供了正常劳动的劳动者一种不低于法定最低工资的报酬。1894年,新西兰颁布了世界上第一部最低工资法;世界各国一般通过立法确定最低工资标准。我国1994

年的劳动法和2004年由劳动和社会保障部颁布的最低工资规定,确立了最低工资的保障制度。

欧盟的汉斯-伯克勒尔基金会所属的经济和社会研究所提供的数据表明,从2019年4月1日起,德国的雇主付给雇员的最低工资不能低于9.19欧元/小时,不允许签订低于此标准的劳资协定;换句话说,德国的最低工资在欧盟占第七位;第一位是卢森堡(11.97欧元/小时),此后是法国(10.03欧元/小时)、尼德兰(荷兰,9.91欧元/小时)、爱尔兰(9.8欧元/小时)、比利时(9.66欧元/小时)和英国(9.28欧元/小时)。西班牙居中(5.45欧元/小时)、斯洛文尼亚(5.10欧元/小时)、马耳他(4.40欧元/小时)、希腊(3.76欧元/小时)、葡萄牙(3.61欧元/小时)、立陶宛(3.39欧元/小时)、爱沙尼亚(3.21欧元/小时)、捷克(3.11欧元/小时)、波兰(3.05欧元/小时)、斯洛伐克(2.99欧元/小时)、克罗地亚(2.92欧元/小时)、匈牙利(2.69欧元/小时)、罗马尼亚(2.68欧元/小时)、拉脱维亚(2.54欧元/小时)、保加利亚(1.72欧元/小时)。

提到最低工资时,绝对数字并不能说明某人的生活过得怎样怎样,而是必须同时看到物价指数和购买力,如果这些因素同时考虑的话,那么生活水平的排名就会发生变化,比如罗马尼亚在欧盟的最低工资排位本来是第二十位,由于该国公民的购买力较高,所以生活水平排名便升至第十二名。再如按最低工资绝对值排名第九位的斯洛文尼亚,如果以购买力衡量,生活水平就降至第十七位。倘若用德国人的购买力来评价,则他们的生活水平排在欧盟的第四位。

总之,解决失业问题和实行最低工资制,是为了保障劳动者拿劳动换来基本生活水平,无论哪一种社会体制,都应认真做好。

从低等动物繁殖说起

几十亿年以前,当地球上只有单细胞生命存在的时候,既没有雄性,也没有雌性,所有的生命都是中性的,它们都通过细胞分裂增殖;其实,多细胞生物通过分裂也繁殖得很好。人们羡慕水螅的触手被切掉后,会从伤口长出许多触手来。海葵的肢体倘若被珊瑚礁挫掉,掉落的部分就会长成新的海葵。

致病的细菌通常也是分裂增殖的,但有时候两个细菌会像两艘并驾齐驱的船一样排列前进,它们通过细胞壁的接触而交换遗传物质。这两个细菌就不再是原来的细胞了,它们的基因已经发生了变化;有人将此也称为"无性交配"。有的病菌对抗生素不敏感,它们可以通过接触而将这种抗药性传递给许多其他细菌,结果是:药物不起作用。这种所谓的"微生物性交"十分有利于细菌很快适应环境的改变,是进化史上的一种进步;然而对人类而言,它们构成了医学和药物学上的一道严重障碍。

有一个值得注意的现象,在食料充足、气候温暖的条件下,水螅可以通过出芽增殖的方式使个体增加一倍;这时,一个小池塘里水螅的呼吸产物二氧化碳达到很大浓度,能起一种"性气"作用,为雌雄异体创造前提。于是,无性动物暂时变成雄性或雌性,产生卵子或精子;换句话说,无性动物在"人口膨胀"时期会变成有性动物。一旦"人口减少",它们又回到无性状态。看来,有性和无性关系到有的物种存亡的问题。

每年春季和夏季,蚜虫为了尽快繁衍,就进行孤雌生殖,生出的幼体全是雌体;只有到了秋季,才会产生雄性,雌体与之交配后产卵,所产之卵全是抗冻体,在冬天也能存活。所有的蚜虫在寒冬到来以前相继死去,"传宗接代"的任务由这些抗冻卵子承担。蚜虫具有无性生殖和有性生殖的方式。

随着雄性的出现,动物世界便有了形形色色的婚姻:季节性婚姻、终身婚姻、强制婚姻、一夫多妻、一妻多夫、群婚乱配……值得一提的是臭虫的谋杀性婚姻——雄臭虫在雌臭虫背上任何一个地方刺进去,并将精液送入伤口;精液通过雌体的血液流动到达生殖器官。有时候这一刺很可能是致命的一着——雌虫不久便一命呜呼。

也许雌性松鼠是动物界最具封建意识的,她只允许自己的"心上人"和她交配,碰到有其他雄性追逐她,会立即缠上"贞节带"——把长着浓密刺毛的大尾巴夹到肚子底下,封闭生殖器。

几十年前,有一批科学家曾津津乐道雌雄同体的优点,他们提出一个问题:为什么要有雄性,繁殖后代一定要有雄性参与吗?有极少数人甚至忘记了自己是高等动物的身份。像孤雌生殖是普遍存在于较原始动物种类身上的一种生殖现象。科学研究要有勇攀高峰、解决难题的精神,人们终于放弃了走捷径和想入非非的作风,正确地应用细胞生物学的方法,按照人们的预设定,有计划地研发保存、改变和创造细胞遗传性状的技术。细胞工程对于农业、医学、食品等工艺的革新有极大潜力可挖。

大墙人性化

曾在电视上看到了一位被减刑的罪犯参加"中国梦想秀",展现自己的才艺,他的管教狱警也来参加了节目。中国现代监狱的文明管理、科学管理和人性化教育由此可见一斑。

至今,我国本着《监狱法》的精神,对罪犯实行惩罚和改造相结合,教育和劳动相结合的惩、管、教,吸收先进的、人性化的管理方法,重视思想教育、文化教育和 职业技术教育,努力将罪犯改造成守法的公民。

近几十年来,很多国家也都先后根据自己国家的国情,对罪犯的教育有较大程度的改革。德国出过一个名叫米夏埃尔·格奥尔基的著名牢房翻译家。1975 年,他因杀死女友而被判无期徒刑。在监狱里,他是一位自选工作的犯人(因此每月需向监狱交付 500 马克的牢房费),他的工作是将英文版侦探小说译成德文,至 1987 年,他已经翻译了 70 多部小说,并多次获奖。当他被减刑释放时,他说了一句耐人寻味的话:"如果没有改造手段的话,长期监禁是没有意义的。"

一直以来,人们在寻找改造犯人的手段。比如在有的国家里,监狱的封闭式服刑犯人可以报名学习焊接、当泥瓦工等,最后通过考试获取证书。犯人们很乐意学一门手艺或掌握一种技术,有一名犯人说:"我一直在想,我要是早有一技之长,也许不会进来的。

再过一年我将被释放,我必须考虑以后的日子该怎么过。"

有的监狱干脆办起了小型学校,甚至还有计算机室,使正在服刑的犯人有机会补习中学文化和从事职业学习。但招生布告中规定,已经持有中学毕业证书的不能报名参加学习。另外,少数特别引人注目的犯人也被拒绝。上课的学生可免除劳动,甚至每上一节课还能获得1.3欧元的奖励。有的监狱学校已经具有相当规模,设有教培中心,允许犯人读函授大学课程。值得注意的是,教会通常会资助监狱办学。

想当初,监狱办学在欧洲曾经是一个热议话题,往往遭到各方面的反对。有人认为监狱是执行刑罚的地方,应该将犯人监禁起来,对他们进行惩罚,没有必要让这些犯罪分子变得更加聪明。然而长期的实践和取得的成绩使人们改变了看法:犯人迟早要"重返社会"的;犯人被教育好了,是对维护社会治安、促进社会和谐的一种贡献。

大脑中的黑匣子

飞机不幸坠落，空难发生后，找到的黑匣子作为飞行记录仪，可提供重要数据，这些数据能帮助人们了解空难发生前所出现的状况。经过专门训练的专家们通过分析飞行技术参数及黑匣子的录音记录，得出坠机的原因。为了避免今后再发生类似的错误，采取必要的措施，如对飞行员的再培训、对飞机作相应的技术改进……黑匣子不是防止事故的装置，而是一种供人们从事故中吸取教训的措施，使飞机和飞行技术越来越完善。

其实人的大脑中也有一个类似于黑匣子的错误纠正中心。20世纪70年代，有一位加拿大教师提出了一种论断：只要总结经验，就能避免犯错。这一理论和中国古代的哲学思想有相同之处，如"前车覆，后车诫。"尽管如此，人还是不断犯错误，因为他们不认识自己的错误，或者把错误的责任推到别人身上（庆祝自己的成功比接受自己的失败舒服得多）。有一位心理学教授讽刺政治家对选举的成功和失败的态度时说，胜利者认为成功应归功于自己所在的党及其拥护者，而失败者则可笑地说坏天气阻碍了自己所在的党和追随者来到投票箱。其实两者都没有涉及到自己的政见、能力和的所得民心的程度。

国外有"零错误时代"的说法，指的是人处于四十几岁的时候，应该在各方面都很优秀，出于害怕犯错，什么都不敢做，也就什么都不会。然而没有错误意味着停顿,不敢为也不会有收获。

大脑研究者很久以来就对"从错误中吸取教训"颇感兴趣,他们在研究,当我们遭遇错误时或者正要做一件错事的时候,大脑中会发生什么。在某些情况下,大脑会拦阻我们,不知不觉地开动一种纠错机器,阻止糟糕的事情发生。神经心理学家解释说,大脑的错误纠正中心有许多系统在监控,分辨我们所做的事情是对还是错。比如行动监控系统在悄悄地纠正我们的姿势或动作,使我们不致失去平衡。当我们在用电脑的键盘打字时,大部分打错的字都会被我们立即删除掉,这是另一个纠正系统在工作,而且用的是"从错误中吸取教训"的原理,我们平时的出错为这一系统提供了很有价值的信息,在以后的监控中它就会起到纠错作用。

大脑纠错中心位于两额叶的中间区域,以前认为,这个中心并非碰到每个错误都切换开关,而只能作应对控制和纠错(即针对以前碰到过的错误作相应的纠错)。不久前科学家们在做一个心理实验用的脑电图时发现,只要实验人员按错一个键,大脑额叶的电位值就会减小约 10 毫伏,这是处理错误的重要标记。

科学家们还发现,有些人不能从错误中吸取教训是有基因方面原因的,多巴胺这一信息素会让人在取得成功后产生一种"幸福感",但大脑中如果缺少必要的受体密度,则多巴胺不能"对接",人的"幸福感"在一次成功后就失灵了(不在意犯错和失败,无所谓吸取教训了)。

关于情感服务

第三产业(亦称第三次产业)是国民经济的三次产业之一,系为第一产业和第二产业的发展提供基本服务的行业和部门。这一概念由新西兰经济学家阿伦·格·费希尔和英国经济学家克拉克于20世纪30年代和50年代相继提出,获得全球认同和采用。第三产业的牵涉范围很广,各国的划分略有不同,但一些基本的、典型的现代服务都是相同的,并且都有"带着感情服务"的要求。人们接触最多的微笑服务部门是飞机机组人员、营业员、电话总机服务员、医院护理员等。

被服务者显然很希望服务人员耐心、热情、周到乃至面带笑容地服务;而从事现代服务的企事业单位对员工也都有这些方面的要求。然而相当长一段时间以来,很多国家的劳动和管理心理学家对微笑服务(此处指强制微笑)提出了异议,认为非出自内心的强颜欢笑有害于服务者的身心健康。一些专家特别提醒企事业,不要过分要求员工在岗位上始终装出笑容。否则,时间长了会引起服务者的沮丧、高血压和其他心脑血管疾病。

航空公司通常要求女员工在脸部表情、姿势或语言表达方面带有友好温柔的感情色彩(不管这种感情和该员工当时的情绪及感受是否一致)。餐馆的服务员往往被要求对客人笑脸相迎,但如果一位服务生正好碰到一件非常糟糕的事情,让他(她)微笑是极不和谐的事情，是非常有害于健康的。司法工作者在岗位上也需要显示出一种与职业相关的情感，但不是微笑，而是一脸严肃；幼儿园的老师同样必须违背自己的意志而装出一种严厉的样子；还有的工作要求员工有意识地显露出一种同情感。

带着一种自己当时没有的情感进行服务是一种特别累人的工作，情感的成分越多、与用户的互动时间越长，则对服务者的身心健康影响越大。研究者认为，期间的感情不协调对身心的害处比"时间压力"要大得多。在巴士司机身上所做的大量试验表明，在被迫微笑的日子里，司机们的心绪始终是不顺畅的，而且注意力减退，内心非常不安，回到家里觉得筋疲力尽。

带着某种感情服务是现代服务业的普遍要求，那么如何才能提高情感工作的能力呢。有人介绍经验说，可以采取一点战略，为自己设一条互动底线，因为情感分为表面化表达和深度表达，表面化表达是一种假的、和自己情绪相悖的情感表露，不利于身心健康。所以不如尽量开发深度表达，让自己进入所要求的情绪状态，这是一种自我保护。有一位曾经是空姐的女子说，她经常把机舱设想为家里的客厅，把乘客当作来家里做客的亲戚朋友。另一位现代服务人员颇有意思地说："我很懂得爱护自己的脸部肌肉，做出一张笑脸，我只需动用 13 块肌肉；而装出一副极为严肃的脸部表情则需要 60 块肌肉的参与。"

人与人在不断互动，我们希望看到别人的友善、热情；今天你为我服务，明天我伺候你，充分理解这一点也许是较好的解决办法。

戴太阳镜的理由

骄阳当空的夏日是人们佩戴各式太阳镜耍酷的时节，然而戴太阳镜的理由不是戴上后使眼前变黑，而是保护眼睛，使其不受紫外线的侵害。所以太阳镜应理解为保护镜，而不仅仅是一副墨镜。如果一副不合格的太阳镜只能挡住可见光，让瞳孔放大，而不可见的紫外线却能进入眼睛，那么长期配戴，非但不能起到保护眼睛的作用，反而会伤害眼睛。

人类很早意识到，刺眼的光对眼睛有害，生活在极地的人长时间受到冰雪反射光的侵害，所以那里的人早就开始制作"雪镜"保护眼睛。雪镜是没有镜片的，用动物骨头做成，有一条狭长的缝让光线进入眼睛。人们也很早发现，有色透光物体可阻挡刺眼的阳光，使眼睛少受损害。古罗马作家大普林尼曾写过报导，提到当时的罗马露天圆形竞技场几乎没有遮阳设施，古罗马皇帝尼禄于是让人用绿宝石打磨成镜片，用来观看斗士的竞技比赛。

15世纪末，欧洲出现了对付刺眼阳光的、用彩色镜片做成的眼镜（太阳镜）。当时的大部分太阳镜采用绿色镜片，从18世纪开始，太阳镜越来越受欢迎。为了阻挡阳光，镜腿通常做得较宽。1797年，英国人理查森发明了"双镜"，需要时，眼镜的侧面有绿色镜片可翻到普通镜片上。后来人们把有色镜片按在上面，用起来更方便。然而19世纪后半期以前，太阳镜都是一副一副制作的，没有出现批量生产。

1907年底和1908年初,瑞士眼科医生福格特发表了他的研究报告,他发现,短波紫外线比长波紫外线的危害大。1926年,他又指出,短波红外线在损害晶状体、脉络膜和视网膜方面也能起到不可忽视的作用。后来,德国耶拿的物理学家哈廷格将损害眼睛的光分成5类:1300纳米(纳米,中国以前译成毫微米)以上的长波红外线只损害眼睛的外部。1300纳米与760纳米之间的短波红外线在过分强烈时,会损害到虹膜、晶状体、视网膜以及脉络膜。波长760纳米与400纳米之间的可见光如果很强,会引起目眩和红视病。400纳米与314纳米之间的长波紫外线还不至于造成永久性损害。314纳米以下的短波紫外线会引起眼结膜炎和角膜炎。

太阳是自然界的主要紫外线光源,到达地球表面的太阳光线中,紫外线约占13%,其中UVA(A类紫外线,波段在315纳米至380纳米)占97%。目前,太阳镜的防紫外功能要求基本上能做到尽量消除波长380纳米以下的紫外线。

太阳镜除了款式琳琅满目以外,另一特点是恢复了夸张的大镜框,有一种白色的高级镜片能阻滤各类(UVA、UVB、UVC)紫外线。这一切不管如何吸引人,在选购太阳镜时最重要的是注意UV指数(滤除紫外线效果)及安全防护性能(如镜片材料的抗冲击性能等)。

单车再复兴

记得有一次在办公室为了"自行车"的叫法而引起争论,有一位来自北方的同事说:"上海人怎么把自行车称为'脚踏车',好滑稽呀。"上海人听了不舒服:"怎么就滑稽了?'自行车'才不可思议呢,它自己会行走吗?"我也插了一句:"玩笑话,至于吗?国外有人把眼镜也戏称为'鼻梁上的自行车'呢。"有的话,特别是方言,细究起来,确实蛮好笑的。比如"单车",好像是从广东话来的,我开始不喜欢用,现在觉得,有时候还很有用的,至少它只有两个字。

丹麦首都哥本哈根在过去的二十几年中变成了自行车城,只有四分之一的上班族还在开小汽车上下班,有43％的出行者愿意骑自行车外出,估计这一比例至2025年将上升到50％;相比之下,德国人感到很遗憾,因为德国也有一个自行车城——明斯特,但该城的骑车者只有30％。

当然,人们也不得不承认,随着骑车人的比例上升,事故也会增加,为此,市政管理部门特意提出了单车安全行驶的准则:车速慢的骑车者应右驶,只能从左边超车。转弯时必须打手势,以免后面的骑车者追尾撞车,因此在踩刹车前,必须伸出手至头高处,向后面的人发出信号。一半以上的哥本哈根公民说,他们之所以骑自行车,是因为骑车能更快和更容易地通过。这主要是依靠基础设施的变化,专门的桥梁缩短了骑车时间,哥本哈根市内交通信号灯亮绿灯的时间按骑车人的速度进行了调整;相反,机动车司机经常碰到红灯。哥本哈根的自行车道有2.2米宽,远远宽于标准的自行车道,而且在自行车辆多的路段还在继续不断地加宽。很重要的一点是,这一系列的革命性措施得到责任部门的同意和机动车驾驶者的谅解。城市规划人员的目标是,至少到2025年有80%以上的公民利用不断增长的自行车出行,并能将这样的变化看成一种正能量。

可喜的是,在革命性变化的同时,有新的工艺技术在支撑。对于传统的自行车来讲,薄薄的内胎是自行车的薄弱环节,只要内胎有个小洞,那就必须修补了。大部分汽车和摩托车的轮胎(外胎)中早就没有了内胎。现在自行车也要采用"无内胎轮胎"——一种依靠胎圈轮辋间的贴合而保证气密的轮胎,使轮胎不容易坏。通常还要用一种特殊的密封乳(橡浆),橡浆被喷射到轮胎中,骑行过程便不会出现小洞和漏气现象。而且滚动阻力也减少了,因为传统的轮胎中,内胎和外胎盖之间的摩擦会导致能量的少量损失,稍有一点压力就会瘪气。

问题来了:无内胎工艺为什么早不用?尽管解决了内胎损坏的问题,但总的来讲,费用不一定低于传统自行车;再说,安装也不很容易,为了安装准确,需用大压力和压缩空气,至少要有一台特殊的泵或一台空压机。此外,橡浆需要不断更新,更新时会留下难以洗掉的斑块。由于技术和工艺的不断改进以及环保对交通工具的要求,无内胎自行车终于被提到日程上。1790年,法国人西夫拉克发明了自行车,时至今日,自行车始终被看成人类发明中最成功的人力机械,是最好的绿色环保交通工具。

第三代牙齿

曾经听一位退休教师叹息说:"要是人能像扬子鳄一样该多好啊,掉了一颗牙,就能长出一颗新牙来。"中国古代称扬子鳄为"鼍龙",其实鼍科动物都有这种能力。值得人类羡慕的还有鲨鱼,它们隔一定时间就会长出新牙。在这方面,人确实只能"自叹不如"了。人的一生只能长两轮牙齿,以后就掉一颗少一颗,提前显出"老相"。

按说人比以上这些动物高级得多,为什么在牙齿这个问题上显得如此被动,几十年来,人们一直在试图有个突破。但始终只知道,这是一个牵涉到基因素质的问题:人类的牙齿构造太复杂,尤其是臼齿有着许多牙根和牙冠尖,比鳄鱼和鲨鱼长牙麻烦得多。

人出生时是没有牙齿的,过 6 至 7 个月开始长出乳牙,至 2 岁半左右,20 颗乳牙全部萌出。乳牙不但小,而且不耐磨;从 6 岁开始,乳牙便逐步掉落,通常在 12 岁左右,所有乳牙被替换,代之以 28 至 32 颗恒牙。因为刚出生的婴儿,其头颅骨比面部骨大好几倍,而且继续在快速生长,6 岁时大致达到了成人的 90%;所以面部骨也必须相应地快速生长,这样才能与颅面相适应,乳恒牙的交替能刺激颌面部的快速生长。其次,进入儿童期的孩子,饮食发生了很大变化,需要有耐磨的牙齿才能咀嚼食物。还有,婴幼儿的牙床小,故乳牙的个头小、数量少,随着面部颌骨和牙床的变大,正好为大而耐磨的"第二代牙齿"创造了"框架条件"。牙齿分为第一代和第二代,是人类进化过程中优化组合的典型例子。

然而近几十年以来,人类科技的高速发展大大超越了进化速度,使人类的寿命不断提升,进化跟不上电子化、科学化……第二代牙齿受到了严重挑战。

近年来,人们通过不断的实践,推出了所谓的"第三代牙齿"——种植牙。但鉴于种植牙的费用十分昂贵,而且是一种"硬碰硬"的手段,有些老人一看照片就害怕了:"吾余生不多也,凑合着过吧。何必花那么多钱去吃苦头。把牙床和骨组织当硬质设备,在上面打洞拧螺丝,咱不干。"

同时也确实有些专业人士主张开发一种"软措施",因此早就有另一路大军在开辟新的途径。比如英国、美国和日本的一些专家围绕着"生产牙质"的方法,利用颌部的干细胞,并通过一种药物刺激使颌部生成牙质,到目前为止,在啮齿目动物身上已试验成功,只是无法产生珐琅质,于是又用激光脉冲对干细胞施加影响……另外还有一种办法是向牙齿脱落后形成的空隙注入一种特殊物质,并能在这一物质上长出一颗牙齿。后者目前只能被看成一种奢望,离成功的路尚很遥远。总之,人们多么希望口腔里能自己长出第三代牙齿。

电话亭留下的……

"今晚六点，路口电话亭西侧。"这是全世界通用的约会暗语模式，也许中国人会说成"今晚六点，老地方见。"这"老地方"，有时就指"电话亭"。

贝尔1876年发明电话机后35年左右，当时的西方工业国家开始普及电话亭；又过了20年左右，在上海的租界地也能看见少量的电话亭了。电话亭的存在只有短短的一百年历史；如今，移动电话和智能手机突飞猛进，一个个名存实亡的电话亭都沦落为一米见方的空荡荡小房子。

然而，当我们真的要告别电话亭的时候，总有那么一种"没有亲近够"的感觉。英国的公用电话亭是世界闻名的地标性设施之一，尤其是K-系列电话亭（从K1至K8的红色系列电话亭）。贾尔斯·吉尔伯特爵士在英国电话亭设计中功不可没（他亲自设计了K2、K3和K6三种型号）其中的K6是为了庆祝英王乔治五世加冕纪念日而设计的。K4型电话亭内设有邮票出售机和寄发纸质信的信箱，人们称此为"无声邮局"。还有一种叫KX的型号，那是现代化的（双生）电话亭，配有显示屏，可以上网的。英国只有乡村可建造其他颜色的电话亭，在城市则规定必须用红色电话亭，以便人们打报警电话时，巡警能迅速找到目标。再后来，新型号不断出现，电话亭的颜色也不再严格规定，2007年，英国电信局推出新品种电话亭 ST6，这实际上已不是电话亭，而是电话柱，正面装有电话机，上方有遮雨棚，其他三面是敞露的，背面用来做广告，以广告补贴亏损。从 2001 年开始，英国对当时尚在服务的历史性电话亭采取保护措施。鼓励个人认购和参与拍卖，使一些历史久远的电话亭能像文物一样被保护下来。

德国也是一个热心建设电话亭的国家，第一个电话亭启用于 1881 年，1899 年开始出现投币电话亭。从 1946 年起，规定电话亭统一用黄色，20 世纪 90 年代改为白—灰—品红色。德国人讲秩序，主张与人方便，20 世纪 70 年代前的电话亭上都规规矩矩地写着"顾及他人，讲话简洁"字样。出于精益求精的追求，1983 年开始，对电话亭的设施陆续作了补充和改进：采用六角形的无障碍电话亭，为坐轮椅者安装了开门按键；废除现金电话，改用卡式电话。1983 年起，德国的 25 个城市启用了 300 个可让对方回电的电话亭，在汉诺威的 2 000 个电话亭和斯图加特的 2 500 个电话亭试用可将电话听筒直接插入通话者助听器。

在多方面的努力下，直至 2017 年 5 月，德国全国还剩下 20 000 个电话亭（其中包括装有显示屏、可上网的电话亭）。

鉴于电话亭的渐渐消失将是一个全球性的必然现象，有识之士于是纷纷出谋划策，在告别电话亭之前尽量利用原来的电话亭多做一些公益事业；国内外的许多城市出现了街头藏书屋、悦读亭、名人亭、玩具亭、手艺传习亭、心得交换亭……它们要么和读书有关，让更多的人免费阅读；要么以爱心帮助别人……读者朋友，面对渐渐远去的传统事物，您有更好的办法吗。

电子脚镣伴过年

一个人犯罪后被判刑,刑满后获释,就可重新踏上社会,不过有一个很重要的问题:这个"前犯人"是否真的愿意重新做人,而这一点又和犯人在服刑期间是否得到真正的改造和教育有关。一味采用强制劳动或只关不教都不能达到真正的改造目的。

欧美国家眼下应对前犯人出狱后故伎重演采用高科技手段——电子脚镣。如果一名罪犯在刑满释放时被定为"有潜在危险性",那么出狱时就要给他戴上一个黑色的塑料盒——电子脚镣。这个脚镣只有180克重,比一盒卷烟稍大一点,用一根牢固的塑料带绑在前犯人脚上的踝与小腿肚之间,然后将这一仪器锁住。电子脚镣可防撞击、防水,可以戴着它游泳。电子系统通过卫星定位,每隔90秒钟计算一次佩戴者所在的位置,每隔15分钟用无线电信号向监控中心的服务器发送一次佩戴者的位置数据。

要是用来固定的带子松动了,脚镣会自动向佩戴者发出警报。经常也会因为电池的问题而引起自动报警,电子脚镣的电池每隔2小时必须充一次电。电快用完时,由发光二极管和振动装置提醒佩戴者,倘若佩戴者不予理会,则警报信号直接传至控制中心。

有时候,前犯人之所以必须戴上电子脚镣,是因为他有可能到某个地方去,向曾经指控他的人(或者被他强奸的受害者)进行报复。在这种情况下,系统中就装一个禁区(告发者的居住区和工作区)程序,只要前犯人踏进禁区,软件就会向监控中心发出警报,那里会有人打前犯人的手机(他必须 24 小时随带手机并保持开机状态)。如果前犯人不接电话或不愿作出解释,监控中心便和相关的警局联系,由警局出动警力,若发现新的犯罪行为,则重新判刑。

事实上监控中心每个月会接到几百个警报,但约有 80% 是因为电池在充电而没有答复。此问题现已解决,生产电子脚镣的美国 3M 公司已研制了可插式蓄电池,作为备用电池避免佩戴者不回答。

在欧洲,使用电子脚镣的国家有奥地利、瑞士、德国、法国、瑞典、荷兰、英国等。在美国,约有 10 几万刑满释放者受到电子脚镣的监控。此外,美国对刑满性犯罪者实行"网上公示":每个城市的公民可在网上点击搜索他们的邻居群中是否有刑满释放的性犯罪者,有的话,还能看到照片、年龄、体重、身高等数据。据说是为了让公民放心。但有人认为这种做法让前性犯罪者受到侮辱,很多前犯人因此而找不到住处。据称,前不久出台了新的规则:将网上公示改成记录到护照中。

应用高科技产品电子脚镣尽管出发点是积极的,但有相当多的人认为给刑满释放者戴上电子脚镣是严重侵犯公民基本权利的。尽管佩戴电子脚镣的时间通常是 2 至 5 年,此后即被看作"无危险"了。而拥护电子脚镣的人觉得使用电子脚镣完全是理直气壮之举,是为了打击重复犯罪和保护更多无辜公民的人身安全。

有观点认为,应为电子脚镣开发一个新的用途:每年过年的时候,不妨批准小比例的犯人戴着电子脚镣回家去过年。还有人强调说:"人家中国犯人有特殊情况可回家过春节,啥也不用戴的。"

动物的悲情意识

2014年3月,鹿特丹动物园的一头长颈鹿一脸沉重、深情满怀、依依不舍地离开了一直悉心照料它的饲养员(饲养员因得癌症去世)。这件事感动了全世界,也让更多的人再次提出曾经重复了无数次的问题:动物究竟有多少感情?

近几年来,人们不断观察到体现长颈鹿悲情意识的现象。赞比亚一个国家公园里的一个年轻的长颈鹿妈妈极不寻常地弯下前腿,嗅闻着躺在她前面的孩子。孩子一出生就死了,母亲不断轻轻碰触孩子,但孩子没有一点动静,母亲在孩子身旁待了约2个多小时,最后消失在公园内一片灌木丛中,估计是回到家庭中去了。对长颈鹿来说,弯下前腿,面对躺在地上的生物或其他物体是不寻常的事情;而单独离开群体这么长时间也是不寻常的事情。

2010年,一名在肯尼亚的一个自然保护区工作的长颈鹿专家在其报告中描写了一件事情:在由17头长颈鹿组成的一个家庭里,有一个后代降生了,出生时难产,后腿先出来,新生儿非常虚弱,一个月后死了。全家17口轮流为死者守护了4天,死者的母亲显得最为勇敢,即使尸体已被食腐动物拖走了50米,她仍然坚持守护着孩子的残体。认知行为学家认为,长颈鹿不仅有家庭观念,而且当家庭里的成员遭遇不幸或死亡时,悲情意识强烈。

长期以来,很多人都以为狗是最有人性的动物,尤其是狮子狗具有"人性"的眼光很容易打动主人。倘若主人死了,它们会连续好几天显得无精打采、拒绝进食,身上的毛失去光泽;有的狗还会在亡故主人的坟前守护。然而不少动物行为学家认为狗的这些反应是对个体的行为适应,对环境形势的适应或者对人的悲情的适应,它们不一定明白,死是主人的终极,从此它们见不到主人了。

长颈鹿面临同类死亡的反应和非洲象是一样的,科学家们已经证明了非洲象能为同类哀悼,能意识到同类的死亡,在一些灵长目动物身上也有悲情意识。

人的意识活动的物质基础是大脑皮层,大脑皮层随着神经系统的进化而进化,至今我们将人关于死亡的意识看作是人与动物的可靠心理区别,现在看来不那么可靠了,因为许多动物也有大脑皮层这样的边缘系统,它们具有神经解剖学、神经化学和神经生理学的基底,因此有意识能力、能表达意识状态。

至于动物的悲情意识、痛苦感受和情绪经历是否跟人的意识一样,深刻和完善到什么程度,根据目前的研究成果尚无法证明。不过有一点是可以实现的:"我们在与动物打交道时,应以新的动物伦理标准善待动物"(引自"剑桥意识宣言")。

动物的同性恋

同性恋是一种性指向障碍,与性发育和性定向有关,除了人类以外,动物中也有同性恋,而且很常见。由于动物的物种繁多,同性恋现象及其原因也很复杂,加之动物基本上无法和人交流,人对动物世界的同性恋了解和掌握得比较欠缺。长期以来,动物的同性恋行为被轻蔑地视作性反常行为,或者被曲解为柏拉图式的性爱行为,甚至被误解成相互间的友好护理行为。

20世纪80年代,有一位昆虫学家发表了一篇关于蝴蝶的同性恋的文章,他在文中抱怨说,"年轻小伙子"竟敢互相交配,道德败坏竟然出现在昆虫世界里。

20世纪90年代末,生物学家布鲁斯·贝奇米尔出版了一本名为《生物的感情洋溢》的关于动物同性恋的"百科全书",全书记录了对450多种动物的观察。但很多动物学家未加理会,认为动物搞同性恋的原因是多种多样的,在人类见到过的、有同性恋行为的动物中,雄性和雌性并不仅仅沉湎于同性恋,根据不同的情况,它们也享受异性恋。

有的研究者觉得系统地找出动物同性恋的原因几乎不大可能,换句话说,只能因物种而异;而且不能用人的同性恋来套用动物的同性恋。比如说野生的倭黑猩猩随时随地都搞同性恋,尤其是雌性,非常频繁;据某些专家分析,这样做可以消除紧张气氛和预防争端,能帮助她们在狭小的空间里和睦共处,相安无事。雄性小海豚成群结队搞同性恋是为了练习以后如何去引诱雌性。雄性野猫爬到同性的背上去也是有苦衷的:被追求的雌猫向雄性们表示出冷淡,看来是一种性受挫的反应。再说企鹅,雄性和雌性几乎是形影不离、不可拆散的,所以雌性跟同性的"调情"纯属贪婪。

从进化生物学的观点来看,动物的交配,主要目的是为了传承后代,而同性恋是不能产生后代的,除了快感,还有别的原因吗?否则动物为什么要在同性恋上浪费精力、浪费资源。科学家们也在不断尝试,希望能最佳、最合理地解释他们所观察到的现象,但同时也表示,也许一切跟他们想的和分析的完全不一样。澳大利亚生物学家奥尔多·波伊安尼在《动物的同性恋》一书中列举了动物世界中同性恋行为的各方面原因(共53种),包括基因、激素、进化、神经生物学、行为学等方面的原因。他指出,认为我们能发现一种唯一而简单的机制,来解释我们看到的动物同性恋行为以及超出动物世界秩序的现象,同时为人类自己的性行为之谜提供参考答案,这是一种幻想。

近期有两个现象引起了动物学家的注意:约有8%的公绵羊根本不关心雌绵羊的世界,研究结果显示,同性恋公绵羊的名叫"性二态中心"的脑区小于异性恋公绵羊,估计是这一脑区在影响公绵羊的交配行为。有的爬行昆虫,由于看不清对方,所以情愿搞错,也不放过一次(哪怕与同性的)交配机会,这种同性恋被称为"让人信以为真的同性恋"。

动物也讲道德

人是讲道德的,动物讲不讲道德?一个小男孩从6米高处掉到动物园猩猩苑里的混凝土地上,一动不动地躺着,苑里的一位猩猩女士很快向男孩靠近,小心地想把男孩抱到腿上,但孩子已经失去知觉,于是她又轻轻地将孩子搂在手臂上,不让其他好奇的雄猩猩来观看。然后她把孩子放到管理员经常进出的地方。这一感人的场面正好被一个游园者用摄像机拍下,并于1996年在美国电视新闻中播出。据说美国前总统克林顿还表扬了这位猩猩女士。

人们在琢磨这样的问题:动物会思考吗?它们是如何感觉事物的?它们有没有感情、讲不讲道德?什么是道德,康德是如此下定义的:绝对的道义责任——请如此举止,让你的行为成为一种普遍秩序的基础。对一个群体来讲,一种道德多多少少具有约束性和价值规范。道德行为的特点在于,它不是直接对行为者个体有利(在极限情况下甚至有害),而是对集体有利,至少不损害集体和他人的利益。行为科学家们经过30多年对多种灵长目动物的观察和研究,发现了它们身上的一系列"初级道德行为方式"。

道德的基本因素包括多种能力和行为方式:1. 有同情心,彼此休戚与共、有帮助行为、能关心同类;2. 有规范性,有集体生活的规范并能从内心服从规范、事先明确可能出现的惩罚;3. 有规则可循(如关于给予、获取、交换、报答、惩罚违规者的设想);4. 有相处基础、保持和平、避免冲突、有群体利益感、通过协调平衡利益。这些道德的基本条件,除了人以外,其他物种身上也有,只是程度不同。

人类不应该只看见动物的下意识机械行为。实际上我们经常可以发现动物身上在不断完善的忘我精神和利他主义形式:如蜜蜂和蚂蚁的无私分工;以自己的风险为代价,警告群体免受侵害的鼬属动物……

在吸血蝠的物种内部,人们发现了更为复杂的"助人为乐"行为。"小吸血鬼"是很难待候的,它们只能坚持二三天不进食物。由于它们在捕捉猎物时经常会一无所获,因而也经常面临饿死的危险。但吸血蝠内部有一个解决办法:捕食能力强的幼蝠会将战利品分一点给同类小伙伴,而这种行为严格按互相对等的原则进行——凡是太自私的,以后也就没有同伴去帮助它了。在肯尼亚,有科学家看见大象们用一种真正的仪式在为死者哀悼,它们聚集在死者的身边,用树叶将它盖起来。近亲们过几个月还会再回到尸体旁边,用脚和鼻子碰触它。

尽管如此,仍然有人持相反意见:讲道德的能力只有人类才有。即便那样,人类同样有义务去尊重动物。

话再说回来,"人是讲道德的"是说"人应该是讲道德的",并不等于人人都是讲道德的,尤其是利欲熏心、素质极差的人,他们是不讲道德的。

对抗健忘

有不少老年人,会担心自己得老年痴呆症(有人觉得"痴呆"不好听,于是又有人说可以改成"老年智障")。也有的则列举了很多很多老年人在各方面的能力减退现象,并将它们统统归入老年痴呆的前兆。其实,记忆力衰退并不仅仅出现在老年人身上,许多中年人乃至年轻人也会时不时碰上"记忆断路"等问题。

前不久,有一批科学家提出一个论点:一个人的记忆力有多强,很可能跟他的免疫系统状态也有关系;研究结果表明,老年人记忆力衰退极有可能是抵抗力减弱的原因,所以应该设法通过增强免疫系统来阻止抵抗力的继续弱化,比如可以研制能活跃老年人免疫系统、提高健康人和年轻人脑功能的药物。

研究时用的都是缺少一种免疫细胞——所谓的 CD4 细胞(或称 T 辅助细胞)的实验鼠,所以这些鼠的记忆能力和学习能力都很差。通过对这些鼠注射健康鼠身上的 CD4 细胞后,它们的记忆力有了显著改善,多个研究小组的研究结果都证实了这一点。CD4 细胞在大脑中所起的作用是学习并完成一种新的任务。在实验过程中,CD4 细胞会在大脑中引起一种较弱的应激反应,使 CD4 细胞向脑膜运动并在那里释放出白细胞介素 4(即 IL-4)。白细胞介素系由多种细胞产生并作用于多种细胞的细胞因子,至今已发现 38 种白细胞介素,分别用 IL-1 至 IL-38 表示。它们的功能复杂,在免疫细胞的成熟、活化和增殖以及免疫调节的过程中起着极为重要的作用;除此以外,它们还参与机体中的多种生理反应和病理反应。白细胞介素 4 一方面关闭应激反应,另一方面促使脑细胞分泌出另一种能提高学习能力的信息素。

通过用实验鼠做研究而获得的认知能否直接转用到人的身上,目前尚不能明确肯定,但有一个现象值得注意:有些癌症病人在化疗后记忆力会出现问题,因为化疗所用的药物同时也在压制和影响免疫系统,由此可见,人的免疫系统也能对学习和记忆起作用,这一点和啮齿目动物是一样的。

有朝一日,倘若完全证实了人的免疫系统对记忆能力很重要,那么人们就有了研发能改善记忆力的新药物的基础,当然这种新药也会先在实验鼠上试用。到那时候,无论是因为年老而健忘,还是因为治病药物导致的记忆问题需要逆转,都可用这样的新药。甚至连年轻人或健康人希望提高脑功能,也是有可能的。但专家认为,如果一个人已经聪明绝顶了,就不可能使他变得更聪明了;要是某人只具备平均智商,那么记忆力是可以通过药物提高的。

也有一些比较谨慎的人指出,在研制药物前,务必搞清楚,免疫系统对神经系统的影响究竟有多大。

为了防止健忘和提高记忆力,不妨作一些有意识的思维活动,比如想想往日的同学中你还记得哪些名字,可以故意选一两个已经忘记的名字,通过行为、相貌来搭桥,勾起记忆,多试几次(哪怕是几天),记忆可能会回来的。至于老年人觉得近事容易忘,有时候可能是不够上心、不感兴趣,因而相关的人事只留下瞬时记忆或工作记忆,无法形成长期记忆。

俄罗斯套娃

每天晚上在世界杯比赛开始前,荧屏上会有一个"现在登场"的画面,两队站着的球员是用俄罗斯著名工艺品俄罗斯套娃的形象代表的。俄罗斯套娃是名扬全球的传统木制工艺品和旅游礼品,深受儿童和成人的欢迎,因而流传着许多关于套娃起源的传说,从而使更多的游客竞相购买,留作纪念。

据民间艺术研究者介绍,19世纪末,俄罗斯书籍出版商和艺术促进者安纳托利·马蒙托夫携夫人出游日本,夫人从日本带回了一个木制雕像,这一雕像很别致:长圆形的脸,满头白发,一副调皮的笑容;雕像可拧开,拧开后里面还有一个较小的雕像……这是一个七件套,原来他们是"七福神"。再说安纳托利·马蒙托夫的弟弟萨瓦·马蒙托夫是个成功的企业家和艺术赞助者,他于19世纪80年代将自己位于莫斯科东北部70公里的一处大庄园提供给俄罗斯的画家们使用,列宾称这一夏季别墅为"世界最佳乡间邸宅",许多俄罗斯著名艺术家都在这里创作、活动或研究。受到萨瓦·马蒙托夫的嫂子从日本带回的"七福神"木制玩偶的启发,一部分俄罗斯民间艺术家主张复兴俄罗斯传统民间艺术。一个口头文学讲述者为大家讲了一个童话:伊凡要战胜一个恶棍,但他必须找到一根针,并将针尖折断,而针藏在一个蛋中,蛋又位于一只鸭子的肚中,而这只鸭子在一只兔子的身体内,兔子趴在一只箱子里,箱子被放在一棵大橡树上并受到恶棍的严密监视。大伙听了觉得不可理解。有一位民间艺术匠人终于找到了灵感:"有了,有了。'七福神'加连环套,在每一套件中藏进另一个较小的套件。"在这一思路的基础上,经过很长时间的演变,终于形成了俄罗斯套娃,并取名"玛特罗什卡",玛特罗什卡是一个普通的俄罗斯女性名字,但据说源自拉丁文的 Mater(母亲)。

萨瓦·马蒙托夫提供的乡间别墅后来发展成俄罗斯套娃博物馆。俄罗斯的大部分套娃生产厂(或工场)都位于下诺夫哥罗德(2018年俄罗斯足球世界杯比赛城市之一)附近的"丝绸之路经济带"上。1970年,有一个工场制作了由72个套件组成的世界最大套娃,那个最小的套件只有一粒米的大小。

套娃生产的木料很重要,通常只用椴木和桦木。在初春时节便将树砍倒,少许留下一点树皮,以防木材开裂,然后放置通风处阴干,若做中等大小的套娃,需放置2年时间。人们都喜欢匠人们用手工制作的套娃,虽然有一台简单的镟床,但旋转很可能是用脚踩的。每个娃都要经过15道加工工序,套件之间的公差配合和尺寸大小一概不用量具测量,全凭匠人的感觉和经验。

随着中俄两国人民的友好交往、经济合作和旅游往来的不断发展,家里收藏有俄罗斯套娃的中国人越来越多了。俄罗斯人喜欢告诉中国游客如何选购套娃:表面上色不光滑的是手工作品;要注意每个套件应由整块木料加工而成,而不是粘拼起来的;如果最外的那个套件底部标注有该批产品的生产数量,并有制作者的签名,则该套作品的价值较高。

饿

饿是一种生理现象,表示摄入体内的能量用完了,需要向身体补充新的养分了。人有了饿感,就很想吃东西,但这种欲望和食欲(胃口)是有区别的。食欲是一种心理现象,食欲能让人在有饱感信号的情况下,仍然继续想吃,摄入能力的极限信号是呕吐刺激。

反之,如果没有食欲,即使饿了也会不进食。饿感可以通过提高人体血清素的含量而人为地暂时"关闭"或抑制,有一些所谓的"抑食欲药"就是通过这种方式起作用的,但由于饥饿是许多因素的共同作用引起的,仅仅对某个调节系统进行干涉,基本上只能部分被压制。

试过节食的人也许有体会,可以短时间掩饰饥饿,比如嚼口香糖可以让人暂时忘记已经到了进食的时间,但也不可能持续掩饰饥饿;道理还是因为饥饿不是一个原因引起的。

饿的一个重要因素是血糖,肝和胃的受体向下丘脑的饥饿中心发出血糖太低的信号,便产生饥饿刺激,此时应及时补充食物,要是不加理会,时间长了会促使分解肝糖原。如果胃空了,胃壁就收缩,我们听到的咕噜咕噜声,就是胃壁收缩发出的声信号。

有人说,饥饿这一概念,本来是一种身体的主观感觉,但根据不同的立场和观察方式,可以理解为不同的现象:生理现象、社会政治现象、社会福利和公益现象、历史现象、心理现象及经济现象。

饥饿刺激的生物功能是用食物和营养物质确保机体的给养。可是有时候现实往往不是这样；当有人在"人为挨饿"的时候,另一些人却被迫过着营养不良、忍饥挨饿的日子。全球约有7亿人受到饥饿的威胁,难以维持健康而有活力的生命,每年死于饥饿和缺乏营养的人多于艾滋病、疟疾和结核病患者。

有一种饥饿称为"隐性饥饿"：缺乏"微量营养",使人易得传染病,影响生理和心理的发育成长,削弱劳动力；导致许多成年人和孩子的死亡。

根据联合国2015年9月25日召开的可持续发展峰会提出的目标,至2030年消灭全球饥饿。为了实现"没有饥饿的世界"这一目标,前联合国秘书长潘基文呼吁全球各国参与"零饥饿"运动,号召政府、企业、农民、科学家、与会国家和个人共同努力,实现承诺,让饥饿从地球消失。

"零饥饿"包括五个目标：全年都能得到足够的食物；再没有营养不良的儿童；所有食物系统都是可持续的；小农生产和收入翻倍；对食物零浪费（包括负责任的消费方式）。潘基文说："在这个地球上,没有一个人应该挨饿。我呼吁你们所有人,和我一起消灭饥饿。"

飞行汽车

在进入德国科隆前的高速公路上，碰上了特大堵车。车子蠕动了40分钟后，大家的情绪越来越坏，先前还在赞美科隆天空的晚霞真奇美，现在一个个开始抱怨起来。我禁不住说道："要是我们的车能升起来，像直升飞机那样在空中飞一段路程，然后再行驶，那有多好呀。""陈先生，你说的事情再过十几年也许会成为现实，荷兰有一个工程师正带领一个团队在研发一种陆空两用汽车，也就是飞行汽车。"一位德国同事告诉我说。

后来我知道，这位荷兰人名叫罗伯特·丁厄曼泽。一位好钻研的科学家，曾为菲利普公司推出新产品做过很大贡献。后来他接到一个重要任务——发明一种既能在马路上行驶，又能在天空飞行的汽车。丁厄曼泽的一位飞行员出身的好朋友用这样的话来激励他："我觉得坐飞机是一件很麻烦的事情，你必须有一辆汽车，才能到达飞机停着的地方，接着你必须在机场等；等到起飞时间，你上了飞机，飞机便将你送到某个地方。然后你又需要一辆车，才能到达你最终的目的地。"这一番话大大地增强了丁厄曼泽的信心。

其实早在1917年，美国人格伦·柯蒂斯就申请了飞行汽车的专利。1936年，试飞飞行员詹姆斯·雷真的将一辆飞行汽车降落在华盛顿市中心，接着横穿城市行驶，这使美国上下大吃一惊。发明家、企业家、工程师纷纷投入到将飞行汽车从实验推至技术成熟、批量生产的工程中。但是随着研发工作的进展,人们碰到的问题越来越多。最近90多年以来,为了将汽车和飞机结合起来,进行了100多项设计、研究、实验,最后只有12份设计勉强过得去。至今为止,让自己开着的汽车升空飞行的梦想始终停留在科幻电影中。

但丁厄曼泽没有被前人的失败吓到,他不仅是一位飞机设计师,也是飞机制造者和技术监督。他的做法和别人不一样,他主张不要先急于造出一辆飞行汽车。"我们的任务是在现有的世界技术水平中找出一种合适的,比如找一辆老爷车,然后详细研究每一个部件,去发现它们应达到什么要求,这样才能向欧洲飞行安全委员会证明,这是可行的,是安全的。"丁厄曼泽教导他的团队说。

对于牵涉到诸如极限负荷、高温、气体动力学、飞行行为学、部件的变形等的试验,有时仅仅为了提升一米的高度,最后必须做1 000多个试验,每个试验都有100多页的记录,每个试验的结果必须得到官方的7名专家认可。

丁厄曼泽很快找到了自己的"自转旋翼机"方案,它只有后面一个小螺旋桨负责前进,主旋翼没有发动机,在准确的角度下,它通过"迎面风"旋转。这样的结构简单、有效、安全,即使发动机失效,主旋翼在下降飞行中仍然旋转,直至到达地面。眼下,丁厄曼泽团队的七位专家正在南非解决一个重要问题:用来折叠旋翼的活节。最后一步是将旋翼机和2005年问世的(前后双人座)小汽车相连接的方案问题了。

在回答离目标尚有多远时,丁厄曼泽说:"地面行驶的所有许可证都已办完,领了牌照,明天就能开。天上的许可证我们正在向欧洲航空局申请……"至少到目前为止,离目标仍然很远。

飞机起飞的气味

很多研究嗅觉的专家正在积极探索人类进化过程中"退化了"的嗅觉问题,其中有个问题是,为什么人不能闻到自己的体味(身体发出的气味)。每一个人都有自己独特的、由基因确定的体味,但这种体味自己闻不到,只有别人能闻到。这是因为大脑有一种设定的功能:为了使人不致受到自己体味持续的过分刺激,大脑始终在执行一项任务,当持续性气味信息持续到一定时间后,鼻子就关闭嗅觉功能,所以人就闻不到自己的体味。而在感觉别人的体味时,鼻子通常不会进行持续嗅觉,也就不关闭嗅觉功能。

在人体的五大感觉中,就重要性而言,嗅觉通常被放在最后一位,然而嗅觉却是人体最古老的感觉。很多动物是依靠嗅觉而生存的,比如寻觅食物、追逐异性、避开危险等。对人类来讲,嗅觉是一种原始的感觉,通过不断的进化,人类变成了定居生活的高等动物,通过耕种、饲养牲畜等,生活质量大步提高,食物安全多了,不需要通过嗅觉去确定某一植株是否有毒,因而发生了"嗅觉退化",比如有人提出,人的大部分体毛都褪掉了,而体毛对嗅觉起过作用。还有人提出,动物除了鼻子外,另有一个嗅觉器官:犁鼻器(鼻中隔底部软管状凹进部分,拥有接受所谓的信息素的特殊受体)。由于在其他方面的高级进化,人已不需要用犁鼻器去感觉能引起逃跑、进攻、确保繁殖后代等反应的神经递质。所以人的犁鼻器在胚胎发育到第 26 周时，便开始萎缩。但另一种观点认为，人的嗅觉没有退化，有的人具有高灵敏的嗅觉。

如果说人的嗅觉曾经退化过，那也是人类整个进化过程的规律。研究发现，人的嗅觉器官不仅仅是鼻子，有专家在实验室里发现，男人精子中具有某种嗅觉受体，能感觉到铃兰的香味。前列腺细胞能对堇菜属的气味作出反应，因而启发人们通过这种气味去抑制前列腺癌。人们还发现人身上具有能对新鲜海风气味作出反应的肠细胞。

还有一种看法：在 DNA 中尚有许多未研究清楚的物质，可能隐藏着退化了的、所谓的"伪基因"，这是意外的潜在基因和"备用材料"，必要时可重新激活而发挥嗅觉作用。有个别人的嗅觉能力特别强，能分辨几千种乃至上万种气味，可能与此有关。因为很多人平时过分依赖视觉和其他感觉功能，人身上现有的嗅觉能力往往只用到 50%，所以我们应首先开发我们身上的"嗅觉遗产"，要经常锻炼我们的嗅觉能力。国外有专家主张在小学里开设嗅觉课。

尽管嗅觉是人类最古老的感觉，然而我们经常对很多气味叫不上名字，不能用语言来表达，有时候只能说"像什么气味"。有一位气味科学家正在研究一种"国际气味语言"，准备创造 1.5 万个词来表示世界上所有的气味。比如 pikon 表示狗屎的气味、tarnek 表示飞机起飞时散发的气味、fre 是夏天沥青路面下雨后的气味……

高楼也用木头造

我国上古时期已经开始"构木为巢,以避群害"。长江流域和南方地区的原始木房还十分讲究,人们知道用木桩或竹桩在地面撑起底架,木头房子便坐落在底架上。如果把桩子打进地下,房子再加几层,不就是古代的木构多层建筑了吗?一层二层自然是没有问题的,但这里说的是多至 30 层的木构高楼。你信吗?

有一位加拿大建筑师曾计划在温哥华市中心建一座 30 层高的木构大厦,他还打算为纽约的一所技术大学建数座木构高楼。

用木料建高楼的方案已经流传很久了,鉴于人们对木材的火灾隐患惶恐不安,开始时普遍认为这种方案太大胆、太冒险。许多人下结论说,最近 100 年内没有理由去动摇钢筋混凝土的传统;加上严格的防火规定,审批这类项目的阻力较大。不少专业人士认为,如果城市人口不断猛增,继续通过钢筋混凝土和砖上加砖的老办法来建高楼,耗费能源和排放二氧化碳太多,气候不断恶化在迫使我们去用木材。国际能源机构的专家们计算过,生产 10 千克的水泥,直接和间接向大气排放的二氧化碳最多可达 9 千克。树木恰恰相反,它们是吸收二氧化碳的,只要坚持栽种树木、保护树木,用木材造高楼在环境平衡方面远远优于用其他材料。

功夫不负有心人,世界范围的很多建筑师找到了办法,他们对木料支承结构进行石膏涂层,使这些木料在发生火灾时能坚持很长时间不燃烧,但室内的天花板和内墙保持木材的天然状态。令人惊讶的是,消防人员非常信任这样的木构房,据说在一定的时间内,粗重的木块不会燃烧,只会变焦。木材能良好地接受热能,但不传递热能(不产生所谓的"热桥")。

德国包豪斯大学的木构专家们也指出,木材的优越性能远远没有引起人们的兴趣。木材的支承能力强、重量小,适合于建多层地下室。维也纳的建筑师们和维也纳技术大学经共同研究,确认值得在市中心建一座20层的木构高楼,为了达到极高的防火灭火水平,准备配置自动灭火装置,承重结构采用双倍防火石膏板包裹,每一层的天花板用木材和混凝土复合结构。每套住房可保持在较长时间内不让火焰蔓延到邻居家。楼梯间是重要的安全通道,是唯一的纯混凝土结构。此高楼的建筑方案已经通过鉴定审查并获得批准(由于以前已经有过一幢6层楼的木构房经验)。

木构房的生态效果好,从外部面积与容积之比来看,在同样的隔音和绝热条件下,木构房的墙壁明显薄得多,可以少用土地。木构房的其他优点为:采用模块式预制部件,建房速度快,工地上垃圾少,施工时占用地方也少。

一些专家指出,当前全球资源和能源消耗量及二氧化碳和其他废物的排放量,建筑业占了40%左右。他们预言今后24层以下的大部分高楼可建成木构房,18层以下的高层或小高层木构房将占主导地位。当然,反方的呼声同样很强烈,故木构高楼尚需在实践中进一步检验。

给行人更多安全

随着私家车的渐渐普及,汽车安全越来越受到驾者的重视。汽车安全分为主动安全和被动安全。被动安全包括作用在事故发生时的碰撞安全系统(驾驶员和副驾驶的驾驶气囊、安全带、碰撞传感器、行人保护吸能车体——吸能保险杠、引擎盖软性材料、发动机舱盖断面设计成缓冲结构、车体附件及大灯无尖锐形状……)和事故发生后起作用的碰撞安全措施(如阻燃器件、汽车黑匣子、自动报警等)。主动安全即车道保持系统、碰撞预警系统、辅助驾驶系统、驾驶员监控系统、倒车辅助系统、电子制动车轮、轮胎气压监测系统等。

至今为止,车上的所有安全预警系统都通过声音、闪光或振动(如通过方向盘微弱振动唤醒驾驶员,国外称"哈罗,醒醒"系统)起作用,它们不允许操纵方向盘。但是在实践中不断暴露出驾驶员的弱点,很多紧急情况驾驶员无法应对,终于导致这个世界上每天每日的许多大小车祸和伤亡事故。如果一个人突然穿到路上,离车子很近,这时驾驶员的大脑必须像闪电一样急速作出决定并向有关肌肉发出命令。然而面临这种情况,人的反应往往太慢,或者是作出错误的反应。有人认为应竭尽全力刹车,如一些汽车拉力赛和F1赛车运动员认为不应急剧扭转方向盘、企图绕开"障碍物"。没错,他们不是一般的驾驶员,也许能避免事故,但绝大多数的驾驶员在避让时不是撞到护栏、隔离栏、树上,就是翻到沟里,甚至翻下山去。可是有时紧急刹车时间就是不够,怎么办?

专家们经过无休止的讨论和反复的模拟驾驶试验,终于发现车上必须增加新的智能安全系统。在挡风玻璃后面装一个立体摄像头,它随时监视着前方,通过数字扫描,摄下所有静止和活动的对象,同时记录自由行驶的余地。每秒钟拍摄15个画面,并根据对象的大小、运动方式和表面状况,将行人、自行车或汽车区分出来。从行人与汽车的运动方向、速度及相隔距离,计算机可算出是否会发生相撞,倘事故已经不可避免,则智能电子系统作出决定,自动紧急刹车。如果是一个孩子突然跑到车前,事故已无法通过刹车避免,车子便自动紧急转向避让——电子智能系统以快于驾驶员的反应干预方向盘,但这种避让是建立在各种获取的数据基础上进行的控制。具体地说,计算机知道碰撞将会发生在什么地方、方向盘应偏转多少,把握得恰到好处,既不让车子达到碰撞点,又不让车子驶入别的方向太远。

专家们目前感到困惑的是,这种有"先见之明"的电子智能防碰撞系统的推广和应用是一个棘手的问题,因为极大部分驾驶员不愿"盲目地"将一个决定生命安危的指挥权交给看不见、摸不着的电子技术。

不过有一点所有驾驶员都承认,给行人更多安全也是给自己更多安全。

吃薯片停不下来

坐在电视机前,边吃薯片边看节目,是很多人居家休闲的首选,时间长了,人们发现,如果没有旁人提醒,高高的一桶薯片会随着同样的节奏,很快被全部送入嘴里;也有人试图中途刹车,但似乎很难停下来——上瘾了。这一现象终于引起了一些科学家的注意;早在2015年,有人用实验鼠作了观察研究,希望通过实验找出一个规律:在什么情况下实验鼠会食不嫌多。在众多的混合食品中,碳水化合物和脂肪的比例是各不相同的。最后发现,当吃到碳水化合物的含量为50%和脂肪含量在35%的饲料时,实验鼠的胃口大增,所吃的量比平时多三分之一;这一比例正好跟薯片中碳水化合物和脂肪的含量比是一致的。后来科学家们又用"小动物核自旋"作试验,发现如果饲料中碳水化合物和脂肪含量之比为50:35,则和"奖励系统"及上瘾有关的脑区活力相应提高。

专家们于是想知道,人脑对薯片的反应是否和实验鼠一样,结果证实,人脑的反应和人们希望的一样,而且跟一个人是否有饿感毫无关系,也就是说,见到薯片,哪怕不饿,也照吃不误。这里牵涉到伏隔核——大脑中所谓的"奖励系统"的一部分,通过由神经细胞组成的神经递质多巴胺的参与,人便产生正面的、开心的情绪。参与研究的专家于是提出建议:看电视前不要带一整桶薯片,最好只带一半。

薯片不仅使人上瘾,同时也在不同人群中引起偏见:首先是曾经在网上流传,从5枚薯片中可提取10毫升油,后来被专家辟谣并否定;实际提取量是2.5克(接近理论提取量)。进一步的试验证明,油炸和非油炸薯片的含油量只差5%左右。有一种说法认为薯片会使人对盐含量产生错觉,尽管薯片被归入咸味小吃范畴,但其含盐量少于人们当饭吃的其他食品。有人认为吃薯片会使血糖值升高;马铃薯是淀粉,淀粉是一种碳水化合物,从化学角度而言,由葡萄糖分子组成,升糖指数中等,这意味着,薯片中的淀粉是较慢分解的,不会很快导致血糖升高;还有,薯片中的淀粉没有促进食欲的作用。

不过,有一点值得注意,淀粉类食品在高温下烹调(大于120℃)时容易产生丙烯酰胺,据说这是一种有可能导致癌症的物质;但医界到目前为止对其致癌机理尚无明确说法,且至今并未发现在正常食用情况下导致癌症的实例,因此世界卫生组织也没有制定丙烯酰胺的限量。

薯片,想吃就吃,否则,电视每天在播放的那么多美食节目中介绍的美味你还敢吃吗?美食和健康保健节目到底有没有矛盾?我看还是应该听听卫生部门恰如其分的意见(请君仔细阅读,注意其用词):尽可能避免连续长时间或高温烹饪淀粉类食品。提倡合理营养,平衡膳食,改变油炸和高脂肪食品为主的饮食习惯,从而减少丙烯酰胺可能导致的健康危害。

狗狗的第六感官

不断有报道说,某地有一只狗被主人丢弃,被"放逐"到离家几百公里远的地方,然而不管在什么情况下它们都能重新找回家来。很长时间以来,人们始终没有搞清楚,狗狗是如何做到这一点的。直至最近,德国杜伊斯堡—埃森大学和捷克农业大学的一个专家联合小组对这一问题进行了攻坚战式研究,他们选了70只狗,开始作试验。在试验过程中,他们得出了惊奇的结论:只要没有用绳子将狗们拴住,当它们抬起一条腿需要方便的时候,总是将身子和地磁场的南北保持一个方向。科学家们共记录了7 000多个这样的例子,证明了这一点。

人们把狗的这一功能称为"狗的第六感官",或者说狗有一种生物指南针。狗与候鸟、狐狸及牛一样,都善辨方向,牛吃草时总是以南北方向站立。已经发现,狗对地磁场的感觉灵敏度相当高,只要磁场稍有偏离,它们就会作出异常反应。至今为止,狗狗通过第六感官找回家的世界纪录是一只拉布拉多狗与拳师狗的混血种吉姆帕创造的,1979年,它从澳大利亚的一个农庄逃脱(据说是为了去找与它失散了的主人),走了3 218公里,花了整整14个月的时间,终于找到了主人回到了家。这一世界纪录之所以保持了这么久,是因为拉—拳混血种兼有两个品种狗的优良基因和感觉功能,尤其是拳师狗,它们个子适中,体形呈正方形,背短,四肢发达,肌肉饱满,步态稳固;不但敏捷有力,而且高雅时尚。

前不久,科学家们基本上确定,跟许多其他动物一样,狗具有磁觉功能。还有鲑鱼(有的生活在海洋中,有的生活在淡水中,种类很多,常见的有大马哈鱼等),它们在产卵期凭借对电磁场的敏感而找到家乡的产卵水体。早在1963年,动物学家已经发现鸟儿是用地磁场辨向的,如信鸽的上喙有很多磁觉细胞,磁觉细胞与地磁场磁力线构成的倾斜度以及视网膜中的光色素共同担任着辨向功能。

迄今已知用地磁场磁力线辨向的动物有鲸、鲨鱼、蜗牛、无螯龙虾、蟹、蝙蝠、蜜蜂等。另外,狗的辨向能力受到另外一种感官的支撑——嗅觉器官;它们的嗅觉能力比人的强一百万倍。

匈牙利的一个研究结果认为,狗的脑功能相当于人的婴孩的脑功能,有一位科学家甚至说:"狗是披着狼皮的婴孩"。

古今身份职务拾零

古汉语中,用来表示人的身份和职业的词繁多而复杂,尤其是官职。古代有一种言官,君王为了听取建设性意见或批评意见,专门设立了言官,秦朝称谏大夫(位于卿之下,士之上),两汉时称谏议大夫,隋朝仍称谏议大夫,唐朝时除谏议大夫外,增设左、右拾遗;至宋朝则专门设立谏院,首长左、右谏议大夫。言官可以参议国家军政大事和拾遗补阙。

明清时,官场上称"爷"的现象十分流行,中央九卿、翰林和地方司道以上官员统称"老爷",其他小官称"爷"。清末,"大人"的规格比"爷"的尊称高一等。古代县官称知县,知是管理和主持的意思。《宋史·苏轼传》说苏轼"知徐州""知湖州""知杭州"即主持徐州、湖州、杭州的政事。唐宋以后的知府、知州、知县、知事都是这个意思。

汉代县级以下的基层是乡,按民户五家为伍,十家为什,百家为里,十里为亭,十亭为乡;分别设伍长、什长、里魁、亭长……乡官通常由退居乡里的官僚、豪吏、地主等担任,另一方面,地方上也设上学官,培养郡县乡官小吏。

到了现代,无官无职务的普通人常常被称为"百姓"或"平民百姓",即军人和官员以外的人。而在上古时期,百姓并不是芸芸众生的庶民、农夫,而是指有钱有势的贵族。司马迁在《史纪·夏本纪》中提到"禹奉帝命,命诸侯百姓,兴人徒以敷上"。另有清代著名学者俞正燮说得更为清楚:"百姓,专以仕宦言之。"可见"百姓"一词最早并非指普通百姓。还有,在现代汉语中,把"黎民"也释为"百姓"。其实"黎民"在不同的专家笔下,有着不同的解释,有的认为是"在日下劳动、皮肤被晒得黑黑的百姓。"郭沫若在《十批判书》中提到,黎民是奴隶的意思。但不管怎样,随着汉语语词的发展,现在黎民和百姓都是"平民百姓"了。

　　值得提一下的是,当代社会中,人们相当看重体现官衔和学衔的身份和职务,也就是那些与"家"、"师"或"长"连在一起的头衔。在这个问题上,不同的人采取不同的态度,有的人热衷于罗列头衔,确实有挂着几十个头衔的人;但也有一些人比较低调务实,倒是有人把他抬高了使他感到坐立不安。这让我想起了赵丽宏老师说过的一句话(大意):"……当然,并不是只有加入了作协才能算作家,不是作协成员同样能成为作家。"关键是要得到大众的认可。同样,官衔再多、再大,不能为民谋利也白搭。

古人与咏雪诗——兼说声音传送

雪是古人喜欢并擅长吟咏的对象,只要夜里下了雪,次日清早,大部分诗人都会吟唱出一首"咏雪诗",用来送朋友、忆亲人,自娱或唱和。不少诗人睡到深夜,在感受到夜之寂静和被窝之渐冷的同时,却能判断出天在下雪;宋·孙道绚《清平乐·雪》:"半夜潇潇窗外响,多在梅边竹上。"白居易《夜雪》:"夜深知雪重,时闻折竹声。"本来,下雪是悄然无声的,然而雪若下得时间长了,竹子会因压重而发出声音。

诗人们凭借两种感觉——声感和温度感作出正确的判断,两者应该是不可缺一的;下雪既然是无声的,光凭一个"冷",不一定能判定下雪;而下雪天声波的可传送性是很差的,所以,如果没有竹子折断而发出较强的声波,从而让诗人听见,也是不好判断的。

人们都有这样的经验:下雪的世界——一个无声的世界,因为雪把噪声吸收了。就是汽车的喇叭声也会减小,它们只有部分直接进入我们的耳朵,而还有一部分则被房屋的墙反射掉了,墙壁越光滑,反射越强烈。新雪后形成的"雪被"是软松而带细孔的,雪花之间充斥着无数气孔,声波进入了气孔,被空气微粒和冰晶微粒"捕获"。在下雪的过程中,雪对声音的抑制更为强烈;连绵飘落的雪花不仅在吸收声波,而且将声音分散到各个方向。

另外,冷空气能比热空气更好地传送声音,冷空气密度较大,单位体积拥有更大的质量,空气分子互相挨得更近,互相推靠,有助于声波的传送。在正常的天气状况下,如果高空比地面冷,人们只能在某一距离内听到声音,声波也就被往上传送,因为上面冷,能更好地散发声波。但有时候会出现"反转天气",尤其是在夜晚,这时,比较重的冷空气在地面积聚起来,并将一层较热的空气推到冷空气的上面,声波被推进接近地面的冷空气层,好像在穿过一个冷空气"隧道",因为处于上面的热空气在把声波反射回来,人能听见很远处传送过来的声音,这就是我们会在卧室听见平时几乎听不见的高速公路上的喇叭噪声。此时如果还有风从高速公路方向吹来,则声音更响。

看来,一种声音,传到人耳中的分贝数有多高,往往也牵涉到好些外界状况以及气象学方面的条件,比如风向、风力、空气湿度以及地面上不同高处的温度等。

故乡人的理儿

我的故乡在杭州,小时候常常有一种"以此为荣"的感觉。杭州以产丝绸、织锦、茶叶和手工艺品绸伞、剪刀、檀香扇等驰名,素有"丝绸之府"的美名;西湖为全国重点风景名胜区和疗养胜地。唐朝时称杭州为钱塘县,旧时把西湖诸山统称为武林山,故杭州又别称"武林",年纪大一点的杭州人爱称杭城为"武林"。笔者在杭州生活了十四个年头,不知是杭州人的家乡观念重还是因为我这个人特别眷恋家乡,我一直记得在杭州度过的童年时代,只要碰上值得回忆的事情,我总会把人生的轨轮驾回童年。大学毕业被分配到黄土高原工作的我,更为经常想念的是杭州,我为自己篆刻了两方石章:"钱塘门外汉"和"武林人氏"。

曾听人说,当人生中发生了大事,人常常会梳理往事,在梳理过程中会得出一些颇有教益和训诫意义的结论;家人、亲戚、朋友、同学、发小、邻居乃至小学和初中的老师,他们会不时跳入我的记忆圈,和我相会在梦中。此番新冠肺炎的疫情不仅颠覆了我的记忆(让我一下子记起了许多武汉朋友和同事的名字),而且让我又联想到,故乡杭州的路名多用弄和巷,早先的弄、巷、街是没有多大区别的;旧城改造时,弄和巷虽都拆除了,但弄名和巷名依旧保留着,有时候甚至用来指称一片地方或一个区域。

我家(我祖父母的家)在当时的下城区,离新桥河下(属运河支流东河)不远,解放前后,这里有许多商埠码头,其中还有倒粪的船埠,也许是水巷纵横的江南特点之一,就像上海苏州河老闸桥(今浙江路桥)粪船埠一样。听我祖父说,装船的粪槽是用青石板砌成的,船也是专用粪船,不会污染河水。在埠头上经营粪行的有一个美称曰"金汁行",但我从来不到桥的北侧去,所以没有见过。我对倒马子(杭州人称倒马桶为"倒马子")的个体户比较熟悉,他们都是郊区的菜农(居民称他们为"城外人")。我记得很清楚,每天清早有一个中年男子自己推门进来,从我家床头的马箱(放置马桶的箱子)中提出马桶,夹在腰间,直至停在巷子里的独轮车处,倒入车上的粪桶里(独轮车通常装 4 个粪桶,根据这 4 个桶的容量,事先和一定数量的居民协商好,每天清早固定为他们清理马桶),接着用水和竹丝笔帚将马桶洗干净,再夹回主人家,放进马箱,让箱盖开着,便于马桶晾干。

需要介绍一下的是:祖父每天一早起来就把门闩打开,然后洒扫庭除,烧泡饭。来倒马桶的城外人进出居民的家,就像自己的家一样,更令人想不到的是,不少倒马子的菜农每年冬至前都会送上一担青菜供你做冬腌菜。但我祖父硬是不肯收,他说:"我本该给你倒马子的清洁费的,你倒反而送我青菜,这个理说不通。"我家不送青菜,也是双方事先说好的。

倒马子送青菜,犹如走亲戚,也许这就是杭城居民曾经引以自豪的"民风淳朴"。

关于"鱼塘效应"

在浩浩江湖里,一条大鱼悠闲自得地游着水,游在其他许多大大小小的鱼中间,通常情况下,它们谁也不注意谁,谁也不在乎谁。但如果将这条大鱼放入一个小鱼塘,它就会十分显眼。大鱼生活在以小鱼为主(或小鱼生活在以大鱼为主)的小鱼塘里会产生一种所谓的鱼塘效应,因为小鱼塘的空间很小,鱼儿会互相产生影响。1984年,悉尼大学的教育心理学家赫伯特·W·马什创造了"鱼塘效应"这一概念。

作为一名优秀的教育心理学家,马什研究出这一概念旨在帮助学生更好地从心理角度提高学习成绩。比如有一所小学的一个班级里极大部分是天资较高的学生,只有少数几个学生的成绩不是太理想(也许这是学校设置的优级班或重点班)。面对这一现实,这一两个学生的劣势非常明显,因为这是在小范围里,很容易显示出反差;再说,他们本来就缺乏自信心,人为地将他们安排在受到另眼看待的优等生班级里,他们更加觉得低人一头,学习成绩更加提不高,压力也就越来越大。正如柏林的心理学教授施瓦策尔在《时代》周刊上撰文所说的:"从心理学角度来看,重点班的设置妨碍了'阳光普照',人为地导致对一部分学生的压力。"

也可以这么说,鱼塘效应的基本宗旨是要告诉人们,不要把人推入失去自信心的境地;对受教育者来讲,学习的目的是为了在某一个时间节点走出校门,服务社会,开始职业生涯,这里同样用得上鱼塘效应。选择职业,不一定要到大河大江去,假定自己是一条有了一定分量的鱼,不妨游入一个小鱼塘,在那里可以初露锋芒,在众多的中、小鱼的衬托下,你会较快发光、显眼、受到称赞和升职,同时你有了经验,有了足够的自信心。世界那么大,足以任你闯荡,任你创业。

和心理学有关的所谓"效应",往往意在通过比喻或衬托,阐说一个道理,并不指论作为喻体的某一事物,有些人谈到"鱼塘效应"时,就大论起如何经营鱼塘、如何搞好营销等等,那不成"鱼塘效益"了?

顺便提一下,据说还有一个叫做"鲶鱼效应"的传说在流行:挪威人喜欢吃沙丁鱼,渔民捕住的沙丁鱼等到渔船返回渔港后,基本上都死了,卖不出好价钱。然而有一个渔民每次捕回的沙丁鱼都是活的,他不愿将其中的原因告诉其他渔民。后来这个渔民死了,人们在他的船舱里发现了少量的鲶鱼,原来这个渔民总是在沙丁鱼的桶里放进几条鲶鱼,鲶鱼好动,搅得不爱动的沙丁鱼十分不安;"生命在于运动",所有的沙丁鱼也就活着回港了。不管有没有这样一个效应,但"鲶鱼效应"诱导出"优秀个体介入群体"的作用,也就是说,一个企业或事业单位,如果缺少朝气、没有干劲,可适当引进一些有活力、有智谋的"不安分"员工,从而带动整个群体。

记忆是可以维护的

近几十年来,随着世界卫生(包括健康饮食)、医疗和医技水平的不断提高及由此而导致的全球性老龄化现象,有一个问题变得越来越敏感:记忆力衰退和老年痴呆症。有人于是发问:为什么现在的人容易得老年痴呆症?其实,除了与环境有关的个别因素外,并不是现在的人容易得老年痴呆症,而是以前的人往往"没有赶上得痴呆症的寿命"。老年痴呆症发病通常都在八十几岁和九十几岁。

老年痴呆一般都伴随着严重的记忆力衰退,所以八十岁以前的老人容易提前担心会得老年痴呆症,也特别注意自己的记忆力,有时甚至弄得忧心忡忡。记忆的问题是复杂的脑—神经系统问题,尽管如此,还是可以用一些办法来改善和维护记忆力的。

记忆可以分成三种类型:感觉记忆、短期记忆、长期记忆。通过感觉器官输入的"感觉记忆"被保存的时间很短,通常不到一秒钟,因此需要立即转入"短期记忆";"短期记忆"也只能被暂时保存,因此也必须及时被送至"长期记忆"中,否则有可能被后来的信息挤掉;"长期记忆"可保存很多信息,保存的时间也较长,有很多"长期记忆"能成为人们的永生记忆。

著名神经科学家,物理学家,多次在国际记忆体育运动会上获得世界冠军的鲍里斯·尼古拉·康拉德有个习惯,只要别人给他介绍一个人,他都会重复对方的姓名。比如:"很高兴认识你,米勒先生。"康拉德有意识地重复一下"米勒"二字。在紧接着的话语中,他又故意多次提及"米勒"。他甚至会将托马斯·米勒(德国著名足球运动员)和这位才认识的米勒先生联系起来。其实在这个过程中,康拉德完成了将"感觉记忆"转送至"短期记忆"的任务。

当上海的有线电话还是七位数的时候,《新民晚报》的总机号是2791234,记住这一号码属于短期记忆中的工作记忆,但短期记忆只能维持几分钟;有人找到了窍门,让大家记住一句话:"2人吃酒(79),1杯、2杯、3杯、4杯"。这种办法被称为"情境依赖记忆",这是一种相当有用的记忆法,它甚至能帮助你进入"长期记忆"。

笔者常试用复合办法来维护记忆力:重复+促联。因为重复是让"感觉记忆"和"短期记忆"升级的手段,而这里所谓的促联,其实也是一种情境依赖,情和境往往会连带曾经的相关信息。有一次我在荧屏上看到20世纪70年代"帅哥级"著名电影演员达式常的一个镜头,可是我怎么也叫不出他的名字了,我还搬用了"情境依赖"——他在话剧《霓虹灯下的哨兵》中出演过指导员,形象也活生生地出现在我眼前……还是没有想起来,但我很有信心:"很快就会想起来的。"我一面说,一面踏进了客厅。"达式常!"我几乎是喊了起来。后来我分析,是"门框效应"(方向和空间的改变使某一记忆被激活)起了增效作用,因为我曾坐在客厅里观看CCTV空中剧院播出的话剧《霓虹灯下的哨兵》。

信息的重复和情境的互相依赖和启发在维护记忆中真的非常重要和非常有效。

假如你被人排斥

"我总觉得有人在排挤我,想孤立我,好像还不止一个人。""那你是不是让人觉得有点'异样刮搭'?"朋友问道。

人生在世,不可避免地要生活在一个群体里,比如在工作单位里,单位小的,只有一个群体,也就是单位本身;单位大的有很多部门,每个部门是一个相对独立的群体。常言道,有人群的地方就会有是非、有矛盾。什么意思呢,也就是说群体里往往还有人搞小动作、拉帮派;最严重的是很多人被拉在一起去排斥和孤立一个人。后者是一种非常要不得的行为,有正义感的人于是提出了批评,他们认为,在一个群体里,由于有人很优秀,倒反而被群体里多数人孤立,这些孤立别人的人其实是自己的心态不正在作怪,所以暂时被孤立的人不妨适当忍受一下,先不要火冒三丈,须知这样一个事实:想孤立别人的人往往是因为自己不自信。

有的人为了孤立别人,还要给对方扣上一顶"不合群"的帽子,言下之意:是他自己在孤立自己,从而成为鼓动其他人的当然理由;这些人看上去似乎情商很高,八面玲珑,处处开花——无聊地混迹人群而已。所以说,如果你正能量在手,那就不要怕被孤立,而应勇敢地去实现自己的理想。

东西方对排斥的理解因文化和历史差异而有所不同,排斥的英语为 ostracize,系从希腊语 ostrakon(碎片)引申而来。古雅典民众大会中有一种特殊投票法,开创于公元前六世纪末克里斯提尼执政期间。每年年初召开国民大会,公民将自己认为可能危害民主政治的人名记在(陶)碎片上,倘若某人票逾半数,则必须被放逐国外10年,称为"陶片放逐法",古希腊其他城邦也有施行这一制度的,后因常被各派政治力量所利用,成为争斗手段,于公元前417年被废除,但在语言上又从"碎片"引申出第二释义"排斥"。

西方社会特别看重一个人对于群体的属性,很多人尚抱有古老的传统观点,认为一个人受到群体的孤立和排斥,是非常糟糕的事情,因而会感到异常悲伤。现代科学家于是利用计算机,通过一个虚拟的网上传球游戏进行实验,参试者本应设法让虚拟球员很快就拿不到球;然而程序的设计却显示这个球员压根儿就不在群体中。参试者在实验后觉得极度愤怒、极度伤心,几百个这样的实验均表明,参试人员的心理受到了极大的打击——其实他们只是感觉到了一种虚拟球员将被孤立和排斥的先兆。心理学家估计,这是人类进化过程中一种根深蒂固的求生安排:对我们生活在热带稀疏草原上的祖先来说,一个人如果从群体中被排斥掉,那就意味着死亡。所以群体中的人们长期以来养成了习惯:为了确保留在群体中,无论是对己还是对人,面对各种排斥的预兆十分警觉,都会事先作出极强烈的反应。在这样的情况下,人容易选择两个极端中的一个:要么表现出过分地适应群体、和群体保持一致;要么变得十分野蛮——都不可取。民族、文化、历史尽管有所差异,但正面的行为和优势一定要发扬、要伸张。

坚不可攻

钻石具有奇妙的光泽,折光率和色散性很高,灿烂夺目,被誉为"宝石之王"。钻石是碳元素矿物宝石,由天然的金刚石加工而成。作为钻石原料的金刚石属优质金刚石,其他的金刚石被列为次级金刚石、工业金刚石和黑金刚石。

严格讲,金刚石和钻石是有区别的,只有经琢磨的、符合标准的金刚石才能称钻石,国际上也有这种区分,金刚石叫 diamond,钻石称 brilliant。但实际上钻石常被统称为 diamond。

金刚石通常呈八面体或十二面体,立方体较少,是目前自然界最硬的天然物质,在莫氏硬度等级表中列为第十级(莫氏硬度共分十级)。钻石的硬度具有各向异性,不同的晶体方向硬度不一样,这一特点造就了"金刚石磨金刚石"的可能性。金刚石最早在印度被发现,当时传说金刚石有魔力,人们便用它作为吉祥物和护身符。金刚石在古罗马同样备受重视,古罗马作家大普林尼所著之《自然史》中已经有关于金刚石作为工具的记载。直至 13 世纪,人们才发现金刚石是可以加工的,但这一点被当时的印度人拒绝,因为他们认为加工后的金刚石不再具有魔力。

金刚石形成于地壳深度 150 千米处左右、在高温(1 400 ℃左右)和高压(6 万大气压左右)条件下,比如火山喷射时,金伯利岩(原生金刚石矿的主要母岩)碎块上升到地球表面,其中的碳由于上升时间较短,来不及变成石墨而形成金刚石。陨石撞击地球时,撞击时产生的高温和高压使碳受到强烈压缩,形成微型金刚石,从爆炸云中沉积到陨石撞击凹穴周围。有一种含碳球粒陨星(含碳量可达3%)有时含有纳米金刚石,它们是在太阳系以外生成的。截至2011年,全球约有500个地方发现过金刚石。我国于1977年在山东临沂发现了一颗重量为158.786克拉的大钻石,被命名为常林钻石。

钻石的重量都很小,大于1克拉的就算大钻了,所以很久以前,在希腊和阿拉伯地区,人们用一种角豆树的种子作为钻石的计量单位,因为角豆种子的重量非常均匀,几乎每一粒的重量都相同。这种角豆的古拉丁文名字叫Caratonia,人们便简称"克拉"。1克拉等于0.2克。

从20世纪80年代开始已经采用激光自动加工钻石,磨制工艺及磨后的质量今天可用计算机模拟。一枚合格钻石(brilliant)的外形侧视为:上部呈等腰梯形,下部呈倒三角形。上部至少需有32个面,最上面为平面;下部至少应有24个面。此外,国外在确定钻石的质量和价格时通常用到4C-标准(克拉、色泽、清晰透彻、琢磨水平的英文第一个字母均为C)。

金刚石在工业中有着许多宝贵用途(高硬切割材料、金属和化纤拉丝模、集成电路散热片、原子能工业高温半导体材料),然而全世界天然金刚石的年产量约为20吨,远远不能满足工业上的需要,因此80%的工业需求量通过人造金刚石满足,今天的人工合成金刚石能非常精确地达到坚韧性、晶体外表特征、纯度、导热能力等各种性能。

跨物种的爱

从最近一次冰期以来,时有人和狼及狼的后代生活在一起的事情发生——共栖进化。社会行为是动物"优异特点"的显露:一只狼或一只狗生活在有着明显等级和地位的群体中,马、牛、象等动物也有类似的群体,它们都有和同类通讯的表达方式,这正是人和动物沟通的基础。人和动物的相处其实是一种混合群体形式——两条腿的高级动物和四条腿的次级动物组成的群体。

美国明星摄影师和摄影记者诺米·鲍姆加特尔在一次交通事故中失去了工作能力。她的左眼肌瘫痪,动作困难,平衡感觉有障碍。当时她46岁,看来她的全套莱卡摄影器材只能用来回忆"第一次生命"了。所幸在夏威夷逗留时,神经生理学家和海豚研究之父约翰·利利让她和野生海豚一起游泳,于是发生了意想不到的奇迹。

通过与海豚的亲密接触,她的眼肌瘫痪突然减轻了许多,手术不必再按预期深度进行。那是深刻的心灵碰撞,这些海豚都能发射极高的频率,它们能刺激人的神经中枢和激发脑电流,从而促使产生具有自疗作用的脉冲。她的第二次生命似乎来自大海,海豚是她的治疗医生。人们称诺米为"海豚人",她用自己的摄影作品记录了一个像她一样有着传奇经历的、和大象有着深爱的"大象人"的小故事。

克里斯的童年很短且没有温暖，很早失去了父母，没有念书的机会，命运把他推上犯罪的道路，刑满释放后拼命打工，但身心受伤的他一如既往地保持着倔强的性格。有一个酒吧老板建议他到好莱坞影城去谋事，于是，克里斯成了大象护理员，那是连续好几年有动物参与的影片拍摄工作。每当年轻的大象廷波脾气将要发作时，克里斯也大声吼喊起来，廷波便乖乖地安静下来。克里斯说话不多，由于这头象是用链条拴着的，所以人也等于被拴着。

该拍的影片都拍完了，问题来了：这些动物怎么办？廷波被安置到一位女明星创建的"明星动物园"，由克里斯担任动物园的驯兽员和护养员。克里斯和廷波的友谊因此而达到新的深度，现在也不再有导演的召唤来妨碍他们的相处了，开头几个晚上是克里斯在象房里陪着廷波睡觉的。

打从和克里斯交上朋友后，廷波没有再发过脾气。30年来，克里斯的生活就是陪伴这一庞然大物的"人和动物的共栖"。"只要我和它在一起，"克里斯说，"我就不像一个人那样地思维了，我有了象的性格，而它也有了我的特点。"每天，克里斯要采购300公斤的食物，清除好几公斤的象粪，其他时间就和这一万磅体重的大象戏水和漫步。

一次，克里斯的一个朋友来访，他久久地看着人和动物的相处，临走用一句话总结他所看到的一切："克里斯，和这头大象的相处，你为自己营造了一个新的牢房。"

听说廷波已经老死。从此以后，克里斯也从动物园消失了。然而跨物种的爱会有传承的，重要的是，动物必须具有社会行为，而人必须懂得它们的行为。

老猪,人类寄望你们

新石器时代的早中期,华夏先民已开始驯养野猪。猪身上有很多优点,时至今日,我们仍旧有必要再次强调一下它们的优点乃至为它们平反那些随便加予的不实之词。猪性温和,适应能力强,是杂食动物。可是人们总是嫌猪脏,事实上,经不少动物学家研究,比如在讲卫生方面,猪们很有一套,它们其实并不喜欢在自己吃睡的地方排泄代谢物,只要条件允许,它们会尽量保持自己窝边的干净,而将排泄物集中在较远的一个固定地方,这种习性是天生的,是祖先野猪遗传的——野猪从不在窝边撒尿拉屎,为了不让天敌发现自己的踪迹。

仔猪有一种本领,它们在吸吮母猪乳头时是按固定位置的,这种所谓的"默契"是由母子之间通过嗅觉和味觉而准确实现的。尤其值得强调的是猪的嗅觉功能,据有关专家确认,猪科动物的嗅觉灵敏度甚至可达到狗的2至3倍;猪能嗅到长在6米远的、离地面20厘米深处的黑松露菌类。据称,有部分国家的海关和机场甚至起用经过训练的缉毒猪搜查毒品或违禁品。

一个"家"字充分体现了人与猪的关系——房子下面是豕(猪),人畜共处一个屋檐下的典范。民间认为,猪蹄能催乳和治疗产后气血不足。而自21世纪以来,人类越来越重视猪在医学上对人类的贡献:猪是能将自己健康的器官捐献给人类的最理想动物。需要接受器官移植的病人远远超出了能作为供体的人群,再说由于各种条件的限制,等待时间很长;一句话,供体比受体少得多。多年来,科学家们一直在自问:人难道非植入人的脏器不行吗?动物不能成为供体的候选者吗?

答案是令人兴奋的,猪可以成为人体器官的"备件库"。猪的脏器和人的脏器基本上是一样大小的,比如猪的心脏能理想地植入人的胸腔里,这颗心脏有一种类似人的新陈代谢作用。而且猪能解决时间问题,能很快饲养大。今天,用猪的器官作移植供体的已有心脏瓣膜、骨移植替代物以及肌腱。8年前,外科医生成功地完成了为糖尿病患者植入猪细胞而治愈了糖尿病,使转基因处理的猪成为生物医学的"希望载体"。慕尼黑路德维希-马克西米利安大学基因中心的兽医专家埃克哈德·沃尔夫正在从事改变德国家猪的基因,使它们圆满地承担起人类脏器移植供体的任务。与此同时,科学家们准备通过分子生物学的途径遏制免疫系统的排斥反应,澳大利亚已用这种方法成功实现了将猪的肺移植到人身上,被称为"世界首次成功遏制排斥反应"。

科学家们尚需回答一个问题:猪身上的病毒是否会在受体内引起危害。美国哈佛大学医学院的专家们利用一套超强编辑器,迫使猪基因组中的这些病毒失效。2007年,我国首批体细胞克隆医用小型猪诞生,被国际确认为适合移植给人类的供体,为我国开展异种移植作出重大贡献。面对人类命运共同体的又一重大任务,需要全人类的精英共同奋斗。

记忆·遗忘·门框效应

记忆是进化赋予人类的最大优惠之一，它是非常复杂的脑神经联系和活动。我们通常所说的记忆是人脑对经验过的事和物的识记（识别和记住事物的特点及联系）、保持、再现的过程。由大脑皮层形成的暂时神经联系以"痕迹"的形式被存在脑中，当我们需要的时候，让暂时联系再次活跃（再现）起来；于是就完成了记忆。人有了这种优惠，便可不断积累知识（通过识记和保持）和恢复以往的知识经验（通过再现）。

但是，由于每人的记忆目的、方向、兴趣、观点、经历不一样，所以各人记忆的内容、记忆的深度和广度也各不相同。于是问题就来了：不知什么时候，有些人身上出现了记忆障碍（遗忘现象）。从心理学角度来分析，遗忘是指对原本熟记的事物不再能认知或回忆了（或只能错误地认知或回忆）。遗忘分病理性遗忘（即遗忘症）和非病理性遗忘；非病理性遗忘又被分为消退性和干扰性两类。消退性遗忘指记忆痕迹随时间而消退，导致遗忘；所谓干扰性遗忘，是把遗忘的原因归咎于"提取困难"（缺少可得性和可取性）。"缺少可得性"包括：信息多而复述少导致的超出记忆能力，或提取事件的时间隔得太久、旧记忆衰减，或事件优先顺序颠倒，新信息被优先于旧信息处理，致使旧信息难以被提取。"缺少可取性"指：信息编码方式出问题，一个信息的内容被混同于另一个信息。

值得一提的是,我们(包括老人和年轻人)经常会碰到一种似是而非的"遗忘"现象,比如一个人从客厅走进厨房,想去拿一个瓶子,可是到了厨房,他无论如何也想不起来自己到厨房来是要干啥。他站在厨房里东看看,西看看,最后终于离开了厨房。面对这种现象,不少人会感到不安:我得了遗忘症?老年人甚至会觉得这是痴呆的预兆……朋友啊,不必害怕,这是一种已经被实验证实了的"门框效应",是因为空间发生变化而出现的临时失配(遗忘)现象。在其中一次实验中,科学家们要求受试人员完成一个记忆任务:将好几件东西包好放入箱子。然后把人分成两半,让一半人留在房间里,把另一半人送到另一个房间去;然后请他们分别回忆自己所包的是哪些物品。结果如下:带着(包东西)信息走进另室的受试者的记忆能力远远不如留在原处的受试者。专家们解释说,人不是把事物作为抽象和静止的知识储存起来的,而且,人的思维在不断地跟新事件的方向和空间而发生关系,如果空间有变化(比如穿过门框踏入另一个空间),那么原来的思维会被一种新的思维排挤掉,因为大脑在试图将其主人带入新的状态,原本的信息被认为是"过时了",与此同时,也为新信息留出了地方。

还有一种现象:某甲正想为大家讲一件可笑的事情,突然间,某乙将一杯咖啡打翻了,这么一来,甲居然忘记了自己想讲什么笑话了。尽管此事跟"门框"和"空间改变"没有关系,但因为打翻咖啡是最新信息,它会受到优先处理,因此也被称作"门框效应"。

健忘和难忘

我们经常会遗忘一些事情,也就是通常被夸张的"健忘",也许很多人对此非常懊恼,恨自己记性不好。人的大脑随时都在接受许多感觉信息,并将它们转变为神经活动。信息经编码后被保存在大脑中,这一过程叫信息储存。当我们需要重现信息时,信息却无法提取,这就是遗忘。

造成遗忘的原因很多,比如在储存记忆时受到干扰——同事约你在某地方谈一件事,刚说完地址,进来了一位下属让你在文件上签字,下属走后,你竟然忘记了约会的地点。另外,形成的记忆痕迹倘若没有得到练习和巩固,记忆痕迹会消失,造成遗忘。此外,有的科学家估计,脑中也会有"主动的过程阻止"在妨碍记忆的储存。

还有一种遗忘是暂时的,当你很想提取某种记忆的时候,就是想不起来,可以说所有的人都有这样的遗忘,也都有这样的经验:干脆不要去想它,过一会儿,你想要的概念自然而然地找上门来了。有些地方的人称这样的遗忘为"顿时呆",由于信息的提取犹如查资料,需要有一定的线索(刺激)帮助,而当你需要提取的时候恰恰"离线"了(有时和情感有关——平时不被注意和不被重视)。

如果说一些人常常为"记性不好"而感到不幸,那么另一些人同样在为"记忆太深刻"而苦恼。第一次世界大战期间,参战的士兵伤亡率在50％以上，侥幸存活的士兵中有不少患上了精神疾病，他们经常会想起洒满鲜血的战场和血肉模糊的战友，噩梦连夜、通宵难眠；白天精神恍惚，战争的恐怖画面同样会出现在眼前，使他们无法正常生活。医界把这种病称为"创伤后应激综合征"；有的女性被强暴后也会有挥之不去的痛苦记忆。针对这类难以忘怀的痛苦记忆通常采用"暴露疗法"或"证词疗法"。通过布置患者记忆中的痛苦场景，让患者在这样的场景中尽情回想他们的痛苦，经多次治疗，症状可逐步减轻或消失。同样，对暴力事件像在法庭作证那样，让暴力受害者或者证人口述，提供他们的"证词"，暴力造成的心理创伤会有明显减弱。

其实遗忘不一定是坏事，人的大脑时时刻刻都在接受数不清的信息，遗忘有利于大脑"清理碎片"、不断更新知识。而难忘的记忆多数也是给人的美好回忆，比如许多人对考取大学的喜悦情景、第一次拿到工资孝敬父母、获得一种崇高的荣誉等经历终生难忘，想起来就感到幸福。

最近，德国和奥地利科学家通过联合研究发现人的精细胞所含的亚精胺具有清除细胞壁之间有缺陷和坏死细胞的功能，这一过程称为"自噬"（自体消耗），从而可延缓衰老和痴呆症（包括健忘）的出现，而其他体细胞中亚精胺的含量要少得多。但也有一些科学家对此研究表示不屑。其实，科学研究和发明不是一蹴而就的事情，挫折和失败是同路人，只要是为人类的健康，就应不懈努力，不怕失败，不怕干扰。

垃圾山·垃圾矿

人口越来越多,废物越来越多,资源越来越少。我们生活的石油时代正在接近尾声,还有一些金属材料如铜、镍等也在渐渐变得紧缺。尽管有些国家较早开始对垃圾堆放实行科学管理,但总的来讲,垃圾处理在全世界都是令人头痛的问题。

垃圾处理通常分为:① 填埋处理;② 堆山处理;③ 焚烧处理;④ 堆肥处理。填埋处理能大量容纳和分解城市垃圾,但必须采取防渗漏措施,不致污染地下水;堆山处理最好与工程废土混合;堆肥处理是将垃圾存放在 70℃ 的温度下,通过微生物进行分解,此法只宜小规模应用。采用任何一种方法,垃圾事先都要经过预处理(垃圾分类等)。

瑞士很早就开始将垃圾分为惰性垃圾、残余物垃圾和活性垃圾,规定自 2000 年 1 月起未经预处理的垃圾不准堆放,但具体执行允许有一个过渡期。

德国从 2009 年 7 月 16 日起实行新的垃圾堆放规定,规定将垃圾堆放分成 0 级至 4 级五个等级,尤其对堆放场的停用和停用后的措施提出了严格要求。

按目前世界的环境和资源状况,垃圾处理包括两个方面:清除和利用。有一位"垃圾教授"(垃圾和资源管理教授)针对一座垃圾山说:"垃圾很重要,因为它是原料。宝贵的东西丢错了地方呀。"每个国家都有很多以前留下的填筑垃圾山，垃圾都是不经分类而倾倒的。今天，这样的垃圾山多数已经停歇，如果不加利用，充其量只能打扮成一座公园里的山，或者在气候合适的地方建成一个滑雪场。科学家们很不甘心，他们终于在垃圾山里淘到了宝贝：经过钻探取样，确定垃圾山里铜、铝、铁的含量很高，于是垃圾填筑山被称为"垃圾填筑矿"，简称"垃圾矿"。据进一步调查研究，发现垃圾山的金属含量从1975年开始走下坡路了，而塑料的含量在不断提高，有的垃圾山的塑料含量甚至是金属的两倍，对这一现象，专业人员称之"垃圾的化学化"。

如果仅仅从垃圾中提取金属，成本很高，是金属销售价的两倍，所以提取金属必须和利用塑料结合起来才有经济效益，也就是说，实现综合回收垃圾中的所有物质。但由于塑料在垃圾中的分布是乱七八糟的，而且是经受污染的，所以至今只能送至热电厂燃烧，产生热能和电，效率很低，只能达到20％。科学家们终于想起了20世纪30年代已经问世的热解法（高温分解法），经高温分解，获得三种优质能源原料：热解煤气、热解油和热解焦。热解塑料的前提是事先去除玻璃和金属部分。

有人担心垃圾矿也会用完。用完了还有"城市矿"——城市里的房子、公用设施及其建筑物（专家估计，每隔40年，一个城市的公用设施都要全部更新），这些物质最后都会进入原料循环链。瑞士的苏黎世正在实施一个样板工程：所有在建的房子所用的原料都要记录备案。供后人回收时查用。

城市里还藏有一个"金矿"——家里的柜子和抽屉里，数不清的旧手机在睡觉，它们是用铜、铝、锡、银、金……组成的呀。

快递直送后备箱

快递是特快专递的简称,国际上统称为 CEP service。有人简单地把快递说成是物流,不妥,因为物流指商品流通过程中的实体运动(经济活动),诸如商品运输、储藏、包装、分类等业务活动,所以说快递只是物流管理中的一部分,物流涵盖了快递,但快递是一个很重要的环节。其实概念的不确切来自国外,国外说到快递,动不动就搬出 logistics(后勤和物流的意思)。

快递物件中有很多是以往所谓的"邮件",所以快件和邮件自古以来是不分家的。中国很早便有了邮驿通信,唐朝的邮驿已分陆驿、水驿和水陆兼办驿,当时全国共有邮驿 1 600 多处。陆驿规定马每天走 70 里,驴走 50 里,车走 30 里。宋朝和元朝时,各州各县都设有"急递铺",专门用来传递官府的紧急公文,急递铺总数达 2 万多个,每个铺上有铺丁若干,像接力赛似地递送文件,一昼夜最多可行 400 里。到了清朝,出现了一种名为"廷寄"的快递方式,军事机密文件由军机大臣请示皇上后交兵部盖印加封,令驿站限时送达,按紧急程度通常日行 300 里,有特急事件甚至升至 400 里或 600 里;可见古代的"快递员"有多艰苦,说不定哪天因延误机要而掉脑袋呢。

近代和现代的邮递可分成几类:信使专递或急使专递、包裹递送(由于用标准化系统投递和固定的工作方式,需时较多,体积和重量有限制)、特快投递(通过配送中心投递到收件人手里)和夜间配送特快——特快专递的特种服务;夜间快递通常在早上 8:00 以前配送到收件人手里;最理想的是在 7:00 或 6:00 前配送到;这样收件人在上班前便能收到东西。

有的快递公司能按用户的特殊要求提供特殊快递服务,这样的特快专递被称为"临界快递"(或极限快递),需要事先协定费用,因为快递公司也必须获得有关部门的许可和保险,以便配送和投递危险品、艺术品、敏感仪器、活的动物、医学试样等。

国外的快递行业中有两个流行概念:"当天配送"和"时间窗口"。时间窗口指两段或多段已作安排的时间之间的(间隔)时段,这是一个为将来新的快递配送方式设定的时间概念;今后快递员可用智能手机软件和数字密码直接将快件送进收件人汽车的后备箱。收件汽车当然须配备必要的技术装置,收件人事先应确定一个时间窗口,在这一时段里,他的汽车必须停在送货地点的半径圈内,便于快递员用 GPS 找到地方和这辆车,然后用临时密码将后备箱打开,送进邮件,再关上后备箱。新型的快件配送系统正在研制中,理论上的问题都已解决。

我国快递业最近几年发展迅速,已成为世界快递大国,快递大军的数量绝对世界第一。快递业务已实现电子化、数字化、智能化。用户可随时在网上跟踪快件动向,了解即时状况:快件到了哪个中心、配送人是谁、手机号码多少、已耗时几何……直至显示"邮件已被签收,期盼再次为您服务!"

梁祝哀史另类版

我的母亲是越剧迷，只要她去看"绍兴戏"，总愿意带我去。越剧的发源地尽管在嵊县（今称嵊州市），但因离绍兴较近，杭绍沪一带的老百姓早年习惯称越剧为"绍兴戏"。

1953年11月，我国第一部彩色电影越剧舞台艺术片《梁山伯与祝英台》摄制完成，第二年夏天，我从杭州到上海度暑假，快开学前，母亲带我到当时的黄浦剧场（前金城电影院）观看了这部影片，不久，我依依不舍地回杭州去了。每当放学后，我常独自坐在门槛上，出神地回忆着和母亲一起看《梁祝》的情景——被梁哥哥与贤妹妹的忠贞爱情感动着，同时也不舍得离开我母亲。有时我会拿出电影说明书，看着看着甚至落下眼泪。这一切祖父都看在眼里，祖父知道我很重感情，想帮我走出这一心理阴影，便在某个星期天带我到杭州东坡剧场看张二鹏（盖叫天次子）献演的《大闹天宫》。

又一天晚上，祖父特意让我和他隔着一只方形的高茶几聊天：祝英台在家里死缠着其父祝员外，要他答应自己女扮男装，到杭城去读书。员外考虑到，大家闺秀诗书还是要修的，最后终于答应了女儿的要求，并嘱咐英台的贴身丫环银心扮成书童伺候。时间过得很快，转眼间三年过去了；祝员外思念女儿心切，派人捎信让英台回家。祝英台不忍与同窗梁山伯分离，一再拖延不回。无奈之下，祝员外只好佯称病重，英台这才急忙赶回家来。

回到家里,祝英台发现父亲没病,心里老大不高兴。而祝员外很高兴,问她在杭城交了几个同窗好友。"梁山伯。"祝英台气呼呼地说。员外听罢,大惊失色;在书院读书的都是男的,自己女儿却结交了"两三百"个男朋友,若是今后都来提亲,怎么应付得了,于是干脆将祝英台许配给了马文才。

父命难违,再反抗也无济于事,英台托人要梁山伯来家里相商。见到梁山伯,祝员外才知道自己搞错了,梁山伯不是"两三百"个人,而是女儿真心相爱的同学。然而马家已经下聘,家中有财有势,怎能毁约;左思右想,准备一错到底……

祖父讲的故事是个流行在绍兴地区的传说,是一个另类的《梁祝》版本,其实整部《梁祝》就是从口头文学到戏曲剧目的发展和完善过程。祖父的本意是要我弄清现实与民间文学的区别,讲完了"两三百"后曾补充说:"两加三加八(百)等于十三,他的书童'四九'的名字加起来也是十三——一对宝货?非也,这是杭绍一带戏迷的调侃话。"我觉得这里所说的是一种耿直憨厚的隐喻,就像祝英台说梁兄是"呆头鹅"一样。

不过我至今认为,《梁山伯与祝英台》中最精彩的一场戏是"十八相送",而整部戏最让人感动的一句台词也在这场戏的结尾,祝英台把自己以"小九妹"的名义许配给梁山伯并难舍难分地与之告别:"梁兄你花轿早来抬。"好一句争取婚姻自主的心声。难怪许多动情的唱词一直被越剧粉丝挂在嘴边:"我难舍知心梁山伯。""英台呀我真是泥塑木雕的大笨蛋。""生不同罗帐死同坟。""生死都随梁山伯。""千年万代不分开,梁山伯与祝英台(《化蝶》舞蹈配合唱)。"

流浪的孤星

黑暗的宇宙中,一颗行星在飞驰,它是一颗孤苦伶仃的流浪星,没有母星(恒星)可以让它围着转,也得不到母亲的温暖(没有太阳在加热它),没有光亮。

这颗行星是 2012 年底由法国格勒诺布尔行星和天体物理研究所的、以天文学家菲利普·德洛姆为首的研究小组发现的。这颗行星看来相当年轻,但根据其亮度判断,应该是 5 000 万年至 1 亿 2 千万年前形成的;它和过去 20 年内所发现的外行星(河外星系)不一样,它是一颗脱离了母星的行星,这种行星被称为孤星,因为它们没有可被绕行的母星,人们必须用现代高分辨率的望远镜直接观察,所以直至 2012 年底,这颗被太阳抛弃了的孤星才被发现,并被命名为 CFBDSIR2149。这颗孤星的大小为地球的 60 倍,估计质量为木星的 4 至 7 倍,表面温度约 430℃。天文学家们推测宇宙空间有无数这样的孤星在飞驰。美国天文学家的最新研究结果是:银河系应该有 4 000 亿个孤星,以往只是限于条件而没有被发现。

有人会问,我们的地球会不会有朝一日也变成孤星?如果会,人类还能活下去吗?科学家们用数学模型进行了模拟,并详细研究了太阳系行星的运行轨道,结论是:地球在今后的 4 000 万年内是安全的。但木星有可能会影响水星的运行轨道,并将其引至金星的运行轨道附近。一旦两条轨道交叉,即发生宇宙大灾难,导致行星的擦肩而过、互相撞击,甚至将其中一颗行星甩出运行轨道,使其成为孤星。遭殃最严重的是质量小的水星或火星,但我们的地球也会成为牺牲品。

尽管如此,造成上述灾难的概率还是相当小的,在极大多数情况下,太阳系的行星还能正常运行50亿年,也就是直至太阳慢慢终结。万一发生情况,那么可能是由于木星的影响,使地球的运行轨道变得更加椭圆,夏天变得很短、很热,冬天很冷、很长;四季越来越极端化,农业遭破坏,人类文明崩溃;直至有一天,木星把地球抛出轨道。最后使地球离太阳越来越远,在地球上看,太阳显得越来越小,提供的能量越来越少,地球越来越冷。其变冷速率远远大于CFBDSIR2149,因后者本身就有高温。植物因缺少阳光而停止光合作用,停止生产氧气。但这一点不会导致人类的死亡,地球的大气中含有1.2千兆吨氧气,还能供人类很长时间的呼吸之用。树木在没有光合作用的情况下同样也能维持生命好几年,因为它们可从储存在树干中的糖分获得能量。经过10至20年,大气中的气体皆结冰,或降雪,约至零下240℃,地球上不再有生命。但这并不意味着地球的终极,生命还可以在地下继续;像冰岛或美国的黄石国家公园将成为人类"溃散部队"的最后避难所,在那里,地球内部的地热在均匀地保持地球表面的温度,当年(45至46亿年前)地球形成时,有40%的热能成为残余热量留在了地球内部。

总之,专家们认为,地球成为孤星属很远很远的将来时,届时发生的概率是很小很小的,即使发生了,说不定也会有一个陌生的星系捕捉地球、解冻地球,让地球复活。

六尺巷与邻里情

古往今来,邻里间的摩擦与纠纷一直是在所难免的、令人不快的,这样的纠纷往往折射出一些社会民风或公民的日常素质。

其实,邻里相处,谦让是相当重要的,家庭的正面教养和优良遗风亦不可少。黄梅戏折子戏《六尺巷》是一出颇接地气的小戏:康熙年间,文华殿大学士、礼部尚书安徽桐城进士张英故乡邻居,富商吴文楼曾进京求张英关照无果,张吴两家从此有了过结。后来吴家在与张家相邻的隙地上筑起院墙并多占了土地,进而加深了两家矛盾。张尚书的夫人写信将此事告知丈夫,丈夫以诗复夫人:"一纸书来只为墙,让他三尺又何妨。长城万里今犹在,不见当年秦始皇。"张夫人平时处世为人多受丈夫影响,决定以高姿态处理矛盾,在新任知县乔装县衙捕头私访调解时,张夫人主动提出将自家的院墙往后退三尺,吴夫人深受感动:"你让我也让,你让三尺我也让三尺。"这么一来,本来的隙地成了一条六尺宽的巷子,大大方便了桐城的老百姓。

邻里关系处得好,有时能产生极大的正能量;好多年以前,德国某小城发生过一件帮助邻居抓住诈骗偷窃犯的事情。克劳斯家要去南方度假了,走前把家里的大门钥匙交给邻居,以防万一家里有事可以由邻居开门进去解决。他们走后第三天有四个男子汉来到邻居家敲门,说是克劳斯在他们厂里定购了一只三人沙发,他们是来送沙发的,并表示旧沙发由他们帮着抬走扔掉。本来这样的事情是常有的,但邻居想到,克劳斯走的时候怎么一点也没提呢,邻居妻却说:"人家是提前做好、提前送货来了。克劳斯事先也不知道的呀。"尽管如此,邻居还是多长了个心眼。等到"厂家的人"开门抬着旧沙发出来时,警察也赶到了(原来邻居终因生疑而报了警),经盘问和检查,发现旧沙发里尽是从克劳斯家里偷盗的财物。

当然社区生活和邻里相处不仅仅意味着互帮互助和互相尊重,有时候更多的可能就是相互之间的偏见、不和谐以及由于各人不同程度的小我心理和行为带来的分歧和矛盾。由于西方人和东方人的生活方式方法不同,纠纷的焦点也不一样,比如在欧洲,最能引起邻里纠纷的是噪声,其次相继为占用停车位、不遵守基本的邻里规矩、宠物给邻居带来的麻烦、楼梯间被住户堆了很多无用的东西……噪声方面,使人生厌的程度分别为(由大而小)大声吵架、音乐声响、孩子吵闹、邻居花园的割草机声音……

在奥地利,能成为邻里争执的原因颇有特色,例如释放有害物质,包括污浊空气、有气味物质、噪声、光污染等。还有界树问题(如树干长在两家相邻的地方,树根或树枝长进邻居家了、树枝伸进邻居家里)和其他交界物(如墙、篱笆等)构成的矛盾。而德国人甚至会把邻里矛盾上交到司法机构去处理,因为德国人起诉很容易,起诉者甚至可获起诉资助费。所以现在不少州有了新的规定:在申请司法途径解决前,必须先接受庭外调解。

有人说,如果公民的居住条件普遍很好或较好,互相间也就不会有太多的计较了,从理论上讲,此话有一定道理;但实际上,有少数人好像已经养成了习惯,家有百余平米的居室,还是免不了用一些破旧杂物去占用公共面积。

对蚂蚁的再认识

侧重蚂蚁研究的生物学家估计，世界上的蚂蚁种类繁多，估计五大洲上共有 15 000 种蚂蚁。自古以来，蚂蚁一直被看成是勤劳的动物，比如公元前六世纪古希腊作家伊索所编写的《伊索寓言》中有一则名叫《蚂蚁和蚱蜢》的寓言讲得清清楚楚：夏天，蚂蚁也在不辞辛劳地忙碌着，到了严酷的冬天，就不至于挨饿；而盲目乐观的蚱蜢以为天天都是春天，只知道逍遥快活，什么准备工作也不做……

蚂蚁于是给人一种"不知疲倦""不需休息"的印象；其实不是这样的。2015 年，生物学家们在人造蚁穴中做了实验，他们对每一只蚂蚁做了记号，用摄像机记录蚂蚁的活跃程度，最后在分析录像资料时发现，有五分之二的蚂蚁在"闲逛着"，无所事事。在一个勤劳的群体中，其他蚂蚁怎么会容忍这种"偷懒"行为的？于是科学家们将实验延续下去，终于弄清了事实真相。实验人员从正在忙碌的蚂蚁中撤走了 20% 的劳动力，一周之内，他们发现，那些空出的岗位在一周之内由那些原来在自由散漫地闲逛的蚂蚁顶替了。科学家们顿时醒悟过来，是他们误解了那些"闲逛蚂蚁"，它们没有在"偷懒"，它们也不是没有事做或不愿做事，因为它们本来就是"替班工蚁"。又有人想了个点子：再将这些"替班工蚁"也撤走；于是，空出的岗位再也没有蚂蚁来替补了。

有关上述现象,人工智能技术专家作了补充解释:对于蚂蚁王国来讲,没有必要让所有的劳动力参加每一次劳务行动,太多的行为反而带来"添堵"风险,通常30%的工蚁就能完成全部"工作定额"的三分之二。

也许小小蚂蚁的行为和蚂蚁王国的机制没有完全被人类所认识,非洲有一种个体2厘米长的蚂蚁,人们发现这种蚂蚁喜欢猎食其他等翅目昆虫,由于对方的个头不亚于蚂蚁,且擅长抵抗,所以猎食和反猎食的斗争非常激烈,有时甚至十分残酷。对付猎物,往往会有200至600只蚂蚁出动,每次战役总有5%左右的蚂蚁受伤,被对方强有力的颌钳折断腿或被咬伤。尽管如此,仅存4条腿或5条腿的蚂蚁仍能继续战斗,因为蚂蚁群体中存在一支有效的救护兵。

战斗结束后,受伤的蚂蚁用气味向"救护蚁"发出求救信号,救护蚁便会赶来将它们送回蚁穴,先为受伤的同伴舔伤口———一种消毒手段。有时候,救护蚁甚至会利用已死的等翅目昆虫的身体上的某些部分为受伤的蚂蚁"施行手术",手术的成功率令人佩服。值得惊讶的是,严重受伤的蚂蚁(比如六条腿中已经失去了五条)最后会拒绝接受救护蚁的帮助:当救护蚁去接近它们时,它们会竭尽余力抵制救护,迫使救护蚁将它们放弃。

猫窝·猫食·猫情

互联网上经常可以看到很多可爱的小猫咪照片或视频，心细的人们发现了一个问题，为什么有那么多的小猫喜欢钻到纸板盒子里去，哪怕那些盒子的空间非常有限。有时候甚至会发现它们还会躲进抽屉里去，更有趣的是，有的主人最后竟然是在鞋盒或茶壶之类的"安乐窝"找到猫咪的。

关于这个问题，虽然尚未形成定论，但有些解释还是值得一听的：一种解释是：当猫儿来到一个很陌生的环境，或者觉得很有压力时，而家里正好有几只纸箱闲置着，于是箱子里的空间必然会成为猫儿释放紧张情绪的地方。第二种解释：猫是嗜睡动物，它们每天最多可睡 20 小时，根据以前野生时的经验，白天在敞露的空间里，睡觉是有危险的，于是上述地方成了它们的首选。第三，和狗不一样，猫遇到危险就会快逃，喜欢把自己隐蔽起来。还有一个理由：猫喜欢温度，喜欢呆在暖和的地方，尤其在冬天的农村里，农家做完饭把灶火撤除后，灶肚往往成为了猫儿取暖的好去处——"偎灶猫"一词就是这么来的；当然，没有灶肚的话，上述空间亦能凑合。

现代人养猫，不再自己去做什么"猫鱼儿"之类的猫食了，而是到超市购买成品猫食，有人在无意中发现了一种"鼠肉风味猫食"，觉得挺好，人类想得真周到，这该是猫的最爱了。但有的不相信，认为猫食中的荤料是由屠宰废料（或称下脚料）（如兔子、牛、鸡、羊、鱼肉等下脚料）组成的，再添加粮食、矿物质和植物性辅料，用鼠肉也许还得专门去培养一批老鼠呢，成本便会成为大问题。所以人们情愿相信"鼠肉风味"是骗人的广告。再说，现在的猫儿不是那么离不开鼠肉的。

　　说到鼠肉，不能不提猫和人的关系。8 000年前，人类就开始和猫打交道。古埃及人的家庭、母亲、孩子的保护神是猫头女神。猫在家庭里颇受尊重，家里的猫死了，全家人都要将眉毛剃掉，以示哀悼。猫是人类的好朋友，十字军东征后还乡时，不小心让一批老鼠搭了"顺风船"来到了欧洲，后来鼠疫横行，据说跟欧洲人出于迷信，有个时期盲目屠猫，导致老鼠的天敌锐减有关。

　　有一位退休老人在家里辟了一个阳台收养流浪猫，但是只放食，不设窝床。猫用完餐便离开阳台，谁知过了些日子，猫儿的数量越来越多，有一次用完餐，猫们几乎排成了一横列，向着老人"咪哩喵呜"着。小孙子于是开腔了："它们在说'谢谢爷爷'"。可是不知什么原因，如今在很多国家（包括中国）出现了"重狗轻猫"的风气。说什么"猫是不知感恩的动物""猫把自己当成家庭的主人""猫把人仅仅看成是帮它们开猫食罐头的人"……如此这般，不一而足。美国有一个实验小组用50只猫做了试验，在一个大空间里让猫们站在中间，四个角分别是供猫选择的人或物：人群、玩具、猫食、猫平时喜欢的一种香料。让猫和这四种客体保持间隔2.5小时，然后解禁，最后发现37%的猫儿涌向了人群——他们宁可放弃猫食而和人去接近、游戏。

门槛是障碍吗

门槛是宅院和住房门框下端的横条木（或石条、金属条），用来遮住接缝，并作为门下部的挡块和槽口。中国地大房多，门槛的别名也很多，因地而异。有的地方叫门限："有儿虽甚怜，教示不免简；君来好呼出，踉跄越门限。"（唐·韩愈《赠张籍》诗）有叫门阃的："盖闻母后之义，思不出乎门阃"（《汉书·王莽传上》）。还有称"机"和"切"的——"聪明达乎中外，稳括及乎无方，不出其机，化导宣畅。"（汉·蔡邕《司徒袁公夫人马氏灵表》）"切皆铜沓冒，黄金涂。"（《汉书·赵后传》）……今天，门槛也可写作"门坎"。

人们为什么要在宅室门口设置门槛？主要是为了隔离的目的，比如不让水、风、小动物等进入家里，这里掺杂着许多传说、迷信和宗教意识。以前中国人很重视门槛，希望用门槛来阻挡一切外来的不幸，同时也不愿让家里的财气（或才气）外流，为了实现这一愿望，于是构思了种种神话、编出了许多规矩；诸如教育孩子不要站在门槛上，否则会发生不幸的事情。甚至有这样的说法：门槛是祖宗的脖子（或当家人的脖子），所以无论老少都忌踩门槛。寺庙的门槛显得更加神圣了，因为佛教宣扬，门槛象征着释迦牟尼的双肩，切忌践踏。不许踩踏门槛的习俗在中国一直延续到民国，甚至到了解放初期还有人信仰。

在国外同样有着种种"尊重"门槛的习俗，比如在俄罗斯，人们认为双脚分别踩在门槛里外的两个空间是不祥和有害的举止。有客人来访,应很快将他们引入室内,切勿让他们停留在门槛上只顾说话和寒暄。当然,不能发生在门槛上的动作和行为还有很多很多……

门槛对古罗马人来讲,是一种至关重要的建筑设施,因为在古罗马,右边意味着吉祥,左边象征不吉利,来访者必须先用右脚跨过门槛。古罗马时代还流行着一种风俗:结婚时,新郎要抱着新娘跨过婚房的门槛——不让新娘在门槛上踉跄跌倒而被魔鬼缠身。

另一种原因是为了设置障碍,有了高高的门槛,从一个空间到另一个空间便显得比较麻烦,说穿了就是不让你那么容易地进去。所以后人常常用"门槛高"来比喻进入一个地区、范围、单位或加入一个组织的条件和要求很高。

用现代建筑学的角度来看,门槛绝对是一种障碍,尤其在提倡"无障碍"的现代社会,如果不是有特殊要求(比如要求建筑物绝对密封、保温等)的话,作为无障碍住宅,不应设置门槛。做事一板一眼的德国人制定了一个 DIN 标准 18040,此标准规定,如果因技术原因而无法放弃门槛,则门槛的高度不许超过 2 厘米。对于没有达成"无障碍协议"的房屋,则不受此规定的约束,但要求尽量做到门槛的最大高度不超过 25 厘米。这一措施既有具体规定,又有灵活执行的余地,有着较强的可行性。

名人不乏强迫症

我的一位同事,是前台秘书,每天下班时都由她负责关门锁门。一次,大家一起出了门,走到电梯间,她却突然返回再检查了一下,看看门是否锁好。"她挺有责任心的。"所有在场的人都有同感。

有时明知道自己已经关好了家里的门窗,但还是要花费时间再去看一下。总不放心自己已经做好了的事;考试的时候,尤其在考数学时,有考生总觉得自己没有计算对,于是不惜花掉宝贵的考试时间一再重复计算,实在很耽误事儿。

上述现象其实是一种心理疾病或心理障碍,当事人常常会有强迫思维和强迫行为,统称强迫症。据调查,全球人口中约有2%—3%患有强迫症,男性和女性没有比例差别。强迫症的形成与很多因素有关,其中遗传因素所占比例较高。一般认为,洗手强迫症(俗称洁癖)是所有强迫症类型中最普遍的一种——老是害怕被细菌感染致病,于是一个劲儿地洗手,而且总是设法避免接触门把手;有的甚至尽量不去乘公交车或地铁。"检查强迫症"也是比较常见的,它包括的形式较多,除了上述"关门行为"外,还有"井然有序强迫症""计数强迫症"……

造成强迫症的尚有心理社会因素(如学生的学习压力太大、家庭要求过严)、严重的精神刺激和大脑受伤等。大部分人在成为"强迫症患者"以前,往往已经具有了"强迫性性格"——犹豫不决、优柔寡断、拘泥古板、胆小谨慎、思维一根筋……尽管如此,由于"强迫症"和"强迫症倾向"之间没有明显的质变现象,于是有的专家提出了一个大致的规则:只要社交生活不受影响(比如只是多看了几次水龙头是否关了),也就没有必要去治疗;倘若因为生怕疏忽了家里的什么事物而担心得不敢出门了,这就应作为"疾病"来看待了。

有人特别关心一些达人在生活和工作中的特殊性格或习惯。达人泛指世界上有天才、有绝艺和有绝活的人,因此政界、科学界、体育界、文艺界、工商界的很多明星级人物几乎都被"扫描"了,结果发现他们中确实不乏可被列入"强迫症患者"的人。不妨举几例:前英国首相丘吉尔不仅是著名的政治家,而且还是一位颇有作为的文学家(曾获1953年诺贝尔文学奖),他自觉有一种强迫症倾向:外出旅行,尽量避免坐船,否则他会产生一种强烈的"跳进水里"的欲望。著名电工学领域发明家尼古拉·特斯拉是美籍塞尔维亚人,一生有过包括电话增音机在内的许多电工学发明;他有个强迫性习惯:做事要重复3遍或者重复3的数倍;在饭店住房的房号必须能被3除尽;吃饭时要用18块餐巾。美国著名歌手贾斯廷·廷伯莱克患有"井然有序强迫症",无论是冰箱里的或写字桌上的东西,都必须放置得齐成一条线或者绝对成直角。连大名鼎鼎的足球明星贝克汉姆也没能逃过强迫症,他只能容忍周围的东西成偶数,要是长沙发边上的茶几上放着3本书,不行!要么拿掉一本,要么再加一本。

人们不禁要问,这些名人又是怎么会得上强迫症的呢?窃以为,名人或天才大多做事细心、严肃认真、强调准确、一丝不苟、追求完美……在这样的自我心理素质要求下,形成这样那样的焦虑和强迫症是可以理解和值得同情的。

牧羊人的帽子

贝雷帽是法国人发明的,它和法国葡萄酒、法国棍子面包、法国街头咖啡座一样,属于典型的法国文化。

贝雷帽是一种扁圆无帽檐的软帽,帽顶中央有一短帽蒂(现在也有不带帽蒂的)。贝雷帽在国外又叫巴斯克帽,在北欧国家及荷兰,人们又称之为高山帽。中国人干脆叫"法兰西帽"。解放前的上海,法兰西帽非常流行,艺术家、知识分子、老克勒等戴得很普遍,它象征独立自主、不随附他人。然而,这么高档次的帽子原来却是高山上的牧羊人戴的。早在13世纪时,法国西南部的比利牛斯山上的牧羊人已经开始戴这种用羊毛编织的软帽,用来防风保暖。比利牛斯山系阿尔卑斯山脉的延伸,是法国和西班牙的界山。据传,这一带的老百姓生性豪放,他们在休息时就摘下帽子用来擦汗,然后又将帽子垫在屁股下当垫子。比利牛斯山的牧羊人常常通过戴贝雷帽的不同方式表达自己的心情:帽子戴得端端正正的表示严肃;把帽子压到眉毛的位置表示有疑虑;歪戴帽子则表示心里放松,很随意。

其实,把贝雷帽称作巴斯克帽是没有道理的,错就错在法国皇帝拿破仑三世(路易·波拿巴)乱下结论。拿破仑三世喜欢和皇后欧仁妮到巴斯克地区去度假,他在那里看到人们十分喜欢戴这一扁圆形帽子,兴致所至,于是赐名"巴斯克贝雷帽"。贝雷帽的真正起源地在邻近的贝阿恩,然而没有人敢于违背君主的意思。很快,巴斯克帽胜利进军世界时装之都巴黎,同时渐渐在全世界流行。从1840年起,贝雷帽开始工业化生产。

第二次世界大战时,德军占领了法国的阿尔萨斯—洛林后,贝雷帽也被沾染了政治色彩,贝雷帽象征对德国法西斯的反抗,戴贝雷帽的人被认为是抵抗运动成员,所以德国占领军禁止法国人戴贝雷帽,称贝雷帽为"法国人的头盖子"。

早期的贝雷帽通常用呢料或毛毡制作,结实耐用,容易保养,因此帽子的寿命很长。现在已经不拘一格,材料不限于呢子和毛毡,而且有丝绒、灯芯绒、绸子、毛线、混纺织物,从西班牙托洛萨来到法国的移民专门制作一种棉布的贝雷夏便帽,颇受欢迎。

贝雷帽也很早开始被很多国家采纳作为军帽,因为贝雷帽携带方便,不用时可折叠起来或卷起来放进衣袋,甚至可以夹在肩章下面。19世纪时,苏马拉卡雷吉将军曾下令纳瓦拉纵队的军士全部戴红色贝雷帽,在战场上便于和敌军区别。然而美军士兵却提出不喜欢贝雷帽,理由是贝雷帽没有帽檐,不能遮阳,吸汗能力差。不过1999年我国建国五十周年阅兵典礼时,一支女民兵方队戴着红色贝雷帽、穿着红色上装和军裙、蹬着皮靴、迈着整齐的步伐、英姿飒爽地经过检阅台,真的好酷。

据称,21世纪以来,国外已很流行戴帽子,贝雷帽应该是一个不错的选择。其实贝雷帽早就没有职业、年龄和性别的限制了。

拿什么代替棉布

做衣服的料子,从古到今,经过了发现、发展、稳定、求新、反复……的历程,如今到了再探索的地步。

做衣服(包括床上用品和其他服饰等)需要纤维,将纤维制成纺织品,然后才能成衣。人类历史上长期使用的是天然纤维(棉、麻、蚕丝、羊毛等)。化学纤维的发明和应用是纺织原料工业的重要革命,记得20世纪六七十年代,化学纤维成为时尚,名目很多,有什么黏胶纤维、醋酯纤维、涤纶、锦纶、晴纶、丙纶等等。老百姓印象最深的是涤纶,棉纤和涤纤混纺的称为棉涤,毛纤和涤纤混纺的叫毛涤。由于棉涤很薄,夏天做衣服很"凉快",所以人们赋予美名"的确凉"(或"的确良")。尽管的确良的价格高于纯棉,但的确良衣服不熨也挺括,且易洗涤,所以备受民众欢迎,着实繁荣了一个时期。

随着人们观念和认识的进步,服饰的健康不断引起重视,纯棉织品重返潮流;然而时至今日,全球资源和环境又成了棉织品的新问题,探索生态织物成了生物学家和生态学家的新课题。

作为原料而首先被青睐的是牛奶。话说有一位名叫安克·多马斯克的女微生物学家,几年前她的公公患了白血病,身体虚弱到普通的衣服没法穿,因为他的皮肤一点点化学物质也不能接触,哪怕织物并不含化学物质,而只是在纺织和制衣的工艺过程中用到化学物质,皮肤也受不了。有鉴于此,多马斯克决心要研制一种纯天然的料子。她发现20世纪30年代已经有人利用牛奶生产过酪蛋白料子和衣服,但当时为了使料子牢固和耐洗,在生产过程中需用化学添加剂。功夫不负有心人,经过反复研究和尝试,在有关部门的支持及配合下,多马斯克终于成功研制出纯天然酪蛋白纤维,为了表明所用的添加剂是真正天然的,她当众嚼咽了酪蛋白纤维。值得一提的是,多马斯克所用的原料大部分是没有达到100％饮用标准的牛奶,因此不会给牛奶生产增加太多的环境保护和生态平衡方面的负担,反而为乳业解决了一个出路问题。

马达加斯加有一家世界产量最低的纺织厂,全厂只有80名职工,该厂属于英国一位纺织设计师和美国一家小企业,8年内只生产了两件衣服:一件披风和一条围巾。伦敦的维多利亚/艾伯特博物馆今年年初展出了这两件珍稀产品——料子是用蜘蛛丝制成的,蛛丝由200多万只蜘蛛生产。某些大学的研究所养了很多吐丝蛛,让它们每周两次在转动的纺锤上吐丝。蛛丝引起了纺织品设计师和医务工作者的极大兴趣,因为它们抗拉,延伸率高,蛛丝做成的线曾为受伤的羊缝合神经末梢,效果甚好。作为实验,很成功,但人们需要的是有规模的生产,于是又开始了通过改变某种细菌的基因、使它们像蜘蛛一样能生产丝蛋白的实验。

据介绍,可作生态料子的尚有玉米植株、桉树、莲荷、香蕉植株、虾壳、大豆植株、软木、椰子树等。

哪只耳朵好使

有人常常会给同事出这样的"妙招"："如果你下次再想跟你的上司说关于你加工资的问题，千万要记住，向他的右耳灌输你的意思。"据说这样做，上司肯定会正确无误地听懂你的意思、会分析你的要求，因此答应你要求的可能性较大。几位意大利科学家做过三次相关的观察和实验，他们选择了噪声回旋的夜总会作为实验场地。第一次说话时，几乎有72％的听者是从右耳被灌入话语的，所以这些人都被准确地沟通了。第二次实验时，科学家们选中了160名客人，并在他们的身后轻声说了一句话，结果发现仍有58％的人客气地回过头来，有的递过烟来，有的不好意思地回答自己不吸烟，所以身边没有烟。但也有一部分人只是莫名其妙地回过头来而已，不知道说话者是什么意思。原来说话者是想跟前面的客人要一支烟吸。不管怎么说，科学家们也都是在这些客人右边说话的，不过说话的声音和清晰度较小。

第三次实验有点不一样，科学家们要么对着客人的右耳说要抽一支烟，要么对着左耳说想抽一支烟。结果发现，从左耳听进去的客人所说的话基本上是答非所问。于是有人初步得出结论：我们通过右耳听到的声音首先由左半脑加工，而左半脑是掌管人的语言的。从此就流传着这样一句经典的话语："加工资也好，求婚也罢，凡是你希望成功的话，不仅要在适当的时间说，而且需让听者的右耳听到。"

问题似乎得到了解释,几十年来,人们相信,两只耳朵的听觉之所以有区别,是因为两个脑半球对声音的加工不一样造成的。现在美国科学家对这一问题的解释提出了修正,认为左、右耳听觉不一样的根源在耳朵本身。人们早就知道,两个脑半球的中心对声音刺激的加工是有分工的,左半脑主要负责分析和加工语言及其他快速变化着的、所谓的"点击式信号",右半脑则是加工较长的声音和音乐的,但这种区别不是因为脑半球的加工区别造成的,而是耳朵本身固有的。当我们听到声音,我们耳中的耳毛小细胞会扩张和收缩,旨在放大振动。内部的耳毛细胞将振动传递给神经细胞并送至大脑,大脑对刺激进行加工分析,然后声振动又回到外耳,这种现象被称为"耳声发射"。

有一个研究团队曾经花了6年时间对3 000多名新生儿的耳声发射进行了测试,记录了两种声音,先是一系列的快速"点击声",然后是持续的长音;发现左耳在强烈地放大像音乐一样的长音,右耳则对语言之类的快速声音反应特别敏感。研究表明,声刺激的加工开始于耳中,在到达大脑前就开始了。这一结果也可用来解释,为什么右耳重听的孩子在学校里碰到的问题大于左耳重听的儿童。

在出生前,耳朵已经被如此设定好了:分成两种声音,同时被传送到"主管脑半球"。根据左右耳的听觉区别,可以理想地、有的放矢地治疗重听患者,使每一只耳朵都具备最佳功能。

内服外用巧克力

多数人都喜欢巧克力,因为巧克力能刺激人的各种感官,看到丝绒样光滑的巧克力,视觉先得到了满足;一块巧克力放进嘴里,不用咬嚼,不腻不粘伴着口水慢慢遛转口腔,让舌头品尝个够;此时此刻,嗅觉领略了一股芳香的可可味;信息传至大脑,不由得产生浪漫的想象,温馨和幸福感油然而生。

巧克力是以可可豆为主要原料加工而成的特殊糖类制品,根据不同加工方法分为牛奶巧克力、果仁巧克力、黑巧克力(不加牛奶)、白巧克力(用白色纯可可脂制成)。

巧克力在人类最早的认知中不是食品,而是增补剂和治病的药剂,不是制成固态块状的,而是液态的;制作巧克力的工艺师多数是医生或制药人出身。公元 600 年左右,中美洲的玛雅人用可可豆加工成巧克力饮料。16 世纪,西班牙人将可可豆从中美洲带回欧洲,当时的欧洲人把这种植物看成药物;用可可豆做成的巧克力也不甜,主要以液体形式提供,同时也被制成丸剂、片剂、软膏和栓剂,而且只在药房出售。巧克力顺利得到教会的认可,因为它能减少饥饿感,故被允许作为斋戒时的食物,这种介于药物和食品的东西只有贵族和富人才享受得起。巧克力的这一文化现象不仅反映在各种方剂上,而且在名贵的瓷器和银器上都有所表现。直至19 世纪,随着奶粉的普及,开始了巧克力的工业化后续加工,出现了牛奶巧克力,广大平民百姓才开始食用固态块状巧克力。第二次世界大战时,巧克力是前线战士不可缺少的粮食代用品和营养品。

黑巧克力所含的类黄酮具有超强抗氧化作用,有调节免疫力和抑制血小板凝聚的功能,能保护心血管系统。牛奶巧克力富含蛋白质、磷酸盐和其他矿物质,它们对牙齿的珐琅质有着良好的保护作用。巧克力因含有苯乙胺,故能愉悦心情、消除疲劳。苯乙胺属于"情绪激素",体虚者或心绪淡漠者食用巧克力后能提高情绪。一个人遇见所爱的异性时,体内会立即分泌大量苯乙胺,所以巧克力被戏称为"爱情的弄潮儿"。

以前(20世纪时),不少人把心血管疾病、糖尿病、肥胖症等疾病归咎于巧克力,认为巧克力是热量高、糖分多的"垃圾食品"。近几年来,世界各国的科学家进行了系列研究,为巧克力恢复了名誉,尤其是否定了"巧克力能使胆固醇水平升高"的说法,从而使人们对巧克力有了转折性认识。尽管如此,还是有人不放心,担心吃多了会在臀部积累脂肪;专家也建议食用巧克力最好要有节制,以免影响正常食欲,尤其是儿童不宜多吃。世上没有十全十美的东西,于是有人发明了"巧克力疗法",放弃味觉享受,把巧克力酱涂在身上,进行按摩;或者干脆洗个"巧克力浴",让皮肤这一人体最大的器官来接受巧克力的种种好处。

你见过鬼吗

中国社会曾长期处于封建地主阶级和宗教势力相结合的统治下,百姓也就沾染了形形色色的迷信思想,被灌输了反科学的人生观,比如认为人死后灵魂不死,人变成了鬼。还有的认为,好人死后进天堂,坏人死后入地狱,要受尽十八层地狱的苦头,为自己在世时所作的罪孽"赎罪"。正因为如此,通常一个人死了,人们都说他"仙游"了,希望他进天堂而变成神仙。

"见鬼"一词因此在民间广为流行,本来,见鬼是指家人在白天醒着时短时看见已故之人,由于这种现象很少,所以一般都不太相信言者的叙述,充其量认为是有病时的神志不清引起的幻觉,或者在没有刺激的情况下产生的虚假感知,没有将其当一回事情。后来说的人多了,而且说得有鼻子有眼的,非常诚恳,于是引起了注意。比如国外有一个女子参加了丈夫的葬礼后回到家里,看见她丈夫好像还活着坐在椅子上。"见鬼现象"终于得到有关人士的重视和研究。一位心理学家兼物理学家解释说,丈夫坐在椅子上的场景几十年来已刻录在这位女子的感觉系统中,失去丈夫后,大脑就为她临时填补了这一"缺失信息"——为了系统的平衡。

对于经常闹鬼的场所,研究者认为可用另一个原因来解释——该处的地磁场比其他地方强烈,已经证明,电磁脉冲在刺激大脑颞叶的脑细胞,而这一脑区正好是最容易被触发神秘阅历的。

加拿大的地球物理学家为此进行了大规模的实验研究并取得了预期的成绩。我们平时在阅读文学作品时也常会碰到"闹鬼的城堡""幽灵走廊"等描述，都可用"地磁场强烈"来加以解释。一个重大的谜团终于也迎刃而解：伦敦西南部的汉普顿宫（当年的英王室宫廷），几个世纪以来，游客们经常在一个过道里看到一个奇怪的女子身影；据游客反应，有时会感到被一只冰冷的手触摸到，或者感觉到一股冷气。科学家用高灵敏度测量仪证明了此地有明显强烈的磁场。

莫道迷信出鬼神，鬼神聚众成文化。我国从南北朝开始在地下建造众鬼云集的神话地狱，至今保存完好的地狱尚有四座：山西省蒲县城东的柏山寺十八层地狱、宁夏回族自治区中卫市旧城正北的高庙地狱宫、山西省平遥县西南桥头村的双林寺地狱、山西省五台县五台山南台西北岭畔的金阁寺地狱。这些地狱及其造像和刑罚手段生动地体现了中国神话中的地狱面貌。唐代诗人杜牧的《李贺集序》首次提出了佛经故事和佛教艺术形象"牛鬼蛇神"。

再说，自从有了这个"鬼"字，汉字的表达力大为提升，用带"鬼"的字喻称阴险、狡诈、见不得光明：鬼头鬼脑、鬼计多端、鬼鬼祟祟；有着不良嗜好的人可称鬼：酒鬼、赌鬼、色鬼；表示轻蔑的字后面加"鬼"而变成称呼如"吝啬鬼""小气鬼"；当然，用"鬼"还能构成昵称："小鬼""机灵鬼"……不是挺可爱的吗？平时，我们也会自言自语地埋怨自己"真见鬼！"

你睡得好吗

云雀俗称百灵鸟，比喻喜欢早起的人；而猫头鹰习惯在夜间活动，用来指称那些夜里很晚才回家或睡觉很晚的人，即通常所说的"夜猫子"和"夜游神"。坊间经常流行一些关于睡眠行为的俗话，研究和调查表明，早起者和夜游神不仅有着睡眠行为的区别，而且他们的生物节律特点对他们的性格、行为乃至性生活都有影响。无论是男性还是女性，夜猫子通常都比较外向；不管性别和年龄，都有较多的性生活，而且容易更换配偶。早起者则多为内向型性格，性生活明显要少得多，并能长期保持固定的配偶关系。有人分析认为，其中有着进化过程中的原因。石器时代，晚上集体围着篝火睡觉，早起者往往很早便睡觉了，而此时的夜猫子则还在活动，性格相同者便聚在一起，可能在长期的进化过程中形成了和生物节律及性格、行为有关的基因特征。研究者还提供了在研究过程中所做的生化测定结果，他们对受试者作了皮质醇含量的测试，发现"夜猫子"身上的含量确实较高，而"云雀"（尤其是女性）身上这一数值很低。

随着不断的研究，一些经常流传的说法需作相应的纠正，如："早睡有利于健康。"此话缺乏证据，无论早睡还是晚睡，早上都需在一定时间起床，尽管晚睡者因此不能达到美国睡眠医学研究会提出的"九小时睡眠"的建议；但关键不在于是否早睡，重要的是睡熟后的一个半小时是最有利于身体的休息和恢复的,这一点与午夜前或午夜后上床睡觉没有多大关系;只要确保足够的睡眠时间,早睡和晚睡基本上是一样的。

有人说裸睡最好,科学家说最好不要裸睡。如果在深睡阶段仍然保持着裸睡状态,身体也容易成为"冷状态",因为身体的温度调节功能在这一阶段是关闭的。

有人问:"人能站着睡觉吗?"当一个人实在疲惫不堪的时候,确实会站着闭上眼睛……但不可能达到起重要休息作用的深睡,因为否则肌肉的张紧度会下降,身体必然就会"瘫下来"。

"年纪大的人睡得少",似乎这是一种经验之谈,其实不然。一个人成年以后,睡眠的改变不会很大;如果有变化的话,也只是睡眠的量分配不一样罢了,比如不少年纪大的人嗜好睡个午觉,还有的老人只要静下来或坐下来,甚至在看电视时,一不小心便打上一个盹,有了这些零碎的休息养神,晚上对睡眠的要求便相应减少了。

针对"酒能帮助睡眠"的论点,睡眠学医生不得不提醒:"酒能帮助人睡去(睡熟),但在睡眠的后半段时间里,酒开始大起反作用——开始妨碍连睡,不断起来小解,睡眠不断被打断;有的人还会觉得很不舒服"。

不少人总怀疑自己的睡眠质量不好,因为他们经常做梦,以为这样非常影响睡眠。我国古代的文人对此早就有了正确的认识——梦中好像发生了许多事情,梦似乎持续了很长时间,实际上做梦只占睡眠的很短很短时间,有诗为证:枕上片时春梦中,行尽江南数千里(唐·岑参《春梦》)。

你有多老

在中国，人到了退休年龄（即目前国家规定的女55岁、男60岁），通常就认为是老人了，不少城市也曾慷慨地规定60岁以上的"老人"可领取"老人卡"、享受老人待遇。但据说法国30%的被调查者认为80岁以上才是老年。老年病学则将年龄分为"日历年龄"和"生物年龄"（也称"真实年龄"）。

人应该看重生物年龄，而不要去计较日历年龄。只有生物年龄才是体现人体健康的综合指数，是机体老化程度的客观反映。换言之，人的健康状况由生物年龄来解释，而不是日历岁数。《中国城市人群健康白皮书》显示，一些主流城市的白领亚健康比例高达75%左右，他们的生物年龄往往显得比其他人群高10年，这是一个值得重视的数据。怎么会这样？因为白领的压力太大：工作压力、买房压力、婚姻问题、孩子教育问题，还有的要面对父母的健康问题。

由此看来，如何延缓自己的生物年龄是个颇为重要的问题，要解决这个问题，除了自己的感觉以外，首先要知道自己有多老——生物年龄是多大。有一些简单易做的方法也许可以试试，供自己参考：光脚站立，水平伸开双臂，将一条腿稍微抬起，然后闭上眼睛（闭上眼睛通常容易失去平衡）。请尽量长时间保持这一姿势。如果持续时间超过30秒，那么你在这方面的生物年龄约为20岁。

如果持续20秒,则相当于40岁;15秒相当于50岁;只能保持10秒的人只能被当作"花甲之年"了。

灵敏度测试:请一个人拿一把50厘米长的直尺(可以自己做),捏住标有"50"的一头。把你的右手(如果是左撇子,则用左手)放在尺的偏下方,等到直尺在事先没有提醒的情况下被松手,请尽快将它接住。你接住尺的位置(刻度)可说明你在反应速度方面的生物年龄:在20厘米处接住,生物年龄为20岁;在25厘米处接住相当于30岁;在35厘米处接住相当于40岁;在45厘米处接住相当于60岁。

血循环测试:用拇指和食指掐住你手背上的皮肤,约掐5秒钟,直至被掐处已无血色。这时看着表,确定这块"无血色"皮肤完全恢复正常需要多少时间。如果是5秒,则皮肤的血循环生物年龄为30岁;若是7秒,则相当于40岁;9秒相当于50岁;12秒相当于60岁。

肺活量测试:将一支点燃的蜡烛放在你面前,高度和你的眼睛相齐,然后尽量拉开你和蜡烛的距离,拉到尚能一口气吹灭蜡烛的最大距离。如在1米处将蜡烛吹灭,则说明你具有相当于20岁生物年龄的肺活量;如在60厘米处将蜡烛吹灭,则你具有35岁生物年龄的肺活量;如在40厘米处将蜡烛吹灭,你的肺活量生物年龄为50岁。

测试中的数据和生物年龄并不是绝对的,但可以作为参考值,至少可以为延缓生物年龄提供一个方向。

牛奶不是唯一

据估计,全世界每年的牛奶销售额为3 000亿欧元,如此有利可图的牛奶生产和加工工业是不会改变人们依赖牛奶的现状的,更何况还有一种营养信条在支撑:"没有牛奶就没有钙,没有钙就长不好骨骼。"——喝牛奶的重要性被过分夸张。

其实关于牛奶补钙的问题早就有两种不同看法,尤其是有一段时间人们发现,亚洲人如中国人和日本人等喝牛奶远远少于西方人,但得骨质疏松的比率却小于西方人。"牛奶是避免骨质疏松的食品"这一说法似乎已不再那么有说服力。另一种观点正在西方更为强烈抬头:"合理食用各种植物性食物同样能满足人体对钙的需求,中国人已经为我们做出了榜样;他们吃菠菜、吃芝麻……都是富含钙的植物。"其实含钙的植物尚有银耳、海带、马兰头等。

牛奶中确实有很多好东西,几乎含有人体不可缺少的所有氨基酸;还能提供镁、碘和脂溶性维生素,钙的含量高于许多其他食物;此外,100克牛奶能产生276千焦的能量和提供67千卡的热量。诚然,钙对于骨骼、牙和肌肉不可或缺。然而,就补钙而言,牛奶不是唯一途径,许多蔬菜也含有钙。再说,身体只有产生足够的维生素D,才能充分吸收钙,所以人需要阳光和其他丰富多样的营养物质。

不可忽视的是,不少人喝了牛奶会肚子不舒服乃至腹泻。这是因为牛奶中的主要碳水化合物是乳糖,乳糖需经小肠里的乳糖酶分解后才被吸收。在缺少乳糖酶的人身上,当未经充分消化的乳糖从小肠到达大肠时,会使那里的细菌发酵而造成腹胀、腹痛或腹泻。这种现象称为乳糖不耐症。世界人口的一半有乳糖不耐症,亚洲人中的比例更高。在这种情况下,每个人就得根据自己的感觉和反应来对待牛奶饮用问题,比如有的牛奶过敏者可食用酸奶,酸奶中有20%—30%的乳糖已被乳酸菌分解,乳酸菌还能抑制病菌繁殖、增强胃的消化功能。当然,羊奶、椰奶、豆奶、杏仁奶、豆粉布丁等也都是不错的代用品。

对人体和环保都有好处的是足值牛奶和生态牛奶,所谓足值牛奶,是指营养物质没有被破坏或大量破坏的牛奶,也不会因加工而产生有害作用。为此国外已有不少机构禁止牛奶的均质化处理。在生产生态牛奶时有许多标准,如禁止使用化学饲料添加剂(生长激素等),抗生素只能在必要时允许使用,禁止使用转基因饲料及化学除草剂和农药,这样,从饲料途径进入牛奶的有害物质残余便很少很少了。一头生态奶牛需要6平方米的厩养面积,而且不能将其拴起来养。有人换算出,生产每升生态牛奶等于营造2.5平方米牧场,牧场是鸟类、蝶类和花卉植物重要的生活空间。所以说,生产和饮用生态牛奶于人类、于环境都很有利。

牛乳·鼠乳·人乳

有的概念被人定义得似乎太狭隘(或者说不够明确),比如我们常说的"母乳"好像就是指人的乳汁,并以此与动物的乳汁区别开来。动物的乳汁也是母乳,只有生了小动物、当了母亲的雌性动物才能生产乳汁。按说母乳的功能是很清楚的,是用来喂养刚出生的、自己的后代的,但牛乳却不是这样。

牛乳生产和牛的遭遇是颇为凄怆的过程:为保证牛乳的产量,每年进行一次人工授精,使母牛怀孕、分娩、产乳。小牛出生后4小时之内,用母亲的初乳哺育之(初乳呈淡黄色,富含增强免疫力的物质),之后小牛被迫和母牛分开,从此就用代乳品喂养,等到了8至12个月,改用粗饲料喂养。小牛中选一部分雌牛培养成"下一代牛奶生产者",其余的小牛,不论雌雄,都作为肉牛对待,大部分都在3至5个月后被宰杀,成为最受欢迎的精品"小牛肉"。至于那些有幸被选为"牛乳生产接班人"的雌性小牛通常也在4至5年后被宰,因为到那时它们已达不到10 000升/年的平均产乳量了。

目前动物中最昂贵、最珍稀的乳汁是鼠乳,一升鼠乳价值2 000多欧元,因为获取鼠乳十分费力、费钱。花30分钟时间才能从一只鼠身上挤得0.25毫升鼠汁;1升乳汁需由4 000只鼠供应。花这么大的代价值得,因为鼠乳对科研工作非常宝贵,鼠也是遗传科学家们不可或缺的动物,而且鼠的DNA已在很大程度上被解密。前不久，人们在实验中改变了鼠的基因，在鼠的乳汁中形成了一种有利于治疗疟疾的物质。已经发现，剃过毛的雌鼠可多产15％的乳，估计这和鼠的温度控制有关；在消化和产乳过程中会产生热量，为了防止身体过热，鼠体必须受到良好的冷却，否则只好控制产乳量。

人有了牛，牛和牛乳便成了人的营养品。鼠乳不是用来吃的，但获取鼠乳完全也是为了人类的利益。那么人类是如何对待"自己的"人乳的？因为有些妇女产后分泌乳量少或干脆没有奶水，于是请别的奶水充分或过剩的哺乳期女人（奶妈）来哺育初生婴儿。这本来是一种正常现象，可是在古代皇宫里，"奶妈现象"变得甚为怪异。北魏统治者拓跋氏曾因前车之鉴而立下严酷的规矩：一旦确立了太子，太子的生母即被赐死，免得她以后挟天子操纵朝廷。今后皇太子的哺育、抚养和照料全由奶妈承担，奶妈被封为"保太后"。

这一制度在以后各朝被或多或少、或严或松地继承下去，太子的生母虽不必被赐死，但凡皇子和公主一旦出生，离开了母体，一律由奶妈哺乳和抚养。后宫的后妃众多，明清两代专门设立选拔和提供奶妈（当时称"奶口"）的机构"奶子府"，每季度在民间按乳汁优良、没有疾病、品貌端庄、年龄十五至二十岁等条件挑选合格的奶口，养在奶子府，称为"坐季奶口"。另外还要选一些候补奶口，称为"点卯奶口"，她们可暂住自己家里。被确定为某个皇子或公主的奶妈，她们就终生留在宫里。皇帝对自己的奶妈通常都很尊重。

牛乳、鼠乳、人乳及其有关现象，其实都体现了达尔文学说中的生存斗争这一概念。

农业的将来时

南北朝北魏农学家贾思勰的《齐民要术》一书中所涉及的丰富农事知识曾受到英国科学史家李约瑟的高度赞赏,但无论是贾思勰还是李约瑟,他们都没有料想到,现代农业会碰到棘手的问题,因为传统的农业在不久的将来不再能养活地球村的全部村民。

传统的农业是在平面的土地上经营的,所以现代人称它为"水平农业"或"二维农业"。据 2019 年统计,世界人口约 77 亿,城市人口的比例仍然较为可观(且因城市化的原因,农村人口比例的浮动性较大),他们的吃饭问题由农村解决。全世界的农业和畜牧业生产在总共相当于南美洲面积的土地上进行。好在城市人基本上是立体居住的,所以还能留出耕地和牧场。倘若大家都住平房,那问题就大了:城市将水平延展,空地将消失。尽管如此,随着世界人口的快速增长,农牧业用地终究会显得不够;据统计学家估计,至 2050 年,世界人口将增至 90 多亿,而城市人口将占 80% 左右。如果按现在的方式从事农业生产、供应城市人口的话,那么必须开发一片相当于目前欧盟国家面积两倍的土地,然而这是不可能的,因为压根儿就没有这么多可供开垦的土地。

怎么办?许多专家提出,农业的发展应走城市发展的道路:向高处发展,走垂直道路。美国"垂直农业"(或称"三维农业")的先驱思想者迪克森·德斯波米尔认为,一幢 30 层的垂直农业大楼可生产各种粮食作物、蔬菜、水果、淡水鱼、海产……为城市人提供无农药、富含营养物质的农产品。

垂直农业主要采用三种生产方法：滴输法——植物的根伸展在轻质团粒（如蛭石团粒）中，团粒间的小管子有的放矢地对根滴输营养液。这种方法主要适用粮食作物。水栽法——没有"底土"，作物直接生根在营养液里。番茄、浆果、菠菜等蔬果多采用水栽法。气栽法——作物的根悬挂在空气中，用雾化营养液喷润，常用来生产食根蔬菜。

以上三种方法的技术都已成熟，尤其是水栽法，第二次世界大战时，美军在南太平洋的岛屿上用水栽法生产过几百万公斤的蔬菜供应部队。垂直农业的产量高，水和肥料的消耗低，单产可达水平农业的4倍多。

比利时的规划工程师们为纽约设计了一座600米高的垂直农业大楼，这一工程被称为"蜻蜓工程"，因为整座大楼的形状像一扇蜻蜓的翅膀。在132层中分布着蔬菜、水果、草药、家禽、肉类、水产品等的生产和养殖；可严格控制生长条件，精确提供光照、水分和养料；不受冰雹和虫害等影响。垂直农业大楼自己供水、供能、供养料，自己处理三废，环保而经济。荷兰的菲利普电气公司则设计了一种"缩微垂直农场"——多层玻璃柜，可放置在客厅，既能观赏，又能满足家庭对新鲜果蔬和水产的需求。

今天，虽已存在业余爱好和小型的垂直农场，技术也不成问题，但真正经济意义上的垂直农业尚属将来时，有规模地开展还需十几年时间，因为要有人投资，而投资者要的是赢利，恰恰有人认为赢利很难，再说还得有政府和行政部门的支持及协调。

女人何以不脱发

和异性照面前,男人习惯于用手理一理头发,女人则往往甩一下秀长青丝。有人说,从美学角度而言,除了眼睛以外,头发是头上第二重要的。一个人来到世上也是先以头发亮相,打这以后,多少喜悦多少愁,心路上的事,难得不牵动头发。

女人以拥有秀发而自信,以呵护秀发而快乐;男人少有这样的本钱,更经常的是为脱发而苦恼。

头发其实是一种死了的物质,是被挤出头皮的、已经死去的蛋白组织,但头皮下面的发根和毛囊却活得很。人有多少根头发,这跟人种有关系:黑头发的人平均有 10 万根头发、黄头发的人可有多至 15 万根的头发、红头发的人则只有 8 万 5 千根左右;一个人平均每天脱落 50 至 80 根头发。头发生长分为生长期、退行期和休止期三个阶段。我们头上约有 85% 的头发处在生长期,在生长期,头发每天增长 0.2 至 0.5 毫米。

头发的生长期为 2 至 6 年,进入休止期后,毛囊下部萎缩,头发便脱落。休止期通常持续 3 至 6 个月,过后毛囊重新进入生长期,长出新发。头发的生长周期可循环 7 次,大概 56 岁以后,先后有不同数量的毛囊不再进入生长期,于是,老年人的头发也就不同程度地稀疏起来,头发的这种正常脱落叫生理性脱发。

因某些疾病及用药后产生的症状性脱发属病理性脱发。有一种雄激素性脱发是决定男人容易脱发、女人基本上不脱发或很少脱发(此处指类似于男性秃顶的脱发)的因素,男性的睾丸素在脱发中起着重要作用,睾丸素通过血管进入发根,开始影响毛囊,最终导致脱发。阉人和太监都不脱发,道理很清楚。脱发严重的男子,他们的发根特别敏感,他们的毛囊因此易受睾丸素的影响,导致毛囊萎缩;他们身上有一种5-阿尔法-还原酶,能将睾酮(睾丸素)转化成高活性的去氢睾酮(DHT),从而影响毛囊里的生长控制细胞,于是毛囊里的生长素越来越少,头发也就越来越稀少。

秃顶者往往在头上周围和后面尚流下头发,据毛发专家称,因为这些部位的毛囊抗睾酮的影响能力特别强。一个人在变成秃顶前4年就会获得相应的征兆,因为这时在头皮上可看到围着发干的圆形低洼。

时下流行光头,如若我们让这些假光头永远成为真光头,他们未必愿意。

头发呀头发,你顶着天,盖着头,没有你,或许会省事些,然而生活却因此而不那么七彩了。

女士优先起源说

才说了半句话,就出了两个错:各位男士们、各位女士们……一个语法错误,一个礼仪错误。按礼仪,应该把女士放在前面。在和女士握手时,男士应等女士伸出手来再握手,倘若女士不伸手,表示她没有握手的意思,此时,男士可与对方点一下头或鞠个躬,千万别主动去握女士的手;这一点也被认为"女士优先"。

女士优先是舶来品,本来是指对优雅、文静淑女的一种尊重、照顾和礼让。在欧美,女士优先也许是一种"不教自会"的礼仪行为,孩子们天天看见父亲为母亲打开车门,扶她上车或搀她下车;亲邻的行为也早已让孩子们耳濡目染了。女士优先在那儿恐怕是无需做宣传的。

那么,女士优先的说法和做法是怎么产生的呢。西欧中世纪时期,国王是封建国家的首脑,国王之下有各种爵位的贵族,再下面是骑士阶层,骑士阶层凭借骑兵军役资质和条件可获得国王和领主的封地。封建社会的贵族非常讲究礼仪及互相间的待人接物规矩;统治阶级为了培养出既能打仗,又具有高雅贵族风度的骑士,从十一世纪开始,推行一种特殊形式的家庭教育——骑士教育。八岁前,幼儿在家中接受宗教教育;到了八岁,将其送至一个级别较高的贵族或领主家里当侍童,在贵族夫人的左右侍奉,按夫人的吩咐完成各种差事(起居事宜、交往和应酬等)。在朝夕陪伴中学习上流社会的种种礼数,包括吟诗、下棋、音乐等方面的范儿。

此外,领主还会派人训练侍童骑马、投枪、击剑等技术。十四岁后,侍童被升格为扈从(帝王、官吏或将帅的随从),随主人出征;直至二十岁,通过"授甲仪式"而成为骑士。当时的领主或贵族的夫人很受骑士们的尊敬,形成了所谓的"骑士风度"(骑士风度中有不少内容是关于善待夫人和淑女的),比如在进出门时让女士先走,在女士面前低头鞠躬,吻她们的手,聚会时让她们坐上席……所以有的民俗学家认为,女士优先是从"骑士风度"发展而来的。

不过关于女士优先还有一种十分另类的说法:中世纪初期,女人在西方还是很受轻视的,尽管妻子也可以打扮得漂漂亮亮地外出,但回家后仍需听丈夫的命令干活,甚至挨打,"女士优先"只是表面现象。再说,在那动荡的岁月里,男人常常会因权力之争或财产继承等问题而遭人算计,比如进入一个房间或处所,说不定里面潜藏着一位暗杀者,不妨让女人先进去,充当一下"护身盾牌"吧。人们不禁要问:"真的假的?"不管怎么说,反正有不少人表示:"如此分析靠谱吗?"

盼君如期至

寒来暑往，我们看见城市的树干（齐眼处以下部分）通常都是白色的，尤其是行道树的树干，是人工用石灰水刷上去的。如果树木长在苗圃里，那么树与树隔得很近，这些树互相用树冠遮蔽树干；但若有一棵树需被移种，如作为行道树被种到人行道上，从此，这棵树便孤零地树立在那里。夏天，在灼热的阳光照射下，树皮上会出现"晒斑"。特别是年轻的山毛榉之类树木，它们的树皮嫩薄，需要人类为它们涂上薄薄的石灰水层。

行道树被林木生态学家称为"人类的绿色陪伴者"，在寒冬的夜里，白天树干南边所受的强烈阳光照射和夜间低温之间的温差是对树干的一种严峻考验，而通过涂层一面的反射，树皮的灼热程度已不再那么严重，所以形成"应力裂纹"的可能性就减少，从而增强了树木受害虫侵害的抵抗力。

除此以外，行道树涂白色还有一种很实用的副作用：白色在夜间能反射汽车发出的光，为开车者提供一种可见的道路界限。对果农而言，日子久了，石灰受到冲刷后掉落而成为土壤的肥料，所以时而能见果农们提了石灰水桶和刷子在果园里作业。

告别了炎夏，秋冬来临，树木不会"冬眠"，阔叶树有一种对付寒冷的保护机制——凋叶，没有了树叶，树就从土壤中少用水，冬天的土壤，有可能在什么地方会冻住，树木不但知道节约用水，而掉下的树叶正好为"根盘"提供了温暖的保护层。看来,是否有必要那么卖力地扫落叶,还有待讨论讨论。

为了能在来年春天重新发芽,阔叶树需要从树干中获取植汁(树液)——一种水溶液,含有植物的许多活细胞,如果天很冷,树液会冻结,细胞会破裂而死亡;为此,树木在进化过程中发展了一种手段,它会把细胞中的淀粉变成一种糖和酒精的混合物,就像汽车冷却器中的防冻剂一样,使细胞里的液体不会冻结(从零下 3℃ 至 4℃ 便开始这一过程)。如果天气变热了,则从糖溶液重新变成淀粉。

另外还有一层叫茎皮的保护层,它像大衣一样包在树干外面,茎皮有许多气泡,起一种绝热作用,树越老,茎皮越厚,越能抗冻;嫩枝和新梢受冻的威胁相应多些。

针叶树秋天不凋叶(落叶松是个例外),针叶的孔被埋在受保护的生长层之下,此外又因表面积小,针叶能更好地抵御寒冷和冰冻。

不管怎样,冬天以后是春天,人们盼望着大地回春,如期重见嫩枝新芽。

喷嚏,来者至少两个

阿嚏!阿嚏!每个人都打喷嚏。喷嚏是人体的一种防御性反射动作,因鼻黏膜受异物微粒的刺激而产生,鼻黏膜上的感受器将刺激信号传入三叉神经的第二分支"上颌神经"。反射动作从深吸气开始,紧接着便是一次(或两次甚至三次以上)急速有力的呼气动作。当气流从鼻道喷出时,异常刺激物便从鼻腔内被清除,所以喷嚏具有防御作用,有鉴于此,欧洲历史上曾经出现过人造喷嚏诱发剂(比如用喷根草制成的喷嚏剂),促使人打喷嚏。感冒时,鼻黏膜的感受性提高高,因此也就容易打喷嚏。

喷嚏过后,人会感到轻松、舒服,难怪有的人在打不出喷嚏的时候觉得很难受,于是有人建议,在这种时候不妨抬起头对着天空或亮处,阿嚏就会随之而来;经试验,很多人发现有效,因为不久前,科学家又提出,性刺激以及光敏效应也是打喷嚏的起因。

喷嚏固然是身体的生理性动作,但由于对身体健康能起积极作用,所以很久以来就沾染了不少文化内涵。我国很早就有了关于喷嚏和"有人想你"的记载,东汉经学家郑玄曾云:"我其忧悼而不能寐,汝思我心如是,我则嚏也。今俗人嚏,云人道我,此古之遗语也。"有的人外出想家了,他希望家里人在打喷嚏:"我今斋寝泰坛外,侘傺愿嚏朱颜妻。"(梅尧臣《愿嚏》)关于喷嚏的文字记载尚可追溯到更早的《诗经》。

西方也早就流行一种习俗：当有人打喷嚏的时候，应该立即伴送一句祝愿话，早先最流行的是"上帝保佑"，因为古代人认为人的灵魂是由呼吸空气组成的，人们担心在打喷嚏时，灵魂会随着气流喷到体外。而古罗马人向一个打喷嚏的人用一句"朱庇特保佑你"来祝愿(朱庇特是罗马神话中的主神)。如果打喷嚏时没有他人在场，那当事人就会自我祝愿："朱庇特保佑我"。英国人则说："上帝保佑"或"保佑你"。葡萄牙人说："众神和你同在"。西班牙人会大声喊"耶稣"。后来，欧洲爆发了瘟疫，死了很多人；人们发现打喷嚏是瘟疫传播的第一步，于是只要有人打喷嚏，周围的人都会有意无意地说出："祝你健康！"从此，"祝你健康"作为喷嚏祝愿语代替了"上帝保佑"，一直延续至今。

　　欧洲国家流传着一句话：喷嚏从不单行。据观察和调查，人们确定，打喷嚏的过程常常是连续两个以上的，在个别情况下甚至接二连三地"阿嚏"下去。究其原因，打喷嚏的目的是清除异物微粒，因此呼气的气流需要达到一定的力量和速度；最新研究得出的结果是：气流速度平均为20千米/小时，而第一个喷嚏往往只起到让微粒和粘膜松开的效果，所以后面几个喷嚏对清除微粒是必不可少的。

　　有人问及，喷嚏祝愿语到底是为打喷嚏者还是周围的人着想的，窃以为。这一点并不重要，因为引起喷嚏的原因是多方面的，比如有过敏性鼻炎的人经常要打喷嚏的。倒是打喷嚏者应该注意，一旦觉得自己要打喷嚏了，宜赶快离开人群，事后似乎该说一声："对不起，吓着你们了。"

功能服装

夏天穿上喷雾比基尼或喷雾连衣裙,料子的化学成分不仅能阻挡强烈的紫外线,而且还能帮助不吸烟者"抗尼古丁"。曾几何时,喷雾夏装在国外备受青睐,成为时尚,不仅因为它们是"第三代服装",更因为它们具有很多"抵抗"作用。目前许多纺织品实验室在进行具有抗汗味、抗蚊子、抗微生物、抗电磁波等等作用的衣料试验,形成了一种"抗潮"。衣料用特殊纤维织成,比如一件抗电磁波上装的胸袋可用来装手机,而胸袋系用能防电磁波的金属丝织物做成。很多运动员喜欢穿"抗水疱"袜子和能够记录运动员身体状态的"抗超疲劳"运动服进行锻炼,一旦运动员已经过度疲劳,却还在硬撑,运动服便会停止音乐伴奏。

功能服装(亦称第三代服装)曾经风行一时,来自26个国家的200名科学家举行了"欧洲纺织品和皮肤"大会,研讨了正在成为潮流的、能治病(尤其是治皮肤病)的功能衣料和服装。由于纺织品的纤维中织入了对某些皮肤病有疗效的物质,用这些纺织品制成内衣、袜子、手套等,有效物质通过体温释放到皮肤,对神经性皮炎、脚气等多种皮肤病都有治疗作用,颇受因职业引起的皮肤病患者(如油漆工、金属加工工人、理发师等)的欢迎。属于功能服装的尚有风湿病人专用服、加速伤口愈合的内衣、治疗脂肪团的内衣、提高情绪的内衣等。"抗潮"衣料和"抗潮"服装是"功能服装"的延伸和发展。

"第三代服装"尚包括"记忆情感服",从休假地回来,有的人觉得情绪和压力仍然没有调整过来,倘若休假时穿的是"记忆情感服",那么问题就解决了。休假地的清新空气、环境中的声音、如画的景致都已被衣服储存了起来,心情不好时,不妨再穿上这件衣服,当时的情景和气氛均可被召唤出来。听说过"拥抱衬衫"吗?这是纺织电子技术和移动通信技术相结合的产物,可使通信增加一种身体接触感。作为载体的是衬衫,此外要配上手机。发信者先拥抱自己,他身上所穿衬衫上的平面电子元件便记录自我拥抱时的接触压力和热量,接着将它们转换成信号,并通过手机将信号发给接收者,接收者衬衫上的电子衬垫再将信号转换成压力和热量,便能得到一种拥抱感。

人的身体在不断成为时装和技术的接口,"心情织物"是一个很好的例子——一条连衣裙会根据穿着者的不同心情而改变颜色。裙子的里子是一种织入生物统计传感器的纺织品,可测量汗水和体温,通过一个软件,当女士的情绪非常激动时,裙子就变成红色;如果她休息好了,心绪安顺,裙子又保持绿色。色彩效应由微型发光二极管产生。电子检测服饰也能起到同样效果,它们能随着穿着者的心情变化而改变颜色。有人预言,下一代服饰是"附皮饰品",系用在试管理培养的穿着者自体细胞做成。

朋友和战友

犬是人类的朋友,现代人都这么说,所以犬是所有宠物中最受人类钟爱的。从多处发掘到的犬之遗骸鉴定来看,我国人民的养犬历史相当悠久,大约可追溯到公元前七八千年。不过在长期的农耕经济条件下,犬与人的关系发展得相对缓慢。君不见"鸡犬邻家外,鱼虾小市中""桃李阴中春事好,田家鸡犬亦欢声。"农家虽然喜欢养犬,但只不过像养家禽那样地养着,养鸡是为了吃鸡蛋和鸡肉,养犬是为了让它看家。人们终究还是把鸡犬归于一类,犬之地位和鸡鸭鹅之类家禽不相上下。不妨再看:"常随轻骑猎,不独朱门守。鹰前任指踪,雪下还狂走"(宋·梅尧臣《咏犬》)。在梅尧臣的笔下,犬不仅仅担负着警卫的责任,而且是主人狩猎时的得力助手,俨然是一位"指踪大将"。人与犬的关系以及犬的地位前进了一大步,但尚未达到朋友的地步。

古罗马人很早懂得把犬培养成军犬,利用犬的力量和攻击性,拼命激励犬的进犯欲,把巨型军犬送上战场,将敌方的士兵以及士兵的战马撕咬得皮开肉绽、血淋沙场。第一次世界大战期间,军犬的使命是战场信使,枪林弹雨中,犬将指挥中心的命令传到前线,又将前线的消息带回指挥中心。第二次世界大战期时,有一种军犬名叫"坦克犬",它们被训练成喜欢在坦克下寻找猎物的犬。通常在投入战场前,先让它们饿上两天。出发前将炸药捆绑在坦克犬的身上,只要看到坦克,它们就会钻到下面去觅食。稍有摩擦形成的火星即导致爆炸,坦克犬与坦克于是同归于尽,这样的军犬其实是被迫去执行自杀性袭击的,有人对此提出过谴责。

其实犬不仅颇有灵性,其最大的优点是嗅觉能力特强。犬鼻子的敏感度是人类鼻子的10万倍,鼻骨中有上中下鼻甲,上鼻甲以上及其相对的鼻中隔部分覆有嗅部黏膜,黏膜多皱褶且呈迷宫状,有2.2亿个嗅觉受体,通过神经元将所有感觉印象发送至大脑,进行分析。犬因此能识别无数种气味,包括所有的炸药气味。

军犬的训练比较特殊,由于犬的专注力持续时间较短,每次训练最多2小时,而且必须分成短小的训练单元。所学课程有:从直升飞机上跳出、克服紧张情绪、学会顺从以及寻找爆炸物和生命等。训练结束后,军犬便由训导交给一位未来的搭档战友,这位搭档事先也要在一个速成班学习14天。最后,双双参加毕业考试。

世界公认最适合作军犬的犬种为:比利时牧羊犬(对猎物有较大的冲动力,喜欢寻找物品,善于保护主人,最能耐高温)。德国牧羊犬(亦称德国狼狗,聪明,警惕性高,自信而有耐力)。罗特魏尔犬(顺从、不害怕、喜欢劳动、护卫本领强,善当警卫犬和护卫犬)。

犬是人类的战友,在前线,它每晚和战士同枕共眠。军犬退役了,战友们依依不舍地送别,战士退伍了,军犬衔着军用包一路送行。倘若军犬不幸遇难,搭档战友会痛哭流涕,茶饭不思。

啤酒和品牌延伸

啤酒味道鲜美,啤酒提供社交凝聚力;除了让人欢乐,啤酒还有什么功能?古希腊哲学家普鲁塔克(新柏拉图学派中的雅典学派创始人之一)曾这样称赞当时的雏形低酒精饮料:"啤酒是食品中最可爱的,啤酒是药品中味道最好的,啤酒是饮料中用处最大的。"古人已经发现,啤酒中含有健康成分——啤酒花、麦芽(或小麦)、酵母、水。

从健康角度来讲,啤酒中最重要的是啤酒花。这种柔嫩植物的雌性果序也被作为药物使用,它含有一种充满苦味素以及芳香油的树脂,赋予啤酒以香味、泡沫,使啤酒耐储存,同时具有开胃作用,有利于治疗消化不良和焦躁不安。啤酒花通常被看作具有镇静作用的植物,所以能促进人体的新陈代谢过程。啤酒花于2007年在德国被推为"年度药用植物",人们发现,如将啤酒花泡成啤酒花茶,则其药效胜过存在于冷啤酒中的啤酒花。

如果用麦芽代替小麦酿成麦芽啤酒,那么啤酒几乎含有所有的B族维生素。又因酿造时添加酵母,故啤酒含有叶酸和生物素。此外,啤酒中尚含有抗氧化剂、磷酸、钾、镁等有效物质。

多年来,科学界对啤酒除了饮用外的健康作用作了较为透彻的研究,有的科学家认为,好的啤酒花含有大量的栎皮黄素和一种天然类黄酮,因此具有消炎和一定的防癌作用。

因为有人指出喝啤酒会引起发胖,于是有一种低碳(水化合物)啤酒应运而生,但专家们仍然提醒消费者,喝啤酒时,升糖指数会增高,主要是酒精造成的问题;酒精本身有许多卡值(喝2升啤酒相当于吃10个小面包的热量),另外还应考虑到酒精会数小时之久封锁体内脂肪的"燃烧",因为身体首先会处理酒精的排解问题,然后再对付其他的代谢过程。对一个体重100斤的女子来讲,这意味着身体需要将近5个小时的时间,才能把半升啤酒分解掉,而在这一时间里,热量便直接供给了臀部。

鉴于上述问题,多年前,丹麦著名的嘉士伯啤酒酿造公司开创了品牌延伸产品"嘉士伯啤酒美容系列"——一种由剃须凝胶、剃须后护理剂和口鼻腔喷剂组成的三件套"八字须膏"啤酒美容产品;颇受欢迎,用朴素简约的四分之一升小瓶装。其他美容产品中都含有半升啤酒(瓶子容量也是四分之一升),据酿造师透露,啤酒是经冷冻干燥后制成粉末,掺入皂基或膏剂的。

作为企业,这种品牌延伸属于创意性发展,因为品牌已经存在,利用原来的品牌开拓既省钱,又节约时间(当然,有时也潜藏风险,甚至会砸了原来苦心经营创造的牌子)。

品位和礼貌

当今社会，说话做事崇尚"格调"和"品位"，哪怕是要饭、捡破烂，也要评出个是否有品位。格调，多指文艺作品的综合性艺术特点，其次用来表示为人处世的风格或品性。在网络语言纵横天下的今天，有人特别喜欢用"格调"或"品位"来套一些现象和事实，久而久之，格调和品位的含义被不断放大。

以前只听说，穷也要穷得有志气，现在偏要"穷得有品位"；然而志气和品位可不是一回事。虽穷却不做昧良心的事，虽穷而不屈服于权势、不向有钱人低三下四……堪称有志气。至于"穷得有品位"，是不是应该理解为"穷得有派头""以穷为荣"，或用上海话表达，"穷了还要硬撑"？

但有一种格调或品位倒是值得提倡的：当别人（比如亲朋好友）发来请帖，邀你出席一个活动、参加一次生日派对、请你出面处理事情……可是你却真的无法接受和答应。此时此刻的你，确实要注意格调和品位，既要让对方感到你的诚意，又不会使其觉得"碰了一鼻子灰"。说具体一点，碰到诸如此类的事情，千万不能直截了当地说出"不"字。如果你的朋友和他的一个熟人发生了一桩误会，请你到那个熟人那里去解释、说情，因为你也认识他的熟人。或者你的上司要你去做一件在你看来不可能的事情，甚至觉得是强人所难，你若不假思索地蹦出一句："这怎么行呢，没办法的。"上司会非常不高兴,说不定因此而对你留下一个十分不好的印象:试都不去试,怎么就知道不行?在这种情况下,应想办法用委婉的语句表示"不":"正常情况下是可行的,但今天也许是例外,我尽力吧。"

谢绝一次邀请,本来就容易得罪人,会让人有想法,若真有原因,更应将原因表达得客气一点。法国有一位意识流小说家曾经这样答复别人的一次邀请:"没空,原因待告。"这一掌故被载入史册。上述回复被认为是极不礼貌之举,说得露骨一点:"没工夫参加你这种活动,要不要给你编个理由?"尤其是后面半句话,非常蔑视对方。

在大多数情况下,格调和品位是一个礼仪问题,沪语近似"上档次"。改革开放初期,很多人觉得国人以前打电话时不讲礼貌,应向国外学习:无论是接电话还是主动打出去,都应先报自己的单位和姓名。随着时间的推移,特别是后来骚扰电话、恐吓电话、推销电话、诈骗电话的盛行,人们宁愿放弃这种文明和档次,也不想上当受骗。

对好友的邀请,最好是亲自打电话回复,说明不能参加的原因,联系不上先发短信。谢绝和推辞不要隔得太久,事后再提显得不礼貌。如果邀请函是书面寄来的,则宜书面答复,且应在邀请者希望的日期内回复。海外有一种职业曰"礼仪咨询师",按他们的建议,一份有格调的推辞信应包含下列内容:对邀请表示谢意;对自己的推辞表示遗憾;简述推辞的具体原因;对活动表示祝贺;如有必要,可提一个改期方案。倘若邀请关系到婚礼或(逢十)大寿,不能参加亦可推辞,但贺礼不妨送上。当然,若是借请客而赚取份子钱,遇上此类陋习,则又当别论了。

破烂百搭裤

破烂百搭裤——经"破烂处理"后的牛仔裤。时装潮流中永不衰落的牛仔裤,打从2009年世界经济危机以来,又以破烂的形象掀起了一个高浪。因为能和各种各样的上衣搭配,所以破牛仔又被称为百搭裤。

令许多人不解的是,破裤子为什么这么贵(眼下欧洲的平均市场价为200欧元左右)。如果知道破裤子是怎么来的,这个问题自然就解决了。破牛仔并非真正的破裤子,它是用新裤子人为加工成破裤子的;地道的破牛仔要经过多达20道工序的处理,而绝大部分工序属于手工操作。首先要将新牛仔洗好几遍,洗时加入小球和石灰石,使之具有一种"陈旧感"。经洗衣机离心旋转后,裤子变得柔软而有弹性,面料颜色变淡,出现不均匀的发白现象。接着用砂纸和钢丝刷做出"坐皱痕",并继续用砂纸"制造"穿旧痕迹。再接下去就开始对裤子进行破坏,还是用手工在裤子上开口子、划裂缝——不规则,无固定地方。每一条裤子具有独特的破烂性,每一条破牛仔也就成了"孤本"。为了不让裤子买回去洗一次就"掉片"或破洞裂缝很快继续蔓延,因此对每条裤子都要检查其洞洞和缝缝的可靠性,有的地方需在里边适当衬些料,但这种地方不能太多,否则只能算废品了。

裤腰边、贴边、裤脚边、裤袋边以及洞和缝的边缘尚需具有一绺一绺、一丝一丝的"流苏"感，让人看了觉得穿着者刚刚爬过铁丝网似的，这也是一件费功夫的事情。对露袋破牛仔短裤而言，在加工前就需注意，应挑选裤袋具有一定长度的短裤，使裤袋在裤脚边卷一次后就能显露。

破牛仔虽能百搭上衣，但如果搭错了或者搭得不恰当，那只能起反作用。在服饰的搭配上同样要注意扬长避短，大腿胖的人不宜穿短牛仔，小腿胖的人只能将裤脚卷到腿肚子以下，头发够乱的人不宜穿千疮百孔的牛仔或大面积破烂的牛仔，以防造成邋遢印象。总之，穿破牛仔要做到"虽破尤靓"。

说到这里，不禁让我想起美国著名实业家，牛仔裤的发明者莱维·施特劳斯，如果他老人家还活着，面对这些"讨饭相"牛仔裤会说什么呢？假定他无话可说（莱维最初做试验时，用帆布做面料，裤子上有背带，是做给淘金工人穿的，讲究耐穿、耐磨，决非为了破烂），那么"潮人"们会说："不好意思，施特劳斯先生，我们这样做是时尚、流行啦。"

不过我倒觉得莱维·施特劳斯曾经注册过的一个图案商标是可以永远流行下去的：一条牛仔裤的两边各有一匹马，马首的朝向相反，各有一个人在扬鞭催马。下面的文字是："就是撕不开。"

千峰画屏烟雨中

金黄的油菜花和紫蝴蝶般的蚕豆花盛开的时候,西湖总是让我心驰神往。西湖的每一胜景都有自己独到的好处,西湖之美几乎已被前人道尽,惟屏风山较少有人赞颂。记得那年,我被单位评为先进而赴上海总工会杭州屏风山疗养院休养,总觉得没有赏够九溪的雨景和屏风山的气势。听人说,有一位丹青师也被疗养胜地激起了创作灵感,因挥就一幅大型山水,题名《江上天宫》,并以此画赠送疗养院,从此,人们就把仙境般的屏风山疗养院称作江上天宫。

我也许是一个钟情雨景的人,心里曾经琢磨过,什么时候再次去领略一下雨中的真山真水。今春,一个偶然的机会,我来到了西湖边,特意选了一个雨天,再度梦寻屏风山。当我独自转到山脚下,雨中的千峰画屏就像模糊的视屏向我扑来,我突然觉得离主体似乎太近了,便着意拐入小径折回去,而后再远眺阔别已久的屏风山景色。但见万山重叠,千里屏障,满眼新绿。极目四望,啊,我竟置身在一片葱茏之中。

其实,昔日也曾游过好几回雨西湖,却从未感受过绿得如此出奇的雨中山景。从开阔的沃野仰望拔地而起的屏风山体,山就像巨型的绿色屏风环抱着江上天宫和江南古塔——六和塔。层层山峦在烟雨朦胧中若隐若现,真是"极目钱塘上,千峰列画屏"。

正当我如痴若醉地感叹着这充满野趣的奇绿时,前面道上似曾相识的一抹红色越来越近——一对情人合披一件鲜红色雨衣在蹒跚寻幽。原来只要上心,在绿色的海洋中是很容易发现"万绿丛中一点红"的。此时的我,犹如跨进了诗意盎然的画图中,不觉想起了一个传说,北宋皇帝徽宗在位时政绩颇劣,然书画艺术造诣很深。有一次,徽宗在京师举办绘画比赛,以王安石的名句"万绿丛中一点红,动人春色不须多"命题。获第一名的画师,其构思果然十分切题:绿丛中的一楼阁上,一位凭窗眺景的美女露出了红红的樱桃小唇。原来中国古代的文学家很早以诗的形式道出了西方色彩学中提到的色觉规律——绿色和品红互为补色,补色并列时,会引起强烈的对比和衬托。

绿,只是屏风山的大意,如果你仔细欣赏,就会发现隐藏在一片葱绿中的无数乡野小景。道旁的淙淙细涓是九溪十八涧的泉水。清澈透底的溪水流淌在沃野,装点着景致;而使人品味不尽的是用这溪水冲沏的新茶,碧清碧清的,甘冽爽口。

倘若再用心看去,青山亦非青一色,原来山上还点缀着无数映山红和迎春花。映山红是杜鹃的俗称,小时候,我每次游山都要采上一把带回家来。最爱她的顽强生命力,你看她只要有一小撮土就到处生根开花,有时简直就是从石缝里冒出来的,任人采撷而永远满山遍野地怒放着。

濛濛细雨还在下,远处的绿丛中开始显现出粉墙黛瓦的点点人家,依稀炊烟仿佛在向我招手:"客人呀你莫停留,那山更比这山绿。"春雨洗净了我随身带来的大城市的烦躁和尘埃,令我心境如同屏风山区的景物一样清爽。蒙上烟雨的山野,就是如此赛绿滴翠。

乔布斯团队理论

2011年10月5日,名扬全球的创业奇才,美国发明家,企业家,苹果公司联合创始人史蒂夫·乔布斯因患胰腺癌与世长辞,享年仅56岁;从此,人类又少了一位精英。乔布斯不仅为人类留下了了不起的电子通讯和娱乐产品(先后领导研发和推出了麦金塔计算机、iMac-系列、iPad、iTunes、iPhone、iPad等产品),他经历了苹果公司几十年的起落和兴衰,被公认为计算机领域和娱乐业的标杆人物。

风靡全球的电子产品深刻地改变着现代通讯、娱乐和生活方式,改变世界的乔布斯信仰的却是佛教,他同时也是Pixar动画公司的董事长和首席执行官。不久前才公开的乔布斯语录,更增进了世人对乔布斯的敬仰,原来乔布斯很早就有了自己关于团队的创意理论,这是他留给人类的另一份遗产——"乔布斯团队理论"。

乔布斯认为,对于重视利润的人来讲,很重要的一点是,善于将具有不同能力的不同人物凝聚在一桩共同的事业上。

为了完成一项共同的任务,必须有一个理想的团队,而团队是否能起到增效作用(或称有效协同),和下列因素有关:首先是畅通对话,对话式的沟通是起决定作用的因素。这样做,在一个团队里,有利于不同的观点和理论受到尊重。其次是方向一致,团队成员应将自己的能力贡献给团队的共同梦想,有利于将梦想变成现实。再则是多样性,因为团队是一个由各种不同特长和不同个性的个体组成的互补集体和具有各方面价值的集体。体现增效过程是建立在互补基础上的,所以只有看得到增效过程,才能形成一种使团队成员乐于贡献自己优势的氛围。团队犹如一个"人人赢"游戏,创意竞争的目标是强化每一个个体,促进实现共同目标,所有的团队成员都是分享成果者。

在团队合作和版权方面,乔布斯选择了"伦农和麦卡特尼"模式,伦农和麦卡特尼是音乐史上最成功的搭档之一,他们也互相竞争,但他们不是为了阻挠和排除对方,而是互相鼓励达到更高成绩,成为"可持续性"的典范,至今为止,许多作曲仍由双方共同持有版权。1976年,为了实现PC机的理想,乔布斯断然放弃了原先的打算,选择与业余技术爱好者史蒂文·沃茨尼亚克联手,他认为,从个人单独来讲,也许他们俩都失败了,但他坚信,他们的成功和团队的增效作用是分不开的。

乔布斯非常清楚,团队的中心问题往往是成员的数量问题,说白了,其实是一个决定权的问题。他认为"人多主意多""人多了也许不会带来人们所希望的那么多好处""过程损失随着团队的增大而增加。"不能否认,人增加了,才干也多了;但必须看到同时出现的协调力的消耗、合作难度的增加、团队内部的满意度的减少和凝聚力的降低。

桥边的茶店

水乡的城镇街巷交错,河道纵横;人家多枕河,河上跨石桥,桥边有茶店。三面湖山一面城的杭州虽不是典型的水乡,但京杭大运河在此收尾,它还有好几条支流,仅中河上的桥就有:坝子桥、宝善桥、新桥、太平桥、万安桥……以前几乎每一座桥的桥边都开有茶店。

小时候我住在新桥附近,桥边竟然有两家茶店,不过只有其中一家生意红火,也许是它挨着城隍庙的缘故,每天下午必然茶客满座——说书先生要开说大书了。午饭后茶店要上排门,通常门板是竖着上的,而下午说书时却要横过来上,但只上到人的肩高处,好让那些无钱喝茶和听书的人挤在外面"听白书"。

我常去茶店,因祖父常上茶店喝茶、聊天、会友,我也跟着去,逢雨雪天,我就骑在祖父脖子上,打着伞。我很少听懂大人们聊的话,祖父怕我无聊,总要买一个烧饼或一根麻花给我吃。有一次祖父和我从茶店回来,吃晚饭的时候,不知是心情特别好还是跟茶友们聊天兴犹未尽,说起他早先在绍兴的桥边茶店吃茶时偶尔碰到"吃讲茶"。我莫名其妙地瞪着眼睛,祖父侃说:"我以后专门再给你说这个题目。"

上学了,我很少再去茶店。但当我考上初中后,学校和我们家隔4座桥,当时的中学没有学生食堂,家里想了个主意,中午让我在学校附近的姨夫家搭伙。姨夫在万安桥边开一爿茶店,姨夫和姨妈没有孩子,他们很喜欢我;尽管姨妈所有的兄弟姐妹住在万安桥堍,每家都有孩子,但姨父还是最喜欢我这个住在远处的外甥;每天中午必然要等我到店后才开饭,又因为我的原因,每顿午饭都要到熟食店添个荤菜。姨夫个子很高,人称"长子凤生",自己经营茶店,不雇堂倌,他知道附近街坊邻里的很多事情,谙熟人情世故,说话风趣,擅长"死话"("死"音 xi,说幽默话而自己不笑),算得上一个"天上知道一半,地下晓得全盘"的茶博士。姨夫人缘极好,他常有意识地将事情托付给家境困难的人去做,而且不会亏待他们。所以,只要我这个外甥一有难事,马上会有人帮我搞定。记得一天临近中午突然下起大雨,放午学当我走到校门口时,一个很熟悉、同样很喜欢我的茶客撑着一把大伞在等我,真的让我好感动。

念完初一,我便转学到了上海,又过了好几年,姨父增加了一个炮仗炉子,满足泡开水居民的需要。如今,我记忆和思念最深的桥边茶店已很难寻觅。

且听下回分解

很多电视观众喜欢看连续剧《都挺好》,据说有的不仅是因为被剧情所触动,而且还因荧屏中不时响起"苏州评弹"细软吴语的音韵感染了他们。这样的感觉完全是合情合理的,人的感觉器官会互相触引和激发。

不过有一点需要指明:通常所提的"苏州评弹"是不够准确的,因为"评弹"二字包含着两个意思:评话和弹词(也可称"大书"和"小书"),"小书"的意思是在"大书"开场之前,先来一段开启引子,所以弹词也叫弹词开篇,开篇的内容不必与大书(评话)一致。

在其他地方流行不少"唱故事"的曲种,也叫唱鼓书,类似于"小书"演唱,一手击鼓,一手夹板,既唱词,并道白,还经常伴有动作、表情。以京韵大鼓最有名,骆玉笙是一位杰出的京韵大鼓表演艺术家。其他许多地方也有不同的方言鼓书,如山东大鼓、安徽大鼓、河南坠子、温州鼓词等。杭州有自己独特的"小书",人称"小热昏",相当于苏州的弹词开篇。"小热昏"不用乐器,主要在露天单人表演,后来也有进入室内表演的,艺人左手的手指上套一面小堂锣(将挂绳套在两个手指上),这是唯一的道具,以说笑话和传播经过添油加酱、噱头噱脑的街头巷尾小道新闻为主,一般在晚饭后登场,经常利用桥弄等行人众多的地方。当然,小热昏也不是让人白听的,说书人往往在道出关键词语之前会说:"我看梨膏糖还是要卖掉几块的,对吧?"原来他是靠营销自己白天在家熬制的"药梨膏糖"维持生计的。具体一点,这一小书样式叫"小热昏卖梨膏糖",后来流行到上海和苏州,不容易啊。不过他们中也涌现出一批优秀的滑稽演员。

而说评话基本上是不唱的,评话艺人每天在一个固定的地方开讲长篇故事中的一小段,以前上海的许多书场原本是用来演苏州评话和弹词的(间或也演越剧或滑稽戏),上海这个海纳百川的大都会反而成了"苏州评弹"门派的传承之地——蒋(月泉)调、杨(振雄)调、徐(丽仙)调等形成和繁荣。更多地方的评话则在茶馆里说演(每天下午或晚上),在靠墙处搭一个临时小台,通常用条凳加门板,再给说书先生配上一把椅子。"各位客官,上回书说到……"这是开场白,到了某个紧要关头来一句过门话,休息十分钟;茶店的堂倌于是向说书先生递上一把热腾腾的毛巾。下半场继续讲演。说大书是不用乐器的,全凭一张嘴,模拟各种声音、人物动作、事情缘由、器物形象……是一种有声章回小说;必要时动用一下惊堂木,引起茶客注意。由于本子多采用章回小说的内容,所以每天在结束前都要说一句,"欲知后事如何,且听下回分解"。同样在江苏省,扬州一带流行"扬州评话",用苏北话说讲,也影响到上海,老上海有不少人爱听扬州评话老艺术家王少堂的《武松》《宋江》《石秀》(人称"王派水浒")。北方人称"大书"为"评书",单田芳、袁阔成、刘兰芳等是全国著名的评书艺术家。那个时候,只要有半导体收音机或"随身听",都会去欣赏他们的传统节目或具有时代精神的有声"新章回小说"。

巧记地名

小时候，也是一次跟着祖父吃茶，我一直在旁听邻桌的客人交谈："你准备去哪里？""我？留下。"答话者说完走了。这个人好生奇怪，明明说"留下"，怎么又走了？我心里嘀咕着。后来听祖父解释，"留下"是一个千年古镇，在古荡的西面。

其实留下原名西溪，宋建炎三年，高宗南渡，起初想在西溪建都，后看中了凤凰山区，便云："西溪且留下。"从此西溪改名留下。我也至今没有忘记这个小镇的名字。

有的地名是想忘也忘不掉的。念初中时接触到一个谜语，谜面记不太具体了，反正是"搬家办户口"的意思，打两个地名：宿迁、当涂。宿迁在江苏省；当涂县属安徽省；我一辈子都记得这两个地名。

可是有的人特别不喜欢地理，嫌地理抽象枯燥，不好记，光地名就搞得人晕头转向，说起"东西南北"，越说越迷糊。所以高考填志愿时很少有考生问津地理系的。其实地理并不抽象，地理是实打实的"接地气"学科，只因为地理牵涉的面太广，历史太久（有一个分支叫"历史地理学"），全世界都被兜了进去。

说到地名，其实倒有不少值得注意（或研究）的趣味性东西。我国的语言丰富多彩，这一点在地名中有普遍的体现，比如有用花果命名的地名：桃园、荔波、桂林、枣庄、梅县……以树木命名的地名：柳州、桐乡、林县、松潘、桑植、桦南……互为颠倒的地名：高阳（河北）—阳高（山西）、安吉（浙江）—吉安（江西）、平乐（广西）—乐平（江西）、安远（江西）—远安（湖北）、海宁（浙江）—宁海（浙江）、原平（山西）—平原（山东）、开封（河南）—封开（广东）……

中国北方农村有不少带有"各"字的地名如张各庄、杨各庄、留各庄……据文字学家考证，认为其中的"各"字系"哥"字的误写，盖因早期有某个姓杨的或姓留的男子曾在该地安家，被附近百姓唤作"杨哥"或"留哥"。有的地方还有将"哥"别写成"格"或"戈"的。

世界那么大，但人们还是找到了共同的文字作地名，这个字就是"堡"，尤其在欧洲，词尾带"堡"的地名不胜枚举，较有名的如圣彼得堡、萨尔茨堡、卢森堡（既是国家名，又是首都名）、杜伊斯堡、纽伦堡。不过有少数带"堡"的地名是将错就错，比如海德堡其实应为"海德贝克"，"巴登-符腾堡"应为"巴登-符腾贝克"。中国叫"堡"的地名也不少，如十里堡、二十里堡、将台堡、瓦窑堡，然而在汉语中，"堡"作为地名时发音为 pù，此时便与"铺"相通。瓦窑堡在中国革命史上是一个红色地名，1935 年 12 月，中共中央政治局在这里召开了著名的瓦窑堡会议。

学习若能与趣味相结合，不但能提高效率，还会坚定一个人学习的意志力。

让道和被让道

闲聊时,有人提起走路的素质问题。走路要讲素质吗?要的。一位体形较胖的中年人提到一桩经历:一天他在路上走着,走过一条步行街,那儿有一家生意红火的食品店,门口人流如穿梭;中年胖子突然觉得有人从后面用右手背重重地拨他的胳膊,想通过这样的方式让自己快速通过。"我还真不买他的账了,有这么逼人让道的吗?我偏将身体往左倾,并用左肘顶了他一下。嗨,效果挺好,那瘦猴子真被我镇住了。"胖中年说话时的情绪似乎让人觉得他正在被拨弄,一副既愤怒又得意的样子。尽管瘦个子不礼貌在先,因为他的架势"雏形"有点"霸道";"推"和"拨"对霸道的人来讲算是轻度的,再进一步的是捏住你的衣服把你拽到一边去。好在眼下的事情只是"借光"的问题,再说胖中年毕竟"模子"也大……

知道开车的有"路怒",这下可发现了路人中也有"路怒症",也许可称其为"路怒亚症"吧,笔者见过不少比这凶得多的路人吵架事件,原因不过是稍稍"碰了一下"。

"路怒"是外来语,指机动车的驾驶者带着愤怒的情绪在驾车,面对其他驾车者,采用攻击性语言、愤怒行为、侮辱性手势乃至十分危险的驾车方式如粗暴的阻挡、追尾、鸣笛等。最早在美国使用"路怒"这一概念,20世纪80年代,英文"路怒"(roadrage)被收入新版《牛津词语大辞典》。

剩下的篇幅,不妨来说说另一种让道。相信每一个人在走路时都碰到过这样的情况:相向而行的两个人,如果不改变一下行走方向,两个人就会相撞,碰个满怀;于是,就得往一边让一下(这里的"一边",左和右是以其中一人为基准的),奇怪的是,两个人偏偏都向同一边让去,譬如都往右边让。很明显,下一步还是会导致相撞。于是两人赶快"调整",偏偏又是都往左边让去。这样的互相让道和被让道,有时需重复两个回合——为了不相碰撞而都选择了会相撞的方向。

这是一种很滑稽的现象。人有许多行为是每天例行的事情,有些事情在一生中也许要做千百次、千万次,它们已成为下意识动作——做起来"不动脑子"的机械动作,这里所说的"相向让道"就是一个经典例子。两人相向走近,此时此刻,他们都在"自动地"关心,朝哪一边让能给对方留出更多的地方过去,于是两人都选择了同一方向。当他们发现下一刹那会发生的仍然是相撞时,又同时自动地往另一边让去,如此可笑的左右躲让当然不会一直持续下去,最终肯定是其中一位停止了下意识动作,启动有意识的控制并等待对方过去。

为人一世,和人打一辈子交道,就必须强调一个"让"字,有意无意的"让",都是正能量;不过不要老想着别人给你让道。

八千年前大地懒

直至八千年前，地球上生活着一种巨型"懒虫"——人们称之为"大地懒"的大懒兽，它们平时居住在树上，较少下树。它们的平均体重约为4吨，相当于一辆小型卡车的重量。大地懒有小型和大型之分，小型的体重在1至1.7吨，最大的可达6吨。和一般的哺乳动物不一样，双趾大地懒有五至七节颈椎，三趾大地懒有八节或十节颈椎。

若问大地懒有多懒，不妨这么来介绍：有一种大地懒懒到一周只下树一次，这一次下树也是被大便逼的——它们一周只解一次大便。有时候，下去了以后也许再也不回来了——成了猛兽求之不得的食物。有些大地懒的皮毛上长着绿色的藻类，藻类把皮毛当作温暖的家，大地懒也把藻类作为补充食料和掩蔽伪装自己的手段。此外，大地懒体内的寄生虫所产之卵也是随着粪便排到地上，进而繁殖。

大地懒在树上主要以吃食树叶维持生命，它们的消化系统作用相当慢，牙齿上没有珐琅质，对付不了较硬的草或树叶，但它们的臼齿总咀嚼面积约有10 500至11 100平方毫米，口腔里可同时加工更多的食料，而食料在体内却要迁缓一个月之久，几乎不能提供作较大运动的能量，大地懒因此也只能这么懒。虽然大自然没有为大地懒创造能在生存斗争中胜出的条件，倒也赋予了它们"享受"懒惰的福气：大地懒的臂（前腿）和后腿上的爪子既长又呈弧形，可让身体在树上毫不费劲地悬挂或晃动很长时间，一旦被狩猎者射中或击中，即使死了，身体仍然不会掉下来。大部分动物皮毛的"毛路"是出现在背上的，而大地懒的"毛路"在肚皮上，这也有利于长时间待在树上，下雨了也不用担心，雨水会自然地流走。

一种动物，如果它们只能缓慢地行动，且以食树叶为生，那么按造物主的意思，它们就不必有一双雪亮的眼睛，所以大地懒的眼睛近视得厉害。

大地懒的发现是在18世纪末，1796年，一具在今天的阿根廷卢汉发现的骨骼引起了比较解剖学和古生物学创始人、法国动物学家居维叶的极大兴趣，他随后首次对这种被命名为大地懒的古生物作了科学的描述。在19世纪，对大地懒的研究为古生物学的创立和发展起了重要作用；同时也出现了不同的学派和观点，有的科学家认为，大地懒在摄取食物时，会坐在两条后腿上，强壮的尾巴作为身体的支托，前臂用来拉拔树叶和嫩枝。它们不仅吃食植物，而且有一种明显的肉食倾向，在获取食物时还会站立起来，会用两条后腿持久地行走，在当时是地球上最大的、会行走的哺乳动物，争论的焦点实际上在于：大地懒的生活方式属于兽类还是两条腿走路的方式。学术上的争鸣说明了以前的研究积累了许多知识和成就，同时也发现了不少重大的错误。大地懒是生存斗争中典型的优胜劣汰范例，兴许进一步的研究会带来更加惊人的发现。

辩证食盐

中国古代有一个笑话,说的是一家人生活穷困,不但无菜肴下饭,而且连盐都买不起。全家经常是拨一口饭,看一眼墙上挂着的咸鱼,而后将饭咽下。一天弟弟告状:"哥哥老是看咸鱼。"爸爸安慰说:"让他去,咸死他。"以前只是觉得故事好笑,现在重提感到了这幽默中的辛酸。食盐在古代是十分珍贵的东西,正如西方人所认为的,有了盐和面包,生命就能维持下去。最早的时候,盐的开采相当艰难,盐因此非常稀缺,欧洲的百姓穷到实在没有办法时,吃饭时也只能拿一块矿盐舔一下(通常是让家畜舔的)。盐成为人们渴望的食物,在所有民族中始终享有极高价值,它曾作为支付手段,甚至可与金子和奴隶的价值相提并论。盐的重要性自然也被体现在神话故事中:海中神女西蒂斯(希腊海神的50个女儿之一)在和密尔弥冬人的国王珀琉斯结婚时,把盐装在精美的盐罐里作为嫁礼送给国王。至今在一些民族中仍然保持着这一婚俗。

人必须每天补充食盐才能保持心脏的正常活动、调节体内水分、维持正常的渗透压和体内酸碱平衡。食盐能调味提鲜祛腥膻;盐水可杀菌、洗伤口、防感染;用盐可腌制咸肉、咸鱼、咸鸭、咸鸡、咸菜、咸蛋……稀盐水可洗去皮肤表面的坏死组织。

20世纪70年代至80年代,美国科学家刘易斯·达尔在实验鼠试验的基础上指出,过量食用盐会导致高血压;从此,低盐饮食一直被认为是防止高血压的有效措施。但也有一些科学家认为，这一结论并未在人的所有试验中得到一致证实。再说，达尔给实验鼠的食盐计量太大，如果换算到人身上，那么受试人每人每天要和食物一起吃下半公斤的食盐，才会出现和实验鼠一样的问题。

吃盐不是简单的"多吃和少吃"的问题，而是因人种和人群制宜的辩证问题。吃得太多肯定不好，但缺盐对身体同样很有害，尤其是对孕妇和没有高血压的老年人更为不利。试验表明，缺盐的孕妇，她们的血压会明显高于正常孕妇。人体内的盐量通过激素控制，因此能基本保持稳定。倘若盐量太高，则通过体液排出，过量盐随之析出，因此人体有一定量的水分损失，这就是吃得太咸会有口渴、想喝水的原因。所以，持续摄入高盐量会造成体内水量增多、体重增加、血压升高，甚至损害肾功能。反之，如每天摄入盐量少于 2 克，体内盐浓度低，人没有渴感，不想喝水，有可能导致脱水。老年人本身渴感较低，如果缺盐，水就喝得更少，容易感到虚脱，故没有"三高"的老年人不必跟着别人一味降低摄盐量。另外，素食者也不要随意降低摄盐量，因为植物性食物通常缺钠。

最近有人提到一个问题：食盐中有没有必要加碘？如果我们平时有各种途径获得碘，那不妨将食盐分为"含碘"、"微碘"和"无碘"。在国外，除了加碘，还有加氟化物的，如瑞士的食盐中有少量氟化钠或氟化钾，意在预防龋齿。

回顾手机

手机最早在我国被称为"蜂窝式移动电话机",因名字太长,便改为"手持机",后来干脆把"持"字也去掉了。又因为在港台的习惯称呼是"大哥大",所以内地也流行过一个时期的"大哥大"三个字。所谓的"蜂窝式移动电话",是移动通信的一种方式,即把整个通信地域分成很多小区,每个小区有一个基站和一个频率。这些小区犹如一个个的蜂窝,故有"蜂窝式"之称。当呼叫者从一个小区呼叫(移动到)另一小区时,通信主台的计算机会自动转换无线频率。

移动电话是一种革命性发明,它改变和促进了人类生活的方方面面,而且在很短的时间内发展到智能手机,从而形成了浩浩荡荡的低头族群体。这里不妨从正面和负面说说"用手机"这件事。当我们看见别人打电话时,往往会发现一些共同现象:以前用固定电话时,经常看到有人在一边打电话,一边玩儿电话线或用笔在纸上心不在焉地涂画。有了移动电话后,打电话时的伴随动作就多了去了:有人会面贴着手机,从房间的一边走到另一边,然后再走回来;也有人在室内某个空间不断打着圈圈走;女士喜欢打电话、玩头发两不误;更有一些人甚至会从一个房间走到另一个房间;有的人很有意思,一面在进行语言沟通,一面不断指手画脚地做出肢体小动作。诸如此类的行为,仔细看起来还是蛮有意思的。

发生以上行为和动作,往往是在通话时间较长的情况下,看似无意识的作为，其实是有意义的，因为动作能刺激和兴奋大脑，使通话进行得更顺利。此外，在进行内容较紧张或激动人心的谈话时，身体会分泌更多的肾上腺素；这时，身体的反馈调节系统会提醒大脑，通过走路将这些过分的"能量"释放掉，从而消除内心的紧张、缓解压力或无聊感。还有，走路打电话，声音会发生变化，在对方听来，从手机传出的声音清醒而带有"殷勤味"。为此，有专家建议，在接听重要电话（比如有可能成为你今后领导的人首次打来的电话）时，应站起身来，最好离开座位去走着说。当然，有些人之所以走来走去，因为他们在找信号好的空间。

眼下，玩手机（微信）风行，以笔者陋见，上班族不宜一味低头玩手机，在公共场所，不能因贪玩手机而影响他人。举个例子，很多国家认为在公交车上用手机是干扰性行为，因为有时长时间的大声通话简直就是在强迫同车人一起听电话噪声；实际上不少通话是可说可不说的无聊内容。所以不少国家采取车上广播："请勿进行主动和被动通话。"除了电影院、剧场、音乐厅等公众场合，还有教堂、公墓等场地也是禁止用手机的。

与此相反，世界上的有关组织正在积极开发新技术，让飞行旅客能在机舱里使用手机。有个别航空公司的某些航班已经为机上用手机开了绿灯：舱内的系统将手机的发射功率降到可行的最小程度，再用机舱里的发射仪通过卫星将无线信号转发到移动通信网。目前，欧洲航空标准化委员会和美国相应的专业委员会正在认真研究这一课题，已经制定了检测规程，用以完全证明机舱电子设备对移动信号电磁波的耐受力。不久的将来，天上人间，无线永相连。

大麻的另一面

种植、拥有、贩卖作为毒品的大麻,今天在全世界几乎都是禁止的;然而大麻在人类文明的进程中起过重要作用,古希腊人、古埃及人、古代中国人都曾用大麻织物制衣,最早的牛仔服也是用大麻制作的。人类一向赞美大麻的医疗作用,比如用来止痛;用大麻布做成的船帆对航海旅行和世界贸易功不可没。

美国的《独立宣言》是印在大麻纤维做的大麻纸上的;1455年,德国有一个版本的《圣经》(《古滕贝格-圣经》)的第一本也是印在大麻纸上的。然而到了20世纪,大麻因被在美国的墨西哥季节工人作为毒品而声名狼藉。直至20世纪80年代,人们才又重新发现和重视大麻的许多正面功能,今天,欧盟已经开放了十几种大麻的种植。

大麻是世上最古老和用途最多的栽培植物之一,在食用、医用和经济技术领域为人类作出了为时6 000年之久的贡献。约于公元前2800年,中国人开始首次用大麻纤维生产麻绳;约于公元前100年,中国首次在世界上开始用大麻纤维造纸。在帆船航海的鼎盛时期,欧洲出现了大麻经济前所未有的繁荣,由于大麻纤维优异的防水和抗拉撕性能,几乎所有的船帆、帆具、索具、绳子、旗帜都用大麻纤维制成。甚至连海员的制服也有用大麻织品制作的。有人估算,一条海船每两年要用50至100吨麻绳。至18世纪,大麻和亚麻、荨麻、羊毛一起是欧洲纺织工业的重要原料,当时人们还利用大麻碎布生产造纸用的纤维素。

18世纪后,由于帆船航行的衰落、棉织品的机械化生产、19世纪发明了用木材生产纤维素、20世纪合成纤维的兴起,加上少数人对大麻的滥用(主要是变种印度大麻),世界上许多国家干脆禁止种植大麻。直至20世纪90年代,开禁了作为经济作物的大麻种植。最近几年来,大麻业的形势进一步看好。考虑到技术应用、生态平衡、环境保护和大麻本身的优异功能,人们对大麻开始重新认识并产生了极大兴趣。

营养生理学关于大麻的详细研究促进了大麻的回归,从食用角度而言,大麻籽和大麻油具有极高的营养价值,特别富含人体必不可少的多不饱和脂肪酸(含有两个或两个以上双键的脂肪酸称"多不饱和脂肪酸"),总含量约90%。尤其值得强调的是亚油酸(含量50%—70%)和阿尔法-亚麻酸(含量15%—25%),其中阿尔法-亚麻酸具有和鱼油类似的作用,因此可作治疗心血管疾病和慢性炎症的辅助药物。此外,大麻籽尚含有伽马-亚麻酸(健康人在体内由亚油酸生成),缺少伽马-亚麻酸会导致代谢疾病。

大麻是人类至今认识的最环保纤维之一,大麻的种植不需要用农药,只需少量的水。大麻是美容产品中的天然优质添加剂,可阻止皮肤的干燥和皲裂,有利于皮肤脂质的部分再生。

地球的自疗

地球史上已经发生过五次大灾难,每次灾难都使几十万个物种灭绝。最近一次灾难是6 500万年前一颗小行星撞到地球上,巨大的爆炸及冲击风暴摧毁了一切,植物暂时停止了光合作用,不可一世的恐龙就此从地球上消失。过了很久很久,地球又恢复过来,新的微生物、植物和动物又出现了。

地球上的生命适应能力再大,也需要许多有利的生存条件。地球生命只能在一个很小的温度范围内生存,大气中的各种气体的比例必须正确,生命必须受到环境条件的保护,不受紫外线及各种有害物质的侵害。当人作为地球主人出现的时候,地球已经具备了一切条件并不断保持这种有利条件。早在1970年,一些专家已经提出"地球自疗"理论——"盖亚-假说"(盖亚是古希腊的大地女神,用来比喻地球),该理论的核心论点是:地球会自疗,会自我调整,为地球生命始终保持着恒定的生活条件。

地球像一个健康的人一样,在经常调节重要的物理状态,将化学条件和其他因素保持在一定的水平。长期以来,地球上的一些重要参数几乎没有大的变化。几百万年来,海水的含盐量、地球上的温度、大气中的氧含量等都没有变化。尽管河流不停地将溶解在水中的各种矿物质和盐类大量冲入海洋,海水的盐度一直保持在3.4%。海洋具有自我脱盐的功能(通过生物过程和物理过程),一方面,很多海藻能"夺取"海水中的盐分;另一方面,海水在不断蒸发成环礁,生成盐外壳,而且有细菌将盐外壳罩起来,就像盖上了一件雨衣,防止盐重新溶解到水里去,时间长了,盐外壳便消失在沉积层中。

在地球的发展过程中,地球上的阳光增加了25％,但全球气温并未按同样比例上升。很明显,大自然的调节回路在保护地球,使之不致过热。在这方面,海藻又起了重要作用。它们不仅吸收大气中的二氧化碳,抑制温室效应,而且能直接冷却地球:海藻能产生二甲基硫化物,起到"凝聚"作用,促使形成云朵。海洋越是受热,海藻生长越是旺盛,释放的二甲基硫化物便越多,形成良性循环。气温的重要调节者是世界海洋,它们至今储存了人类释放的40％的二氧化碳。

尽管如此,人们越来越感觉到地球上的气温有所升高,这是人类自己造成的,煤炭和石油的燃烧排放出大量二氧化碳。有人甚至担心,如果加拿大、阿拉斯加和俄罗斯的大面积针叶林因地球变热而生病,或者大量砍伐,或者发生火灾,又将增加一个不幸的因素。倘若人类自己造成的气温升高达到极端,超过了地球的自疗和自调能力,那么后果将是不堪设想的。不过这样的后果不大会出现,因为人比以往所有的地球生命都聪明,人类会思考自己行为引起的后果,人类有能力采取相应的措施。关键在于所有的地球人都应承担起责任,配合地球的自疗和自我调节。

第三只手

1999年12月30日,天很晚了,雨一直下个不停,一辆小轿车不小心开偏,从山路掉入山坡上的一个大坑,撞在坑里的一块巨石上,而且坑里还有很深的积水,一直没到他腰间。他被紧紧挤压在方向盘上,又疼又冷,保险带偏偏又解不开。他突然想起自己随身所带的瑞士军刀,终于将保险带割断,慢慢脱身出来。从此,这把瑞士军刀更加和他形影不离,他称它为自己的"第三只手"。

在国外,人们的生存意识很强,尤其是离开家庭或工作岗位,都要带上一两件工具,以防不测。小巧、坚固、精致、耐用的瑞士军刀因此成为了大部分人的宠儿。"多功能"是瑞士军刀最贴切的定语,而红色的刀把和十字则是它的标志。瑞士军刀又称"瑞士军官刀""瑞士刀",现在是美国宇航员的标准配置,也是瑞士每一个军官和士兵的统一用刀,但没有特殊的军官刀。瑞士军队用的军刀却不是红色刀把的,而是有着铝制的银色刀壳的军刀,只有简单的"四件套":一把大刀、一个螺丝起子、一个罐头起子、一把锥子。

19世纪末,瑞士军队提出了一项任务:向瑞士军队提供一种士兵用刀,这种刀不仅要能切割,而且需带有可清洁枪支的工具。当时的瑞士制刀匠卡尔·埃尔泽纳几乎面临破产,幸亏他家里帮他搞到了一笔贷款,而且允许延期偿还。于是他开始作刀具改革,生产出"军官和体育刀",销路之好让他很快还清了借款,他的"六件套瑞士刀"也因此而名扬天下。1897年6月12日,埃尔泽纳为他的产品申请了专利。1909年,埃尔泽纳的母亲去世,刀具作坊用其教名维多利亚命名。1921年当地出现了不锈钢,于是又在厂名后加了"不受氧化"的前面几个字母inox,成为维多利诺克斯刀具公司(简称维氏军刀),直至今日,"瑞士军刀"是一个受专利保护的商标,除了维氏以外,只有温格公司生产的瑞士刀可称"瑞士军刀";也只有这两家生产的瑞士军刀得到认可,维氏称自己的刀为"正宗瑞士军刀",温格允许把自己的产品叫作"真正瑞士军刀"。现在,维氏和温格已经合并,但他们仍保持着不同的产品方向。

通常一把185克重的瑞士军刀有30多种功能,在1 040℃的高温下淬火后的铬钼钢刀在水里放上几年也不会生锈。用途最广的是温格出品的1 345克重的重型军刀,它有87件,141种功能。瑞士军刀的传统功能(工具)为:大刀、小刀、开瓶器、开罐器、软木塞起子、锥子、剪子、锉刀、钳子、牙签、针、刮刀、十字螺丝起子、6毫米螺丝起子(带弯丝器)等。特殊功能有:刮鱼鳞器、钩形刀、抹药刀、测高器、挂索钉、放大镜、二极管手电灯、万能钩、圆珠笔、唤醒器、微型螺丝起子(用于眼镜螺丝)、钟、激光指点器、木凿子、防风打火机、MP3、优盘等。自"9.11事件"后,瑞士军刀也有不带刀子的。

可以说,瑞士军刀是受人欢迎的万能工具,经常看到出访欧洲的人买回来很多瑞士军刀送人。在欧洲的一些国家有一个说法,送刀是"一刀两断"的意思,所以可要求接受礼品者付出一个小面值硬币,以表示"拿钱买刀"。

男女有别

女人和男人间（尤其是夫妇间）对日常琐事往往持不同意见，因而他们之间经常产生矛盾和争执。这是因为女人除了生理上的特点外，在心理、行为、思维、语言等方面确有和男人不一样的地方。随着对大脑的深入研究，女性诸多区别于男性的特点及原因得到较有说服力的解释。但这些特点决不是无知者和偏见者所认为的"弱点"。

女人使用的语言不同于男人。女人说的是关系和情感语言，她们在说话时寻求情感的交流和接近；男人说的是信息和通报语言，他们说话是为了表达一种事实。因为女人的语言能力集中由左侧脑半球某一脑区控制，情感能力集中于右侧脑半球，而两个脑半球之间有辅助神经通路相连，所以女人的语言和情感能同时表达（或者说女人说话带有情感）。但男人的语言功能以及空间思维功能分别由两个脑半球独立操纵，也就是说，他们在说话的同时还能做别的事情。男女之间说话若缺乏互相理解的意愿，很容易造成误解，从而得出"女人啰嗦"、"女人唠叨"的结论；反之，女人也会觉得"男人说话心不在焉"或者"说话像吃生米饭"。

有人做过一个试验，让一组男生和一组女生观看肖像照片，然后分别对肖像发表意见。结果表明，男生一般只是描述；而女生不仅描述，而且还作了解释和评论，脑电图记录也证明了这一点。导致女人这种优点的原因是她们的脑组织有别于男人的脑组织,女人连接左右两侧脑半球的胼胝体中的一束比男人的粗,即女人大脑中有更多的神经纤维连接两个脑半球,使两个脑半球之间的信息得到更好的传递,估计这也是造成女人另一个优点——"女人的直觉"的原因。

有人说:"女人多疑。"其实这也是一种偏见。恰恰相反,在处世和处理人际关系时,女人经常比男人更能看出问题,对潜在的危机敏感,事物稍有变化就会显出不安。据研究,女人的预感能力和雌性激素有关。性激素是影响大脑构造和人的行为的重要因素。一个姑娘如果小时候雄性激素较多,长大后就会较"野"、较粗心,缺乏预感能力。已经发现,人体内雄性激素或雌性激素的固有量(与外界补充无关)和人的行为是关联的。性激素、大脑组织和行为之间的详细关系,还在进一步研究。

通常认为,男人和女人吵架时,男人比女人泰然,女人比较激动,甚至会吼叫;但测量表明,吵架时,男人的内心比女人更激动。

女人尚有一些特点与社会因素、职业因素和传统因素有关。女人和男人交谈时需要一种安慰和理解,她们交谈有时候是抱怨式的。女的说:"我的头发真糟糕。"男的随口说:"你明天到美容院去做一做。"女的顿时不高兴了:"什么,你嫌我不好看?"对于女人所说的话,有时需要转个弯子去理解。

关注自然灾害

上海是一个四季分明的城市，人们喜欢这样的城市，可以享受大自然和人类共同创造的四季风情：阳春三月，花香风暖；消暑自有情趣，夏夜其实很好过；秋愁也是人生味，哪怕多一份凄怆；过了大半年，盼来一场兆丰雪。那个时候的夏天，只要午后下一场雨，一天的暑气便消散殆尽。夏夜的上海展现着一片申城特有的风习景色，弄堂口和街沿排满了小板凳、小竹椅和躺椅，在微风中，大人闲聊孩子戏耍。时不时有一阵台风造访，很受欢迎，没有现在这样排山倒海的吓人之势。

如今是（全球）夏天越来越热，冬天越来越冷；春秋天越来越短；自然灾害越来越频繁、越来越剧烈。雷电、暴雨、飓风、台风、洪水、酷旱、地震、海啸、火山爆发、龙卷风……有关报道不绝于耳目。凡此种种，使人类产生了一些想法：有人悲观起来，甚至怀疑地球是不是要提前毁灭；有人竟然认为人类没有必要这么先进，科学技术和工业不必这么发达，否则就是自己害自己。也有人在实事求是地自我检讨：温室气体效应、二氧化碳排放和滥用自然资源是人类自己的错误，但不能因噎废食而放弃人类的进步和发展。不过有一部分人确实非常关心自然灾害带来的损失，他们是保险人（公司）和再保险人（公司）。2011年3月11日在日本福岛发生的特大地震和由此引起的海啸为欧洲一家再保险公司带来了15亿欧元的理赔损失。

应该承认,保险公司和再保险公司的能力很强,他们有自己的科学家在研究自然灾害(以便确定对特大自然灾害理赔的极限),他们在分析和预测未来的自然灾害及其爆发频率、严重程度、造成的损失规模……从很大程度上在提醒人们要爱护大自然,不要促进自然灾害的频发和重发。一些大型再保险公司都具备完善的数学模型和拥有大量气象、地质信息的数据库,供科学家进行研究。

研究资料显示,以往三十几年中,全球的极端天气灾害大约增加了200%。由于人类自己的原因,不仅大气温度在上升,海水也在变热,海水的蒸发在增强,因此就加大了降雨的潜势;换言之,大气中有了更多的能量,当水蒸气凝固时,这些能量又释放出来,成为强降雨、热带风暴、龙卷风等的"助动力"。所以控制全球气温升高有助于避免全球气候"被颠覆"。

北美和亚洲尤其会受到更多的强飓风、强台风和强降雨的袭击。澳大利亚以前较少自然灾害,然而2011年初发生在昆士兰的洪水是一个不良的先兆。地中海沿海区域将会继续出现干旱缺水问题。预测当然不会百分之百准确,但却是以先进的电子技术和数学模型为基础的。

当前在全球掀起的太阳能集热发电热潮,是清洁能源的重要举措,估计至2050年,太阳能集热发电可为全球提供25%的电能。中国是太阳能资源十分丰富的国家,即使将来所有的化石能源都已枯竭,中国通过太阳能集热生产的能源自给还是绰绰有余的。

恒星的终极

儿时，夏夜，躺在竹床上，仰望着星空，每每想入非非，脑海里浮现出儿歌的歌词：天上星星亮晶晶……

天上会发光的是恒星，恒星的内部温度通常在1 000万摄氏度以上，物质因此会发生热核反应，比如4个氢原子核会聚变成1个氦原子核，在聚变过程中会释放出巨大能量，辐射到空间，发出光和热。恒星其实并非"恒定不动"的，比如作为恒星的太阳及整个太阳系以每秒220千米的速度绕着银河系运转。恒星和人一样，也是有生命周期的，它们经历着出生、成长、衰老、死亡。产生恒星的物质是星际气体云，最初的形式叫"氢分子云"，由于外部的影响，氢分子云内部密度高的地方在自身引力下收缩，导致密度和温度不断升高，氢分子云于是逐步变成原子云、离子云、红外星——新的恒星（原恒星）出生了。等到恒星内部的压力继续升高到与引力持平、向外抛出物质流、产生星风吹散残余云物质，恒星便开始闪烁发光，恒星长成"大人"（主序星）了，主序星是恒星的壮年时期，是生命力最旺盛的时期。太阳现在正处于主序星时期，主序星时期的长短与氢核燃料的消耗速度有关，质量大的恒星消耗快；太阳的壮年时期约可持续100亿年。直至氢核燃料耗尽，恒星内部便开始氦聚变为碳的热核反应；而氢热核反应则转移到恒星的外层，所以外层的温度升高，体积开始膨胀，恒星进入了衰老时期，最后变成一颗红巨星。在衰老期，氦、碳、氧相继参与热核反应，最终都变成铁，热核反应结束。由于恒星内部的压力大为下降，引力便重新大于辐射力，"行将就木"的恒星于是收缩乃至坍缩，最后寿终正寝，变成白矮星，或引发超新星、内核变成中子星或黑洞。

有科学家估计，将来地球上的夜空会变得比现在黑暗，因为现有的恒星在不断死亡，而新（恒）星的诞生越来越少。科学家们经过测量、分析和比较，发现银河星系的星际气体云越来越少（气体云是形成新恒星的"原料"）。而恒星死亡后没有留下有用的气体。有的天体物理学家怀疑是神秘的暗能在起作用，暗能在抗衡引力，使宇宙越来越膨胀，导致银河星系吸引和相撞的机会减少，产生的新鲜气体减少，使宇宙中气体浓度减小，因此新恒星的诞生也就越来越少。然而暗能只是一个理论上的概念，至今为止未探索清楚。

有的恒星死亡时会产生伽马射线暴，在几秒钟内能向宇宙释放出不可想象的巨能，被称为恒星的"死亡喊叫"。2009年4月23日，美国航空航天局发射的观察卫星发现了GRB090423伽马射线暴，它表明了130亿年前发生的一次恒星死亡，而所释放的电磁辐射竟然现在才到达地球的附近区域。

至于地球的夜空什么时候变得黑暗，无人能预测，如果暗能不透露自己的秘密，科学家们将在黑暗中继续探索。

匠心独运岛变船

阳光下的马焦雷湖，亮闪闪，波粼粼，极目望去，但见浩瀚苍茫的平湖中，孤单单锚泊着一艘华美的巨大客轮，它安如泰山，永不起锚。

马焦雷湖位于意大利北部边界，湖的四分之三属于意大利，四分之一在瑞士境内，那首客船实际上是湖中的一个孤岛，名为伊索拉贝拉（意大利语"美人岛"），17世纪以前，它仅仅是一片荒芜的礁岛，岛上只有几间破败茅屋，住着几户贫苦渔民。

公元1620年，意大利豪门博罗梅奥家族中的圭里诺和卡洛兄弟俩突然奇发巴洛克建筑艺术的幻想，两人决意把荒岛改造成一艘富丽堂皇的大船，让它永远庄重地停泊在湖中，象征这一望族的财富和权势。于是，艺术与自然的美妙结合"幻想之船"终于经过建筑家、艺术家的精心设计和能工巧匠的杰出施工，在1671落成。船尾是具有十个梯台的仿巴比伦空中花园的意式园林；船头由追求豪华的巴洛克建筑风格的宫殿组成。从此，"美人岛"或"幻想之船"声誉鹊起；几个世纪来，以别出心裁的建筑格调和构思巧妙的园林艺术迎来了不可胜数的世界名流、艺术家、文学家和普通游人，坎特尔布利主教、拿破仑一世、英国维多利亚女王等先后慕名而至。当然也少不了司汤达、福楼拜、狄更斯、屠格涅夫、大小仲马等文豪的足迹。意大利浪漫主义作家安东尼奥·福加佐罗的小说

《先辈们的小天地》结尾的背景,即取材于这个小岛的花园。

从外表看,宫殿是散发着意大利伦巴第乡土气的巴洛克建筑群,但宫内诸厅却强烈地闪耀着各种建筑风格的艺术光辉。在勋章厅里,人们可以看到五花八门的表彰博罗梅奥家族功绩的勋章,与其说它们是炫耀家族史的纪念品,不如说是供人鉴赏的稀有艺术品。拿破仑厅则使人回忆起欧洲艺术史的另一个时期。这位曾煊赫一时的法兰西第一帝国和百日王朝的皇帝,于1797年偕同夫人在此厅下榻。厅内的桌椅、沙发、装饰架及大镜子等陈设,是研究法兰西第一帝国时代室内装饰艺术不可多得的陈列品。开亮那盏烁烁闪光的枝形大吊灯,厅内的一切顿时显得更加金煌煌、银灿灿。

堪称宫殿厅堂佳构的尚有六间小室组成的洞穴式地下厅,当初,12位工匠花了整整25年时间,用一种华丽的火山石及意大利寓意湿壁画精心装饰了六间小室。素秀的维也纳瓷器和具有伦巴第土风的马约里卡彩陶也是文物级艺术品。

一条枝繁叶茂的花径把游人从宫殿带到了大花园,十个梯台上长满了琼花瑶草和碧绿的灌木,略带甜味的空气中散发着欧洲夹竹桃的芳香,孔雀和鸣鸟悠然徜徉于杜鹃花丛间,一个贝壳形露天剧场为园林平添了奇妙色彩。

伊索拉贝拉,你不愧为艺林中的匠心独运之作。在新冠肺炎肆虐地球村的非常时期,人们多么向往这一大自然和人类的共同杰作,令人心旷神怡的岛上是不会有新冠病毒的,但人类学会了自律,暂时不能去,必须严格防止聚集性感染;很多人仿佛觉得一提到病毒就会污染这一人间仙境似的。

蓝色大药房

今天的人类迫切需要各种新药,一方面是因为病原体对人类所用的许多药物的抗药性越来越强,另一方面是因为人类尚面临着一些无法征服的疾病,如癌症、早老性痴呆症、艾滋病等,它们需要研制出新药来加以对付。出于上述原因,现代制药工业已开始向大海撒网,"蓝色大药房"指的就是海洋里蕴藏的无可估量的药物宝库。

海洋中约生活着 1 000 万种藻类、300 万菌种和 50 万种海洋动物,大部分物种尚未探明究竟。海洋生物不仅种类丰富,而且由于进化途径不同于陆地生物,因此拥有独特的生存本领和新陈代谢过程。它们往往和其他生物体共栖,尤其是和那些具有疗效的微生物生活在一起。海洋里布满了礁石,礁石间无时无刻不在进行无情的生存斗争:你用毒素进攻,我用抗毒素保护。持续了几百万年的"军备竞赛"产生了许许多多令人难以相信的化学物质。

生长在海底的海绵动物向细菌和单细胞生物提供栖息之所,而这些微生物用自己新陈代谢的产物向海绵提供有效的化学武器,人类可以从这些化学武器中提取对疾病有疗效的物质。据悉,至今已从海洋生物中提取了 2 000 多种药用物质。

许多藻类本身含有药物。红藻类含有降血脂物质,绿藻类含有有利于治疗胃溃疡的多糖,褐藻类有一种黏膜,可治疗血液凝固。富含维生素、蛋白质和提供生命活力的海藻可制成粉末，作为沐浴剂、面膜和湿敷的原料，有解除疲劳和减轻疼痛的功效。有的海藻还能治风湿病、血管病、蜂窝织炎（化脓性细菌侵入疏松结缔组织而产生的炎症）等。当然，海藻的医药功能决不止此，在1 000万种海藻中，至今被人类所认识的只有800种左右。

有一种红海锥形蜗，它们专门捕食海底小鱼，长有微型鱼叉般的"牙齿"，这种"牙齿"含有80多种毒素，其中有2种是立即见效的麻醉剂，麻醉效果是吗啡的100至1 000倍，药物学家希望能从中研制出一种在普通镇静剂无效情况下起作用的麻醉剂。

海洋中有一种酶具有抗附着性，能阻止细菌和真菌附着在物体上，不仅有利于保持细管子和软管内部的清洁，而且在人造肾脏洗血时很有帮助。

已经发现，在极低温度下生活的微生物能产生具有特殊性能的酶，用这些酶，将来可以生产功能食品，它们不是用炒、煎、煮等加热方法变熟，而是在冰箱里被"冻熟"，这样的食品既健康又营养。

在寻找新药的路途中，人们最关心的自然是抗癌、治癌药。抗癌物质ET 743是从地中海海鞘这一低等动物中提取的，首次临床试用时使皮肤癌、乳腺癌和肺癌成功收缩，致使发明此药的公司股票暴涨。

向海洋要药，这就是新兴的现代海洋药物学宗旨，随着这一学科的发展，产生了许多"药物渔人"——海洋采药工作者。

真　菌

真菌是不可思议的生物,确切说是真核细胞型微生物,它们分为酵母菌、霉菌和蕈类。真菌既是创造者,又是破坏者。

科学家估计,真菌于10亿年以前就存在于地球了,种类繁多,大多对人体无害,食用菌甚至是有益的(仅极少数有毒)。真菌无处不在,从南极周围地区到最干燥的沙漠地带,地球上几乎没有一个生活空间是没有真菌的。有时候凭嗅觉就能闻出什么地方有真菌,它们经常茂密地生长在腐烂的叶子和蚯蚓屎之间。从每克土壤中可找出500至3 000米长的菌丝体,跟它们的体积相比,真菌的表面积很大,这意味着土壤可以大大提高对真菌的接受能力。

紧密的接触以及大面积的网络布置是对乔木、灌木、草本植物的极好服务,因为许多树木根本没有吸根,它们需要真菌帮助,形成菌根——真菌用菌丝给树根包一层外衣,专家们称之为树和真菌间的内部共生现象。有的真菌甚至会长到很细的树根里面去,并将可达到的空间扩大100倍,然后帮助植物吸收水分、养料(如含磷、钾、氮的养分)。只有真菌才能将某些小石子内部的矿物质分离出来,提供给植物,90%的植物需要一种这样的共生。即使像粮食和果树之类的人工栽培植物也需要真菌这样的邻居。

付出了友好的服务,但真菌只要求树木给予少量回报——农作物吸收阳光和二氧化碳而合成的有机物,有三分之一到了真菌身上。

许多真菌只有和它们的伙伴在一起才能形成子实体,所以那些俗称蘑菇的高等真菌蕈类的名字都来自和它们共生的伙伴:云杉牛肝菌、松树牛肝菌、橡树牛肝菌。

兰花和真菌的关系特别密切,兰花像灰尘一样细小的种子无法携带必要的能量,因此它们在传播途中带着真菌的孢子。这些所谓的"兰花保姆"担负着兰花发芽的任务——一种终身合作关系。一旦兰花启动光合作用,便开始向真菌提供养料。水晶兰对真菌的依赖性更大,它通过真菌吸取别的树上的养料,使自己生长发育。

真菌和共生植物的地下网络是隐蔽的,而人只看到这里有一个长柄小伞菌,那里有一株食用菌。研究表明,一个树林里的真菌其实把树木都连在了网络里,树木之间甚至可以交换养料,于是孤寂的云杉便能接受山毛榉的"静脉滴液"。

真菌不全是合作伙伴,它们中不乏破坏者,这些破坏者就是霉菌。霉菌一旦选中了它的牺牲者,便慢慢地从内部开始瓦解树木,等到人们能看见淡黄色的子实体了,木质已经腐烂了。瓦解和破坏是霉菌的拿手好戏,它们连石头、玻璃,哪怕最坚固的有机化合物也能啃动。在从事破坏时,各种真菌常联手行动,它们以不同方式腐蚀,有的分解木质素和纤维素,产生黄白色的"白霉",有的先分解纤维素,留下木质素,产生"红霉"。干朽菌是一种腐蚀房屋木头的霉菌,它是最能干的破坏者,是房屋主人最可怕的敌人之一。

然而在瓦解物质、占领生活空间时,真菌会生成有用的物质:酒精、有机酸、酶乃至抗生素。通过这些东西,真菌在帮助人类战胜敌人、消灭病菌。研究者发现,目前全世界已有约8万种真菌。

鲤鱼天下鲜

以前我不大爱吃鲤鱼,原因主要是它有一股泥土味,家里也很少买鲤鱼,可能是除鳞较难吧。但自从我在郑州尝了黄河鲤鱼,舌尖上的味道一下子变了,而且心里总惦记着。朋友对我说,黄河鲤鱼是中国四大名贵淡水鱼(松江鲈鱼、松花江鳜鱼、黄河鲤鱼和兴凯湖鲌鱼)之一。《清稗类抄》中也提到:"黄河之鲤甚佳,以开封为最,甘鲜肥美,可称珍品。"鲤鱼生活在水的底层,杂食,能耐高温和污水(可能这就是鲤鱼有泥土味的原因),郑州鲤鱼无泥土味,我估摸着应该是两个因素,一是郑州及其附近一带的黄河水质较好,二是当地厨师的烹饪艺术水平高,说不定还掌握着某种秘籍呢。

不过如今的人们只知道一句和鲤鱼有关的俗语"鲤鱼跳龙门"——暮春时节,无数金色的鲤鱼迎黄河逆流而上,在禹门前尽力奋跳,但基本上没有一条鲤鱼能跳过这个门的。龙门的出现,是其东面及西面的龙门山和梁山伸出的山脊互相挤靠,致使黄河在此地形成水流湍急的门阙。

对很多市民们来说,鲤鱼已经久违好多年头了。中国养殖鲤鱼已有2 400多年的历史,如今世界各地都有鲤鱼,我记得曾在世界著名电器公司西门子总部爱尔兰根出差,主人请我们吃当地名菜炸鲤鱼。我们来到一家名叫"西尔伯霍恩"的风味鱼馆,只见散座已经客满,我们被礼貌地引进一个预定好的包间,每位客人的面前放着一份鱼形菜单，我数了一下，有 28 页，最前面有两篇文章：《鲤鱼自述》和《鱼馆小史》，写得幽默而别致。"吃鱼一定要多喝点酒，这些鲤鱼生前在水里欢游，现在也不能干巴巴地让它们进肚。"也许就是在这种借口下，离开这个鱼馆的客人至少都是微醉的。

　　我拿起鱼刀，切了一块，撒上细盐和胡椒粉，送入嘴里，表皮香脆，鱼肉鲜嫩，肥而不腻。食至一半，我突然发现一个问题："为什么德国的鲤鱼长得和盘子一样宽大？"一位德国人解释道："历史上曾经有过一个时期，逢星期五不准吃肉，只准吃鱼，而且鱼的长度不许超出盘子。吃不饱怎么办？于是有一位牧师想办法培育出一种专往宽里长的鲤鱼……"另一位德国人接口说："你别信他的，它在编童话。"我说："会编童话挺不错呀，我们中国也有关于鲤鱼的童话，比如'鲤鱼跳龙门'……吃到现在我发现这里的鲤鱼特色在鱼鳍上，最好吃的就是这炸过的鱼鳍，而且要用手指轻轻地将其掰下，送入嘴里发出嚓嚓之声……""你没有白来这家鱼馆啊，陈先生！"

床的另类功能

以前很多人的家里都用一种架子床,所谓架子床,是指从床的四个角伸出的支架,再加上上面的四根水平架子,其作用主要是为了挂帐子以及为床的"两头两脑"和靠墙的一侧做护板;如果把帐子放下,那么整个床就成了封闭的长方体……有的人家会将入床口(即靠墙侧的对面)的上部做得非常考究——雕花或嵌入贵重的装饰品。我家也用过架子床,很普通的架子床,但我一直记得它有一个特点——靠墙一侧有一长溜条桌,条桌上可放置轻便的东西,条桌两头各有一个小抽屉,经常用来给小孩子放玩具或吃的东西……我长大后便打趣地说,是现代人把那两个小抽屉搬到了床外,改成了"床头柜"(上海等地亦称"夜壶箱")。

床,当然是用来睡觉的,但在很多情况下,床的功能显得十分另类。通常人们每天在床上的睡觉时间为八小时左右,然而出于种种原因,床的服务时间往往超出"八小时以外"。历史上有过不少"床上工作者",如歌德常在床上口授写作,英国首相丘吉尔的《第二次世界大战回忆录》大部分章节据说是在床上写成的。

"躺"是人类最舒服的一种姿势,在很长一段历史时期内,床是古希腊人社会生活的中心,他们在床上饮食、聊天、举行庆典活动。后来,很多国王在处理国事和日常生活中都离不开床,召见大臣、款待宾客、商谈军机……统统都在床上。难怪法王弗朗茨一世时期，海军将领博尼韦每次立下战功得到的恩赐竟是"与弗朗茨一世同眠一床"。

路易十三的枢机主教黎塞留也是一位大名鼎鼎的"床上工作者"，他连外出旅行也要躺在床上，遇到城门太窄，他的超级大床过不去，还得把城墙凿一个大缺口。由于主教以床代步，难得行动，再加每天数餐美食，最后身体跟床一样重，导致呼吸困难，血循环发生障碍，于五十七岁暴卒。

床还有一个功能，那就是作为"保险柜""藏金室"。英王查理三世的床不仅有铁栏杆保护，而且有个秘密抽屉，内藏宝石、首饰、金币，因此，他走到哪里，就把床带到哪里。后来，国王在战争中阵亡，新王派一名使者到先王住过的骑士家里寻找金银箱未果。使者走后，骑士在理查三世的床上发现了秘密抽屉，他未作禀报，吞没了全部财宝，过起穷奢极欲的生活。骑士死后，他的遗孀被一个贪心的女仆谋杀在这张床上。

中国民间的老太太常常把钱塞在一只长袜子里，然后放到枕头里或床垫下。唐代诗人张籍在《行路难》中写道："君不见床头黄金尽"，反映出中国古代床上藏钱的习俗。后来形容某人钱财耗尽、生活拮据，谓之"床头金尽"。笔者儿时常在夏夜躺在星空下的竹床上，也不在睡觉，而是在数星星，或者说在作一种幼稚的"宇宙幻想"。

光头秀

较长一段时间以来,总听人们在说,男人剃个光头其实蛮酷的。还有"实物"为证:不妨晒一晒某某某明星、某某某艺术家……的照片吧,够酷的吧。

如果查一下中国的文字渊源,这种说法还真有道理。秃者,头无发也;秀犹秃,古代无秀字,两者通用。朱骏声(清文字训诂学家)《说文通训定声·需部》:"今苏俗老而秃顶曰秀顶。"

有从国外传来的说法:剃光头的男子看上去雄伟、气派、有力量、有权威性、有男子汉气质。这些"台球"(不少国家称光头为打台球的弹子球,因为他们的头光亮得如同弹子球)到底能产生什么效应呢?有的科学家甚至亲自充作"试验品",将自己的脑袋剃成光头(其实他们的头也已到了该找出路的时候了)。他们向受试者显示自己剃光头前后的照片、原本有丰茂头发但剃成了光头者的照片以及只用语言描述光头的句子;结果,除了剃光头前那张只有稀疏几绺发丝贴在头皮上的照片外,其他的照片和描述均受到点赞。

中国古代,尤其是秦汉时,人们是不主张剃掉头发的,不论男女都要留长发,所谓"身体发肤,受之父母,不敢毁伤"也,只有犯罪之人才被剃去头发和胡须。剃去胡须叫"耐刑",削去头发称"髡(kūn)刑"。那么和尚及尼姑为什么要剃发呢?也许可以引用一下古印度的习俗，那里也流行髡刑，所以没有头发被看成奇耻大辱，而留长发则代表高贵。佛教对此非常反感，出于叛逆，故意剃度，后来佛教将剃度视作"剃除烦恼"。

说句实在话，剃光头在多数情况下都是无奈之举——秃发到了难以挽救的地步，稀稀落落的发绺掩盖不住荒地，看了反而不如没有头发，干脆下决心剃个光头吧。

常见的秃发有三种：斑秃，成片秃发，一片或数片，圆形或不规则形；这种秃发往往能自愈。全秃，头发全部秃落，有时连眉须、腋毛和阴毛一起秃落；此类秃发常与精神因素有关。还有一种是脂溢性秃发（或称男性型秃发），多见于青春期后，往往发生在头顶和顶额的两侧，原因是皮脂溢出过多，影响头发的营养供应，可能与遗传有关。

那么女人为什么不秃发，通常的解释是，因为男性的雄性激素分泌大大多于女性，而皮脂腺是受雄性激素控制的。看来，说光头如何如何酷，甚至宣称，越来越多不秃发的人也喜欢留光头……多数属于安慰和自我安慰。

既然剃了光头，那就要保护好光头。有一种错误的说法：剃了光头，省掉了护发的麻烦。其实不然，光头们冬天要注意防寒，比如在高山滑雪，要当心头皮热量的流失以及过分干燥。夏天需注意避免紫外线的强烈照射。平时若较长时间待在露天，最好戴一顶合适的（棉织品）小帽。

有人说过这样一句话："男人剃去了头发能让女人一下子看清头上的所有零部件：眼睛、嘴巴、鼻子、耳朵……"也许吧，有利于相亲。

光污染与生境

科学界正在发出警告：昆虫的数量在缩减。这是一个很现实的问题，只要想到我们农业生产的方式方法，就不难理解其间的关系：农业生产夺走了不少动物的生存空间和食物来源。农业生产在大量使用农药和化肥，这一问题还没有两全其美的办法可以解决，另一个光污染的问题又被推到风口浪尖：城市照明严重损害了动物世界，受害最深的是昆虫、鸟类和夜间活跃的动物。ALAN（夜间人造光）于是便成为了这些动物的敌人。

据调查，全球的夜间人造光每年的增长率为 2%—6%，也许有不少人认为这对人类是有利的，但倘若从能耗角度和最新的睡眠认知来理解，夜间人造光的增长到底有否好处，值得探讨，至少对许多昆虫和鸟类来讲是绝对不利的。地球上有 50% 的昆虫是"夜间活跃分子"，这些昆虫基本上是喜欢夜间黑暗的。2017 年，柏林莱布尼茨水域生态学和淡水渔业研究所的一个小组分析和研究了以往时期所作的研究结果，最后发现，正是那些光污染特别严重的地区，昆虫缩减现象也最为严重。对甲虫、夜蛾、蚊子等昆虫而言，光源是它们真正的"丧门星"，因为它们往往被迫不停地围绕着人造光源飞行，最终可能筋疲力尽地死去，或者成为天敌的猎物。然而光污染的最终效应仍然发生在植物身上，瑞士伯尔尼大学的科学家指出，如果植物在夜间处于光照中，那么朝这些植物飞来执行夜间授粉任务的昆虫将减少62％，而白天授粉的昆虫是无法弥补夜间授粉机会的，这意味着植物果实和种子的减少。

　　来自候鸟世界的消息同样令人沮丧：候鸟群的迁徙大飞行主要在夜间进行，这样可以保护自己不受强兽的捕食。可是大规模的夜间迁徙行动现在受到极大的干扰而无法顺利实现，一个美英联合科研小组曾对美国纽约的每年纪念9.11恐怖袭击事件而向天空发射氙灯光柱作了专门研究。这一光柱不仅让公民们关注，而且吸引了正在夜间迁徙的候鸟。专家们连续7年（合计7个夜晚）观察了那些正在作夜晚迁徙的候鸟行为，发现总共有一百多万只候鸟聚集在光柱中，它们在探照灯光中失去了方向，只是一个劲儿地不断打转，直至关掉探照灯后，这些鸟儿的行为才恢复正常，从而继续迁徙飞行，遗憾的是，此时它们已经失去了很多原本准备在迁徙途中使用的能量。

　　有鉴于人间的光污染对生境的影响，人们已将光污染效应列入科研项目，正在逐步揭开大山雀睡眠节奏缩短、蝙蝠夜间行为的变化、虹鳟鱼白天的应激反应导致它们紧张地离开隐蔽区的原因……

哈欠和移情

至今为止,科学界认为打哈欠是一种出现在动物和人身上的反射式行为,鉴于很多人都说打哈欠是一种疲倦和无聊的象征,所以哈欠行为者总会做出一些掩饰的表情或动作,比如转过身去、用一只手捂住嘴。

研究打哈欠的学科叫欠伸学,而打哈欠时用手捂住嘴其实源于一种迷信:欧洲中世纪时,人们相信打哈欠时魔鬼会从嘴巴进入人体,而人的灵魂也会通过嘴体逃出去;打哈欠时用手捂住嘴的习惯就是在这一时期形成的。打哈欠的原因和目的尚未完全研究清楚(存在不同看法),动物和人的哈欠原因是不一样的,即使在动物中,原因也是多种多样。鱼经常会打哈欠,研究者认为,鱼打哈欠是为了将水吸入鼻腔,然后试探水中的气味物质。达尔文曾在《人和动物内心激情的表达》一书中提到,狒狒打哈欠是为了威慑敌人。有一种雄性搏鱼,它们只要看到一个敌手(鱼)或它的倒影,就会张开大嘴。企鹅打哈欠系"问候礼仪"的一部分。蛇也有一种"类哈欠"行为,当它们将战利品吞下去后,便开始通过多次哈欠"整理"颌骨。哺乳动物中的食肉动物哈欠多于素食动物;狒狒和猕猴的哈欠分真哈欠和假哈欠,真哈欠是闭眼的,假哈欠是睁眼的。

对人来讲,哈欠是很普通、很常见的行为,至今尚未发现不打哈欠的民族。人打哈欠,没有性别区别,动物中有性别之差。

有人说,哈欠不能用"反射"这个词的本意来解释,因为这里缺少引起反射的刺激。打哈欠的基本要素是下颌开放,脸部很多肌肉伸张,闭上眼睛,有时伴有眼泪。没有这些反馈是不会有令人满意的感觉的。

20世纪80年代的研究已经发现,三个月以上的胎儿身上已经体现出哈欠和伸展之间的关系,专家们在11周的胎儿身上已观察到哈欠;测量发现,胎儿肺中的压力减小,有组织碎片和分泌物析出,于是呼吸道和肺扩展。可以说,产前打哈欠是为了产后有一个更好的肺功能。

打哈欠时会产生一种效应——通过咽鼓管保持中耳和周围环境的压力平衡;平时是通过咀嚼和咽食的动作无意识地在平衡。如果突然出现压力波动,如飞机起飞或在潜水时,这时就必须有意识地去形成压力平衡,打哈欠就是一种方法。

民间相信,哈欠具有传染作用。对此也有一些解释,姑且听之:打哈欠时通常有一种疲倦感,让周围的人传染哈欠,便于大家基本上有一种接近的生物钟节律,从而在大致相同的时间就寝。不久前有一位研究者提出了一个观点:不是所有的人都会被哈欠传染,只有那些大脑中有杰出的"反射细胞"以及移情能力强的人才会被传染。移情能力差或没有移情能力的人不会跟着别人笑、跟着别人哭,更不会跟着别人一起打哈欠。有人问:移情能力强的人是不是很可爱?答曰:不可爱。因为他们能强烈地感受到受害者的痛苦,有时甚至失去正确的立场而一味强调报复。

何处天最蓝

蓝蓝的天,世上无人会讨厌。"看着蓝蓝的天,有我们的力量……看着蓝蓝的天,有我们的答案……"(歌手叶世荣《蓝蓝的天》);蓝蓝的天,甚至是一位网络作家的笔名。人们常常用"蔚蓝"来形容海洋和天空,但是,经得起蔚蓝的形容,需具备一定的条件。如果相关天空在某段时间里空气湿度很高,或者空气受到灰尘和煤烟的污染,这时"蓝天"就显得苍白无力。也就是说,天"蓝"到什么程度,与天空(或海洋)所处的时间和空间有关。可是偏偏经常有人会问:"那么世界上哪里的天最蓝呢?"(言下之意:世上哪里空气最好,污染最少?)。

巧得很,偏偏有一位名叫安娅·霍恩鲍姆的苏格兰电视新闻制作人,她表示要做一件没有前人做过的事情——要在一个统一规定的时间里确定"世界上最蓝的天"在哪里。2006年,她带领了一个团队,从3月至7月间作了一次环球旅行。其间受到英国国家物理实验室的必要支援——提供适用于长期野外工作的光谱仪(包括摄谱仪、单色仪、分光镜等)。这些仪器能将色彩的强度用三个数据组成的坐标值显示出来,它们表示人眼中有选择地用色彩受体感受到的光刺激。专家们在23个不同的地方进行了测试,每次测试的时间均为当地时间10点正,测试方向也统一正对着太阳。最后专家们通过分析和总结,一致得出结论:坐标上巴西的里约热内卢在这一时间最接近蓝色光波范围,基本上可以断定,巴西的科尔科瓦杜山的上空及山下的水体是天下最蓝的。在这个地方的大气上层,只有很少的冷凝液体和很少的灰尘颗粒能阻挠短波蓝光的通过,排在里约热内卢后面的蓝天名次分别为新西兰的群岛湾、澳大利亚的艾尔斯岩以及大洋洲的斐济。欧洲地区的蓝天排位是威尔士(世界第九)、爱尔兰岛(世界第十二位)、意大利(世界第十六位)、苏格兰(世界第十八位)、英国(世界第二十位)……在所检测的23个地点中,旧金山排最后一名,这是因为该地每年有很长时间的坏天气。

消息公布后,有不少德国人发问道:"德国的天蓝到什么程度?"是呀,德国一向被认为是比较重视环保的国家。这次环球旅行式检测蓝天的行动中,德国不知因何没有被列入检测名单,而遗憾的是,据称这种模式的蓝天检测今后不准备进行了。

太阳光是一种包含多种频率的复色光,复色光经过色散系统(如棱镜、光栅等)分光后,会按频率或波长的大小,排列成红、橙、黄、绿、蓝、靛、紫连续分布的彩色光谱,红端之外的、波长大于上述七种色彩的叫红外线,紫端之外的、波长更短的叫紫外线。红外线和紫外线都不能为肉眼觉察,但能用仪器记录;按波长区域可分为红外光谱、可见光谱和紫外光谱。太阳光穿过大气层,也会被空气分子散射;不过在可见光中,与蓝色光相比,肉眼对紫色光的敏感度较低,因此在白天,无云的天空对人类来讲,显得是蓝色的,蓝到什么程度,如上所说,与空气的湿度、污染程度等因素有关。

话说"良药苦口"

说药物的味道不好,应该是没有人反对的,但从安全角度看问题,药物味苦有一大好处:由于绝大部分的药是苦的,小孩子误尝药物导致死亡的风险就能大大减少,尝到了苦味,孩子就会停止将药物往嘴里送的行动。中国有句名言:良药苦口利于病,忠言逆耳利于行(语出《史记·留侯世家》)。汉语是一种非常丰富和形象的语言,从历史典故演变而来的成语和熟语显得十分生动活泼,但如果落入套路就不恰当了。比如有人说,良药不一定都是苦的;苦的药也不一定就能见效。笔者比较同意这种看法,不妨就来说说"苦药"吧。"良药苦口"这一成语形成于汉语中,所以首先要说中药,黄连、穿心莲、龙胆等等,它们都源于植物,而植物中有许多化学成分是苦味的,比如生物碱、苷类、脂类;正因为草药中有这些成分,所以含有这些成分的草药自然是苦的,而苦的程度与所含化学成分的种类和含量有关。如果医生(针对你的疾病)开的药所含化学成分是苦的或很苦的,那么就吻合了"良药苦于口"这句话。但这不等于只要给你吃苦药,你的病都会好,其中很重要的一点是"对症",否则,再苦的药也治不了你的病。更何况中药中还有别具味道的药,诸如咸味、辛味、甘甜、酸味、涩味的药(蜂蜜、生姜、乌梅等所具有的味道),可谓五味俱全。

我们惯说"中药"和"西药",所谓的"中药",其中多数是草药,但在国外,草药并不属于一种系统的学科,所以外国人在用草药时同样会碰到"苦药"的概念,草药是苦味的,对老外来讲,没有什么惊讶的。很多外国人也不知道用"苦药"来比喻"忠言"。但是老外也认为,除了草药以外,还有极大部分的化学制剂药物也是苦味的,这是一种共识。据药物学家研究,"西药"中的苦味和乙醇(酒精)有关,乙醇可以分为普通乙醇(含95.5％乙醇)和无水乙醇(含99.5％乙醇),水溶性物质和脂溶性物质都能在纯净乙醇中结合,从而使精油、树脂和植物中的某些有疗效的物质浸出。另外,75％乙醇是很好的防腐剂,能杀死细菌和真菌。乙醇有利于重要的有效物质更好地被人体的消化系统吸收。所以制药工业离不开乙醇,但是过量摄入乙醇可致中毒,药物中乙醇含量超出规定计量,对儿童、酒精病人(嗜酒者)、癫痫患者、孕妇、哺乳期妇女以及肝或脑有病的人很不利。为此,有的国家卫生部门规定:如果药物中的乙醇含量超出了规定计量,必须在药物说明书上作出提示和说明。举个例子:要是说明书中提到的一次服用的最大药物剂量中乙醇含量达0.05克以上,则必须作出警示。或者建议医生,在没有其他选择余地时才考虑处方含乙醇量较大的药物。

值得一提的是,有些研究者考虑到患者的某种心理因素,认为药物的苦味是不应该放弃的。如果医生对患者说:"这种药比较难吃,很苦,但效果相当好。"患者大多会优先考虑这种药——安慰剂效应在驱使。

婚礼重在创意

中国自古十分重视婚姻和婚礼，所谓"女有家，男有室。"(《左传》，古时夫妇互称为"家")"昏礼者，将合二姓之好，上以事宗庙，而下以继后世也。"(《礼记·昏义》)长辈们也总是从正面教育孩子如何对待"男大须婚，女大必嫁"的终身大事，如"婚姻勿贪势家"(《颜氏家训》·止足)。现在人的观念不一样了，各人有各人的追求，曾几何时，人们强调的是"一辈子就一次，一定要办得风风光光。"婚礼比排场，讲派头，甚至借了债也要出风头。

如今风气有所好转，年轻人特别提倡的是"创意"二字。感谢电子技术的昌明，许多梦想都能成真，比如婚礼上可用视频展现"两个人的故事"，亲朋好友各式来宾也可通过微信把自己的祝福发至婚礼现场的大屏幕上，人们似乎有点厌倦了一个劲儿地喝酒吃菜，于是婚庆公司想出了点子：把酒席桌配上名字，比如"西湖桌""庐山桌""苏州桌"……新郎新娘就会招待养育了自己的亲人说："爸、妈，你们请至康乃馨桌上座。"显然，爸沾了妈的光，康乃馨是"献给母亲的鲜花"。有的新人还会把平时宠惯了的狗狗也带到婚礼上来。

婚礼的地点为创意提供了诸多"选题"，有人说不定会选择草原、海滨、沙漠或在人生中起过决定性作用的某个地标作为婚礼现场。在这方面，也许可以参考一些国外的婚礼场所。曾听说在波罗的海沿岸有一座灯塔，男青年一直在管护灯塔，他离不开工作岗位，女的家庭在离灯塔很远的地方，每次都是女的去看望他，所以她的父母反对两人的恋爱，但两人坚定不移地相爱着，最后都成了三十几岁的中年人了。终于有一天，这座灯塔停止了运行，男子也被安置了新的工作，女方的父母也不再反对了。但这对恋人表示一定要在这个灯塔上举行婚礼，灯塔是他们爱情的见证，他们要留下永久的纪念。有意思的是，这座灯塔从此真的被改建成了婚礼现场，据说 2011 年 11 月 11 日，在这座灯塔上有 15 对新人举行了婚礼，每一对新人都获得了一件纪念品——漂亮的灯塔模型。

　　国外的年轻人也在想方设法将自己的婚礼办得奇异一点，不过欧洲的婚庆公司按另一种思路行事：他们善于利用废弃的设施和场地，比如在欧洲北部的海岸线上，出现了许多由原来的灯塔改造的婚庆场所；有的已经开采完的矿井也摇身变成了婚庆礼堂。德国有一种城市和城郊的高速列车 S-Bahn，柏林的 S-Bahn 公司居然推出了一种新的业务——在列车上举行婚礼。汉诺威的动物园也不甘寂寞，开辟了一个"熊苑殿堂"（北极熊也参与某些司职）。有一架索道公司更有魄力，搞起了"空中贡多拉婚礼"，费用按贡多拉小船的数量计，每只小船只准坐六个人，这是严格控制的，绝对不许超载；如果临时需要加船，婚庆公司会在极短的时间内装载新客人，将船安全、准确地靠上婚庆队伍。电子时代真好，只有想不到的，没有做不到的。

肌肉是怎样工作的

肌肉不仅是人体的传动机构，肌肉还在发送促进我们健康的物质，人们都在盼望解密"肌动素"的研究能取得巨大的进展。

我们几乎不能想象，20年前，肌肉尚属于"未经研究的器官"。科隆体育大学运动与健康研究中心主任英格·弗罗伯泽证实说，通过近几年的研究，人们慢慢地发现，人身上的很多生理过程在受到肌肉的影响；肌肉不单单是指令的接受者，它们也在和其他器官进行通讯，从而对整个机体产生作用。这一重要发现是哥本哈根皇家医院的丹麦女医生本特·克拉伦·比泽森的贡献，她和她的团队于15年前对受试人员测量运动前后的血压时，发现骨骼肌每次动作时有不知名的递质释放到血液里去。比泽森将这些递质命名为"肌动素"（总名，意为"肌肉运动时产生的信息素"）。

"我们不清楚，肌肉运动时能产生多少不同的肌动素；我们研究中心至今已经发现了600多种。"比泽森说。有一点是可以肯定的：肌动素是有利于健康的。无数研究指出，经常锻炼或适当锻炼的人精神状态好，脑梗和心梗风险少，阿尔茨海默病在运动员身上出现较少，是肌动素在上述现象（发病过程）中起了一种作用。

有的肌动素是从不离开肌细胞的，它们储存着巨大的潜能，它们的任务是：让肌肉通过锻炼增长更多的肌肉、在肌肉受伤后再生肌肉、让肌肉适应变化了的环境和条件……也有一部分肌动素能通过血液进入其他区域(其他器官),去完成"干涉"任务,比如激励那里的脂肪代谢。尤其擅长干涉的是 IL‑6(白细胞介素 6),哪里有炎症,哪里就有 IL‑6,比如深位腹脂往往长在器官与器官之间(本不该有的地方),因此容易形成慢性炎症病灶,成为 IL‑6 的杀灭对象。有的癌症(如乳腺癌或肠癌)往往是由很小的内部炎症发展而成,曾经有实验表明,乳腺癌细胞可在实验室里用添加肌动素的血清进行治疗(能阻止癌细胞增生,最后杀灭癌细胞);然而临床试验碰到了问题:阻止癌细胞增生和杀灭癌细胞的作用在活的机体上不明显。

有人提出,为何不将肌动素制成药物来治病呢?从理论上讲是可行的,但业内人士觉得时机尚未成熟,首先对肌动素的研究时间太短,研究本身从各方面讲尚有完善的空间,再说,肌动素的种类繁多,药物的配方将会相当复杂。而且,肌动素是如何起作用的,跟个体素质和特点有关,在一个精力充沛的机体中,肌动素会作用得较好;肌肉的锻炼程度也是药物不容易模仿的。有专家认为,肌动素正在改变我们对疾病和疾病起因的看法,眼下不妨把肌动素当作示踪剂使用,对疾病进行个体化治疗。

也说谜语

记得我刚考取大学那一年,放寒假前在黑板上写了"退潮"二字。同学们问我:"什么意思?"我答曰:"这是一个谜语的谜面。""猜什么?""打一个人的名字,"我回答说,"一个同学的名字"。"谢波。"问者立马说出了这个同学的名字。其实,问者很得意,因为他很快能猜中;其实我也很得意,因为我第一次制作的谜语居然"蛮灵光的",能得到同学的认可。

猜谜是一种雅俗皆宜的高尚娱乐,它需要知识、智慧和想象,故欧洲人称之为"精神体操"或"思维体育"。

古今中外,人们除平时猜谜外,逢喜庆佳节常举行猜谜活动,如中国的元宵节射灯谜。15世纪欧洲的狂欢节也盛行露天猜谜,倘若流浪者猜谜的成绩达到一定分数,可以获得免费食宿。17世纪末,伦敦流行咖啡馆猜谜,每天下午,咖啡馆的常客聚在一起,一面津津有味地品尝香浓的咖啡,一面兴致勃勃地猜谜作乐,这一习俗在小市民阶层蔚为风气。从中世纪到第二次世界大战前,西欧农村妇女嗜好猜谜。冬日的夜晚,吃罢晚饭,村妇们攒三聚五,一起纺纱,唱歌、猜谜、讲故事。

好的谜语简直就是一首幽默的诗,不少谜语出自著名诗人之手,德国的席勒和歌德常做诗谜,为德国民间文学作出了贡献。

中国的灯谜更有诗意,清魏秀仁在《花月痕》中提到一首《浪淘沙》的词,每句一谜,甚是精彩:客路去漫漫(曲牌一),念女无端(唐诗一句),长宵独耐五更寒(《诗经》一句),对镜自惊非昔日(唐诗二句),减却朱颜(美人名一)。春信到重关(花名一),绿上眉山(药名一)。晴天有约定团圞(《红楼梦》中一物),碧落黄泉还觅去(《易经》二句),何况人间(《庄子》一句)。书中只解了其中四句,即:客路去漫漫——《望远行》;长宵独耐五更寒——"冬之夜";碧落黄泉还觅去——"上不在天,下不在田";晴天有约定团圞——"风月宝鉴"。

妇女在猜谜活动中占有重要地位。新娘用谜语考新郎的故事不少,公主选驸马也要出三则谜语,中者入选,不中者丢掉乌纱帽。

古希腊神话中,有个著名的神话故事:带翼的狮身女怪斯芬克斯喜欢叫过往者猜谜,凡猜不中的就被杀掉。一次她出了个谜语,被众神之一俄狄浦斯解开了谜底——人,斯芬克斯竟然愤而自杀,原来这女怪的猜谜技巧是从人间偷学的。

如何编制高质量的谜语是一门学问(尤其是汉语的谜语,有很多必须按谜格来猜的)。古希腊哲学家亚里士多德在《雄辩术》中提到,谜语是一种隐喻,这一定义相当确切。18世纪,德国学者胡诺尔德提出了精辟的见解:编制谜语的重要一条是,第一句允许离题远一点,末句必须最切题、最有提示性,这样,谜语才有吸引力。

此君何人

东晋王徽之(王羲之之子)令在宅旁种竹,人问之,答曰:"何可一日无此君耶?"后因称竹为"此君"。

竹,终年常绿,"逢秋叶不落,经寒色讵移";竹,因其傲雪凌霜,是忠贞、坚强的象征;竹,直节亭亭,节间中空,故有高洁、刚正、虚心的美德;竹,又因其生长迅速,是奋勇上进的标志。

竹子是世界上最有用的植物之一,也是生长最快的植物之一。日本有一种竹,24小时能长121厘米。有人做过统计,竹子在日本的用途有1 500种之多,用竹子作原料织成的布叫竹疏布,紫竹是一种优雅的庭院观赏植物,竹子在保持水土、生态平衡方面的功劳不可低估。

竹子还有一些特殊用途。由于组织精细坚韧,竹子曾经被削磨成针,作为唱机的唱针使用。拥有1 000多项专利的发明家爱迪生最初试制成的灯泡,其灯丝居然是用烧焦后的竹丝做成的。美国国立博物馆至今陈列着19世纪80年代的竹丝灯泡;在爱迪生故居遗址,人们发现了今天还能使用的竹丝灯泡。

竹子也可以当天然刑具。印度尼西亚巴厘岛上有一种竹子,每小时能长3厘米,以前人们用这种竹子来处死罪犯。将犯人捆绑在一个架子上,连人带架紧紧压在随时奋力上窜的竹尖上,犯人的身体就会被一枝枝竹尖穿透。我国也有"竹刑",不过那是一部刑法：公元前201年，邓析将郑国原有的刑法加以修改，刻在竹简上，史称《竹刑》。

　　亚洲人对竹子尤有好感，因而产生了许多与竹子有关的风俗传说。印度尼西亚摩勒肯王公们声称他们的祖先是从竹子腹中爆出来的。以前，日本某些农村曾经使用过竹刀割断婴儿脐带。我国的拉祜族有一种民间信息传递风俗，谓之竹片传信。在竹片上划一道口子表示有事，口子大为大事，口子小为小事，口子上加三根鸡毛意为请对方速来商讨大事。

　　全世界约有1 000种竹子，仅我国就有300多种，最高的竹子可长到30米，最粗的竹竿直径可达30厘米。我国常见的竹子有淡竹、刚竹(胖竹)、箬竹、毛竹、慈竹、紫竹等。竹子不常开花，有的开一次花要间隔百年之久，据说有一种竹子在公元919年开花以后，每隔120年开一次花。20世纪60年代，全世界的这种竹子都在同一时间开花。对于以竹为生的人来说，竹子开花意味着灾难，因为竹子一旦开花结实后就会死去。据报道，1911年至1914年，由于竹子开花后死去，使缅甸若开邦的居民生计大受影响。

吃茶和喝茶

一年一度的新茶正在陆续上市。清茶一杯,谈天说地,议论东西,这是中国人自古以来最文雅的消遣。五六千年以来,茶经历了药物、祭品、贡品、菜蔬、饮料等一系列功能变化。春秋时期,新鲜的茶树叶子被当作一种苦菜吃,据说"吃茶"就是这么来的。其实江南等地习惯于把东西送进嘴里的饮食动作都称为"吃",如"吃老酒""吃香烟""吃茶"等。但"吃"可以用来含盖"喝",而"喝"却不能包括"吃";因此也就没听见过说"喝肉"的。不过时至今日,把茶叶拿来"吃"的现象还是有,杭菜"龙井虾仁"中的龙井茶叶是吃的,而不是喝的。

我国的茶叶栽培历史悠久,由国家评定的名品茶叶共有30种,又从30种里选出佼佼者十大名茶:西湖龙井、吴县碧螺春、黄山毛峰、闽南铁观音、武夷岩茶、君山银针、祁门红茶、(安徽)六安瓜片、(贵州)都匀毛尖及(河南)信阳毛尖。

乾隆皇帝是我国历史上一位十分讲究品茶的君主,他下江南时特意到杭州狮峰品龙井茶,兴致所至,钦定18棵龙井茶树为"御茶",并吟就《观采茶作歌》一诗。直至85岁高龄退位时茶兴未衰,面对他的退位,一位大臣奉承说:"国不可一日无君!"乾隆笑答:"君不可一日无茶!"

17世纪,茶叶从印度传入欧洲,荷兰和英国很快成为西方的饮茶大国,茶是英国人的第一饮料。不过英国人喝茶比较正规,他们崇尚喝"下午茶",届时家庭主妇常邀些朋友亲戚到家里"聚茶",同时提供精美茶点,成为一种温馨的家庭式交际活动。曾经有过一个时期,英国不少公司在"下午茶"时间免费让员工喝茶,也适当提供牛奶、白糖,有时还会有些茶点。

如果说国外喝茶喜欢加配料(如糖、奶、柠檬等),那末中国人饮茶讲究茶叶的品级和沏茶的水质。不少名茶产地往往有好水相辅,最著名的是"龙井茶叶虎跑水"。被称为"天下第三泉"的虎跑泉水因其含有适当的钠离子及微量的可溶性有机氧化物,有保健作用,尤受推崇和青睐。然而真正享受虎跑水的人能有几多,绝大多数饮茶者还是只能依靠自来水。不过笔者建议勿用管道自来水煮而沏茶,可用桶装纯净水或从小区附近自动水站购水煮沸沏茶,可以比较一下,两者口味有明显区别。但有人坚持说纯净水没有营养,笔者以为,人体的营养不是靠喝水得来的,水中能有几多营养;再说,水中所含的不纯物质不见得都是营养。

有客至,敬之以茶,乃中国人的礼仪和美德,但在清代,有一种叫"端杯"的官场习俗,若上司对下属说话不满,可扳起脸端起茶杯,侍从便心领神会地呼道"送客"。民间也有一种不成文的规矩,主人与客人一起喝茶,主人不能过分"劝茶",否则会被疑作"逐客"。

饮茶得法,有利延年益寿,人若能活到108岁,被称为"茶寿",因为茶字由"二十"(廿)和"八十八"组成。

要想活到"茶寿",请君常喝茶。

监狱文学

监狱文学亦称"铁窗文学""大墙文学",这么说,还是不明确,因为有人对此有误解,认为只要是反映监狱生活的文学作品皆属监狱文学,而监狱文学最重要的一条是"作者必须是亲自蹲过大牢"的、作品必须产生于坐监期间。由此看来,某些作家到看守所或劳改现场去体验十天半个月的生活,塑造出虚构的犯人形象及监狱中的相关人物的小说、庭审记录、案件报道等文字都不能算作监狱文学。监狱日记尽管可以看作监狱文学,但如果写成后经过检查和修改的,则还是不能算作监狱文学。

通常认为,世界上最早的监狱文学是产生于公元524年的《哲学的慰藉》,作者为因遭忌而被捕处死的古罗马哲学家波伊提乌。英国早期的殖民者沃尔特·雷利因被控阴谋推翻国王罪判处死刑,临刑前改判死缓,监禁于伦敦塔(但出狱后又因进攻西班牙的殖民地而按原判处以死刑)。在监禁期间,雷利写作了《世界史》,不过只完成了第一卷。德国革命家罗莎·卢森堡于1916年所写的文章及她致女友的重要信件被偷偷带出监狱,秘密出版了。

据文学史家研究,第二次世界大战期间,所有的监狱文学作者都有三方面的写作动因:通过书信跟外界沟通;借用文章、资料、经历报道向社会传递监狱里的真实情况;揭露侵略者的面貌(主要通过诗歌)。写作监狱文学对作者而言有下列功能:保持个性和信仰；作为对外界的传声筒；活下去；作为抗议和反抗的手段。具体而言，被监禁者为此而创造了各种交流和联络的方法，如通过谈话、讲故事、独白、敲击信号、纸团、手势语、"钟摆"（将信息传至左右邻窗）、在厕所里说话等。

倘按严格的监狱文学定义，中国古代真正的监狱文学家当推明末清初的宋琬，宋父应亨是明代官吏，死于抗清战争。到了清朝，宋琬入仕为官，但清廷对他极不信任，故顺治年间两次受人诬告（涉谋反）入狱。前后坐牢计三年多，写了许多纪实诗篇。第一次出狱后，宋琬将狱中所写的诗歌五十六首汇编成《北寺草》。"北寺"指京师监狱，"草"指"诗"，用现代语表达即"狱中诗"。此外，宋琬在狱中还创作了一部杂剧《祭皋陶》。自汉以后，皋陶是狱神，犯人入狱后要先参拜祭祀皋陶。此杂剧实际上是对一些没来由的"犯王法"和"胡乱判决结案"的糊涂案子的讽刺和抨击。

中国无产阶级革命家、军事家方志敏在狱中留下了16篇文稿，计十四万字，是中国革命史和文学史上极为宝贵的监狱文学。作者以亲身经历概括了从五四运动到第二次国内革命战争的悲惨历史，控诉了帝国主义欺凌中国人民的滔天罪行，以满腔的爱国热情呼吁拯救祖国母亲的唯一出路是武装斗争，坚信中华民族的最后胜利。方志敏在监狱中写就的《清贫》曾被纳入沪版六年级语文课本。

见仁见智说雀斑

通常,如果一个人的脸上有雀斑,大多数人都会觉得不好看(至少在中国是这样)。当事人也总想掩盖或淡化脸上的这些小斑点;由于缺乏认识,便拿些化妆品胡乱涂抹之——没有效果。对待世上的事情往往由于地域、民族、信仰以及审美观的不同或时代和所处社会地位的不同而产生不一样的结果和结论。瑞典儿童文学家林格伦的著名童话故事《长袜子皮皮》中的小主人公皮皮就是一个颇受读者欢迎的、脸上长雀斑的小女孩。

在英国的英王爱德华统治时期以及维多利亚女王时代,一张无瑕疵、无斑点的白皙脸面被看作完美漂亮之脸的典范。反之,有雀斑的脸会让人联想起在露天劳作的无产者、平民和农民。随着时间的推移,雀斑的意义几经变迁,从讨厌、喜欢、性感、追求……直至用化妆笔人工绘制。最近几十年来,雀斑不再被认为是"影响漂亮的因素"。据称,美国著名女演员埃玛·斯通(人称"石头姐",因《爱乐之城》获奥斯卡金像奖最佳女主角奖)常用化妆笔在脸上涂制雀斑。

雀斑不是每个人都有的,也不是人一生下来就有的。雀斑是人的浅层皮肤中黑(色)素增加而导致的,那么为什么有的人会长雀斑,有的人不长雀斑呢?至今为止的研究认为,这个问题跟人体中的 MCIR 基因有关。这种基因是控制人体分泌黑素量的,同时也是决定人体产生哪一种黑素的,因为黑素有两种:真黑色素和类黑色素。真黑色素"主打"深褐色,类黑色素偏红黄色,两种黑色素组合后的混合物才决定皮肤和毛发的颜色(金黄色头发和红头发的人是因为类黑色素较多;黑发人是因为真黑色素居多;老年人白发增多是因为黑色素总量下降了)。此外还有一个起激励作用的因素,常待在阳光下或常在阳光下作业的人,长雀斑的可能性较大;雀斑之所以只长在脸上、颈上、肩上、手背上,是因为这些部位常受到紫外线的照射,故紫外线在雀斑形成中起了很大的激励和诱发作用。

有人认为,浅层皮肤中的雀斑会吸收紫外线,有如皮肤的防晒剂,可以保护浅层皮肤下面的细胞不受紫外线的伤害,是小生命(细胞生命)的拯救者,长雀斑应该自豪才是。

经研究发现,MCIR基因能确保让雀斑在皮肤中以许多小点的形式分布,不至于散布得到处都是、大小不均。有的孕妇在怀孕期间会出现雀斑,分娩后会逐渐消失。

雀斑中的每一颗斑点的形状都是独一无二的,就像雪花一样,没有两颗雀斑是一样的。

负重致远说骆驼

骆驼是人类在沙漠中长途跋涉的忠实可靠的伙伴,没有骆驼,茫茫大漠便是人类和动物有进无出的抛尸之地(极个别的沙漠小动物除外)。骆驼能获得"沙漠之舟"的称号主要依靠进化在它们身上留下的杰作,当然,人类对它们的驯化也是不可或缺的。

有的人提到骆驼便会想到驼峰(单峰或双峰)并以为驼峰是骆驼用来储水的。其实不是,驼峰是用来储存脂肪的;在旅行出发前,骆驼总是让自己吃个饱,把营养以脂肪的形式储存在驼峰里,有了仓储营养,骆驼可以连续几周不进食,甚至一直维持到走出沙漠。

穿越沙漠的第一必需品是水,骆驼解决水的问题主要不是靠多带水,而是通过耐渴和节水的一整套绝技。骆驼汗腺少,排出的粪便含水少;肾功能强,可防止随尿液排出过多的水分;尽管如此,它们还能利用排出的尿液冷却自己的后腿。鼻孔能将呼气时凝留在鼻孔周围的水气以及晚间从空气中冷凝出来的水气加以回收。由于脂肪是储存在驼峰里的,身体不会受到不必要的保温。为了避免身体出汗失水,骆驼的身体能允许体温上升到 40℃ 而不出汗;40℃ 对人来讲已是生病发烧,但对骆驼而言却是一种对环境的适应,体温超过 40℃ 后才开始出汗。

倘若驼队在沙漠中侥幸发现了一个绿洲,骆驼便开始启动和运行其杰出的饮水和储水功能：15分钟内喝下200升水——动物世界中的喝水记录。骆驼的体内有着复杂的消化系统（胃分三室）和一个了不起的储水囊；骆驼的血红细胞可扩张200倍，长期的进化使它们有了极强的适应力——不会在血液含水量极度变化下破裂死亡。

骆驼还具备了种种抵御沙漠中恶劣条件的本领：长而浓密的睫毛足以招架飞沙、保护眼睛；鼻孔能开闭，鼻孔内也有防沙挡土的瓣膜；耳内同样长满了用来拒沙的耳毛。骆驼因脚掌宽大而不仅能耐滚烫的沙粒，而且不会在沙中下陷。骆驼的胸部和膝盖处长有肉垫，当它需要休息而趴下前，先用前腿和后腿将沙地表面的热沙推开，然后以肉垫着地，在身体和地面之间留出一个可以通风散热的空间。

骆驼，唯其有着适应环境的绝技和负重致远的意愿（骆驼性温驯，时而也会执拗），终于成了人类在沙漠之旅中同舟共济的忠实旅伴。

江山易改，性格可变

你有没有搞错，都说"江山易改，本性难移。"没错，本性是人的禀赋和气质，或者说原来的性质或个性，很难改变。然而有些人说话不太注意概念的准确性，把应该用"性格"（或脾气）的时候，也搬出上面这句话来："唉，都这把年纪了，你还能让他改？迁就他一点算了。常言说得好啊，江山易改，本性难移。"最后一句话显然是用错了地方。

也难怪，有好几个概念在释义的时候作为多义词而被窜来窜去。比如"性情"一词，既可作为"本性"解释，也可理解为"性格"；还有，"性格也可称为个性或人格"。于是有人问了："'我以我的人格担保'，能不能说成'我以我的性格担保'？"当然不能，这里的"性格"是指人以拥有权利和义务资格的"人格"，从而作出法律上的担保。

是很难，汉语和外语中都是这样的；也许是作为普通人的我们（包括笔者），心理学知识较为浅薄。不过美国心理学家，实验社会心理学之父奥尔波特也不得不承认，"性格"这一术语有些含糊，因为它意味着人们对某一个人的道德判断。

这里不妨就事论事地说说性格吧。

以前人们总是认为，一个人的性格一旦形成也就比较难改了，年纪越大越难改。有的人甚至说性格基本上是无法改变的，因此也就没有人想到要去改变自己或别人的性格。

其实性格是在社会生活中逐渐形成的，同时也受到个体的生物学因素的影响。性格有很多种类型：刚强型性格、腼腆型性格、开朗型性格、果断型性格、暴躁型性格、优柔寡断型性格、懦弱型性格……本性和性格的最大区别在于，本性是人与生俱来的、不可改变的思维方式和行为，比如防御心、求知欲、荣誉感、母爱、性欲等。

从心理学角度来解释，性格是在心理素质的基础上，在社会活动中逐步形成和发展的、面对现实现象的态度及与此相应之综合表现，由于生活道路不一样，所以每个人的性格会有不同的特征。

性格的形成包括三个方面：基因遗传因素、成长期发育因素、社会环境影响因素；由此可以得出结论：性格是可以改变的，不过需要大量的量变之后引发质变。大部分人说，性格虽然由基因决定，但后天的环境对性格具有很大的影响作用。研究者认为，与脑内神经递质有关的基因在性格形成中起着主要作用，倘若脑内缺少5-羟色胺这种神经递质，人就容易忧郁。还有去钾肾上腺素、单胺氧化酶等脑内神经递质都会影响人的生理和行为。有的科学家提出，人身上有"冒险基因""快乐基因""抑郁基因"等，但到底哪些基因会影响人的性格，尚未完全搞清楚，只知道"暴力基因"与人的攻击型性格有关。

不久前发现，有一个接受心脏移植手术的病人性格发生了变化，据称具有了捐献者的性格。后来有人在心脏中真的检测到了一种具有长期记忆和短期记忆的神经细胞在工作。

有一点已被公认，如果人生中发生了极为令人恐惧的事件，为了避免类似事件的重复，人会主动下决心改变性格，以免悲惨事件重演。

狡兔怎样营造三窟

狡兔三窟是一个出自中国历史典故的成语,比喻狡猾的兔子有多个藏身的地方;照此说法,胆小无助的兔子变得"狡猾狡猾的"。

"狡兔三窟"语出《战国策·冯谖客孟尝君》。冯谖对孟尝君曰:"狡兔三窟,仅得免其死耳。今有一窟,未得高枕而卧也。"意谓狡兔有三窟才得以避免死亡的危险,你只有一处立身之地,万不能高枕无忧。就这样让兔子背上了"狡猾的"黑锅,而且动不动将兔子和狐狸或狗相提并论,如"沙飞似箭,乱穿向草中狐兔。""蜚(飞)鸟尽,良弓藏;狡兔死,走狗烹。"

众所周知,兔子是食草动物,不具备厉害的生理武器,最易受到狐狸或猎狗的侵袭和追击,所幸大自然总算也顾及到了兔子的境遇,让它们拥有"善跳跃""听觉和视觉敏锐"等能力,但这些"被动型"优势是远远不够的。所以在长期的生存斗争中,兔们终于用自己的智慧创造了保护自己的办法。

撇开"狡"字,营造三窟的仅仅是野兔,因为家兔受到人类的庇护,有那么几个平米的窝子它们就心满意足了。野兔不一样,一旦被狐狸、狗或狼盯上了,唯有拼着命地奔逃才能保住性命,有时看似快被敌人追上了,但为了不让敌人知道入口,便故意"过家门而不入",来个180度的倒转弯,等到对方稍一疏忽,一眨眼工夫,"狡兔"便掉进了入口(汉语中的"兔脱"一词就是这么来的)。

　　这一切都要归功于兔们的辛勤劳动和集体主义精神,就像抗战时期老百姓挖地道那样,每一只兔子都参加"三窟"的挖掘,它们用一双前腿挖土,用两只后腿将土往后推出去,直至把土全部排尽。一个洞穴系统最大可达 100 平方米。施工往往是多点同时开花,值得惊讶的是,最后所有的岔道和支道全部互相接通,形成一个地下网络。整个系统有一个主入口和许多旁通入口。主入口通常是一条倾斜的管式通道,附近有一小堆别的动物分辨不清的泥土作为标记。"后门"是应急用的,也就是被追得狼狈不堪时突然"隐身"用的(在正常情况下皆使用主入口),故后门的管式通道是垂直的,身体会自动掉落下去。逃跑通道很窄,只能容一只兔子通过,但相隔一定的距离便有一个(类似于人类隧道里的)"港湾式逗留站"。据说曾有一只误入"三窟"的小狐狸被众多兔子围堵在一个"港湾式逗留站"而死。

　　洞穴和通道一般都在离地面两米深的地方,有一个被称为"兔子客厅"的大空间最多可容纳 50 只兔子。系统中还有一个直接与"兔子客厅"相连的"托儿所",快要分娩的雌兔或已经当了妈妈的雌兔凭她们香囊分泌的香气才能进入。

　　虽然兔子施出了浑身解数,但幼兔的成活率仍然很低,为此,大自然又赋予它们另一个优势:繁殖力极强,雌兔每年怀 4 至 6 胎,每胎 4 至 12 只,妊娠期 30 天,如果不被强敌所灭,兔寿约为 10 年。

街　灯

20世纪末,时而听到外国人批评我们的城市到了晚上没有生气,马路上光线很暗,照明不好,也没有夜生活。

且不说夜生活,马路的照明好不好跟很多因素有关,比如跟经济发展有关、跟能源供应有关,别说街灯和马路照明的质量如何,曾经有个时期,不少城市连居民用电也存在问题,一个星期总有一两天晚上要停电几个小时,由于电不够用,生产单位也会被安排停产的日子。

有一次,我终于找到了一个可用来应对的法子。我说,我们的街道照明不好是因为眼下供电困难,但据我所知,18世纪30年代,德国普鲁士王国为了给臣民在晚上有一点补充光线,派人在很多街道安装街灯。然而老百姓不知怎的偏偏不领情,他们用石块扔向街灯或者正在装灯的工人。这样的事情接二连三地发生,肇事者被抓住罚款也不解决问题,后来用"死刑"加以威胁才让官府赢得这一场所谓的"街灯战"的胜利。

老外挺有意思地补充说,没有街灯固然带来很多不便,外出一不小心便摔跤,或碰上什么东西受伤。居民之所以不喜欢那些路灯,晚上总听得有人在叫"关掉街灯!",原因是有了街灯,使盗贼很容易摸到人家的住处,以前正是因为漆黑一片,才使居民不受盗贼袭击,而有了街灯使民居变成了一目了然的靶子。关于这一点,由于没有相关的盗贼作案统计,因此说不清是官府有理,还是"刁民"

在胡闹。但我心里在想,其实是我在"没理找理",有街灯当然比没有街灯好啦,这还用说吗?

中国人用比较先进的街灯起步较晚,不过古代也有一些街灯的,那只是在官府或富人宅邸的门口及附近才有,主要是灯笼。另外,过年过节不也灯火辉煌吗?但那是临时的。街灯是一种道路照明,用来改善公交行为参与者的夜间交通安全,作为公共安全的组成部分而随着经济和科技的发展伴生和伴行的。

欧洲中世纪的街道照明主要用松木发火柴(松木火把),就这一点而言,中国的灯笼优越多了。后来又有了用油灯的街灯;1667年9月2日,巴黎首次起用煤气街灯,有人把它归结为路易十四的贡献。尽管如此,欧洲直至19世纪,菜油和煤油仍在继续作为街灯的燃料。1824年,在伦敦成立了皇家大陆煤气联盟,旨在对欧洲所有的大城市实行煤气街道照明。今天,虽说电照明已广泛应用在街灯上,然而在有的欧洲城市,煤气街灯一直被保留着进入21世纪。

随着LED-透镜技术的引入,街灯的照明效率大为提高,能耗及维护成本急剧下降。在此基础上,出现了间接照明街灯(采用反射屏的照明),可有效减少炫目,由于间接照明成本较高,目前仅用在非常必要的地方。

街道照明需根据城市建设规划,按照相应的规则和标准进行设计,而且不能忘记节能和环保,所以有的国家采用"半夜开关"的街道照明;街灯线网用单向交流电或三相交流电供电,可实现"开一个关一个"或"开两个关一个"的照明方式。还有的灯具拥有两种发光物,可任意选择使用,互不影响。

酒精与创意劳动

美国作家威廉·福克纳说过一句"名言":"从化学成分来看,在作家的灵感中,百分之九十九是威士忌,百分之一是汗水。"福克纳生活在19世纪末至20世纪60年代,第一次世界大战时期在加拿大服役。战后曾在密西西比大学学习,早年写作诗歌,1926年发表第一部长篇小说《士兵的报酬》。他擅长内心独白和意识流手法,作品多叙述和揭露南方种植园主及资产阶级腐朽生活、犯罪和变态心理。1949年荣获诺贝尔文学奖。

世人之所以将福克纳的这句话奉为名言,因为觉得他说得有道理,只不过太绝对、太夸张了。酒精对许多艺术家而言,确实能提高创意能力,奥地利格拉茨大学的专家们也发现了酒精与艺术创作的这种关系,但是他们强调了一点:适量享用酒精。专家们招聘了70名受试者,男女均有,年龄在19至32岁,根据不同的性别和体重分成两个组,让其中一个组饮啤酒,直至他们的血醇含量达到千分之0.3;另一个组喝的是无酒精啤酒(但不让他们知道),味道和颜色与酒精啤酒没有区别。在饮啤酒前以及饮后半个小时内,受试人员要接受3种心理测试,测试结果表明:一、少量的酒精就会(负面)影响人的工作记忆。二、有创意地解决问题的能力提高了。三、在"有见地思维"(或称横向思维)方面,则两个组没有显示出差别。第三种测试仅仅是为了测试而测试,于是科学家们要求受试者突发奇想,比如将日常生活中的一件东西作一番别出心裁的利用;由于酒精会放松对思维过程的控制,因此受试者可以改成非分析性直觉思维,而这样的思维是可通过酒精作用而受到激励的。科学家们一再强调,酒精并不是对所有的创意思维门类都有利的,只有控制在少量消费时才会体现出正面效应。

说到威廉·福克纳的"名言",可能会使很多人想起我国唐代的"诗仙"李白,同样是唐代杰出诗人的杜甫非常仰慕李白,他在《饮中八仙歌》里提到李白:"天子呼来不上船,自称臣是酒中仙。"于是有人以为,1 200多年前的诗仙李白已经实践了福克纳的预言。其实不是这么回事,李白一生豪放豁达,对当时的政治腐败进行了尖锐批判,同情人民群众的疾苦,讴歌维护国家统一的正义战争;同时又善于用雄奇豪壮和想象丰富的描述风格,表达对祖国河山的热爱。"无酒不成诗,有酒诗百篇"之类的赞语就像"百分之九十九是威士忌"一样,被无限放大了。现代科学家说得好,适量的酒精有助于艺术家(不妨借用一个旧词——文艺工作者)发挥创意劳动;对大部分思维过程来讲,还是保持清醒的头脑为好。

绝食能手

人可以几天不吃饭而仍然活着？对这一问题的答案很不一致，因为通常没有人去实验"到死为止的绝食"；再说，对人而言，还有其他因素需要考虑。相反，关于地球上动物的"绝食"（或节食）能力，人类已经掌握了丰富的知识。已发现一种形体很小的跳虾可以2年不进食，它们能吃下大量腐尸，直至身体变为原来的3倍——储存了维持2年生命的能量。

人绝对做不到类似的事情，如果我们也出于储存热量和脂肪的原因，一口气吃下3只烤鸭，那很可能被送进医院——我们的胃绝对不适应。决定一种动物能绝食多久，营养方式起很大作用，肉食动物明显比素食动物有优势。比如蝴蝶根本谈不上绝食，幼虫在其生命的前56天中要吃掉相当于出生体重86 000倍的食物（植物的叶子和嫩芽），靠素食是无法储存这么多能量的。

运动也是一个因素，运动时能耗增加，新陈代谢旺盛。人是提倡运动的，但从生存斗争的意义出发，最好不要像蜂鸟那样运动（蜂鸟的翅膀每秒钟振动80次），以免消耗过多能量。冬眠动物是大自然的一大杰作，睡觉时新陈代谢极慢，能量消耗极少。澳大利亚有一种坟蛙，当它们结束了几个月的节食后，可以吃下体重一半的食物，于是，它们又可以4年不吃而一直活着。减慢新陈代谢是动物节食的最好前提，而冬眠或夏眠又为减慢新陈代谢创造了良好的条件。蝙蝠每年要进行为时5个月的冬眠,心跳从每分钟600次降到10次——维持生命的能耗相应降到了最低。澳大利亚的有袋动物被视为冬眠时间最长的动物,在实验室里,有一只有袋动物居然睡了367天才醒来。

人们最早发现鱼类中进行冬眠的鱼是南极鳕,但它们每隔4至12天醒过来一次,几小时后便又睡着了。鸟类中真正进行冬眠的是美洲的一种冬眠夜鹰,冬眠期间,它们的呼吸及脉搏频率均大为减小,体温降至10℃以下。干旱也是威胁动物生存的不利条件,于是有的动物进行夏眠,如大尾狐猴每年在干旱的夏季要经历长达7个月的夏眠。葡萄蜗牛也有夏眠的习性,一般睡到雨季开始。

人没有动物那样的绝食本领,也不需要冬眠或夏眠,不会降低体温、减少能耗……换一个角度看问题,这正是人类进化比动物彻底的表现。动物的绝食能力其实是适应生存斗争的手段,没有这样那样的手段,物种会越来越少,地球的生态平衡就会出现问题。大自然创造一个物种,同时也会"设计一个程序",给予该物种生存和繁衍的机会:黑斑灰蝶没有储存食物和绝食的本领,为了度过长达几个月食物短缺的寒冷季节,它们的幼虫会寻找"蚂蚁之路"——分泌一种有甜味的液体。蚂蚁便将幼虫拖进蚁穴过冬,但它们不吃蝴蝶幼虫,只吃甜液。来年春天,蚁穴里会爬出蝴蝶来。

抗灾房

台风、龙卷风、地震、海啸、洪涝、火山爆发、森林大火等自然灾害加上人为的恐怖行动构成了严重威胁人类生活的天灾人祸。21世纪的人应该比以往的人更有办法预防和应对自然的和人为的灾害。地震多发国家日本对防震房的研究比较领先，日本清水技术研究所的建筑设计师设计出一种特殊的防震房。将一座总面积1 250平方米的二层楼房子放入一个3.5米深的大型水箱里。水箱连同房子又被放置在14个减震器上，然后对房子施加人造地震。最后发现房子能毫无问题地经受住较大的地震，因为水对冲击波起了缓冲作用，仅这一作用就可以挡住一次地震40%的破坏力。地震开始时房子稍有摇摆，但很快便安静下来。根据计算，高达8层楼的房子可以通过这种方式防震保护，但为此需要7米深的水箱和64个减震器。据称，配有抗震系统的房子造价平均提高2%。

美国马萨诸塞技术学院的专家们也设计了一种抗灾房子，这种房子的稳固性是普通住房的5倍，具有专门的抗海啸能力。自2004年12月印度洋地区发生大地震和海啸后，该院的讲师卡洛·拉蒂便着手研究能够经受海啸、不被摧毁而继续使用的房子。经研究，他发现房子面对海洋的立面是被破坏最严重的部分，而侧墙往往都还完好。所以他的房子设计成长条形，面对大海的正面很窄——只给海浪提供很小的进攻面积。一旦发生海啸,人首先要尽快转移到安全地方,但"留守的"房子也会经得起海浪的冲击,将基本结构保留下来。房子是平房,不砌墙,只是立角柱;前面、后面、侧面的大部分是敞开的,立面的外表抹上掺竹筋或椰壳纤维的灰浆。海浪凶猛穿过"似乎敞开的"门,毫无阻拦地进入房子,又从房子的后面出去。海水从灾区退却后,房子经简单收拾又能住人。这种模式的房子曾引起斯里兰卡等国的兴趣。

人为破坏的建筑对象通常是高楼大厦,2001年纽约"9.11"事件后,很多国家的建筑设计师们都开始为"不倒的摩天楼"煞费苦心。德国著名的霍赫蒂夫建筑设计股份公司(业界称"高低公司","霍赫蒂夫"是德语"高低"的译音)推出了一个名为"安全大厦"的摩天楼设计方案。主要特点是:高楼有一个高压系统,从楼顶中心将事故发生后的浓烟往下赶。墙面布满高效弹性块,用以缓冲飞机撞击时产生的冲击波。特别加强的构架保证大楼的极度稳定。大楼的地面是几米厚的钢筋混凝土保护层,防汽车炸弹。特殊配筋的天花板阻止事故发生时残块的掉落。大楼中心是巨型混凝土芯柱,坚如磐石;芯柱内的电梯保证安全有电,有利快速疏散。每个楼层配有两个独立的自动灭火系统。高低公司声称,"安全大厦"可经受一切能想得到的自然灾害和恐怖袭击。

有关抗灾房的方案也许还有很多,不管是哪一种,都有待进一步优化和切合实际。值得庆幸的是,人类始终保持着一种精神:与自然斗、与坏人斗。

科学家首先是梦想家

有那么一些科学家总是念念不忘一个名叫"思维致动"的使命，就是说他们想用"思维的力量"让那些能思想却无法做动作的人（高位截肢者）能自己完成一些生活中的任务。

为此，首先需要做到的是"读取"思维，这就需要在大脑中植入神经假体（假神经），这一技术已经解决。如果神经细胞通过电信号互相通讯，则脑电描记仪就会测到所产生的电流，不过有一个缺点，那就是"读到的"思想不够准确和具体，因而又改成借用功能性核磁共振的办法，可惜又发现了另外一个不足：血的流动比细胞的"思维电流"慢；而且在试验时，每一份大脑过程图都有几秒钟的延时。尽管如此，还是可以借此找出大脑的哪一部分（脑区）分管一只手、一条臂或一条腿的动作。因此可以在这个脑区直接植入电极，从而直接探测到神经细胞的搏动。

匹兹堡大学的一个研究小组于2013年曾为一个从脖子以下全瘫的女子植入微型电极，可对大脑动作中心的200个神经细胞进行监控。具有学习功能的算法将搏动转换成控制机器臂的指令，这位女子对某些需要灵巧能力完成的任务几乎跟常人做得一样好，她最高兴的是，13年来，她自己可以独立吃巧克力条了。但是巧克力上面的玻璃纸和黏稠的可可质感，她无法分辨出来。当时神经假体的信息流只能向一个方向作用，反过来的话，就会造成

"无线电静寂时间"（停机）。2014年，有一个研究小组研制出一只人造手，它能向主人提供触觉信息：指尖的传感器将触到的信息送至上臂的神经通路，第一次试用这种人造手的是一位在一次事故中丧失了小臂的丹麦人；另外，压力传感器还能告诉他触到的东西是软的还是硬的、是圆的还是多边形的。研究的下一目标是让当事人也能感觉到物件的组织结构和温度。

科学家们也成功地做到了将位于两地的实验鼠脑联网。一只在巴西的实验室，另一只在杜克大学，它们的大脑通过植入的电极联网。它们需要完成一个简单的任务——将杠杆两头其中亮灯的一头往下压，巴西实验室的鼠压一下杠杆，其神经细胞的活性便受到一次测量，压左边还是右边，测量结果是不一样的。测量结果转换成电脉冲后存入在杜克大学的接受鼠的大脑中，它也需要选择杠杆的其中一头压下。最后发现，杜克大学的鼠有60％的次数是选对的。人们相信，有朝一日，会出现一个大脑互联网。

然而科学家们需要面对的问题还多着呢，由于每个人的大脑都是不一样的，所以一种绝对相同的脑活动传递几乎是不可能的，除非是每一个单独的神经细胞都被传递，这意味着整个大脑（包括1 000亿神经细胞和100万亿神经链）都进行联网。

欧洲正在实施一个大规模项目——大脑工程，估计要持续10年时间，投入10亿欧元。神经科学家们将设法用新的计算机体系对大脑的功能做一小片一小片的模拟和复制，其中最重要的任务是补上至今为止最大的知识缺口——理解大脑中的功能过程。

眼睛的形状

人跟很多动物的眼睛形状是有区别的,而眼睛的形状主要与瞳孔有关;不过人和狗的眼睛都是圆的。人们称猫的眼睛为"眯缝眼"(线状),马的眼睛形状是横向椭圆形的;而山羊是用长方形的眼睛看待周围环境的;眼睛形状及可动性是跟生活方式相联系的。

人的瞳孔是眼虹膜中心的圆孔,直径在3—4毫米,呈规则的圆形,瞳孔的大小能反射性地自动调节,光线增强时缩小,光线减弱时扩大;视近物时瞳孔缩小,视远处则瞳孔扩大。在动物中,像猫那样长着眯缝眼的动物主要为了适应夜间行动的需要,家猫的瞳孔在夜间可以放大135倍至300倍,人的瞳孔最多能放大到15倍。有人问,眯缝眼为什么有的是竖着长,有的却是横着长的?针对这一问题,美国伯克利大学以马丁·圣·班克斯教授为首的团队对200种陆生动物成功地用计算机模拟了瞳孔的形状,发现了一个基本原则:素食动物主要长着水平眯缝眼,肉食动物主要长着垂直眯缝眼。这是一个极有意义的区别,很多素食动物如马、绵羊和山羊等,它们也是很少有抵抗力的动物,在遇到危险时只能采取逃跑的方式,惟有如此,才能及时发现"可能的侵略者",这一点很关键,水平眯缝眼能支撑圆周视野,有利于用眼角视觉。可以想象,当它们在吃草时,头是低埋在地面上的,但却能往上看到全景。

肉食动物中不乏凶兽，尤其是那些能估计出自己与猎物之间距离的野兽，因为当猎物在它们的眼中变得模糊起来的时候（说明景深不够），瞳孔就会为自己调焦距。班克斯团队通过计算机模拟发现，猫的垂直形（眯缝眼）非常适合猫作出决定：在暗中伏击还是紧紧追扑。

随着研究的深入，科学家们遇到了不少特例，比如为什么墨鱼的眼睛是 W 形的、黄腹铃蟾眼形是心形的、大部分有毒蛇的眼是眯缝眼，而无毒蛇的眼睛是圆形的……深海鱼类的眼睛形状更是千奇百怪，如四眼鱼的眼睛上半部分露在空气中，空气的折射率比角膜低，空中物体反射的光线要经过角膜和晶状体的两次折射，使鱼能更加清晰地辨认较远的目标；而下半部的眼，由于水和角膜的折射率几乎相同，便无上述优势可言了。可以说，自然界基本上是没有一种百分之百的绝对规律的。

雷电之威

夏天，人们经常会遭遇暴风雨和雷阵雨的天气，雷雨时，但见电光闪闪，雷声隆隆，风雨大作。伴有闪电和雷声的降水现象在我国东南沿海地区是经常可以遇到的。闪电的温度可达17 000—28 000℃，是太阳表面温度的3—5倍。大量的放热导致放电途径中的空气变热，水滴汽化，体积发生爆炸性膨胀，这种爆炸声即随之而来的雷声，近者震耳欲聋，远者如辘辘车过。

闪电的速度为每秒30万公里，所以人们看到闪电只是一瞬间的事情；而雷声的速度只有每秒340米；先闪电，后打雷，就是这个道理。

最常见的闪电是分叉的线状闪电。在云的不同部位来回闪烁的散射闪电称为面状闪电，由于雾气之故，面状闪电多不可见，但也有个别面状闪电从积雨云中"脱颖而出"，来到地面。还有一种到处乱钻的球状闪电，其致害机会较多。听曾经在雷州半岛工作过的人说，那里常有在平地上"窜游"的闪电，每年总要击死个把人。

有时雷电交作，在高塔尖或轮船的桅杆上可以看到一种放电辉光球——晕圈状闪电，由于这种闪电常见于海轮的桅顶上，西班牙和葡萄牙航海者称之为"埃尔姆斯之火"，埃尔姆斯是他们心目中航海护神的名字。十几年前，有专家发现了一种较罕见的"超级闪电"，释放电能可达一亿千瓦以上，它们在日本沿海比较多见。1978年在纽芬兰岛上发生的超级闪电，使方圆13公里内的房屋都颤动起来，家家户户的电器插座冒出蓝色火苗。

全世界每天平均约有1 800场雷雨，平均每秒钟产生600次闪电，其中将近100次是打到陆地上的。闪电最频繁的地方是乌干达首都坎帕拉和印度尼西亚的爪哇岛，那儿每年约有二三百天是打雷闪电的。据报道，1975年发生在津巴布的韦乌姆塔斯的闪电是有史以来破坏性最大的一次，一下击毙了21人。

遭雷击次数最多、击而不死的世界冠军当数美国的森林管理员罗伊·沙利文，他遭遇过七次雷击；雷电将他的眉毛烧糊，头发烧光，肩膀烧焦，鞋子击落，最后把他从敞篷车上甩出来。大难不死的沙利文风趣地说："雷神和我过不去。"

雷雨时，为防止遭受雷击，建议在室外的人不要站到大树或高耸物体下面，应将手里拿着的金属物品放掉，可找个较低的地方蹲下，上身向前微弯，头低下，手置于膝上。在室内者应尽量远离通室外的烟囱及其他排空装置，不要接触与电源相连的电器，应离开门、窗、暖气包。如有人被闪电击中，应立即进行人工呼吸和心脏按摩，倘若无效，则有可能是脑受伤。不过当你看到闪电，说明危险已过。

闪电也有一个小小的好处，它使空气中的游离氮变成含氮化合物，然后随雨水降下，等于每年给全世界每公顷土地免费施加几千克氮肥。

北欧风情

有一位朋友，每次旅游回来总要找我聊聊，他说对北欧国家的风情特别感兴趣。所谓北欧，是指欧洲北部地区，包括斯堪的纳维亚半岛上的挪威、芬兰、瑞典以及日德兰半岛上的丹麦、冰岛和法罗群岛（属丹麦）；以上五个国家统称为北欧国家。这些国家因纬度较高，有较多的冰川地貌，冬天较冷，但受北大西洋暖流的影响，冬天温度比同纬度地区高；空气和水体的污染很少，西海岸是世界大渔场之一，这里也是著名的挪威三文鱼产地。

值得一提的是北欧国家有几个共同特点。猛一看，这些国家的国旗好像是一样的，用了同一风格，旗面上的图案一律用粗划的十字，只是底色略有不同。这是历史遗留的，曾几何时，丹麦是北欧最强大的国家，而冰岛、瑞典和挪威处于丹麦的半控制之下，这种形势持续了好几个世纪，故所有斯堪的纳维亚国家都须采用同样的设计图案，以丹麦国旗为蓝本：一个十字形，横臂向旗子的右方延长；而丹麦国旗用的是红底色配白十字。瑞典国旗的起源可追溯到 16 世纪，它基本上是丹麦国旗的拷贝，只不过底色用了蓝色，十字用了黄色（瑞典王室的颜色）。挪威在 1537 年至 1814 年曾是丹麦的一个省，自 1905 年独立以后，在丹麦国旗的白色十字中加了一个蓝色十字。冰岛于 1944 年从丹麦的半统治下独立出来，采用了挪威格调的红白双十字，底色为蓝色，是火、冰和水的象征。至于芬兰,由于长期隶属于瑞典,1917年脱离瑞典后,仍然继承着瑞典国旗的格调,只不过换成了白底色和蓝十字,白色象征白雪皑皑,蓝色喻示国内星罗棋布的大小湖泊。

都说北欧人体格强壮、出手有力,这跟北欧各国人民崇尚体育运动有关,在这一点上,芬兰人起了带头和创意作用。芬兰面积虽有33.8万平方千米,但人口只有550万;尽管如此,在很多世界级体育运动会及奥运会上,时有芬兰运动员获奖牌的新闻传出,尤其在田径运动、冬季运动和赛车等项目中,芬兰运动员的表现颇为出色。值得一提的是,芬兰人创造了不少别出心裁的体育运动,并很快在北欧国家流行,从此成为北欧国家的传统体育锻炼项目;如长统胶鞋掷远(19世纪末由海员们发明),1975年得到体育界认可并组成了代表队,进行世界比赛。还有一个比赛项目叫"背老婆过河",非常精彩搞笑。北欧国家还风行泥泞足球比赛,这项体育运动已经受到全世界的注意,目前世界上已有好几百个泥泞足球队。

北欧国家一向本着锻炼身体而重视体能测试,赢了,他们不要奖金,只求喝一杯烧酒而已。

马甲的身价

听说过一个笑话：一年轻人在外读书，给老母亲写了一封家书："儿需砍肩或半臂……"老母亲文化不高，见此言大惊，以为儿子在外患了恶疾需截去一肢半臂。后由代写书信的老人辨析："此乃'坎'字之误，坎肩或背心者，马甲或背心也。"

马甲又名背心、坎肩、半臂，坎肩系北方人的叫法，南方多称马甲，尤其是吴方言地区，半臂其实指短袖或无袖的单上衣，但后来专指背心。《清稗类钞·服饰类》载："半臂，汉时名绣䘼，即今之坎肩也，又名背心。"

我国清代和民国时，马甲十分流行，有内着和外穿的马甲，还分单马甲、夹马甲、棉马甲、绸马甲、皮马甲等等。马甲周围和领襟上可饰以各种镶缘。有人认为马甲是无领无袖的，其实不然，马甲可以有翻领，也可以带短袖，十七世纪的西洋马甲甚至有长袖，后摆长至膝部，开衩，叫燕尾马甲。

至18世纪90年代，马甲在西方成为男子的主要服饰，这时马甲的后摆开始变短上升，有的马甲装有3个门襟，门襟敞开便造成3件马甲的假象。3层门襟的颜色一般为绿色、黄色和珠母色。当时除翻领马甲外，还有立领马甲。

到了19世纪，马甲制作得越来越豪华，采用各种高级面料，款色变化频繁。1821年的巴黎时装界让西装马甲领尽风骚，短短8

个月内出现了5次马甲新潮。很多地方流行穿2件马甲，黑色丝绒马甲衬里，外面再穿一件白色凸纹织物做成的马甲，有钱人还用宝石作扣子。一时间，马甲和领带成了男子展示风度的重要服饰手段。不同场合穿不同马甲，吃早饭和参加宴会所穿的马甲都不相同。

  伦敦一家大公司破产时，公开拍卖了老板的600件马甲，这些马甲是他用来配300套西装的，据说有12件马甲镶有钻石纽扣。

  马甲虽小，身价不凡，中外历史上官员都曾着官服或制服，如清朝的官服"十三太保"（因用13粒纽扣而得名），实际上是坎肩，即巴图鲁坎肩（巴图鲁系满语"勇士"之意）。至于西方的宫廷燕尾马甲和士兵马甲，则都是官服和制服，士兵的马甲后面和侧面均开衩，便于骑马和佩戴刀剑。

  今天，马甲又成为了某些行业的工作服，如证券交易所的红马甲、交警和筑路工人的荧光马甲……

  马甲不仅仅是属于男子的，它也是妇女的重要服饰，20世纪20年代，欧洲妇女中流行长袖或无袖针织马甲，穿于衬衫外面，衬衫上打领带。二次大战后，因面料紧缺，西装马甲在西方一度冷落。然而时隔不久，马甲重新风行。20世纪中期，新爱德华风格派在伦敦成立了马甲俱乐部，西装马甲再度走俏。

为鹅叫屈

不知何时开始,中国人和外国人有了一种共识,说鹅是很笨的;比如祝英台把梁山伯比作呆头鹅,也是说梁兄太笨,悟心差矣,因而猜不出她的再三暗示。在很多国家的口语中,把女人叫作鹅即骂她为蠢女人或傻丫头。

其实鹅一点不笨。鹅的视力很好,且警惕性颇高,非常注意周围的动静,所以凯尔特人(印度日耳曼族的一支)把鹅当作"看家狗"。公元前387年,守卫古罗马城堡的士兵半夜被一群鹅唤醒,因为鹅发现有陌生人偷袭,于是发出警报,城堡被守住了。鉴于鹅的这一看守本领,当今世界最大的威士忌酿造厂之一将其在苏格兰的酒库交给一群鹅看管。鹅是食草家禽(当然也吃粮食),抗病力和合群性强,养鹅比养狗经济。鹅还能预报坏天气,在雷阵雨或其他恶劣天气来临前,它们会变得焦躁不安,叫个不停。鹅的放牧性很强,据古罗马作家大普林尼记载,罗马有一个牧鹅人曾将鹅群从1 500公里远的地方赶到罗马。鹅还是最长寿的家禽,通常可活25年。英国一位名叫霍尔太太的大娘养过一只雄鹅,这只鹅活了49岁8个月,它生于1927年4月,1972年12月去世。

5 000多年来,鹅为人类作了很多贡献。鹅肉鲜嫩,鹅肝在欧美被视为美味佳肴,鹅毛是做床垫、睡袋、羽绒服、羽绒被、箭杆、帽子装饰品和鹅毛笔的材料,鹅的脂肪可加工成食用油和皮革上光油。

西方美食家认为,鹅身上的精品是鹅肝。在法国,鹅肝的价格曾高至当时的每千克700法郎,所以法国人养鹅越来越多,尽管如此,鹅肝仍然供不应求,每年还得进口1 000吨左右的鹅肝。"牧鹅少年马季"的故乡匈牙利以及拥有500多个大型养鹅场的以色列每年通过出口鹅与鹅肝赚得大量外汇。

野鹅的个子很大,加拿大野鹅张开翅膀后宽度达2米,用翅膀拍打甚至能使人受伤。野鹅通常60只成群排成V字形,能连续飞行约1 000公里,有人甚至观察到野鹅飞越珠穆朗玛峰。早在公元前2700年,埃及人就开始饲养野鹅,自中世纪以后,欧洲人开始大啖鹅肉,当时巴黎的集市和街道上以及小酒店门前,人们随时可以尝到美味可口的烤鹅肉。

鹅的唯一缺点是产蛋太少。最少的一年只产19枚,最多为100枚,一般在30至40枚。鹅本来可以活上几十年的,然而在工业化养鹅生产中,从走出孵化箱到走进烤箱,往往只有十几个星期。

白日梦

记得"做白日梦"是用来讽刺人的,比喻有人尽想好事、尽做美梦,就被人称作"做白日梦",沪语中有句俗语:"做你的大头梦去吧!"也就是这个意思:别去想做不到的事情。通常人们认为白天是不可能做梦的,有人坐在室内,盯着某物出神,旁人问他:"你在想什么呢,如此出神,不会在做白日梦吧。"被问者吓了一跳回答:"什么也没想。"

他确实没有想,而是在做白日梦,因为人不仅能在夜间做梦,而且也真的能在白天做梦。根据精神分析学家弗洛伊德的观点,人的知觉就像一座冰山,冰山下面埋藏着人的无意识状态——充满神秘动机的、可供我们使用的原始力量,隐藏着许多梦的原始资料。无论是正常的还是病态的,梦始终反映出一个人受抑制的神秘的愿望,在这冰山下无意识的"暗室"里,储存着大量的信息,它们可能从未成为或很少成为我们的感知内容。

当代科学家进一步认为,白天进入我们大脑的信息有一部分绕开了人的知觉,变成无意识的东西被压在"冰山"下。于是我们找到了有关梦是什么东西的答案——梦是白天绕开了知觉的感官印象材料。换言之,我们的眼睛和耳朵感觉到的比知觉能加工的多得多。德国当代精神分析学家罗伊施纳做过一个试验,他对受试人员在醒着的状态下用录音机很快放几句话,使他们无法有意识地记住内容,当然也无法重述内容;可是到了晚上做梦时,这些白天没有被理解的内容都像电影图像似地一幅一幅在受试人员的大脑中显示出来。

其他试验表明,我们大脑中有一种"高速思维机制",它将人在醒着时没听清楚或错过的信息一一记住,然后在梦中体现出来,这就是我们在白天"似乎"并没有经历或想到的东西,为什么也会出现在梦里的道理。

和普通夜间梦不同的是,在张眼梦(白日梦)中,做梦者不仅是"演员",而且是"导演",他会尽量把梦的情节导向愉快的结局,他甚至知道自己是在做梦。难怪人们用"白日梦"来讽刺尽想好事的人。

由此看来,白日梦是一种可控梦;但反过来,可控梦也可在夜间做。莫扎特曾在睡梦中作曲,德国化学家奥古斯特·凯库勒在梦中发现了苯的结构式。民俗学家认为,梦的控制能力是可以习得的。马来西亚有一个叫塞诺的土著民族,他们自古以来提倡可控梦,每天清早,青年们要向长者汇报他们晚间所做的梦,目的在于使他们学会如何把梦境导向美妙的结果。梦学家们还在研究通过外部刺激来推动梦的控制,比如有一位名叫拉贝热的科学家,他甚至让人在他睡觉时对他说:"你在做梦。"以便让他去控制梦、做好梦。

有空来坐坐

朋友和熟人相遇街头，免不了道一声："有空来坐坐。"没有人会说："没事上我家站站。"坐似乎是人的嗜好乃至必须，哪怕乘两站路的公交车，最好也能找个位置坐坐。

在城市里，不少人除了睡觉以外，一天中大部分时间是坐着的：清晨坐在餐桌旁用早饭，吃完早饭坐车去上班（如果自己开车，当然也是坐着的），在办公室几乎是一坐到中午，吃过午饭一直坐至下班，晚饭后少不了又是坐着看一会手机、电视或书报。其实，除了坐办公室的人（多为白领）以外，别人又何尝不想多坐坐呢。车工、泥瓦工、餐厅服务员……他们也不是天生不喜欢坐的人。而在某些国家，许多人每天几乎只有半小时的时间是站着或走路的。

坐的历史由来已久，我们的祖先早就认识到"坐"这种人体姿势了。他们坐在地上取火，坐在地上磨打石斧、石箭……古代有些国家在埋葬死者时，必将尸体置放成坐姿，因为他们迷信，只有保持这样的姿势，"仙游"者才能重新回到母体，再次投生。此俗纯属荒诞，但人出生以前，在娘胎里就已经是坐着的了（尽管胎位有所不同），这倒是一点不错的。

想坐，是因为懒惰吗？不，人是需要坐的。当代有不少人类学家认为，人类在进化史上引以自豪和区别于动物的重大突破之一是两腿直立行走,然而这一突破还没有达到最完善的境地,所以人还必须经常找个地方支撑自己——背靠着墙、手臂放在桌子上、屁股搁到一个可坐的地方;后者尤为重要,没有椅子,也可坐在一个树桩上、一块砖头上,哪怕席地而坐,也比站着强,因为直立对人体的脊柱、肌肉和韧带都是很大的负担,所以人不能总是保持直立的姿势。

我们行走或站立时,体重主要由骨盆承担着,如果坐下来,这时体重的三分之一分配给双腿。只要双腿不是悬挂着,同时让手和臂都有所依靠(比如放在椅子靠手上、搁到桌子上或插到膝间),便可进一步减轻骨盆和腰椎的负担。坐时,人的坐骨犹如一把摇椅的弧形底座,人们可以任意将身体摇来晃去,从中求得一个舒服的姿势。美国人修斯曾作过理论上的计算,认为人的舒适坐姿约有一千种。

除此以外,"坐"还有某些别的意义,例如有人把位置让给你坐,那是对你的尊重和礼貌;有人在来访者面前坐而不起,这可能是出于"自尊",也可能是故意怠慢来者……不过这些与"坐"本身的必要性已无多大关系了。

彩 虹

在众多的自然现象中，虹给人清新、多彩的印象，它向人们预示着明朗的未来。雨过天晴，犹如一个人在曲折的探索道路上，眼前突然开朗起来。人们爱用虹来比喻美好的事物，诸如"像一条跨越……的彩虹"之类，却不会有人说"如地震般悦耳"，因为地震是可怕的，而虹不仅不会带来灾害，而且给人以视觉美，人们乐于看见它。

在人类未能对自然现象作出科学解释以前，往往给它们蒙上一层宗教或神话的色彩。北欧斯堪的纳维亚半岛的拉普人把虹看成是雷神射箭用的弓；巴比伦人认为虹是雨的新娘；法国有一个传说，虹的尾部有一粒珍珠，只有"得道"的人才能看见它。不过也有一些人把虹与一些不相干的事物扯在一起，用它来解释另一些可怕的自然现象，如东欧某些民族把虹当作一条能吸干江河之水的巨龙，它甚至还能使小孩失踪。

1637年，法国哲学家和数学家笛卡尔通过计算指出，只有在黄昏前和早晨才能见到虹，因为虹是通过阳光在水滴中折射、反射和衍射而形成的，如果阳光与地平线所成之角大于42℃，人们就看不见虹。但若从高空观察，那就可以看到整圆的虹。

过了35年，牛顿用棱镜理论回答了虹的色彩问题。水滴在虹的形成中起了棱镜的作用，通过折射和反射，把白色光分解成色光。严格讲,每一个人所看到的虹都是不一样的,由于站的位置不同,所以折射和反射的角度也不一样。

虹有主虹和副虹之分,主虹称"虹",副虹谓"霓"。阳光射入水滴,经一次反射和两次折射,分解成各种色光,形成主虹,色彩鲜明;阳光经两次折射和两次反射便形成副虹,由于多一次反射,色彩不及主虹艳丽,主虹的色彩排列为外圈红、内圈紫,副虹则反之。如主、副虹同时出现,这时主虹在内侧,副虹在外侧。通常,人们只知道虹是太阳引起的,其实月亮也能产生虹,这种虹多出现在满月之日,它们同样以光谱色出现,但这些色光很弱,肉眼较难分辨出来,仔细观察,可发现深灰色或白色的虹。

失眠种种

失眠是一件非常恼人的事情,而且越是担心失眠就越睡不着。睡眠学家把失眠分为"临时失眠"(如长时间飞行后时差引起的失眠、与人吵架后的失眠、第二天要考试而睡不着觉)、"短期失眠"(如失去了亲人、离婚或疾病造成的持续几周的失眠)、"慢性失眠"(持续几个月甚至几年的失眠)。

怎样才算失眠,很难说,因为每个人对睡眠的需求不一样,而且同一个人在其一生中不同时期所需的睡眠时间也不一样。据统计资料,人的平均睡眠时间为6.5小时。其中65%的成年人每天要睡7—8小时,20%的成年人每天睡6小时以下。

引起失眠的因素是综合性的。精神过分紧张、服用某些药物、睡眠环境不合适、心里有事……都能引起失眠。研究者将失眠的因素分为四大类:

第一类为生理因素。人的睡眠和苏醒分别由大脑中的催眠机制和唤醒机制控制,为了入睡,唤醒机制的职能必须由睡眠机制来代替。有睡眠问题的人,由于某些原因,他们的唤醒机制过分活跃。人在衰老过程中睡眠能力的降低也是一种生理因素。

第二类为药物因素(包括吸毒饮酒)。许多药品具有引起失眠的副作用,如兴奋剂、抗抑郁药物、某些降血压药物、甲状腺药物及心脏病药物。有的睡眠学家认为,对付失眠的最佳方法是把"病人"口袋里的药品全掏出来;而服用安眠药和饮酒只是一种"赊借睡眠"的方法,它不仅有副作用,而且事后得加上"利息"来偿还。

第三类为环境和习惯因素。睡觉环境太热、太冷、太亮、太吵、吃得太饱或饿着肚子睡觉、睡前从事体育运动、吃巧克力或含有酪氨酸的食品,凡此种种都有可能引起失眠。

第四类为心理因素。由于害怕睡不着而带来心理负担,结果反而造成失眠。

严重失眠者须由医生进行详细诊断,包括对"病人"进行心理采访、体格检查、详细了解生活习惯。"病人"在医院睡一晚,由医务人员记录脑电波、心脏跳动、眼睛及腿部动作和呼吸节奏,然后采用"综合应对"的办法。

对于一般的失眠,可以试试以下措施:早上不要"赖床",倘若晚上没有睡好,白天尽量不要补睡(一旦睡过了头,又会影响晚上的睡眠),老人同样应避免白天睡觉(夏天的午间小憩是例外),晚上不很倦时不必急于睡觉。下午以后对烟、酒、咖啡、巧克力、茶及含咖啡因的饮料要有节制。晚饭以后把明天要解决的事情作一大致考虑,切忌把问题带到床上去。晚饭不宜太饱,少吃不易消化的食物。睡不着时心里不要烦躁,不要去看钟表。失眠虽然很糟糕,但它不是一种疾病,因而许多睡眠学家主张用"睡眠障碍"和"连续睡眠障碍"来代替"失眠症"这一概念。

屋顶上的白雪

人生如朝露,白发日夜催。李白在《将进酒》中曰:"君不见高堂明镜悲白发,朝如青丝暮成雪。"人的一生有时很快就会过去,满头乌丝一下子就变成了白发。人们固然不喜欢白发,其实一头银发也别有一番潇洒。美国前总统布什的夫人巴巴拉·布什从35岁开始已有白发,她的白发被公认为一种魅力。这里用得着一句名言:"屋顶上的积雪并不表明烟囱里没有生火。"

有人说白发是年高和智慧的象征,此话不完全正确。首先,白发是由于产生黑色素的细胞减少所致,"白头翁"不等于"智叟",白发和智慧不成正比关系。其次,白发同样会出现在15岁的少年头上。人过30岁,无论是男士还是女士,仔细看去,或多或少都有白发。通常只有28%的人会长出满头白发,有少数人到老不见一缕白发。

白发和种族有关,白种人平均34岁出现明显白发,其中有50%的人年过半百便有一半头发花白。黑人在44岁左右长白发。黄种人出现白发的年龄跨度较大,一般在36至50岁。一个人长白发的年龄与体态,通常和其父辈或祖辈一样,换言之,白发受遗传因子的影响。白发和许多疾病有关。能促使产生白发的主要疾病有伤寒、疟疾、流感、甲亢、糖尿病、带状疱疹;此外,贫血、营养不良、严重创伤乃至某些射线作用也可能造成白发。

一根头发的生长分三个阶段,第一阶段为生长期,一般持续 2 至 6 年。第二阶段是为期几周的休止期,紧接着就是掉发期。有时,由于生理原因和心理极度紧张,会产生自体免疫障碍引起的突然斑秃。甚而至于会在短时间内头发大量由黑转白,所谓"一夜转白头"是也(比如中国春秋时楚国大夫伍子胥为报父兄之仇逃离楚国,楚平王下令到处捉拿伍子胥,在过昭关时,因地势险要,又有重兵把守,伍子胥一夜急白了头)。

白发是否还能变黑,这是很多人十分关心的问题。应该说,凡是疾病、药物和营养不良造成的白发,多数能恢复黑色,如贫血病人可通过维生素 B_{12} 恢复发色。

现代医学已向"白头翁"们透露了一个福音:医务人员和新药研制者在努力从黑色素着手攻破堡垒,如果顺利的话,不久的将来会有一种药物问世,这种药物能使产生黑色素的细胞再生。

体 温

人的正常体温是 36.5—37.5℃,炎夏天,暑气逼人,不少人的体温也会微微升高。如果夏天人的体温比平时高 0.3—0.5℃,没有其他症状,一般也是正常的。

世界上先有冷血动物(变温动物),到了大约 1.5 亿年前,大自然才开始创造新的生命温血动物(恒温动物)。最早的温血动物是鸟类,然后是哺乳动物,最后才出现人这一最高级动物。由于温血动物的体温不因环境温度而变化,因而在生存斗争中具有极大的优越性,它们的体温由温度调节机制在控制。人在劳顿或强烈的阳光下暴晒时,下丘脑就会命令身体出汗,以使体温恢复正常,寒冷时,体温调节机制便让身体增加能量消耗或是肌肉颤抖,产生热量。

各类温血动物的体温有很大差异,如刺猬的平均正常体温为 34.5℃,象 36.5℃,北极熊 37.5℃,狒狒 38℃,狗 38.5℃,家兔 39.5℃,鸡 41.5℃,鸸鹋的正常体温高达 43℃。

人的体温超出正常值,这就是发热。发热是各种病原体感染引起的。非感染性疾病(如恶性肿瘤、血液病、过敏反应、组织坏死等)也会造成发热。发热按程度可分为低热、中等热、高热和过高热(40.5℃以上)。一旦病毒、细菌等病原体进入血液,吞噬细胞——白细胞的一种就会将它们吞灭,同时分泌出一种蛋白质。

这种蛋白质随血液进入脑中,它会"欺骗"下丘脑,即弱化到达下丘脑的热信号,强化冷信号。下丘脑于是"觉得"本来正常的温度太低,因而将体温升高,这种引起发热的蛋白质称为致热蛋白质。

发热是疾病的症状之一,但同时也能起到抵抗疾病的作用,它能抑制淋球菌或病毒的增多,使血液中的吞噬细胞更为活跃,加快其他有益血细胞的产生,促使形成更多用来间接抑制病毒增殖的干扰素。

冷血动物生病时也需要升高体温,但它们体内不会发热,而是借外因增加体温。有人做过试验,一个木箱的一角用灯照射,使温度达到50℃,另一角则比较冷。将一条壁虎放入箱内,它身上装有一枚微型体温计;起先,壁虎爬到温度不到38℃的那个冷角,然后给它注射能致病的细菌,这下它便一个劲儿往热的一角爬去,直至体温达到40℃。后来又有人对33条壁虎作了同样的试验,并对其中一部分人工降温,结果,这些壁虎中的大部分死了。鱼病了也一样,它们一定要到较热的水区去,否则就有可能死亡。

看来,发热无论对冷血动物或温血动物(包括人)都是有利于战胜疾病的,只是在冷血动物中以特殊形式存在罢了。不过话要说回来,发热从来是不舒服的,特别是持续高热,对身体十分有害,甚至是危险的,人们不希望发热。

祝君健康,常保37℃体温。

鞭子的用途

"扬鞭骤急白汗流，弄影行骄碧蹄碎。"鞭子是一种驱赶牲畜的用具，几乎和驯马的历史一样悠久。公元前2000年，在亚洲草原牧民中，鞭子是不可或缺的赛马工具，鞭子的质量及挥鞭的技巧直接影响到本族的威望、荣誉和地位。但鞭策时一般不许抽马肚子，所谓"鞭不及腹"（或鞭长莫及）是也，后来比喻力所不及。至今在各地乡村，凡有马车、牛车、驴车的地方，鞭子仍是赶车人手中的重要家伙，不过驾车人挥鞭并非当真抽打牲畜，而是将鞭子抽得啪啪作响（俗称打响鞭），一则让拉车的牲畜使劲，二则和迎面驶来的车辆打个招呼（尤其在黑夜里或小路上），以免相撞。

随着阶级的分化，驱赶牲畜的鞭子开始挥到人的身上，成为一种刑具。但在有些国家的法典中有规定，用鞭刑时，鞭打的次数不超过40下。

也许因为鞭子本来是用来抽牲畜的，所以鞭子多用于责打奴隶、士兵和"下等人"。在古罗马，有"鞭不上自由民"之说；早期美国的庄园主专门以鞭子镇压奴隶和黑人，却禁止用鞭子抽打白人。

九一八事变以后，有一出著名的抗日活报剧，名字就叫《放下你的鞭子》，说的是东北沦陷后，一对父女流亡到关内，女儿因饥饿无力卖唱，老父便以鞭子抽打女儿。一名工人看不过去，挺身而出，喝令老父："放下你的鞭子！"

鞭子显然是用来抽别人的,但也有人以被鞭笞为快。有一幅画描绘古希腊哲学家亚里士多德出于对菲利斯的爱,自愿趴在地上被她当马骑,任凭鞭笞。中世纪天主教中有一派叫鞭笞派,该派主张集队游行,用皮鞭自笞,直至出血,这种自笞行为被视为"可以洗刷罪孽"的。

鞭子早先多以藤条、牛皮或鲸骨等作为主要材料,但也不乏稀奇古怪的用料。有一种河马鞭(亦称土耳其鞭),系用河马皮敲制而成,此鞭不用于打人,而是一种权势的象征,过去土耳其税务官的办公室往往挂有这种鞭子。鞭子落在牲畜身上——驱赶,鞭子落在人身上——权势。呼呼作响的鞭子,多少世纪以来,竟然驱赶过天下。

时至今日,鞭子的角色也有了异化,鞭技成为了一种艺术。1972年奥运会开幕式上的集体鞭技赢得了观众的喝彩。舞鞭者列成横队,每一列有7、9或11人,各列所持鞭子的长短不同,随着指挥的号令顺次扬鞭,奏出声调不同的"交响乐"。演奏这种响鞭乐曲必须要有手上功夫和节奏感。练习时,为了防备抽到自己头上,或许还要在头上套个铁皮筒呢。至于杂技团里的鞭技节目,自然就更为精彩,更为惊心动魄了。

指示植物

讲一个小故事：国外某个建筑工地上来了一位负责施工的总工程师，这位总工是个非常讲究工程质量和文明施工的专家，同时也是一位植物学爱好者。他一来到工地就向手下人宣布："在施工现场和工地附近不许随地大小便。"过了一个时期，总工程师在检查工作后顺便提到："你们还是有人不注意工地卫生，随地方便。"工人们听了此话后面面相觑，尽管他们经常偷懒，随地解手，但事后都用土覆盖了起来，弟兄们是很讲义气的，没有谁会为了这点小事去告发。原来，这位专家就是凭借他那植物学知识判断出来的。他发现最近在某些工地上突然长出了野荨麻，于是他断定有人在这些地方解过手。

谜底其实很简单，野荨麻喜欢长在含氮的土地上，特别喜欢含有硝酸盐的粪肥或化肥。工地上原先没有野荨麻，现在长出了野荨麻，分明是这里有了人粪和人尿。

像野荨麻这样能够指示环境和土壤中某一因子特性的植物称为"指示植物"。喜氮的指示植物还有猪殃殃。自然界中有的示氮植物特别喜欢长在废墟上、瓦砾堆里和荒村中，如天仙子和益母草，这一点往往能向人们提供考古信息。

有不少指示植物能指示土壤中所含的重金属，比如喜锌堇菜和喜锌海石竹，它们偏偏生长在其他植物感到有毒的含锌土壤中。

示锌植物是人们最早用来探矿的"绿色指示器",早在罗马帝国时期,开矿者就在今天德国的亚琛附近通过寻找"锌草"而发现锌矿。若在果园或菜园里发现了这种"锌草",应该引起注意,它说明施肥用的污泥或灌园的水里重金属含量太多,水果和蔬菜也会吸收相应的重金属,因此不能供食用。

一个有经验的果农,当他走进一个葡萄园,看见地上爬满了一种叫葡萄蔓的地衣时,他就知道这里的葡萄得过粉霉病,因为惯常用来防止粉霉病的波尔多液的主要成分是硫酸铜,而葡萄蔓的根正好是喜铜的。

揭示土壤的酸碱度也是指示植物的一大功能,像美丽的杜鹃花、欧石南、金雀花和圆叶风铃草,它们都是指示酸性土壤的植物;而绣球小冠花、驴食草等的存在则说明土壤是碱性的;还有的植物完全生长在中性的土壤中,如紫堇、秋水仙等,有这些植物生长的土壤 pH 一般接近 7。指示植物还能指示土壤的粘度、湿度、透水性、水分平衡。农学家、林学家和地质学家经常利用指示植物作为辅助手段开展工作。

语言的纯洁和健康

古埃及法老普萨美提克一世曾断定埃及语是世界上最古老的语言,为了证明这一点,他下令将两个新生儿交给一个牧羊人,并关照不许周围人主动与新生儿说话,必须等孩子首先开口发音,并把他们发出的单词告诉法老。两年过去了,牧羊人终于听到两个孩子在叫唤"贝科斯",于是赶紧禀告法老。然而"贝科斯"乃小亚细亚古国弗利季亚语,意为"面包"。法老大失所望,不得不承认世上还有比埃及语更古老的语言。

据著名学者卡瓦利·斯福尔扎历时 40 年的研究,认为非洲人的祖先早在 10 万年前已经使用相当完美的语言。

经过 150 年的研究,语言学家们指出,目前全世界正在使用的语言(包括方言)共有 4 000 种左右,一说有 5 000 种(系统计标准不同而致)。然而有 1 亿以上人口使用的语言只有汉语、英语、法语、德语、西班牙语、葡萄牙语、阿拉伯语、俄语、日语及印地语。

语言太多给交际带来困难,也容易造成误解,美洲新大陆的不少地名就是在误解中将错就错地定下来的。西班牙占领者埃尔南迪斯·德可尔多瓦于 16 世纪登上墨西哥海岸,问当地一个土著居民,该地方叫什么名字;回答曰:"尤卡丹(听不懂)。"他对回答很满意,从此这个地方就叫"听不懂",这就是墨西哥尤卡丹州名的由来。

语言随着政治、经济、文化和科技的发展也在不断发展,尤其以词汇的变化最为明显。英国首相鲍尔温的侄女莫尼卡·鲍尔温于1914年看破红尘,当了修女,与世隔绝,直至1942年才离开"世外桃园",返回尘世。使她惊讶的是,她已无法正确理解人们的话语。28个多事之秋使英国人的口语换了新貌,难怪这位老处女不懂乡音了。

据调查,一种语言每隔1 000年左右有86%的词汇发生更新;有的语言更新速度令人吃惊,如澳大利亚有一支土著部族,在那儿,"水"这个单词5年内竟然变了9次,因为5年内死了9个族长,而他们又都是以"水"命名的。

作为一种社会现象,语言和环境一样,也会受到污染。语言的污染主要体现在四个方面。其一是滥用外来词,很多原先已有通俗易懂、约定俗成的名称,非要冠以译音不准的"新"洋名,不知是为了赶时髦,还是为了抬高身价、挤进"精品"的行列?比如"镭射卡拉OK",真叫人以为是皮肤癌患者的娱乐场所呢。杜造词汇、概念,随心所欲地发明切口,这是语言污染的第二种表现。语言污染的第三方面是随意组合词汇、改变词性并引以为时髦。请看:"某某影片拍得非常青春、非常动作。""我有信心你。"诸如此类的语言混乱现象,有时系盲目仿效港台语言所致。污染之四是脏话流行。鲁迅先生在《论"他妈的!"》一文中把"他妈的"称为"国骂",想必各地方言中都有和"他妈的"相应的骂语。我国是文明古国,中国人应以"恶语不出于口,忿言不返于身"为美德。我们应时时提醒自己"正确地使用祖国语言,为语言的纯洁和健康而斗争"。

直 觉

笔者曾随一个代表团在国外短暂工作,星期天去邻城游览名胜,谁也不知如何去法。团内一位女士认为该名胜肯定在某个方向,而且不需走太远。按她的意思,果然很快找到了这个景点。问她是怎么知道的,答曰:"凭直觉。"

在关键时刻,人会产生一种感觉,按这种感觉作出的决定往往正确比率很高,但却无法说清楚理由是什么。也许确实如人们常说的:"我肚子里有数。"因为在这种时刻,决定权似乎暂时由大脑下放到腹部,西方很多国家因此也把直觉能力称为"腹部思维"。

1940 年秋天,德国空军对伦敦发动空袭。一个深夜,丘吉尔去某高炮连看望英国官兵后坐车回去,车门已打开,但丘吉尔一反常态,绕到另一边上车。不早不晚,一颗小型炸弹落在车门打开的一边。丘吉尔自称是一种"强烈的内力和直觉"驱使他到另一边上车。那么直觉到底是什么? 17 至 18 世纪的西欧唯理论哲学家把直觉看成是理智的活动;后来,某些西方哲学家根据非理性主义理论,认为直觉是先天的、神秘的、"只可意会不可言传"的知觉能力。其实,直觉经常在人的思维中短时出现,并不是理智的活动,而是每个人都具备的"第六感觉",只是为了能正常思维和合理分析,加之人们习惯于抵制和不信赖突然产生的念头,直觉通常处于抑制状态。

世界正在变得越来越复杂和现代化,据信息学家估计,人类的知识每隔5—7年增长一倍,几十年内,人们需要研究和发表的知识将相当于自亚里士多德以来2 000多年内的知识总和,几秒钟就会汇成大量数据,有时我们必须不经充分思考而作出决定,否则会失去时机。于是直觉就显得十分重要了。

牛顿被认为是具有杰出直觉能力的物理学家,"……他意识到和感觉到的东西多于他能证明的东西,而且证明往往也是后来补上的。"直觉虽然不能代替合理思维,但它对合理思维可作创见性补充,也难免包含一些不合理的东西。要让直觉起作用,丰富的知识和经验是重要前提。研究表明,有成就的高管和企业家,他们成功的秘诀在于重视直觉和外围信息。

直觉不能强求,但可以创造产生直觉的条件,比如让思维停顿下来,因为只有在休息和放松(如打盹或散步)时,大脑才能尝试新的组合,直觉便有抬头的机会。据研究者报道,一种直觉露出苗头时,可能会有兴奋感、一阵发热、心窝或腹部颤动及肌肉拉紧等反应,倘能注意这些身体信号,便容易得到直觉所提供的念头。

提起直觉,必然会说到"女人的直觉"。女人的直觉能力强于男人,这是因为女性连接两个脑半球的胼胝体中有一纤维束比男性的粗,两个脑半球之间的信息传递优于男性。

生活在信息时代,行驶在信息高速公路上,不妨用用超车道上的思维活动——直觉。

玫瑰狂

玫瑰花的花瓣卷得重重叠叠，使人难以一眼望透，就像一张闭着的嘴巴，保守着一切秘密，所以在西方，它被看成是沉默的象征。如果在一个房间里谈话，天花板上挂着一朵玫瑰花，或者画着一朵玫瑰花，贴着一朵剪纸玫瑰花，那就意味着这次谈话是秘密的，参加谈话者必须保守秘密，"玫瑰花下"就是保密的意思。在希腊，玫瑰不仅表示沉默，它还是众神之花。

俗话说，没有不带刺的玫瑰，的确，玫瑰也是以刺出名的，其刺有两大功用，一是保护自己，不让别的生物碰它；二是把刺当作钩子用，因为玫瑰喜欢阳光，在大自然中，它要为争取阳光而奋斗，利用刺钩住其他物体，可使自己往有阳光的地方生长。

古罗马人对玫瑰爱之入迷，就像荷兰人（尼德兰人）对于郁金香那样，在古罗马流行过"玫瑰狂"。那儿，几乎每一件事情都和玫瑰有关，军事上的小胜仗用玫瑰花圈奖励；在家里设宴，请客人挂上玫瑰花圈；狂饮者睡觉的床都铺有充填玫瑰花的床垫，枕头里也装了玫瑰花瓣。罗马皇帝举行一次庆典活动，在玫瑰花上就要支出相当于今天四五百万美元的钱。有时候客人会因参加玫瑰狂欢而把命送掉，罗马皇帝卡利古拉和赫留加巴尔常令人在酒会的兴头上把数以千万计的玫瑰花瓣往那些喝得烂醉如泥的客人头上撒，花瓣纷纷扬扬落下来，封盖了他们的鼻孔和嘴巴，可怜这些酩酊醉汉连清除小小的玫瑰花瓣的力气都没有了。这就是"玫瑰花下"的悲剧性含义。

"玫瑰狂"不仅使人丧命,它还给人们带来饥荒,一般高贵的人外出旅行都要坐在装玫瑰花瓣的坐垫上,还要时不时闻闻装着玫瑰花瓣的"嗅袋";对玫瑰花的巨额需求势必导致"不种蔬菜不种粮,地上只见玫瑰花"的畸形现状。

据植物学家统计,世上玫瑰花共有2.5万个品种,每一种都有自己的名字。玫瑰研究者发现,玫瑰花的颜色越深,香味越浓,而且只有红色和玫瑰色的玫瑰花才具有真正的玫瑰香味。确切地说,今天的重瓣玫瑰花是大自然的失误而造成的。玫瑰花原来只有5个花瓣,由于环境的影响,如伽马射线之类的放射线使玫瑰的遗传密码发生改变,于是玫瑰变成了有25个花瓣或更多花瓣的重瓣花,由于基因发生了变化,失误造成的后果也就世代相传了。后来人们利用这一现象,用X射线照射玫瑰的嫩枝,使玫瑰的遗传密码再度发生变化,以培育新的品种。用这种方法不仅可以改变花的大小、形状、花瓣数,而且可让一朵花具有两种不同的颜色,甚至出现无刺的玫瑰。

晚香带冷说菊花

在德国一个公园里,曾碰到一个主动和我攀谈的德国人,他学过汉学,他说菊花在中国还有一个别名叫"陶彭泽","陶彭泽"虽不能算作菊花的正式别名,但我不得不佩服这位德国人对中国古代文学研究之深。由于陶渊明钟情菊花,古代诗人常用"陶彭泽"代称菊花;一本介绍植物的德文书中甚至提到陶渊明《饮酒》中的诗句"采菊东篱下,悠然见南山"。可见陶公爱菊世人皆知,中国的菊花更是名扬全球。

菊花通常盛开于11月,少数品种见于夏季和冬季。"不是花中偏爱菊,此花开尽更无花",菊花开后当然还有山茶、水仙等相继,然而深秋和初冬季节,若无傲霜斗寒的菊花繁星般点缀大自然,世界恐怕会令人感到更加萧瑟和单调。

其实菊花的放苞期是可以适当控制的,20世纪中期已有植物学家发现,在日照长的日子里,菊花棵株往高处长,白天变短后,便停止长高,同时开始萌发花苞。根据这一规律,可将花房变暗,让菊花每天只受9小时光照,等花苞明显可见后,再恢复自然光照时间,以促使菊花提前开放。

菊花原产中国,在中国已有3 000多年栽培史,系世界上品种最多的花卉之一,也是我国十大名花之一,与松、竹、梅并称"四君子"。在讨论中国的国花时,菊曾被排在第三位(第一梅,第二牡丹)。日本人也很爱菊花,水中放一盆菊花,表示仆从对主子的忠诚。后来日本人都在菊花节饮菊花米酒。

菊花除具有欣赏价值外,尚可供食用和药用。屈原曾有"朝饮木兰之坠露兮,夕餐秋菊之落英"之句。我国很早就有重阳节饮菊花酒的风俗。传说汝南桓景随费长房出游,途中长房对桓景说,九月九日汝南将有灾难发生,唯有戴上茱萸囊,登山饮菊花酒,方能消避此灾,桓景听从之,灾祸果未发生。此后重阳登高、赏菊和饮菊花酒遂成风俗。以菊花嫩苗洗净切碎,用盐渍片刻,煮成菊粥,食之有清目宁心之效。

盛开于郊外原野的野菊,花虽不及家菊艳丽,然香味浓重,深秋时节,采撷后阴干,可供泡茶或入药。产于浙江一带的杭菊是中药"浙八味"中的一味,有消暑解毒的功效。野菊晒干作枕芯,有醒脑明目的作用,野菊中所含的黄酮对扩张冠状血管有帮助。

菊花,高逸坚定,不畏严寒,不争富贵华丽,只求晚香带冷,作伴人类,广利人间;人若能学一点菊花风范,也许就可少一些浮躁。

不如归去说杜鹃

鹃本无姓,只因传说古代蜀国国王杜宇让位于其相开明,其时正值鹃鸟鸣,百姓怀念他,因称鹃为杜鹃。杜鹃还有很多别名:杜宇、子归、谢豹、蜀魄,大杜鹃又叫郭公、布谷鸟。

开春,布谷鸟声声催人"快快布谷",被视为一种唤醒人们投入劳动的春鸟。杜鹃啼声悠远悲苦,古人又称之为怨鸟,相传杜鹃于早春时节相催而鸣,先鸣者啼血而死。清代黄遵宪有诗曰:"杜鹃花下杜鹃啼,苦雨凄风梦亦迷。"

古代文人以为,杜鹃啼声很像"不如归去",所以在文学作品中,尤其在诗、词、曲中,"不如归去"多作思归和催归之词,如"春山无限好,犹道不如归"(范仲淹《子归》)。

在西方,杜鹃也被看作一种报春鸟,其鸣声虽无"布谷"的象声意义,但农民们认为,如果在施洗约翰节(6月24日)以后还能听见杜鹃声,那么该年的收成肯定不好。民间流传,春天听见第一声杜鹃啼鸣,应赶快拿一个面包,用手敲打,这样今后不会缺面包。还有人说,此时若把口袋里的钱抖得叮当响,终生不会缺钱花。

以前欧洲人相信杜鹃能预报天气,比如在树木发芽前就看到杜鹃,则冬天会来得很早;经常在中午听见杜鹃啼鸣,预兆夏天很热。

全世界约有130种杜鹃鸟,一半以上的种类以"巢寄生"方式繁殖后代。它们自己不孵卵、不喂养雏鸟，而是把卵送到别的鸟类的巢中，由这些鸟类来承担孵卵和抚育的任务。为此杜鹃有一种奇特的本领，雌鸟用嘴衔着产下的卵送至养父母的巢中，卵的颜色会变得和选中的"养父母"的卵色一样，这样就不会引起养父母的怀疑。送卵必须在恰当的时候，太晚了不行，太早了则杜鹃卵会被养父母清除掉，因此一定要等该巢的雌鸟产下第一批卵不久，将卵送入巢中。有人观察过实现"巢寄生"的全过程：一只雌杜鹃乘苇莺外出觅食之机，从芦苇丛中飞起，它先将巢中4枚苇莺卵中的一枚吃掉，然后又将自己的卵衔至巢中，整个过程只有几秒钟。碰到巢主不愿离巢时，雄杜鹃便去惹怒巢主，让其出来追赶自己。不仅杜鹃妈妈损人利己的本领高强，初生小杜鹃也很霸道。一般杜鹃雏鸟比巢中的其他雏鸟早出世12至13天，一旦小杜鹃见到天日，它便钻到别的卵下面拼命顶，直至把别的卵全部排除出巢，好独享爱抚。由于杜鹃的巢寄生行为以及杜鹃中的"一夫多妻"和"一妻多夫"制，所以西方对杜鹃的评价很差。中世纪时，杜鹃曾是鬼怪的代称。

　　文化的差异造成中西方对杜鹃的不同理解，海外的中国游子，每闻杜鹃啼鸣，总觉得是"不如归去"。

年俗游戏

岁末,很多人都想为自己的来年许个愿。经商的求生意兴隆,读书的希望考上一所理想学校或找到一份称心工作,于是在辞旧迎新之际,人们想出了种种预兆未来的所谓"年卜"。

年卜最初属于一种迷信,但久而久之人们发现它并不灵验,因而不再相信,但是年卜作为年俗游戏却一直在民间流传,成为过年时的助兴节目。我国河南省乡风,每年正月初一五更时分,当家的要将一个高粱馍和一个白面馍丢到院子里喂狗,如狗吃了高粱馍,则今岁年成好;若吃了白面馍,则不好。

在德国的农村里,农民习惯于年前采12朵黑尔波花蕾,将它们依次放在水中,每一朵花蕾代表一个月,然后观察花蕾开放状态,开的花蕾表示明年天气好的月份,闭的表示坏天气的月份。冬至是我国年节前的重要节气,冬至大如年,是日不少地方吃"冬至圆",按规定一口吃两个,吃到最后,如碗里剩下两个,则已婚者来年事事顺利,倘只剩下一个,则单身者明年如意吉祥。

按苏格兰人习俗,大年初一(元旦),家家敲破一只鸡蛋,取出蛋清置于清水中,接着根据蛋清在水中的形状识读家人在当年的命运,此俗谓之"蛋卜"。苏格兰人也非常重视初一这天来访的客人,如客人是一位幸运的富人,那么主人相信今年也会交好运致富。与此相类似,在英国威尔士地区,"简"被认为是个吉祥的名字,所以年初一碰到的第一个人若名筒,则全年都会万事如意。除夕夜,欧洲国家的少女们常把一枚金戒指缚在一根头发丝上,用手拿住头发丝将戒指放入一个空玻璃杯,戒指碰撞玻璃杯儿次,便预示少女还要在家里待几年才会出嫁。

西欧某些国家尚流行一种有趣的年卜,姑娘和小伙子年初一常玩"踢鞋"游戏,拿一把椅子背对房门坐下,房门是开着的,玩者用脚把鞋往后踢,鞋越过头顶落到门口,倘鞋头对着门外,意味着踢者当年将离家自立门户,鞋头如朝室内,则仍留在家里。

年卜虽然体现了人的碰运气心理,但却表达了人们美好的愿望,作为娱乐形式,新年新岁不妨玩玩,添一点节日的热闹气氛。

知苑新语

（续编二）

陈钰鹏◎著

文汇出版社

目　录

001 / 漫涂不可小看
003 / 盲人做梦
005 / 蜜蜂消失之谜
007 / 眠不踏实陌生床
009 / 让植物听从安排
011 / 热追秋葵
013 / 人狗皆宜释误解
015 / 人海茫茫尤孤独
017 / 人间无病药生尘
019 / 人类与流感
021 / 人权与安全
023 / 人体自疗和防毒
025 / 认知色调
027 / 如果航天员病了
029 / 孺子牛和牛气
031 / 入冬说羽绒
033 / 沙雕的启示
035 / 沙漠凉城
037 / 奢侈的节日

神秘的章鱼 / 039

生命的长河 / 041

生态汽车 / 043

十月节,啤酒节 / 045

世博是一种动力 / 047

世界纪录与体能 / 049

世界人口不会爆炸 / 051

世界著名奥运主场巡礼 / 053

世界最大工程 / 055

收藏垃圾的人 / 057

手套曾经万能 / 059

手心手背都是肉 / 061

书名轶事及其他 / 063

树木的呼救声 / 065

树木也要睡觉 / 067

树上的蔬菜 / 069

树叶观 / 071

数字化与文化传承 / 073

谁来做家务 / 075

水电问题 / 077

水下悬浮隧道 / 079

睡眠文化拾掇 / 081

说话难免延缓词 / 083

说造话 / 085

087 / 塑料垃圾的减量
089 / 一分为二看塑料
091 / 岁寒说柏
093 / 它们真的无用吗
095 / 体验死亡
097 / 天才容易生病吗
099 / 天上饭菜逊色人间
101 / 天下灯节
103 / 头痛医头……
105 / 为什么爱
107 / 为何不能复合呢
109 / 未来型建筑
111 / 问询与问询服务
113 / 乌盆尝鲜纸上游
115 / 污渍的清除和利用
117 / 无酒自醉
119 / 无可摆脱的祸害
121 / 无人机"做媒"
123 / 午餐与饥饱
125 / 舞蹈和语言
127 / 喜雨者说
129 / 先救谁
131 / 现代冬季两项
133 / 现金不会寿终正寝

小创将愈痒兮兮 / 135

小识宇宙淘金 / 137

新型滑雪运动 / 139

幸亏有醋 / 141

虚拟能源中心 / 143

学会应对走天下 / 145

雪的记忆 / 147

演讲的艺术 / 149

摇椅和摇椅疗法 / 151

药名 / 153

液体黄金橄榄油 / 155

一举多得印加稻 / 157

世界杯与无线跟踪 / 159

一天不到 10 小时 / 161

一团和气说甘草 / 163

医生就在你身边 / 165

以唾液还唾液 / 167

以蚊治蚊 / 169

饮食文化与民族精神 / 171

隐私 / 173

用脑知多少 / 175

有所不为 / 177

鱼儿也认人 / 179

与微生物共生 / 181

183 / 预料性出击
185 / 远古动物曾经沧海
187 / 月亮,永不放弃
189 / 越揩越脏
191 / 云里雾里说细菌
193 / 咋的这么累
195 / 再苦不过饱和潜
197 / 早春话榛
199 / 毡包与模块移动房
201 / 长生不老的副作用
203 / 找回苦味
205 / 正能量礼赞
207 / 正确理解达尔文
209 / 脂肪的来龙去脉
211 / 植物的智商
213 / 纸媒的优势
215 / 趾
217 / 至诚至忠导盲犬
219 / 中年之坎
221 / 主场效应与神话
223 / 箸·住·筷
225 / 专注与一心多用
227 / "茄门"与"茄门货"
229 / 走出智慧来

尊重胖人 / 231

坐着·站着·被人瞧着 / 233

撑住残秋是此花 / 235

耳大者长寿？ / 237

果中独备四时气 / 239

哈啰，我们是地球人 / 241

好人乎？坏人乎？ / 243

蝴蝶与蝴蝶效应 / 245

节约利用生命能 / 247

菱角轶事 / 249

落叶牵愁秋风劲 / 251

明月高挂好淘宝 / 253

默默无闻的蚯蚓 / 255

女人施威穿拖鞋 / 257

爬塌草屋说橄榄 / 259

感悟平民仙葩 / 261

千朵浓芳，占断春光 / 263

千姿百态说蘑菇 / 265

钱脏不脏？ / 267

绕篱攀架牵牛花 / 269

进化下一步 / 271

三周酉时 / 273

何谓匹特搏 / 275

是鱼不是鱼 / 277

279 / 水，生命之液
281 / 为什么骂人
283 / 为什么随地吐痰
285 / 文明琐语
287 / 无聊和无聊者
289 / 午间效率盹
291 / 新春话茶点
293 / 信息知多少
295 / 一点是多少
297 / 助残帮老机器人
299 / 苏河湾的夏天
301 / 从"绍兴华侨"说起
303 / 吃辣
305 / 窗口
307 / 光阴
309 / 动物中的养父养母
311 / 动物自救与互救
313 / 面包黄油，一对伴侣
315 / 表情和笑纹愁纹
317 / 恩断怨尽说离婚
319 / 一职多能的秘书

漫涂不可小看

我们每个人都会做这样的事情：开会、听讲座、打一个很长的电话或者听某人唠叨很无聊的事情，我们会情不自禁地拿起手边的笔在报纸的边上、便条纸上、纸巾上、香烟盒子上涂写起来。事后，这些涂写作品都被一扔了之。

在上述情况下涂写出来的图案被称为漫涂作品，但它们不同于眼下所说的"涂鸦"。涂鸦是有意识、有目的、有准备地在那些不该涂写的地方进行"创作"的行为。而漫涂则是不加思考、漫不经心、信手涂来的下意识动作。从广义来讲，两者都被称为"乱涂"，英语中叫 doodle，系从德语 doedeln 演变而来。澳大利亚和美国每年都有"国家乱涂日"。

近来，涂完即扔的漫涂图案日益受重视，而且出现了一个研究漫涂的运动。名人的漫涂更是身价百倍，成为收藏家们寻觅的重要目标。

心理学家们首先开始研究并试图像释梦那样去诠释漫涂作品，一位心理学家在讲课时发表了如下见解："圆圈、椭圆、曲线或螺旋线是一种害怕心理的表达；喜欢画齿形和尖形的人有点好斗；有雄心大志或一味想往上爬的人爱画星星；三角形、四方形或长方形是善于合理解决问题者的作品；画花的人热爱和谐，擅长在团队中工作；画脸的人多数是合群的人，而且富有幽默感。"

更多的科学家感兴趣的是漫涂的意义。奥地利艺术史家贡布里希认为，人们之所以漫涂，其实是为了在做一件比较单调的事情时提高思想集中力，让大脑稍微做一点别的事情，思想就不会漫游。据说鲁本斯在作画时、莫扎特在作曲时习惯于让人朗诵经典文学作品。有极少数学生在做作业时喜欢开着收音机，恐怕不无道理。一个"违背情理"的结论——来自外界的少量刺激能使大脑更好地集中于一件正在完成的事情。临床观察表明，漫涂对一般人而言是一种摆脱思想分散的动力。悉尼工业大学的心理学教师在上课时先发给学生铅笔和纸，等学生们开始漫涂了，教师才言归正传。

漫涂的更大意义在于，漫涂中隐藏着大量的创意——当下意识反应绕过正常思维时，别树一帜便有机可乘。丹麦物理学家皮特·海因，当他还在大学念书的时候，有一次听他的老师讲课，听着听着就开始无意识地乱涂起来，后来他根据这一漫涂作品发明了由7个基本形体组成的立体拼图游戏，至今在许多欧洲玩具店里还能买到这一智力玩具。

经研究，人们确认了5种最常用的漫涂图案形式和作者的关系：几何形状——思想和理解力的象征，适合于思想家和计划者的图案。同样图案的不断重复——安静、耐心、行事有方的象征，适合于专注者的图案。植物和花卉——友好、和谐的象征，适合于社会工作者。箭头和梯子——象征雄心大略，适合于有抱负的人。每个人可有意识地根据自己的类型选择一种图案，使漫涂既能起到专心致志的作用，又能帮助冒出创意。

盲人做梦

睡眠对人来讲是必需的,因为人要利用睡眠来储存能量、修复细胞、清除有害物质、巩固记忆、参与人体最基本生命体征的调节、激发潜能……(人类中有一种较罕见的、可怕的"致死性家族性失眠症",患这种病的人,由于睡眠的不断丧失、痛觉过敏、幻觉、过度恐惧症,通常半年后就会死去)。有些器官也利用睡眠时间放慢工作节奏,但是大脑仍然很忙。大脑中有亿万个神经细胞,它们任何时候都在不断释放出微电流——各种频率的脑电波。当脑电波频率慢慢降低时,人就逐渐进入睡眠状态,大多数人睡觉时会做梦。科学界已达成共识:在每一个睡眠阶段,无论是快动眼和非快动眼阶段,人都会做梦。梦醒后,每个人会或多或少地记住梦的内容。很多人提出了一个令人感兴趣的问题:盲人是如何做梦的,他们能看见梦境吗?

在梦中,人们可以看见房子,看见与之交谈的人;那么在盲人的梦中也有图画般的景色吗?一直以来,人们只知道只有后天成为盲人者有时也能做有图画的梦,否则,他们只能在梦中获得其他感觉器官平时感受的信息,所以直至不久前,普遍认为,先天性盲人在梦中是不会获得视觉印象的。

后来有一个葡萄牙研究小组对一批生下来就是盲童的孩子在实验室做了试验,等他们进入 REM 阶段(速动眼阶段)后,将他们逐个闹醒（因为速动眼阶段的梦是最容易被记住的）。孩子们分别获得纸和铅笔并被要求画一点梦中的东西；令人惊讶的是，有的孩子真的画上了有形象的东西，比如很简单的线描人物、看似房子的形状或其他物体；一时间成为轰动新闻。不少科学家分析，这些孩子显然能从触觉、听觉、嗅觉或味觉得到的信息创造出一种视觉印象。他们大脑中负责视觉的脑中心是完整的，所缺少的是通往这一脑中心的导线；盲人通常知道，一个人摸上去是一种什么感觉、有多宽、多高，通过这种方式获得一种空间感。这种来自躯体感觉大脑皮层的信息，看来在某些盲人身上能转变成类似于现实中的视觉信息。然而有一部分专家认为，这一切只是一种提示性分析，再说，至今做这类题目的研究还太少。看来，盲人做梦的课题，还有待于进一步深入研究。

不过几年前一个日本研究团队开展了题为"我看见你在做梦"的研究工作，他们让受试人员睡在脑扫描仪中，成功获取了做梦者的梦境与脑电图之间的关系，从而可得知做梦者的梦境是什么，说通俗一点："我能看见，你梦见了什么。"这一研究成果也许可作为下一步研究盲人做梦的启发。

蜜蜂消失之谜

蜜蜂是一种辨向能力极强的昆虫,工蜂可以飞到离巢几千米远的地方采蜜,然后安然无恙地回巢。因为蜜蜂有一对发达的复眼,每只复眼由 6 000 多只小眼组成,每个小眼有 8 个呈辐射状排列的感光细胞。晴天,蜜蜂利用太阳光辨向,阴天利用太阳光(穿过大气层、受到大气分子或尘埃等颗粒的散射而形成)的偏正光辨向。有了这一保险的导航系统,回家不会迷路。

近几年来,国内外不断出现蜜蜂莫名其妙消失的报道。据悉,我国在 10 年内蜜蜂的数量减少了 10%;而在欧美,蜜蜂的大量消亡已成为灾难。人们首先想到的是,诸如此类的"集体死亡"很有可能是蜜蜂的导航系统出问题了。美国科学家曾在蜜蜂体内发现一种名为"隆背蝇"的寄生虫幼虫,同时在隆背蝇和蜜蜂身上都发现有同样的病毒和真菌,于是推测是这种寄生虫使蜜蜂受感染。而正是这些受感染的蜜蜂在离开蜂巢后变得呆头呆脑,失去了辨向能力和对肢体的控制能力,从此就找不到"家",最后冻死在野外。

美国宾夕法尼亚大学的昆虫学家推测认为,导致蜜蜂导航系统出问题的是植物中存在的一种特殊化合物,这种化合物就是农民用来杀灭作物害虫的农药,它经过植物的循环系统进入新叶或花朵,蜜蜂采花粉时便受到农药的感染。目前欧美用得最多的农药是新烟碱类杀虫剂"益达胺",20世纪90年代末,法国科学家已经发现,益达胺虽不会致蜜蜂死亡,但会伤害蜜蜂的神经系统。

有的科学家从另一角度出发寻找根源,他们认为导致蜜蜂大量失踪的原因可能是手机等高科技产品产生的辐射。人们发现,把手机放在蜂巢附近,蜜蜂就不愿回巢。

《纽约时报》曾报道说,一些科学家猜测,美国许多养蜂场的蜜蜂大规模失踪和美国大量种植转基因作物有关,不少机构都在研究这一问题,但至今没有得出定论。德国有一位养蜂人说,养蜂场周围的土地肯定有某种物质使蜜蜂无法生存,可能性最大的是抗虫害的转基因玉米。

养蜂人为了让蜜蜂多酿蜜,用一种加了非天然添加剂的混合物喂养蜜蜂,影响蜜蜂的健康;另一方面,为使蜜蜂不得病,养蜂人还让蜜蜂吸食抗生素以防疾病感染,但实际上却干扰了蜜蜂体内天然细菌的生存。人造食品、转基因作物与蜜蜂失踪和死亡的关系如何,有待进一步研究。

有时候一个蜂箱会容纳3万只蜜蜂,生活空间太小,蜜蜂无法忍受;缺乏足够的营养、蜂箱里细菌和寄生虫滋生……这些恐怕也是造成蜜蜂减少的又一个疑似因素。

蜜蜂的减少和消失不仅仅是一个蜂蜜产量的问题,而是有关农作物产量和质量的大事情。世界上有2万多种蜜蜂,都是喜欢花粉的。确保蜜蜂数量等于确保异花授粉植物正常结出果实和种子。

眠不踏实陌生床

搬进一个新的家（一套新的住宅）；出门旅行，住一家酒店；或者临时在朋友家的客房过上一夜……很多人久久难以入睡，夜里辗转反侧或不断地"睡一会儿就醒"。这种现象在第一个晚上最明显，人们称此为"首夜效应"或"陌生床反应"，问题就是这张位于陌生环境里的陌生床引起的。

睡眠学专家把睡眠者分成三类：第一类被称为"天赐睡眠者"，这些人不管到哪里都能睡得好、睡得香。第二类就是容易产生"陌生床反应"的睡眠者，如果让他们在一个陌生的地方过夜，睡眠问题就会找上门来。第三类属于睡眠障碍者，他们总是睡不好觉，但奇怪的是，只要到了一个陌生的地方，第一晚反而可以睡得比平时好；不过仅此而已，过后又是老样子。对这种"非逻辑现象"，睡眠学家至今未找到合乎逻辑的解释。

不久前（2016 年），科学家们专门针对"陌生床反应"开展了研究工作，他们对受试者做了连续 8 个晚上的测试，根据对脑电波的分析研究，发现"有问题者"具有一种和海豚及鸟类相似的睡眠模式——"脑半球睡眠"。也就是说，在陌生的地方睡觉，他们的左半脑始终处于一种"警戒状态"，哪怕已经进入深睡阶段，左半脑始终比右半脑清醒，而且很容易与外界"应答"，对异常声音和各种异常刺激特别敏感，从而导致睡眠不安稳，动不动就醒来。

按说研究结果已经清楚地解释了问题：是人类长期进化的结果，为了人类的生存和安全，为了在睡觉时也能防止不速之客的袭击。然而新的疑问又产生了：为什么有的人有"陌生床反应"，有的人没有。应该说，由于生活方式的改变和进步，现代人大多睡在相对封闭的空间，"陌生床反应"已没有必要，所以"脑半球睡眠"在一般人身上基本上已经退化，但在一部分人身上还残留着，尤其是对陌生刺激很敏感的人。当人们出差和旅游住酒店时，通常会有很多因素构成陌生刺激：陌生声音背景（走廊里声控开关的声音、电梯运行的声音、临街的公交车辆声音等）；陌生邻床制造的陌生干扰因素（陌生的打鼾声、陌生的梦话和翻来覆去的声响）；床垫不对头（太硬、太软、太窄、太短）；难以适应的温度（中央空调无法在房间按客人的需要调节、不可打开的窗户），因为人在睡眠时的最佳温度是17至22℃；光线因素（太亮、太刺眼、太暗），睡眠时不仅不能光线太亮，而且也不宜"伸手不见五指"，有的客房没有夜灯，造成一关灯就是一片漆黑，致使睡眠者陷入烦躁不安。

为此，建议有"陌生床反应"的出差人员和旅游者，有条件的最好带上眼罩、耳塞乃至携带一个自己睡惯了的枕头，以便尽量减少和削弱陌生刺激因素。

让植物听从安排

唐朝诗人唐彦谦在其《玫瑰》一诗中提到:"不知何事意,深浅两般红。"且不说诗句的内涵,从字面上不一样的红,就说明了诗人观察力之细微。玫瑰的颜色其实是可以改变和被改变的,现代科技认为,玫瑰的色彩是可通过电压的改变而加以控制的。

瑞典的一位女科学家正在实验室里观察她的实验对象玫瑰花,令她格外兴奋的是看到了那些像蛛丝样环绕着花朵的、极细的灰色金属丝,这正是她几个月来日思夜盼的实验结果。为了培养这种"杂交玫瑰",先将玫瑰花卉枝条剪下,然后放入一种被称为"液态金属丝"的特殊聚合物溶液,使其吸收这一溶液。研究小组花了很多时间及精力,才啃下了这块硬骨头,研制出一种既不会伤害植物、又能导电的材料。

经处理后的花枝在重新与植株结合后,今天终于满足了科学家们的第一个目标——从花柄中伸出了许多金属丝。专家们于是着手下一步的工作:用电压调节器,改变花的颜色。目前,颜色的改变尚停留在叶子上,具体说,多几伏或少几伏电压,能使叶子的颜色变得深一点或浅一点。

人们最关心的当然是花的颜色,因为颜色与送花有很大关系。比如同样是玫瑰,但对很多人来讲,不同的颜色代表着不同的意义(当然没有统一的规定和绝对的象征)。从友情角度而言,黄玫瑰象征纯洁的友谊；如果用在爱情上，往往被人用来表示消逝的爱情。科学家们相信，不久的将来，对花农和个人养花者来讲，随心所欲地改变花的颜色将是一件易如反掌的事情。

早在1873年，达尔文的朋友约翰·伯登-桑德森便发现，植物细胞会利用电信号进行相互间的通讯。到了21世纪的今天，这一发现得到当代科学家的证实和具体化。波恩的农艺家们报道了玉米的根能在植株内建立电流脉冲通讯系统，干旱过后一旦有水了，根系便立即向植株的其他部分通告解除警报。

如果我们有意识地控制植物的电信号，那么就有可能影响植物的开花和果实成熟的时间点。有的植物如榆树或金合欢树，当它们受到外界的骚扰（抚摸、敲打等）时能发出电紧张信号，这是在向邻树发出警报：赶快准备苦味素。如果将这一报警系统应用到番茄或玉米植株上，未来的农民将不用担心植物被害虫损坏。

随着科技的不断发展，人们甚至可对植物中某些部分的细胞单独进行电子控制：通过按钮，将水、必要的糖分、激素或其他物质有的放矢地输送到专门的部分如茎、叶、花中；于是我们就可将观赏植物按观赏者的需要进行重点培养，或者让经济作物在温暖的时节发芽和避开寒潮的袭击时间。此外还可以合理安排一个果园的果实成熟时间，避免收获季节的集中繁忙。

有的科学家思维更为前卫，他们已经在考虑利用植物的电信号及其可控性，获得精确的环境数据，建立起经济、可靠的天然环境监测站。

热追秋葵

有一种看似青辣椒的蔬菜,名叫秋葵,在菜场已露脸许久,但买主似乎并不多;价格太高也许是一个原因(约9元一斤),亦或是市民对这种蔬菜以前缺乏舌尖上的经验,对其营养、药用和养生价值也少有认识。秋葵曾在国外相当风靡,被捧成高级营养蔬菜。

秋葵又称羊角豆、咖啡黄葵、毛茄,锦葵科,一年或二年生草本。植株最高可达2米,作为蔬菜的食用部分是嫩果荚,味脆而柔滑,有一种独特的香味,籽亦粘滑,像极细的嫩玉米粒。远看似小青椒,尖头的圆锥形,其实是五角形或六角形的。

秋葵原产非洲,20世纪由印度传入我国;最近几年来在日本,我国的香港、台湾地区和西方国家成为热门蔬菜,不少国家将秋葵定为运动员的必食蔬菜,也是老年人的保健蔬菜。在西方某些国家,秋葵被称为"亚伯麝香",亚伯是《圣经》中亚当和夏娃的次子,其兄为该隐。根据《圣经》故事,亚伯是牧羊的,该隐是种地的;该隐将自己地里长出的作物作为贡献品献给耶和华,而亚伯所献的则是一只羊和羊脂,耶和华欣然接受了亚伯的贡献物,拒绝了该隐所献的作物。该隐竟然大怒之下杀死了亚伯……从此亚伯成为有信心、能带来幸福、对神有敬畏的象征。由于秋葵在西方自古被看作药用植物、能治病救人和为人类带来福音,又因西方人觉得秋葵有一种类似于麝香的奇妙芳香味,所以把"亚伯麝香"的美名赋予了秋葵。

尤其在地中海沿岸地区,秋葵自古以来被看作能治百病的万能药,据说在奶畜的饲料中掺入秋葵能提高产奶量。人们相信秋葵具有止咳化痰、治痉挛、治血脉不和、利尿、润肤、催乳、疗创伤等功能;古代的西方,民间颇为流行一些单方,如秋葵茶(泡茶);用秋葵植株捣成糊糊,制成敷贴治疗皮肤病和皮斑;水煮秋葵根,汁水经过滤后是一种良好的护发剂。

秋葵能促进新陈代谢,帮助消化;富含锌和硒等微量元素及维生素C和可溶性纤维。锌是多功能微量元素,参与人体多种酶的构成,和人的生长发育有密切关系;硒是人体必需的微量元素。

作为健康蔬菜,秋葵可任意与其他食材搭配,可凉拌、热炒、做汤等,但事先应在沸水中烫三五分钟去涩。秋葵的成熟种子经焙炒、磨制后可作咖啡代用品。

值得注意的是,面对被一些人炒成"植物伟哥"的秋葵,上海的菜篮子市民如今仍然显得相当冷静,这绝不仅仅是因为价格太高。

人狗皆宜释误解

很多养狗人发现,当他们与狗说话时,狗会侧转头,显出一副在倾听的样子。有一个主人说,只要狗狗听见他说"外婆开车",它就会显得欢乐,同时侧着脑袋看着主人。当主人再说"走,外婆开车",这时它就紧张起来,觉得外婆就要带它出去了。这是咋回事呀,狗狗真的在煞有介事地听人说话吗,它听懂了吗?

应该说,狗狗不是那么容易听懂人的话的,那它干吗装得如此像模像样呢?狗能辨别主人的声音、身体语言和其他非语言信号,从而作出反应;在人说话的时候,狗确实很专注,而且对主人的情绪十分敏感。至于侧头看着主人,这和狗的鼻子有关。由于鼻子往前突出,它想看你的脸,可是鼻子挡着,它只能看到你脸的上半部,如果它想看你的嘴,它必须将头侧向一边。

狗狗做上述动作,无非是想通过人的其他信息确认自己的理解。研究证明,狗能通过人的脸部表情而知道人的感情,是快乐,还是悲伤、愤怒。通过屏幕向狗显示人的各种脸部表情时(显示每个人的两幅照片,愤怒和笑容各一张),很多狗竟然去轻触愤怒脸的照片,想看到友好的表情。不过向狗展示照片总是分成两半的,要么只看到眼部,要么只露出嘴部,由此可见,狗狗不是根据脸上的单个完整的特征来理解脸上表情的,尽管如此,它们能分辨得很准确。

有人把自己养的狗会向人身上扑看成是一种本领,但动物行为学家却认为这是狗狗没有教养的表现,狗在向上扑的时候,从进化理解的话,其实是为了舔人的嘴角,表示欢迎和屈从。要是养成了习惯,就会成为恶性循环,由于人的嘴不容易够得着,狗必须跳得很高,会很累,所以专家建议不妨改成让狗舔手。

有时候狗狗有吃青草的习惯,这一点让很多养狗人不理解,有的人还用并不科学的谚语来解释:天要下雨狗吃草。其实狗吃青草是因为它们碰到了新陈代谢问题,草能促进新陈代谢,解决消化问题,促进排泄过程。草茎可缠在胃里不消化的东西上,这些东西便能随着草被带出外面;草还能刺激分泌胃酸,使营养物质更好地分离和分解出来。如果胃酸仍然不够,则营养物质干脆随同青草一起被呕吐出来,从而达到胃酸的平衡,这是狗的一种自体调节。

刚养宠物狗的时候,碰到狗狗在家里随地大小便,很让人头疼,不少人以为必须给它们做好规矩,给予必要的惩罚,让它们长记性,有的甚至强迫狗用鼻子去嗅自己的大便。这样做不是办法,有时适得其反,尤其是狗乱解大便后隔了一定时间再去惩罚,因为狗的联系能力只能在很短时间内起作用,隔得时间长了,他无法再将惩罚与自己刚才的行为"联系"起来。倘若被主人"抓了现行"而受处罚,它也有可能以为当着你的面不能大小便,下一次说不定就会偷偷地到床底下或躲到别的地方去解决。如果跟着你去遛狗时,他甚至也不敢当着你的面而实施方便,这就更为糟糕了。

狗狗虽然很注意人的声音,但它们更拿手的是理解人的身体语言。

人海茫茫尤孤独

世界人口在不断增长,人们在不断互相靠近,至 21 世纪末,全球人口可能将达 110 亿。然而正当人和人处得很近的时候,很多人的内心却似乎在不断和别人分开,有越来越多的人感到孤独。

当今社会,是有不少人守着一百多平方米的房子,过着独处和独居的日子——配偶过世了,子女都在国外。有人说这些人很孤独,其实不尽然,人家看上去很忙,国内国外来回跑,见识世界眼福饱。这里需要区别两个概念:独处和孤独感。独处者不一定有孤独感,有孤独感的人不一定是独处者。

从心理学角度而言,人身上有一种基因型"孤独调温器",每个人调定的"温度"是不一样的,因此每个人对"单独存在"的感受也是不一样的。孤独感不仅能在心灵上留下阴影,而且会给大脑和基因带来后遗症。就像流行病一样,如果感染了"慢性孤独感",人就会开始不健康地饮食(比如经常喝酒)、依赖某些精神药物等。时间长了,大脑额叶前部的皮层活力减小,会影响一个人的情绪和行为。

从社会心理学理解,孤独感也就是与社会隔绝感,是一种主观意识,让人觉得很不舒服;而独处(或独居)只是一种状态的描述,是客观现象;独处也可以让人觉得很舒服。人不仅会建立社会联系、与他人接触,而且也会寻求独处。有人会故意远离尘嚣,过上一段时间的"隐居"生活。有一位作家曾经说过:"受孤独感的启发,觉得和别人在一起是相当美好的事情;和别人在一起时又让我感到,独自待着也很惬意,于是我就有了许多调节的余地,始终过着美好的生活。"歌德也曾把自己的作品称之为"孤独造就的孩子"。而哲学家叔本华却写道:"人只有在单独存在的时候才能完全成为他自己,不喜欢独处的人也不喜欢自由,因为只有一个人独处时,他才是自由的。"

生活状态的改变固然会造成独处的事实,比如配偶离去了、孩子搬走自立门户了、退休离开群体了或者生病独自住院了……但是否孤独并不取决于我们是否独处,而是取决于我们对自己以及自己生活的态度和看法。

孤独感分三个阶段(三种不同程度):一、暂时性孤独感,孤独的感受持续较短的时间,只是对外界状况变化(如待岗、搬家、住院等)的一种反应。这一阶段的孤独感没有坏处,相反能让人去适应新的状态。二、持续孤独感,孤独感开始了,不幸成了持续的陪伴者;建立联系、与人交谈的能力在慢慢下降。三、慢性孤独感,孤独感持续数月乃至数年,常犯发呆,社交、联络、展示自己、认可别人等能力消失,成为一种疾病。

现代化的大城市,有些人过于关心建立自己的目标,关心自己的成就,凡事先想到自己;加上电脑在职业和私人生活中的普及,人们已经不习惯和他人进行实打实的联系、沟通、走动、交谈。想完全消灭孤独感是不可能的,但明白了造成孤独感的因素,我们至少可以做到把孤独感扼杀在第一阶段。

人间无病药生尘

我国的中医，不仅是一门治病救人的科学，而且是一种内涵十分丰富的文化。历史上，中医有四种叫法：岐黄、悬壶、青囊、杏林。传说黄帝与其臣子岐伯常论医谈药作《内径》，所以他俩被看作中医之祖，后来"岐黄"便成为中医的代称。据《后汉书》载，东汉方士（古代将求仙炼丹之人称"方士"）费长房见市中有老翁卖药，悬一壶于座，市罢，跳入壶内。古代医和药被视为一体，于是"悬壶"也被作为行医的代称；说"悬壶济世"是对医生的点赞。三国时名医华佗被曹操杀害，华佗临死前曾将一装满医书的青囊交给狱吏，使得部分医术得以保存和流传，青囊因而也成医术的代称。相传三国时还有一位叫董奉的医生，他为人治病不取报酬，只求愈者种杏树若干棵，几年后得杏树十余万株，蔚然成林。从此，杏林便用来称谓医家或整个医界。

外国留学生在中国求学时选择中医学作为专业的不少，仅中医学中的文化内涵就足以吸引那些"年轻的老外"。有一次，一位在我国某大学教德语的德籍老师请我帮助他搞清一个问题：在中国，医生为什么也可叫"大夫"，医生、大夫、郎中，它们之间有区别吗？他看我没有立即答话，马上解释说："我不是想让你为难，我觉得你喜欢关注一些细小的事情，如果我请别人帮助，他们也许会觉得更难。"够聪明的，很会用激将法。过了很久，我终于可以向他交差了：大夫在中国古代纯粹是官名，和医官没有关系。至宋代，我国的医务体制有了很大发展，产生了很多负责医疗事务的行政官职，翰林医官院的医官就分为好几级，官阶有大夫、郎中、医效、祇侯等。鉴于大夫是医官中的最高职位，就把大夫作为医生的尊称；郎中在第二位，其实，大夫和郎中确是小有区别的：通常把开医馆瞧病的医生称为大夫，草药店坐堂或流动行医的称郎中。后来，医院的医生一概称大夫，尤其是当面不叫郎中。

看病后需凭医生开的药方才能配药，现代医院配药通常就在医院的药房，但在国外，也有让患者自己直接去街上的药房买药的，有的地方人口少，没有药房；有时私人医生或家庭医生只管看病开药方，由病人或病人家属自己去配药。不过有一点做得挺好的，街区和马路多设有药方收集站（即路上的邮筒），受药房的委托，每天都有药房派出的专人去开邮筒取走药方。2018年底，在德国出现了数字化药方收集站——一个电脑终端。只要将处方塞进输入缝，药方就被数字化处理，随即被发往相关的药房，处方原件仍留在终端。数字处方机的优点是速度快，不需人工传送，碰到药物断货，可及时补订；在正常情况下，患者当天就能通过快递收到药品。眼下很多人建议在全德推广数字化药方收集站，但有人估计可能会碰到与法律有关的不同意见。

古今中外，医和药的初心是救死扶伤、普济万民。医和患本来也是目标一致的，都是怀着一颗慈爱的心在助人和救人。"广安堂"也好，"保和堂"也罢，希望都能做到对联上写的那样：但愿世间人无病，何妨架上药生尘。

人类与流感

流感是人类必须面对的一个灾难。

全世界平均每年约有 150 万人死于流感，近 500 年来，至少已发生过 30 次规模不等的流感流行（包括大流行和小流行）。20 世纪，全球出现过 3 次大流行，第一次流感大流行是发生于 1918 和 1919 年的西班牙型流感，这次流感夺走了 2 000 多万人的生命，比第一次世界大战中丧生的军士和平民总数还多。第二次大流行是 1957 和 1958 年的亚洲型流感，仅在美国就有 7 万人死亡。10 年后，全球 70 万人死于第三次大流行——香港型流感。

这几次大流行都和禽流感有关，而 1918 和 1919 年的西班牙型流感流行是至今世界最大的一次大流行。流感病毒易变异，且各型和各亚型间无交叉免疫。只要出现新亚型，就有可能造成全球大流行。

其实，"西班牙型流感"的叫法是不准确的。1918 年 3 月 4 日，驻守在美国堪萨斯的芬斯顿军营之大部分士兵得了流感，他们正准备开赴欧洲执行任务。4 月份，病毒被这支美国部队带到欧洲，5 月流传到法国和西班牙。800 万西班牙人受到感染，于是西班牙人背起了"西班牙流感"的黑锅。一度认为这次病原体是猪流感病毒。1995 年，由阿姆德·福斯病理研究所分子生物学家杰弗里·陶本伯格领导的一个小组开始重新跟踪西班牙型流感病毒。

经过一年时间的研究,确定西班牙型流感病毒在当时是由一种猪流感病毒和一种禽流感病毒重组而形成的新亚型病毒。

约 2 400 年前,古希腊著名医生希波克拉底曾报导过今天的医学称之为流感的流行病,但人类第一次明确描述流感是在 1610 年。流感的英文名 influenza(意谓"影响")起源于意大利文 influenza di freddo(寒冷的影响),因为它常流行于冬天和春天寒冷的季节,后来便简称 influenza。

科学家们比较担心的有两个问题,首先是担心候鸟感染禽流感,从而造成严重的所谓"病毒雨";其次担心的是,如果一个人同时感染了禽流感和人流感,那么他就有可能成为"病毒混合器"。比如 H5N1 是一种高致病性禽流感病毒,致死率很高;H3N2 是一种有传染性但无致死性的人流感病毒。万一这两种病毒重组出一种新亚型病毒,那它就是一种"超级流感病毒",传染性和致死率都将会很高。同样,猪也有可能成为"病毒混合器",因为禽流感病毒和人流感病毒都能传染给猪,所以家禽不应该和猪混养。

流感和禽流感看来似乎十分可怕,但人类已经进入了 21 世纪的高科技、高医学、高电子时代,经过多年的科学研究,已经有了控制禽流感的有效方法。各国都在严格跟踪和监控流感及禽流感,国际合作已经取得成果。我国在禽流感流行病学的研究方面以及在禽流感诊断、免疫和防治方面做了大量工作,取得了多项研究结果,已经研制出相关疫苗。禽流感病毒在外界环境中不易存活,通常情况下,普通市民接触不到高致病性禽流感病禽。有一点很重要:每个人任何时候都要讲究卫生,尤其是讲究公共卫生。

人权与安全

在沙特阿拉伯,有一位"外国公民"(而且是女性公民)被授予沙特阿拉伯国籍,这位女性公民是名叫索菲亚的机器人,这意味着索菲亚持有了一本旅游护照,并享有沙特公民所拥有的一切权利和义务,比如有选举权,可以上法庭……

索菲亚于2017年10月在利雅得(沙特阿拉伯首都)的"未来智能投资"研讨大会上作过演示,这个机器人由香港汉森机器人有限公司制造,整个工程的主管人是美国人戴维·汉森。索菲亚掌握了62个不同的脸部表情,包括她获颁沙特国籍时露出的"幸福笑容"。在她的眼睛后面安装了许多微型摄像头,它们会加工信息和辨认面孔;今后,索菲亚将在用户服务部门或养老院工作。

索菲亚的成长是有个过程的,人们记得以前她为美国技术革新展览会拍过一段录像,她的创造者问她会不会摧毁人类,她居然说:"是的,我将摧毁人类。"然而在利雅得登场前,她学乖了许多,有人问她会不会给人造成危险,她回答说:"你是不是埃隆·马斯克(1971年出生于南非,拥有加拿大、美国双重国籍,现任太空探索技术公司CEO和CTO、特斯拉公司CEO、太阳城公司董事会主席)的故事读多了,或者好莱坞影片看多了?不必担心,如果你对我好,我也会对你好的。"

对人来说,健康、安全、和睦相处地活着是最基本也是最重要的目标。德国的外事部门较早实施了一种旨在保护去国外旅行的德国人安全的措施,出台了所谓的"危机预防表",它的意义在于使用价值,说通俗一点,在发生事故的时候,表上有名的德国人在国外都能较容易被找到,当他们陷入一种危机境地时(比如遭受恐怖袭击、遇到武装暴乱或自然灾害……),就有利于救援。危机预防表的签登完全是自愿和免费的,一次登记用过后,可以注销,下次出行前再签,不过需要在出行前10天申请。有一种情况是例外,如参加旅行社的组团旅行,那就不需要签表了,旅行社组团是一种一次付清车旅食宿费的,旅行者的家属可以通过旅行社作逆向跟踪。也有人称"危机预防表"为"电子版德国人在国外",笔者以为,从眼下的新冠肺炎流行形势来看,我们不妨称它为"德国人安全码"。

还有的人开玩笑说,加入了沙特国籍的索菲亚小姐应该也能签登这样的表格吧,如果沙特阿拉伯也有类似的做法的话。其实也不难,索菲亚小姐可以再申办德国国籍嘛。

人体自疗和防毒

西医的奠基人，古希腊医师希波克拉底说过一个观点：医生治疗病人，病人自己也在对抗疾病。希波克拉底主张在治病时应注意病人的个性特征、环境因素和生活方式对患病的影响；在用药的同时，还需重视卫生饮食疗法。

希波克拉底是个了不起的医生，在两千多年前就知道利用人体所具有的自疗能力，所以他提倡病人对治疗疾病要有信心、要信任医生、要有痊愈的愿望。

人体是具有很大自疗能力的，皮肤损伤时，自疗最快、最好；其次是气管、肠和黏膜，它们也能很快修补细胞。伤害处离体表越深，则医疗介入显得越为重要。手臂和腿上如有一根神经受损伤，身体有可能自行修补，但大脑受伤就不太可能自疗。

人体是一个既复杂又敏感的生物体，它能对所有物质和非物质的影响作出强烈的反应，所以只要一点点负面影响（不利影响）便足以使我们的身体偏离平衡。比如一种负面思维，它不仅能削弱免疫系统，而且会对我们的器官、细胞、身体固有的生化作用乃至DNA产生很不利的影响，负面思维和由此养成的不正常（或非天然）饮食会削弱身体潜在自疗能力的发挥，时间长了容易导致慢性中毒，造成细胞损坏。所以有人说，负面思维是许多疾病的根源。

今日世界，很多人都患有"需要自我承担责任的慢性中毒"，大部分人在食用被化学污染的食品，比如无数的加工食品、快餐、软饮料、成品调味汁、富集了氟化物的水、施用农药的蔬菜和水果……人每天都在毒害自己，从而削弱了自己的自疗潜能。面对这种现状，有的人继续麻木不仁：有什么办法呢，吃了那么多年了，听天由命吧。其实不用那么悲观，每个人只要坚持健康的生活方式，只要坚持天然营养，人体的慢性中毒是可以较快被"逆转"的。

也许有人觉得，这么说不痛不痒，解决不了问题：谁来"自我承担责任"？我想应该是"极少数人"在让大多数人"慢性中毒"。处理诸如此类的问题，确实需要大大加强力度。

人体的自疗能力很强，人体每秒钟都在修补自己，除了牙齿和某些骨质，可以长期不变，没有一个体细胞能活过 11 个月的。每隔 6 周，我们的肝便"更新"一次（每秒钟有 10 亿至 70 亿个肝细胞得到更新）；每隔 8 周，我们的肾脏"更新"一次；每隔 8 个月，我们的肺"更新"一次（前提是天然健康的饮食和生活方式 + 正面思维 + 足够的运动；这样，即使是多年烟龄的老枪也能清除肺内的被污染细胞）。此外，我们的全部皮肤每隔 4 周"更新"一次；每隔 24 至 72 小时，我们的黏膜完成"更新"任务。

读者朋友，利用你的身体自疗潜能，争取成为"无中毒"身体。

认知色调

人的眼睛可以区分几百万种色调,然而用来描述色调的概念(表达词)却远远少得多。多数西方国家只有12个基本表达词;一些原始民族(如生活在亚马逊河流域的提斯曼人)的语言中,色调基本概念甚至更少,他们只会用三个概念词表达不同的色调。

美国麻省理工学院的神经科学家爱德华·吉布森为此专门进行研究,哪一种颜色在不同的语言中被表达得最确切、最细微;换句话说,哪一种颜色能在不同的语言中被微分、并有相应的微分概念词作精确的表达。最后发现,说英语和西班牙语的人能将橙色和红色这样的暖色细分成80种微分色彩并用相应的微分概念词表达。与此相反,他们对冷色系列中的颜色如绿色和蓝色的微分能力较弱,往往会将差别很大的色调用同样的概念来表达。

"为什么?"这位科学家自问道;当他在分析由20 000个色标组成的数据库时,终于找到了答案:暖色往往是居重要地位的,所以很受注意,在语言中会被表达得细微。冷色则相反,通常处在次要地位。在今后的一个系列研究中,他希望能发现,在冷色调占统治地位的地方(如多雪的地方),那里的人同样也开发了丰富的词汇用来表达相应的微分(冷)色调。

然而有不少人觉得,吉布森的研究带有方向性错误,他首先忘记了生活在远东的东方人是如何微分并表达色调的。提醒得好:

在浩浩历史长河中,中国人的色调微分和表达是有一套独立的系统的。中国地域辽阔,气候多样,人口众多,仅用暖色和冷色来研究微分色调是行不通的。中国历史上最早使用的颜色是黑、白、土色和赭石色,其中红色是最早的"流行色",到了奴隶制社会,青、赤、白、黑、黄被看作东、南、西、北、中和木、火、金、水、土的五方"正色",中国历史上讲究正色,封建时代,黄色象征神圣和威严,是智慧和权威的标志,成了皇帝的"专用色彩"。不过正色也是在改变的,如夏代尚黑,殷代尚白,周代流行红色,并赋予红色以正统地位。

按说孔子一向是拥护"正色体制"的,然而春秋齐国大树紫色,孔子十分讨厌,因为孔子心目中的正色(周代以来为朱红色)被动摇了。后来,汉高祖认为自己是从南方起兵获取胜利的,是"火德兴邦",于是又提倡红色……值得一提的是清朝官吏的"黄马褂",它被穿在袍外面,长仅至腰,袖不过肘,便于骑马和射箭,故叫马褂,而皇帝的随从和护卫等内大臣所穿的马褂系用黄色的绸缎或细纱制成,所以称"黄马褂",成为皇帝近臣的服装。一般官吏均以获黄马褂为荣,赏赐黄马褂后来成为清朝统治者笼络臣下的手段。

看来,中华民族与红色源远流长,最后,红色终于成了中国革命的初心,劳苦大众的革命军队叫中国工农红军,"东方红"象征着新中国的诞生,共和国的国旗是五星红旗。其实,全世界无产阶级者都以红色象征革命:保卫斯大林格勒、直捣希特勒老巢的是英勇的苏联红军;笔者在大学就读时,曾通过中图进出口公司订阅了一份德文版的《红色早报》——奥地利共产党机关报,我称该报为奥地利的《东方红》。

如果航天员病了

"如果航天员在执行使命过程中病了……"人们也许很关心这个问题。不妨先讲一件大事：1970年，NASA的医生经诊断发现航天员托马斯·马丁利在发麻疹，于是马丁利错过了乘坐阿波罗13号的登月机会，由航天员约翰·斯威格特替补出发。然而这次航天行动失败，发射后两天，因登月飞船的服务舱氧气罐爆炸，航天器严重损坏。三位航天员急中生智，把航天器的登月舱当作太空中的救生艇，在缺电、缺水、缺少温度的严峻条件下，经历了九死一生，终于成功返回地球。

至今到过太空的人有500多名，但这些人中没有一个在执行使命中得过重病。据NASA统计，平均每隔5年有一位航天员生病。这也许是因为预防工作做得好，为了防止航天员生病，人们尽了一切努力，采取了一切措施。

航天员的身体必须高度强健，他们需作详细体检，往往在起飞前数周就和外界环境隔绝。航天员的座舱其实是病原体的天堂，只要有一名航天员打一个喷嚏，在失重情况下，病毒便可无障碍在舱内到处传播；外加座舱窄小，空间有限，疾病传染是无法避免的。

考虑再周密，措施再完善，在众多航天行动中，航天员们还是不能抗拒感冒、低热、胃肠感染、口腔溃疡等疾病。这些病都是可以通过药物治疗的，但航天员必须事先用相关的重要药物加以测试,以防止届时出现对这些药物的耐受性。此外,宇航中有一种"氛围恐惧症",属于航天运动病,也被称为宇宙中的"晕船病",尤其是穿着臃肿的航天服时,有可能让人觉得透不过气来,所以应在穿上航天服之前服用预防性药物。

出舱活动时,由于座舱内的压力是 1 个大气压,而舱外航天服内的压力为 0.4 或 0.29 大气压,这时航天员有可能得减压病——血液中的氮气容易形成气泡,人会感到疼痛,所以出舱活动前,航天员需"吸氧排氮",以防减压病。

作为供航天员长期逗留和工作的空间站(比如目前的国际空间站),它不仅拥有绝对精优的技术设施和装备,而且配有丰富、高效的药物和医疗器械,有一台除颤器和一台人工呼吸机,国际空间站总有一位航天员是精通医学的,他甚至可以做手术,也能为其他人处理牙病。

在太空飞行中,航天员的身体状况由地面的航天医学专家通过生物遥测技术(测呼吸、血压、心脏状况等)、对讲系统及视频画面进行监控。发现航天员生病了,医学专家便及时指导用药;如果病重,根据事先确定的医学标准下令中止飞行,同时做好地面急救准备,一旦着落,立即抢救。宇航史上出现过这样的先例。

NASA 专家和航天医学家正在为今后的火星使命而探索研究关于航天员生病及死亡的问题:比如一位航天员如果在执行为期三年的火星使命中不幸死亡,他的遗体该如何处理?什么时候应该停止对一个病危航天员继续抢救的措施(因牵涉到重要的氧气消耗问题)?

孺子牛和牛气

中国有句成语"孺子可教",孺子者,小孩子也。那么孺子牛是什么意思呢?春秋时,齐景公最宠爱小儿子晏孺子,百依百顺,经常陪孺子游戏玩耍。一次,孺子要齐景公扮作一头牛,让自己牵着走,绳子的另一头由齐景公用牙咬住……最后终于发生了悲剧,孺子摔了一跤,致使齐景公被拽掉了一颗牙。

中国伟大的文学家和思想家鲁迅先生后来把"孺子牛"的精神提升到"心甘情愿地为人民大众服务"的高度:"横眉冷对千夫指,俯首甘为孺子牛"(《自嘲》)。

中国人一向对牛有着深厚的感情,尤其在农业生产还没有机械化的时候,牛是耕地的重要畜力,是农家之宝。牛,吃干草,出大力,任劳任怨,对主人忠诚,古时有一位农妇曾说:"牛在我们家比我还重要,倘若我死了,家里人最多哭一场罢了;要是牛死了,全家都得挨饿。"

牛,大致分为水牛、黄牛、奶牛等,它们虽各司其职,但印度西部有一种"河牛"(水牛的一种)所产的牛奶供应量占全国60%。而美国人认为水牛肉所含胆固醇比黄牛肉少40%,更适合食用,如此看来,水牛的用途不仅是充当役力。

论长相,牛看上去腿粗体钝、鼻大皮粗、身上总是沾着泥巴,这是因为水牛被毛稀疏汗腺少,皮肤的散热功能较差,故喜站在泥浆或呆在水塘里。水牛枉生一对尖角,从不用角主动戳人。但也有例外,二次大战时,盟军的士兵曾在战场上受到水牛的集体进攻,这正是水牛忠于主人和保卫耕地的表现。

从畜力的角度来看,牛和马、羊、鸡、狗、猪并称为六畜,其实最早时,牛不是用来耕田的,而是为战争服务的——拉车、运粮草。春秋战国时,说一个国家的武装力量,往往用"千乘之国"或"万乘之国",意为能出动用马或用牛拉动的千万辆战车。战国时齐国守将田单选用了1 000多头牛,在每头牛身上披挂红色丝绸,牛角上缚以尖刀,牛尾捆上浸满油脂的稻草、芦苇;另有5 000多名士兵装成鬼怪模样,将牛群尾上的草料点燃,一支由人和牛组成的敢死队打得敌军(燕国)落花流水,此即中国战争史上有名的"火牛阵"。

随着历史的进展,人们慢慢发现,牛的更重要功能在于帮助农家耕田。水牛不仅在中国和远东国家有,十三世纪时,东征的十字军将水牛仔带回欧洲,水牛于是一代一代在异国他乡繁殖下来,今天的意大利、希腊、阿尔巴尼亚、塞尔维亚、罗马尼亚、匈牙利、保加利亚和俄罗斯(部分地区)等国都有水牛。后来印度的"河牛"和远东的水牛被船运到巴西,进行杂交后成为繁殖能力极强的水牛,并进入南美的很多国家;20世纪70年代,美国也引进了大量水牛。

辛丑牛年,大伙都在说"牛气冲天",为了调节体温和进行热交换,牛会不时粗声喘大气,但此处的"牛气"二字似乎跟"很牛"(厉害、能干)的关系更大一点。孺子牛和牛气,其实都是人们心中所追求的"牛的精神"。

入冬说羽绒

冬天，为了保暖，人们穿的衣服（尤其是上衣和大衣）往往含有充填物，最常用的充填物是四大保暖材料——棉花、羊绒、蚕丝和羽绒。其中羽绒的保暖性最佳，在李时珍的《本草纲目》中就提到了用鹅腹部的绒毛来做衣服和被子。

羽毛和羽绒是两个不同的概念，不能随便代用。羽绒是不含毛杆（毛管）的绒毛，看起来像蒲公英果实成熟时的绒球。从空间角度而言，羽绒都是"球"。羽毛是覆盖在禽鸟类身体外层的、主要用来飞行的平面结构，也起保暖作用。羽毛和羽绒用特殊的工艺进行洗涤、干燥，再用鼓风机进行分级，最好的羽绒飘到最高的容器中（因为最轻），次之的飘到中间的容器里，羽毛最重，落到最下面的容器中。

羽绒之所以是最佳保暖充填物，因为羽绒很轻，是三维结构的，具有很高的蓬松度（一盎司的羽绒所占的空间，国际通用单位为立方英寸。蓬松度500即表示一盎司羽绒占有500立方英寸的空间。）蓬松度越大，羽绒的质量越高；空间大意味着可包含的空气多，而这里的空气是不流动的，所以能起到极好的绝热作用。羽绒的蓬松度是棉花的2.5倍、羊绒的2.2倍。此外，羽绒具有很强的排湿作用（所以非常适宜做羽绒被），人在睡觉时平均会排出0.5升的潮气，羽绒能将这些潮气及时排到外界，使人有一个不冷不潮的舒适睡眠环境。羽绒具有弹性,如做成羽绒枕则能起到良好的支撑作用。

衡量羽绒服和羽绒被等质量好坏的标准主要是两个:羽绒的比例和蓬松度。民用羽绒服所含羽绒的比例达到80%(20%为羽毛)已经不错了,羽绒含量达到90%的羽绒服通常是供登山队员用的。欧盟已经推出了羽绒制品的新标准,允许在鹅绒中最多掺入30%的鸭绒或鸭羽毛,并根据羽绒含量的多少分成7级。在野外使用的羽绒服至少应达到500的蓬松度,至于在极端寒冷地区穿着的羽绒服,建议按700蓬松度制造。

欧洲有不少人似乎更喜欢鹅绒,他们认为鹅毛的下端有更多的绒毛,而且绒毛的体积大,可包含更多的空气。羽绒的大小取决于禽类的生存空间,生存空间越冷,羽绒越大,具有更好的绝热能力,但价格也更高。其实有一种专门提供羽绒的"绒鸭",从它们身上采集的鸭绒,其保暖性能和透气性能几乎是鹅绒的两倍。

国外羽绒制品的标签上有时会出现两种说明:"新"和"非活拎"。"新"表示该羽绒产品采用新的羽绒制成,不是旧羽绒处理翻新而成。"非活拎"要说明的意思较多:采集羽绒首先要拎取羽毛,分"死拎"(将鹅或鸭斩杀后再拎毛)和"活拎"(在禽类换毛时活拔)两种方法。通常认为,通过活拎采集的羽绒质量好,因为换毛时羽毛都已长得很成熟了,质量好。然而"活拎"越来越受抨击,被视为"虐待动物"(尽管有许多拎毛能手能做到无痛拎毛);再说,绒毛是否通过"活拎"而获得,很难验证,所以现在干脆标明"非活拎",以示"爱护动物"。是不是有点意思?

沙雕的启示

沙雕原本是西方儿童常玩的一种开发创造性思维的游戏，孩子们在家附近儿童乐园的沙坑里将沙掺上一点水，然后用沙堆造一些建筑物，多为城堡，所以也叫沙堡。据说只要沙中的含水量保持在1%—20%，建筑物就不会裂开或倒塌，能较长时间保持形状。

其实造沙堡已经不仅仅是孩子们欢度童年的内容，大人们也玩，而且玩出了很多名堂，获得了很多启发及新的认识，终以沙雕艺术而走向世界。现在很多地方定期或不定期举行沙雕联欢节，如瑞士的罗尔沙赫沙雕节、土耳其的安塔利亚沙雕节、德国的吕根岛沙雕节、美国佛罗里达沙雕节、中国北戴河的沙雕大世界、长沙国际沙雕艺术节、舟山国际沙雕节等都是大型沙雕展出或联欢活动。2011年，有"沙雕毕加索"之称的荷兰艺术家托马斯·范登东根发起了一个创纪录的国际沙雕创作活动，约有一万名创作者汇聚吕根岛，6月30日，全长27.5公里的沙雕建筑群胜利落成，并被载入《吉尼斯世界之最》。

作为建筑辅助材料的沙，早在公元前4000年就为埃及人巧妙地利用，古埃及人在造金字塔时用沙做成斜面和建筑物的模子。当时已经可在公园观赏沙雕艺术品，有人将它们看成沙雕节的前身。

虽说做沙雕时水的比例限度很宽,然而科学家们还是研究出一个水—沙混合的最佳公式:水量 = 0.125 × 沙量。也就是说,大约在一份水和八份沙的配比下完成的沙雕作品能最佳聚合在一起。除此以外,沙雕作品的质量与所采用之沙的质量也有关系。沙,粗看好像都差不多,其实沙粒的形状是各种各样的,想建陡峭的建筑物(如教堂或高塔),沙粒的形状很重要。海滩上的沙粒经过海浪的长期冲洗,几乎成了圆的,已无棱角,其实并不是理想的材料。专家们建议采用来自沙坑的多角沙粒,因为它们能互相交错结合。旅游度假的人可用一个简单的的方法鉴别沙的好坏:做成一个沙球,用双手来回互抛,没有产生裂纹就是好沙。

在实验室里,科学家用 X-射线电脑透视对沙堆作了观察,惊奇地发现,只要稍给一点水,就会在沙粒间形成"毛细水桥",是这些水桥在维系着表面张力的稳定性,如果沙粒通过水桥和许多"邻居"相连,那么沙堆的聚合力特别好。用人造沙做实验获得了同样结果。不是实验者对娱乐感兴趣,而是水桥对表面张力的稳定作用于理解自然灾害(如滑坡、地陷等)很有用,新知识有利于更好地认识这些灾害的力学特性,比如通过及时了解一个斜坡的性状,能推导出是否存在滑坡的危险。

开采石油会碰到一个问题,油田里最后剩下的油很难开采出来。当油不再自己喷上来的时候,就需将水泵唧到多细孔的脉石中,让脉石把油压出来,但这样做脉石中始终会留下"油窝"。"油窝"的结构和沙中"水窝"的结构十分类似,所以石油跨国公司愿意每年支出上百万美元请沙雕专家们进行研究,以便提高开采效益。

沙漠凉城

2009年6月29日,国际可再生能源机构在埃及的沙姆沙伊赫召开会议,决定将总部设在阿拉伯联合酋长国首都阿布扎比。阿布扎比是全球二氧化碳人均排放量最多的城市之一,这一决定莫非有什么讽刺意义?没有。参加竞争总部城市的还有德国的波恩和奥地利的维也纳,阿布扎比获胜的重要原因之一是:阿布扎比的大门口正在建设一个未来型卫星城——马斯达尔城,人们赋予这一在建新城好几个别名:沙漠凉城、无二氧化碳城、神话城……阿联酋承诺,如被选为总部城市,将在马斯达尔城建总部大厦,并于2015年以前给国际可再生能源机构拨款1.36亿美元作为运作资金。

按当年预计,马斯达尔城用7至8年时间建成,届时,先期入住新城并在那里工作的公民估计为50 000人。马斯达尔城由英国明星建筑学家诺曼·福斯特爵士规划,凡是一个现代化生态城市该有的设施,这里都以神话般的形式出现。在城里唯一见不到的是汽车,汽车都被赶到城市周围的停车房里,城市交通主要采用无人驾驶的四人座电感应移动车,在城市的每一个角落都设有车站,只要输入目的地,移动车便自动将居民和上班族从A地送往B地。这种人员快速运输系统是按地下电感应滑运道行走的。

建城预算中除了直接用于工地的费用外,其他部分用来投资

"气候技术"项目,如马斯达尔阿布扎比未来能源公司正在建一套生产薄型太阳能电池板的设备,准备为马斯达尔太阳能发电机组配备电池板。太阳能电池的基板是玻璃,玻璃上涂上极薄的导体或半导体材料的涂层,这样的玻璃既能作房屋的幕墙,又是太阳能电池板。太阳能是沙漠地带最重要的能源,马斯达尔城所用的电能全部由安置在城市周边的太阳能发电机组供应。没有热电厂、没有汽车,所以说马斯达尔城是一个无二氧化碳排放城。

沙漠中最缺的是水,在阿联酋或其他阿拉伯国家,像阿布扎比和迪拜这样的大城市之所以被列入世界最大能耗城市,是因为居民的饮用水以及农业灌溉水全是通过海水脱盐获得,用电量极大。作为无污染生态城,马斯达尔必须建成一个节水城市,普及无水小便池,洗脸后的水以及淋浴后的水在就地小型澄清设备处理。

除少数高楼外,马斯达尔的建筑物基本上采用传统的阿拉伯风格和波斯风格,通常为二至三层楼房,根据沙漠地带特点,建筑物布置较为密集,街道不宽,多建胡同,有利于提供自然阴凉处。马斯达尔的夏天最高温度可达 50℃,降温和制冷是城市的一个重要任务,除制冷空调外,利用小型通风设备,凉快的新鲜空气从地下进入室内,受热后上升,从天花板离开房间。

马斯达尔城有一个神话般的格局,全市分成很多中心,建筑物的顶部是屋顶花园,屋顶花园的上空也是连成巨片的太阳能发电装置,上表面在发电,下表面同时在制冷,行人都在地下层走路,一点没有酷热的感觉,所以马斯达尔城将是一个难得的沙漠凉城。这一切好像颇有科学幻想的意味。

奢侈的节日

圣诞节曾被称为"耶稣圣诞瞻礼"或"主降生节",是基督教纪念耶稣诞生的节日。其实《圣经》中并未提到耶稣的出生日期,每年的公历12月25日为圣诞节,这是多数教会自行规定的。然而正教和一些东方教会的圣诞节在1月6日或7日,因为他们使用的历法不一样,按他们的日历,12月25日相当于公历的1月6日或7日。

推崇圣诞节的国家和地区都把圣诞节看作很重要的家庭节日,这是19世纪才开始的,在此以前,圣诞节在教堂庆祝,新年比圣诞节重要。

在很多国家,圣诞节吃烤鹅(被称为"圣诞鹅",但英国人偏爱烤火鸡)是一件大事。几乎每个家庭在过了平安夜后,便着手将准备好的半成品推入烤箱,因为都要赶在圣诞节这天吃"刚出炉"的热烤鹅,所以不喜欢提前烤好放在那里。德国供电局有一年作了一次统计,发现在很小的时间跨度里,用电量就跳了4.8亿度,这些电可供34 000个家庭正常使用一年。从此,遇到突然的用电高峰就被称为"烤鹅峰值"。圣诞节期间的家庭照明、城市照明和马路上的其他照明加在一起,也会多出4亿度电——相当于一个中等城市的全年用电量。

围绕着节日期间的活动和互送礼物,环境负荷也跟着上升:

纸张和其他包装材料收集起来可以堆成山,而这些材料中大部分是不能再生后重新利用,也无法生物降解的。最具圣诞节象征意义的圣诞树给人们带来的环境问题更为严重,种植场的冷杉、云杉和其他针叶树被大规模砍伐,有的国家的需求量是以百万棵和千万棵计的。常言道,长的没有砍的快,大量砍树肯定影响气候。为了缩短生长期,尤其是为了让圣诞树都长成人们需要的形状——塔形,种植者就不得不采用专门的化学药品。听说丹麦的圣诞树长得好,有人便不远万里从丹麦进口圣诞树。曾经有个时期提倡过塑料圣诞树,然而假的不免让人扫兴,再说塑料圣诞树反而带来更多污染,生产塑料会排放更多的温室气体。

应该说早在19世纪,就有英国人批评过买高价的圣诞卡是一种奢侈。早先,圣诞节临近时,人们都自己动手做圣诞卡,既费力又耗时。1843年,英国实业家亨利·科尔想出了一个办法,他请他的朋友插图画家约翰·霍斯利在卡片上画一幅一家人聚在一起欢度圣诞节的画,画的下方写上"祝圣诞节和新年快乐"!科尔看后高兴不已。接着他马上又想出了另一个点子,他让人印制了1 000张这样的圣诞贺卡,因为那时还没有彩印技术,着色需要手工,一张这样的圣诞卡要卖1先令,在那个时候,相当于一顿晚餐的费用。英国维多利亚时代的百姓,民风朴实而严谨,许多人批评买这么贵的东西是发疯了,再说,画中每个人的面前有一个装了葡萄美酒的酒杯,"这不是唆使人酗酒吗?"

顺便捎带一句,这1 000张圣诞卡如今存世的只有十几张了,2005年,其中一张以11 000欧元(折算后)的落槌价被拍走。

神秘的章鱼

2010年7月10日,几亿电视观众紧张而好奇地盯着电视屏幕上的章鱼帝保罗,看它是打开贴着荷兰国旗的玻璃箱还是贴着西班牙国旗的玻璃箱。这位南非世界杯足球赛的场外预言家毫不犹豫地打开了"西班牙玻璃箱"。决赛时,西班牙国家队果然获得第十九届世界杯足球赛冠军。章鱼帝保罗使球迷们如痴似狂,它的赫赫战绩在于从2008年起直至2010年共预测14场欧洲杯比塞和世界杯比赛,猜对13场;被誉为"竞猜帝"和"预言帝"。章鱼保罗真的会预言吗?是因为它来自足球的发源地英国而与足球特别有缘吗?当然不是。但是有一点,科学家们的看法是一致的:章鱼是十分聪明的动物,它们有极强的学习能力和适应能力。

科学家把章鱼的学习能力定位在犬类和鼠类的等级上。它们能在复杂的迷宫中找到出路,能通过观察而模仿人或其他动物的行为。在德国卡尔斯鲁厄自然博物馆有一只雌章鱼,它会熟练地用吸盘吸住玻璃盖,然后慢慢地往上顶,直至最后将玻璃箱盖打开,因为它每天经历的是人打开玻璃箱的过程。好几个星期后,它还能重复这一学到的行为。

章鱼有一个非常精明的生存诀窍,当它们处于紧急状态时,会钻到海底的沙地里,但却要留两个腕在外面,看上去像两条蜿蜒游动的剧毒水蛇,把敌人吓走。在印度尼西亚的近海海底,生活着一种章鱼,它们十分善于利用人们扔到海底的椰子果壳,往往会爬进半个果壳,然后将八个腕挂在外面,用它们作"桨"划着去找另一半果壳。如果找到了,那么这个空果壳就是章鱼十全十美的安全居所了——在碰到凶恶的敌人时,将分成两半的果壳合起来,用吸盘紧紧吸住。

  章鱼确实非常聪明,那么章鱼帝保罗是"聪明者中最聪明的"?许多科学家早就作出了种种怀疑和猜测。章鱼喜欢吃甲壳类和双壳类的肉;有一位东欧国家的行为学家认为,在保罗的背后估计有一位足球专家在操纵。保罗在德国奥伯豪森水族馆一直享受着"贻贝大餐",因此只要将稍大一点的贻贝肉放进"西班牙水箱"的食罐里,保罗肯定往这个水箱里伸。还有的人解释说,章鱼能区分亮度,这也可能是竞猜时的一个引导因素。如果科学家们的怀疑被证实,那就说明章鱼帝的预言能力其实是人的能力。另外据传预言2010年世界杯比赛结果的章鱼帝保罗并不是2008年预言欧洲杯的那个保罗,而是2010年4月才于意大利附近海域捕到的章鱼,那时出生才四周。不过章鱼帝保罗倒是确实"如期"去世了(章鱼的最大寿命为3年),人们为它在水族馆门前建了一座雕像。

生命的长河

有的人总叹息"人生苦短",其实这话是相对的,且多出自身处悲剧中的人物之口。人生究竟几何,这是人类世世代代在关心和研究的问题。明朝谢肇淛撰有笔记《五杂组》,分天部、地步、人部、物部、事部等十六卷,其中指出:"人寿不过百岁,数之终也,故过百二十死,谓之失归之妖。"在那个时候的中国,能将人的最高寿命极限放到120岁,确实够大胆的。

据世界卫生组织统计,日本人的平均年龄84岁,日本是世界上平均寿命最长的国家,百岁老人最多。圣马力诺、意大利、瑞士和澳大利亚居第二位(平均寿命83岁)。冰岛、摩纳哥、卢森堡和加拿大第三位(平均寿命82岁)。非洲的塞拉利昂由于饥饿和贫困等原因,人的平均寿命只有46岁。

最近130年以来,人寿翻了一倍以上,而且增寿现象还在继续,据推测,每年增长2至3岁。美国亚拉巴马大学生物学家史蒂文·奥斯塔德曾预言,2000年出生的人,有一些可以活到2150年,并保持头脑清醒。

一系列事实都在证明,人的寿命越来越长了。有一批世界级高龄老人给我们留下了榜样:居住在哈萨克斯坦的萨汉·多索娃(女)于130岁去世、中国广西巴马瑶族自治县的高龄老人罗美珍于127岁去世、法国的高龄老太太让娜·卡尔门活到122岁……

今天的科学家更为大胆,被誉为"最敢预言的"寿命研究专家、英国剑桥大学生物信息学家奥布雷·德格雷的论点是:人的遗传物质中根本没有设定年龄极限,死亡就像疾病一样,是可以治疗的。而人实际上是一台"生物机器",是可以不断修理的,以前之所以做不到长生不死,是因为医疗卫生等方面的条件不具备。许多人认为,这位德高望重的科学家的这一理论提得不够严肃。然而医学界给了他极大支持:至今已研发出20种药物,它们使实验鼠延长了寿命,因而有专家认为,这种方式的延长寿命也能在人身上奏效。也有科学家指出,细胞和基因对人的衰老过程只起到30%的作用,而环境的影响约占70%。另外,加强干细胞的研究,有助于人类的健康和长寿。

要想长寿,人体必需持久地保持生命功能,顺利地输送营养物质,保证器官的能量供给,正常排出人体废物……为此,人体内有60万亿至90万亿个细胞在默契配合。据研究统计,在8岁和12岁之间死亡的人最少。到了30岁,死亡风险慢慢升高,此后每隔8年死亡风险翻一倍。到了80岁,死亡概率出现戏剧性下降,活过了85岁的人很有可能当寿星老人。

绝大部分科学家认为,争取推迟衰老开始的时间,从而延长人的寿命比较现实,他们相信,有朝一日,每个医院都会开设年轻化治疗科,也许这是一种"生命长河"的依靠。

生态汽车

你听说过番茄、橄榄、蒲公英、麦秆等是可以用来参与制造汽车的吗？全世界很多材料科学家、环保专家、汽车设计师都在致力于研发未来型汽车——生态汽车（或称绿色汽车）。生态汽车中用到一个很关键的概念："生物基塑料"，尽管被称为塑料，其实已经不是塑料了，而是利用可再生的原料代替从石油中提炼的化石基材料，使汽车和汽车的生产变得更加环保，减少工业生产对石油的高度依赖，保护和节省资源。

在 2014 年的日内瓦车展上展出了"预生态概念汽车"，该车由赫尔辛基应用科技大学和芬兰 UPM 材料制造公司组成的一个小组研制而成，其主要特点是不用传统概念中的塑料，改用桦木，车内所用的贴面胶合板、中间托架、仪表板、车门护面、放脚空间的部件等全用桦木制成。此外，这种车还采用了另一种生态复合材料（具体成分属企业秘密），用来代替车身侧面和正面所用的塑料。汽车呈流线型，外观相当漂亮。

福特汽车公司的生态材料研究部认为，能用来制造汽车的植物纤维尚有亚麻、大麻、西沙尔麻、蒲公英、椰子树、香蕉皮、大豆植株、木纤维……这些材料中的一部分已经投入使用，其余部分正在试验中。

戴姆勒股份公司生产的所有梅赛德斯-本茨款式均不同程度

地应用了各种纤维为原料的"生物基塑料",包括羊毛、棉花植株和木材,大多用在座位靠背衬里和靠背垫板中。此外,橄榄核起到了颇为特殊的作用——将橄榄核烧成活性炭,用来制造油箱通风用的活性炭过滤器,可吸收碳氢化合物。过滤器的滤芯在行车过程中会自动再生。

马自达公司考虑的是如何用可循环使用的生物材料或有机垃圾(绿色作物收割后留下的废料稻草、稻壳等)作原料并将它们压制成汽车零部件。

令人想不到的是福特公司居然和亨氏集团公司(以海因茨番茄酱闻名全球)联起手来,这两家美国企业是为了共同研发一种新工艺:怎样利用亨氏集团制作番茄酱剩下的材料(番茄皮)生产"生物基塑料"。对福特公司来讲,番茄皮很有价值,经干燥后,可作为生产一种复合材料的原料,以满足汽车工业在环保方面的严格要求。

生态平衡、减轻重量、减少环境负担,这些已成为汽车工业研发新技术、新工艺的基本标准。使用植物纤维材料不会影响气候,它们被烧掉时放出的二氧化碳和先前在生长过程中吸收的二氧化碳(指光合作用)数量是一致的,即所谓的"气候中立"或"气候平衡"。针对某些人提出的疑问,有关专家答复说:"我们用的是绿色作物残留部分和被遗弃的部分,不会影响它们原有的用途。值得好好研究的是采用什么样的粘结剂制造复合材料,因为它们同样必须是环境友好型的。"

十月节,啤酒节

中国的很多城市如今也有德国啤酒节,德国啤酒的影响可见一斑。第178届慕尼黑十月节(啤酒节)由市长克里斯蒂安·乌德亲自宣布开幕,从9月17日持续至10月3日。

十月节是德国人引以自豪的、世界最大的民间节日,但在国外却以世界最大的啤酒节而闻名。1810年10月12日,特蕾泽公主和巴伐利亚王储路德维希(后来的路德维希一世)举行婚礼,庆典活动延续了好几天,至结束时(10月17日),在慕尼黑的一个大广场上举行了马车赛。由于广场表面多为细石子,平时长满杂草,人们习惯称其草地。王室将这片广场命名为特蕾泽草地(广场),并决定以后每年在这里举行马车赛。1811年举行马车赛时,同时举办了第一届农业展览会(此后每隔四年展出一次),后来相继出现了旋转木马、秋千、各种流动艺人表演、传统小吃摊位、纪念品摊位、爬树游戏、撞柱球(类似于保龄球),尤其是赢物游戏很受平民百姓的喜爱,因为可赢取瓷器、银器和饰物等……

直至1896年的十月节,人们开始搭建大型啤酒帐篷,从此,啤酒就是十月节的主角,十月节和啤酒节划上了等号。来自德国和世界各地参加十月节的客人每年平均有600万人。平时,特蕾泽广场也被用来从事其他活动:慕尼黑小春节、巡回马戏表演、跳蚤市场……值得一提的是,1918年11月7日,在特蕾泽广场举行了有6万人参加的、反对第一次世界大战的盛大集会,不久,路德维希一世被推翻。

由于种种原因(1854年和1873年两次霍乱大流行、1866年奥普战争、1870年德法战争、第一次世界大战、1923/1924年通货膨胀、第二次世界大战及战后初期),啤酒节无法年年举办。第二次世界大战后,除150周年和200周年外,也不再举行马车赛。

十月节有许多特点和亮点。自1948年以来,"跳蚤马戏团"一直是十月节的"保留节目",演员是60只"跳蚤",滑稽而精彩的表演让孩子们乐而忘返。每次啤酒节有12 000名工作人员参与节日的建设工作,其中包括1 600名穿着巴伐利亚民族服装的啤酒服务员,不少斟酒高手能在1.5秒钟内按质量要求将啤酒斟满1升装的大酒杯。十月节上的啤酒含有较多的固定麦芽汁,酒精度较高,约在6至7度。为了保留传统气氛和避免酗酒闹事,要求各啤酒帐篷主做到,每天18点以前帐篷内只演奏传统管乐,音乐响度必须小于85分贝。

拥有大量啤酒和种种现代娱乐设施的十月节为什么经常在9月中旬或下旬开始,而十月却只占上三四天的边?因为人们发现,九月的天气比较温暖、比较阳光,德国的十月已经开始给人较多的冷湿感,所以叫了200多年的"十月节"不断被提前。

世博是一种动力

世博会与奥运会及世界杯足球赛被称为世界三大盛会。自1851年在伦敦举行首届世博会以来,至今已有近170年的历史。19世纪的历届世博会展现了人类工业文明的重要成果,世博会不仅提供了展示平台,而且对技术进步起到了推广、促进和统一的作用。

当时的世博会好比是琳琅满目的年市,小至药片,大到火车头,都在展会上亮相。首届世博会上出现的是蒸汽机车,而在观众达5 000万人次的1900年巴黎世博会上则能看到电气机车和已在恩格斯故乡伍珀塔尔运行的悬空列车,甚至还有巴黎的新地铁。1915年旧金山世博会上,美国福特汽车公司老板亨利·福特让人在美国馆安装了一条汽车装配流水线,每天装配18辆汽车,以此向观众示意,汽车已进入了大规模机械化生产的时代,普通老百姓也会拥有汽车的。

1939年纽约世博会上展出的尼龙丝被生产厂誉为"坚如钢铁,细如蛛丝",这次世博会的开幕式用电视实况转播,而电视机就是世博会的展品。25年后,同样在纽约举行的另一次世博会上展出的已经是彩色电视机了。1939年的世博会是一次万象森罗的展会,它的另一个展出地是旧金山,然而这也是二战前的最后一届——法西斯主义粉碎了人类的"明日新世界"。

可悲的是世博会上展出过的科技成果在二战期间被用来为大规模屠杀和制造武器服务。直至1958年,比利时的布鲁塞尔才开始举办战后第一次世博会——一次和平的盛会,开创了和平利用原子能的时代,原子结构模型是最恰当的象征。该届世博会上,苏联在自己的展馆里接收人造卫星1号从宇宙发来的信号并展出该卫星的模型,受到世人瞩目。

世博会的标志性建筑大都成了举办城市的地标,如巴黎的埃菲尔铁塔、布鲁塞尔的原子结构模型……,可惜第一届世博会的水晶宫后来毁于大火。早年的世博会多设有娱乐场区,有时还有动物展览;而哈哈镜总是让千百万观众笑得前俯后仰。使人大开眼界的费尔斯转轮直径达250英尺,可容纳1 440名观众。今天的迪斯尼乐园都有这样的转轮,只是规模不及当年。

从1933年开始,每一届世博会都有一个主题,大部分主题与和平、环境、水、能源有关,如"通过竞争获取和平""通过理解走向和平""无污染的进步""河流的世界——水乃生命之源""人类与自然""居住与环境"。2008年在西班牙萨拉戈萨举行的世博会的主题是"水与可持续发展",世博会结束后,萨拉戈萨仍然是世界水中心——有关水的问题的咨询处。"城市,让生活更美好"——2010年上海世博会的主题。世博会永远是一个动力,它在不断推动社会发展,从而让世界更美好。

世界纪录与体能

据统计,2000年在42个田径项目中,只有3项破世界纪录,而且全是女子项目。它们分别是掷标枪(因为采用了一种新标枪)、撑竿跳高(此项目相对比较年轻)和20公里竞走(属于边缘项目)。而2008年北京奥运会期间却46次破38项世界纪录,这充分说明了2008年北京奥运会的竞技水平是历届最高的。另一方面,如果说以往的各届体育盛会中打破的世界纪录很少或较少,这也是很正常的现象,因为世界纪录的创造不仅需要运动员本身的顶级体能(主要指田径),而且和外界因素也有一些关系。从这一点出发,我们可以理直气壮地说,举办得"无与伦比"的第29届奥运会为全世界的优秀体育健儿创造了出成绩、破纪录的杰出条件。更何况,这届奥运会出了几个像菲尔普斯那样发挥得疯了的"神将"。分析一下破纪录项目的具体成绩,不难发现,田径项目中的短跑是最难破纪录的,即使纪录被刷新了,往往是0.01—0.03秒的差距。在男子200米跑决赛中,牙买加运动员尤塞恩·博尔特以19.30秒的成绩打破了美国运动员迈克尔·约翰逊保持了12年的19.32秒的世界纪录。显然,人承受负荷的能力是有极限的。

有人做过一次研究,对37种动物(包括人)在静止状态和锻炼情况下的能量产生作了比较,发现人每天能转化的能量最多为40 000千焦。而人的每一个动作都会消耗能量,动作越剧烈,耗能越多。10分钟的长跑和2小时的散步所需的热量是相等的。此外,体能的消耗与所涉及的肌肉组数量及运动员的体重也有较大关系。如游泳比自行车消耗热量多;一个80公斤体重的男运动员长跑30分钟消耗热量540千卡,倘体重为67公斤,则耗热470千卡。

最近运动医学家们批评了一种荒谬的说法——运动员心血管系统是可以无限锻炼和提高的。一个顶尖运动员的心脏约为500克重,它能泵送的、供体内血循环用的血量不可能大于35升。换言之,一般情况下,人的体能不可能无限增大,体育成绩不可能无限提高,世界纪录不可能一破再破。

话说到这里,不妨提一下世界纪录的创造问题。一直以来就有人对历史上的某些世界纪录持怀疑态度:历届比赛中的部分世界纪录产生于"兴奋剂高峰时期",随着对滥用兴奋剂的监控和检测越来越严,几乎已不可能再借助兴奋剂来创造新的世界纪录。还有专家提出,2000年奥运会上创造的某些优秀成绩有可能和当时难以检测的兴奋剂生长激素有关。更有人认为,如果有关体育组织采取极为严格的反兴奋剂措施,一些女子田径项目的成绩也许会倒退至1978年的水平。

如何才能继续提高体育成绩,有一种意见认为应从改善外界条件入手。21世纪的体育任务之一是运动分析和材料研发。比如优化后的体育训练有可能使运动员提高10%—15%的成绩。

世界人口不会爆炸

谈到世界人口,以前有过很多科学家的预测:到 xx 年,全球人口将达到 xx 亿或 xx 亿……然而当前有些国家的科学家(包括未来学家)就人口问题开始翻老账,特别是针对世界权威机构罗马俱乐部的预测。有人指出罗马俱乐部于 40 年前所作的预测(人口数字、地理空间、自然资源、环境污染、物种状态和资本投资等)有一个很大的弱点,用当年所采用的数学模型是不可能预测地球上今天的状态的,这是预测偏差(说重一点是失败)的主要原因,1973 年出版过名叫《增长的极限》一书,该书所描写的未来世界是一片可怕的末日景象。

其实,计算机能做的,也就是对人能输入的东西加以计算和处理。人如何想象世界,模型也就如何建立,计算机也就如何解释未来世界。计算未来世界进程的必要数据当时根本就不具备,而所用的模拟装置是在假设初始参数的基础上"吐出"结论的,所以生物圈(地球表面的生物及其生存环境的总和)的严重污染、不可逆转的世界经济危机等自然会从模拟装置中跳出来。很多数据被设定为不变量或极限量,而用之不竭的太阳能和风能却没有被考虑进去,为技术革新和科技新研发、系统效率的提高、资源的再生和循环利用所留的空间太少。在模型中,环境污染和经济增长的关系被处理成 1∶1。用今天的眼光来看,40 年前所采用的模型太简单,模型的算法又是基于线性逻辑的,而世界却是一个非线性的动态系统。想知道切合实际的未来世界,我们需要的是一个能用数学方法显示复杂的动态变化的模型。据称苏黎世的一个研究小组正在建制一个能不停地扫描变化作用的第三代"世界模拟装置"。

在预测未来世界时,人口数量是一个关键性参数。根据未来学家的一贯理论,人越多对环境的压力越大,人越多粮食越紧缺,饥饿和贫困越严重,最后导致全球大饥荒,人口数量于是大大减缩。不少社会学家和人口学家认为,人口不是按这么简单的"公式"走势的,随着科学技术的发展和农村人口不断转向城市,迟早会出现"人口跳跃",人们会对儿童的卫生医疗和教育采取更多的投资,儿童的平均受教育时间将会有很大增长,作为社会单元的城市小家庭的人口会通过各种因素(晚婚、少生、移风易俗、机制变化)而得到控制,据瑞士和非洲布基纳法索的统计,目前每个有生育能力的妇女的平均生育率为2.4个孩子,这一比率还在继续下降。据人口专家和社会学家估计,约10年后,全球的人口出生数字将低于死亡数字。最晚至2060年,全球人口数将开始收缩,人口峰值将不是110亿或130亿,而可能在90亿和94亿之间。到2050年,在地球上生活的人口很可能少于今天;但是少数国家的人口密度过高以及一个国家内的人口过分集中在少数大城市的现象需要引起警惕。

世界著名奥运主场巡礼

北京国家体育场"鸟巢"是第 29 届奥运会主会场,当时也是国际奥运史上最现代化的奥运会主会场,被誉为"第四代体育场"。正如美国《时代》周刊所评价的:"有影响力的设计不再仅仅是摆在博物馆里供人膜拜的陈列品,而是走进了人们的生活,中国人做到了这一点。"整个建筑没有一根立柱,而是通过巨型网状钢结构联系;看台是一个没有任何遮挡的、完美的混凝土碗状造型。坐在鸟巢的任何一个位置,观众和赛场中心点的视线距离均为 140 米左右。91 000 名观众首次能平等观看比赛——鸟巢给世人的全新感受。

属于最现代化的尚有应用于奥运场馆建设的 69 项新能源技术和 191 项环保技术以及用高科技支撑而实现的"4 个 any":任何人,任何时间,在任何与奥运相关场所,使用任何终端设备都能安全、快捷地获取可支付得起的、无语言障碍的个性化信息服务——实现中国元素与奥林匹克的无缝对接。

美国洛杉矶的"洛杉矶纪念体育场"以"资格最老"著称,1921 年由建筑大师约翰·帕金森和多纳尔德·帕金森兄弟设计,美国人戏称它为"高个子大妈"。按原来的形式,洛杉矶纪念体育场拥有 90 000 个座位,经改造后,今天能容纳 100 000 名观众。最初的建造和后来的改造共耗资 10 亿美元。这一"德高望重"的体育场是世界上唯一承担2次奥运会主会场任务的（1932年和1984年）。在以后的岁月中，滚石乐队于1989年在纪念体育场举行了4场音乐会。约翰·肯尼迪于1960年作为民主党的总统候选人在这里作过激动人心的讲话。这些都是"高个子大妈"引以骄傲的亮点。

令人难忘的奥运主会场要数慕尼黑体育场了。当时的联邦德国确实想把1972年的奥运会办成有史以来最好的，特意聘请以京特·贝尼施为首的德国著名建筑设计小组设计了别具一格的帐篷顶体育场。然而联邦德国奥组委为了购置先进的体育器材，缩减了保安和安全设施的费用，使得巴勒斯坦"黑九月"恐怖组织的恐怖行动得逞，共杀害了13名土耳其运动员（联邦德国的反恐营救失败，连作为人质的土耳其运动员都被杀害）。1972年9月6日，慕尼黑体育场成为了哀悼被害土耳其运动员的会场。

悉尼体育场是至今最大的奥运主会场，2000年奥运会闭幕式上，该体育场容纳了114 000名观众。2002年体育场改造，南北端加盖了顶篷，并增加了椭圆形和长方形赛场互相切换的可能性。

2012年的第30届奥运会在伦敦举行，这是英国第三次承办奥运会了。在伦敦东部的利河河畔新建了一个占地200公顷的奥运主会场，设计由曾经完成伦敦的新温布利体育场设计的著名澳大利亚设计师小组承担。通往体育场的道路及一条直开奥林匹克公园的地铁线有幸动工。计划中的体育场容量为80 000座位，奥运会后被改建成一个体育医学中心和一个25 000座位的较小体育场。

世界最大工程

世界最大的铁路交通枢纽芝加哥,每隔一小时有一辆现代化的高速列车从北京开来。火车经由西伯利亚,穿越白令海峡的海底隧道和横跨大、小代奥米德岛的大桥,经历约10 000公里的行程,在短短几天内,将亚洲的旅客和物资送到北美洲——世界最大的工程白令海峡海底隧道竣工后的美好景象。

早在沙俄时代,沙皇尼古拉二世就想在白令海峡建一条通道,连接西伯利亚和阿拉斯加。他召集了美国、法国和俄国的一些百万富翁和投资者,商量建设海底隧道的计划。然而第一次世界大战使他的美梦破裂。约100年后,俄罗斯总统普京在2008年春季与美国总统布什最后一次正式会晤时,提到了复活这一工程的想法,并希望美国合作。这是一个十分艰难的工程,首先是因为工程浩大,费用高昂,估计造价在500亿欧元左右(十几年前的估算似乎是500亿美元);其次是施工难度高,白令海峡地区每年有半年时间气温在零下50℃,也就是说,至少有半年时间是无法施工的。

尽管如此,投资者仍然十分踊跃,竞相参与项目工作。人们不想再用集装箱让货物在亚洲和美洲之间的海洋上长时间"飘运"。据专家估计,现在两地之间的货物运输每年达到7 000万吨,如果改用高速列车运输,可提前两周到达目的地。

这一巨型工程到目前为止一直处于可行性研究和征求方案阶

段。国际建筑师协会用10万欧元作为奖金,开展设计草案比赛,以便从中发现大胆而令人信服的方案。总的来说,设计草案的方向是海底隧道加桥梁。用人工岛作为桥梁的基础,大代奥米德岛和小代奥米德岛是桥梁的主要节点;隧道用透明的装甲(保险)玻璃作材料。加拿大的建筑师们充分发挥想象,他们的设计中还包含了居住点和实验室;火车和汽车不在一个层面行驶。

经探测发现,白令海峡的底下绝大部分是坚固的花岗岩,这是一个有利条件,因为在这里钻掘隧道不用担心有坍塌的可能。不过无论采用哪一种方案,都不能避开一个问题:俄罗斯的铁路轨距和美国的不一样,相差8.5厘米。让一辆火车既能在西伯利亚行驶,又能适应美国的铁路轨距,这个问题有待解决。

采用哪一种方案,至今没有确定,值得一提的是,跨越两个洲的交通线还带有一根重要的天然气输送管道。第一列火车什么时候由北京开往芝加哥,关键在于何时启动工程,因为建设时间在10至15年,最多20年。

如果每个国家都能将智慧和力量投入到造福人类的事业中,世界肯定比现在更加美好,正如一直支持和赞成这一世界最大工程的美国阿拉斯加州前州长沃尔特·希克尔所说的:"人类进步的代价不一定是鲜血,也可以是汗水。大工程是对战争的另一种选择。"他向公民们宣传说:"让我们在两个大国之间建立起一个连接——一条使人、原料和货物由东往西、由西往东快速移动的海底隧道。"

收藏垃圾的人

电视新闻节目曾曝光一位喜欢捡拾垃圾并将它们收藏在家里的老太太,她的家中和门口甚至走道里堆满了捡来的无用东西,弄得家里走路都有困难。时间久了又脏又臭,邻居十分厌恶,只好请小区居委会来调解这一问题。这样的人和现象在国外也不少,英国有一个 50 多岁的男子因在家里收藏了被人丢弃的几千份旧报纸、杂志、光盘和其他物品而被房东告上法庭。他为何受到起诉?因为他捡来的东西几乎都是垃圾,在客厅、卧室、楼梯间……堆得满坑满谷。房东认为他的行为具有严重火灾隐患,所以让他必须搬走。

其实这两个人都不是有意要这样做的,他们有不同程度的神经症和心理障碍,他们患的是收藏强迫症(这种收藏不同于收藏家们的高尚和正常的收藏,所以叫"拾藏强迫症"更为贴切)。收藏强迫症是强迫症的一种,此概念出现得较晚,可能尚未被"国际疾病外伤及死因分类法"收入。美国有一个特种学校(专门招收躯体或智力发育不良的学龄青少年的学校)的女教师,名叫桑德拉·费尔顿,她自己也患有轻度强迫收藏的心理障碍,于是她积极寻找办法,克服这种障碍,并将所有心得总结出版,社会上这才知道有这么一种病的存在,20 世纪 80 年代,欧洲各国也相继引入了这一概念。2006 年,女作家伊夫林·格里尔发表了一部小说,描写一个有收藏强迫症的人和他周围人的故事,十分畅销。

患收藏强迫症的主要原因很可能是某个人曾经拥有一件非常美好的东西,这件东西或许是他自己买的,也可能是别人送的,但不管怎样,他觉得占有这件物品是一种幸福。不幸的是,这件东西后来"抛弃"了他,于是对这一物件的回忆成了他唯一的寄托。时间长了,心理产生了障碍,拼命去捡拾东西,凡能勾起美好回忆的东西都要捡拾和收藏,尽管这些东西是毫无用处、毫无价值的,但他都舍不得扔掉。他不愿让这些已经占有的、能赋予他美好回忆的东西随着垃圾而再次"抛弃"他。

另一个原因是性格上的小气、吝啬、不肯让自己占有的东西离开,哪怕已经用旧了、用破了、该扔掉的东西,他也要保存着,总觉得什么时候还能再用。等到心理上有了严重障碍,就开始到外面捡拾他人当垃圾扔掉的东西并在家里保存起来。

有时,其他心理障碍或某些不幸事件也会引发收藏强迫症,上述英国人曾经遭遇过严重车祸,神经系统受到了伤害。得收藏强迫症的人中,老年人较多,笔者曾好多次见到过老人(他们并不是拾荒者)在垃圾桶里翻来翻去。因为老人如果精神极度不安、精神变态或有老年孤独症等,再加上心理上的某种障碍,也有可能患上收藏强迫症。

收藏强迫症是记忆、思维、意向、行为等很多心理活动的过程,其结果是无法摆脱的自我强迫——捡拾和收藏垃圾。有严重症状者应去神经科或心理咨询科就诊,请医生诊断,采用药物和行为疗法。

手套曾经万能

随着人类文明的进展,手套曾经在所有的生活领域里都显得非常重要、非常有价值。手套曾经是统治的象征,合理、合法和权力的象征,爱情的信物……不过再怎么重要,还得先从手说起。

如果没有将思想付诸实施的手,人类将陷入灾难境地。人很早就开始摸索,如何将手这一万能的工具保护好。手套终于在2万多年以前诞生了,人们在安纳托利亚(亚洲西部半岛小亚细亚的旧称)发现了至今为止最古老的手套(兽皮做的连指手套)。手套最初的功能仅仅是不让手受冻和受伤。后来在埃及法老的坟墓中发现法老也戴着手套。手套的发明大大地推进了生产力。

古希腊人很早就戴皮革有指手套,当时是为了提高生活乐趣,希腊人也曾用手抓饭,请人吃饭时都戴手套,一方面是不让手弄脏,另一方面是为了更容易抓住烤肉而不会烫伤手指。早期的基督教会把手套看成庄重的象征物,在公元6世纪末教皇主持下的宗教会议上做出了规定:禁止用裸手献祭圣餐(今天正好反其道而行之:如果教堂里的神职人员因冷而需要戴手套,那只能戴露指手套——为了不让圣餐与非人体的异物接触)。据称,必须戴了手套才能与神和国王接触的习俗是从东方传入的,在那里,手被看作凡人产生魔力的地方。

在统治者之间互相赠送华丽的手套表示互相信任,如此赠送手套相当于握手。在法庭上,开庭前,法官获得一副手套,这是法官作为权力的象征。宝贵的赠与,如土地、动物或农奴,通常要接受方回赠东西(往往为手套)后才意味着有效。去接触手套,被看作"握手",因此所谈协议也就得到确认。当时连订婚这样的事情,如果没有手套作为信物是无效的。只有在新娘父母的代表给新郎一副手套后,才表示新郎对新娘拥有的权利合法。

今天,在德国的法律文件中还留有"手套婚姻"这一概念,它表示一种新娘和新郎都不需要参加的婚礼,眼下的许多移民婚姻,由于其中一方要结婚后才能入境,所以可以免除亲自参加婚礼。

中世纪,真的处处都要用到手套,比如"手套拇指"表示,只要在一个树林里所采之坚果能在手套拇指里装下的,都可带走。将一只手套扔出去多远,家养的鸡便允许离开多远,在这一距离内,鸡不能被看作公共财产。铁手套在中世纪被用在"神意裁判"中,由牧师将手套加热并祈神,然后给被检验者戴上,可想而知,结果是什么。骑士参加"神意裁判",倘有不满,可以要求决斗,将手套扔到对方的脚前,称为"挑战手套"。后来,贵族和上流人物用手套击打对方的脸,这是一种只有通过决斗才能解决的侮辱行为。

在英国,国王加冕时也用到挑战手套,加冕后,国王走向大臣们,将一只手套扔在地上,表示如果有人对他成为国王的合法性有怀疑,便准备与之决斗。

法国大革命革掉了许多宫廷陋习,但只有手套仍保留着,拿破仑一世对手套永远不会满足,据说他有230双皮革手套、42双翻毛手套。

手心手背都是肉

著名越剧老旦周宝奎在《碧玉簪·送凤冠》中奉献的唱段《手心手背都是肉》,幽默深情,唱做独树一帜,给观众留下了永远的怀念。手心手背代表周宝奎所饰王夫人的儿子王玉林和儿媳李秀英,小夫妻俩都是她的至爱,是她的手心肉和手背肉,两者不可缺一,表达了做父母的对下一代的爱及爱的延伸。后来人们常常用"手心手背都是肉"来形容父母对儿女同等相待、通爱不偏心。

在日常生活中,这七个字说起来容易做起来难。父母本应该对自己所有的孩子同样地爱护和关心,不偏爱。但调查资料显示,几乎75%—85%的父母都有过自己的"心肝宝贝",可是当你直接问及的时候,几乎没有一对父母承认他们对孩子们有偏爱行为。如果说暂时有偏心倾向(比如有一个孩子较长时间患病,母亲在某一段时间里喜欢一个小姑娘偎依在自己的怀里、父亲首先教一个年龄大一点的儿子骑自行车……),这些都是正常的。倘若这种临时的偏爱一直持续下去,那就会产生问题和麻烦。

儿童心理学家认为,家里最受优待的通常是最小的孩子。在中国,尤其当最小的是男孩的时候(在西方恰恰相反,最小的女孩容易受宠)。孩子的性格和外表也能起作用,如果有个孩子的性格或外貌像母亲(或父亲),就会被认为容易和母亲(或父亲)相处,渐渐地就成了偏爱的理由。偏爱心理在双亲中所占成分不一样,一般母亲身上的比率大一些,因为母亲有一种天生的保护直觉,而安全和保护的解释权往往也在母亲一边。有时偏偏是家里的一个"问题孩子"成了"宠儿",弄得兄弟姐妹之间"风云突变"。

应该说,在家里"设置"一个宠儿的做法是不可取的,首先是会造成兄弟姐妹之间的不和睦,互相间的争执可能成为家常便饭,不受关注和重视的孩子会很沮丧、对父母很失望,甚至会得心理障碍。而受宠的孩子同样会背上包袱,总觉得父母对他(她)"加了负荷",而他(她)却成了一个孤独的对立面。等到孩子们长大成人,父母们老了,矛盾有了新的内容——父母自己需要子女关心和照顾了……以前的宠儿于是压力感更强了。

总的来说,家长都认为年龄小的孩子需要更多的爱和关注,这一点当然无可厚非,然而无论是5岁的孩子还是长到了45岁的孩子,他们对父母的厚此薄彼是很敏感的。一位90岁高龄的老太太在接受采访时,谈到童年时如何被家里人忽视和冷漠,禁不住哇哇哭了起来。

有人说,在提倡独生子女的时候,似乎不存在"家庭宠儿"的问题,其实不然,曾经有过报道,那时有不少家长只把自家的孩子当孩子,希望别人家的孩子都"输在起跑线上",那样做只是把树立宠儿的空间放在了自家和别家之间,显得更为糟糕。

做父母的需要记住,不要在孩子们面前"比较孩子",而应该强调每个孩子的长处、每个孩子的正能量,用各种方式去鼓励每个孩子。随着"二胎"的恢复,今后不妨多提倡一点"手心肉""手背肉"的理念,包括自家的和别家的,孩子都是国家的希望。

书名轶事及其他

一本书的卖点如何，主要由内容决定，但有时书名也能起不少帮衬作用。20世纪80年代起，"文化荒芜"后的中国大地，各种书籍和杂志重新枝繁叶茂，张扬了改革开放的新时代。书籍出版就像一波一波的浪潮，此起彼伏，几乎是出一本热一本。

中国的出版界有句业内话叫做"书名一定要跳"。什么意思呢？我想，就是当读者一看见书名，就被吸引住了。笔者曾向出版社推荐将外文版《现代派艺术心理学》译成中文，编者几乎不假思索地欣然采用了选题。后来由于各方面的原因，一校刚完，编者就跟我商量：是否可将书名改成《现代派艺术心理》。为什么，因为"心理学"的浪潮已开始减退，把"学"字去掉也许会好一点，我也毫不犹豫地同意了。其实，既然时间有点错位，改了也无济于事的，因为读者总是把它理解为《现代派艺术心理学》的。前几年我从网上得知，有一位读者大为叹息，他到处在找这本书，可是只有图书馆才有，他不禁问道："为什么才印了3 000册？"

从选题角度看，无论海内海，《现代派艺术心理学》这样的书，都是具有填补空白意义的。

三十年前，我跟上海文艺出版社及该社编辑出版的杂志《艺术世界》有着较为密切的联系，每次去国外出差，我都会为他们留意选题。1983年，我在德国逗留了9个月，期间不断向《艺术世界》

提供稿子和介绍国外的优秀艺术作品。一次,我在慕尼黑城西的纽芬堡宫参观了路德维希一世宫廷美女肖像画廊并购得了三十六幅美女肖像画复制品。不久,我写就了题为《妙施丹青绘群芳》一文,汇同36幅画全部寄给《艺术世界》编辑部,几乎所有编辑都高兴得不得了。篇幅所限,先刊出了文字并七幅画。读者反响极大,纷纷要求刊出全部画幅。编辑部于是开始考虑一个更上台阶的方案——出版画册,然而仅三十六幅画难以成书呀,编者问我,是否能写二三万字作为画幅的绿叶。我使出了浑身解数,到处寻觅资料(画廊作者是国王路德维希一世的宫廷画家,关于画家及其生平事迹没有集中和系统的介绍),感到字数仍然不足,最后总算是我在写作艺术类文章时学到的作品分析和艺术知识救了我,较为理想地完成了任务,并主动将书名《慕尼黑美女肖像画廊》改成《慕尼黑女子肖像画廊》(按说这是有悖于"跳"的,但因改革开放不久,"美女"一词在很多人的意识中尚未成为习惯用词)。"女子肖像"着实闹猛了一年,画册印数15 000册。画像紧接着又被制作成挂历,印数也就可想而知了。

  关于书名,在中国还有一个习惯,对待外国的书,喜欢摒弃原作书名而另起,有时甚至很像中国的古典小说(成功的例子如《乱世佳人》等)。如果分寸把握得好,会收到较好的效果,反之容易弄巧成拙。

  从书名想到了当前的电视剧名,很多电视剧名相互类似。中国的文字丰富多彩,为什么不起一个有创意、有自己特色的名字而非要去"跟风""靠拢""雷同"?抑或是别有用心?

树木的呼救声

世界上颇有一些会分泌特殊液体的树，比如非洲有一种名叫休洛树的植物，能分泌大量树汁，这种树汁不但有浓郁的酒香，而且味道也跟酒差不多；更为可贵的是，休洛树一年四季都能产酒。当地居民得天独厚，劳动之余，三五成群带上小刀、杯子和菜肴，来到树旁，只要在树干上割一口子，便能享用美酒佳肴。没想到有一年休洛树停产了，起先是产酒量大幅度下降，到后来基本上不滴酒液了。于是，一些年长的人发话了："小伙子们，你们没看见今年的雨水少吗，你们光知道开龙头放酒，为什么不给这些树浇浇水呢？没有水哪来的酒呢？"

对呀，树缺水了，怎能分泌液体？老人们说得一点不差呀。有一位在城里某研究机构工作的人非常支持长者们的观点，并说20世纪80年代就有科学家提出了论点：树木会发出一种类似于诉苦或悲叹的声音，而且往往是在它们很需要水分的时候。

其实，树木不仅有感觉，它们还会表达自己的感受和心情。早在20世纪60年代，已经有人接收到树木的、发自可听频率范围的"吸气音"，到了80年代，很多研究者用仪器测得了树木发出的超声波信号，通常也是在它们缺水的情况下，由于频率超出了人的可听范围，不能引起人的听觉，所以没有人理会树的缺水苦恼和求救心愿，致使有的树木枯死。

直至近两年,法国的一个科学家小组开展了系统性研究,终于发现了树木在缺水时发出超声波信号的机制。科学家们将松树段切成50毫米厚的试样,并将它们放入水凝胶中,带往干旱的环境。水凝胶能让水通过,但空气通不过,这样,水分蒸发了,相当于人工造成了试样的缺水条件。

当水分严重蒸发时,树木试样中产生负压,维管束(有规律地相互连接而分布在植物的各个器官中,具有输导作用,使植物成为统一整体的组织)内的水分被往上抽吸,如果不下雨,维管束中的应力便上升,到一定的时候,会形成很小的"真空泡",并很快被水气和溶解在水中的空气所充填,于是形成"水柱断裂,水路不通"的局面,在这种时候,维管束的壁会来回振动几次,同时产生超声波,波的强弱与维管束的大小及干旱程度成正比。科学家们不断利用光学手段(高分辨率摄像头)和声学手段(高敏感度传声器)对松树试样进行监察,同时将每一个通过摄像头观察到的小气泡形成时发出的声信号在几毫秒钟内分析和归类。

研究者们也指出,有极个别的小气泡形成时发出的超声波信号没有被捕捉到,是因为它们超出了传声器的可传频率范围。正在研制的未来型超声波传感器将能随时测得树木在危急时的呼救声,便于我们及时对它们进行抢救。拯救树木也是拯救人类自己,请多关注树木发给我们的信息。

树木也要睡觉

著名女流行歌手亚历山德拉喜欢树木,把树木看成和人一样的生命。早期,她曾创作过一首生态歌曲,她认为"树木是有灵魂的,树木是人类的亲戚"。当她家里的一棵树死了,她便说:"我的朋友一清早死了。"

后来,有的科学家提出,树木会呻吟,树木会互通情报,树木会互动,树木会互助,但是树木也会互不相容,如喜光的植物和耐阴植物无法和睦为邻……而菌菇会用纤维和菌丝构筑起"树林互联网"。

大部分生物体都是让自己的行为来适应昼夜节奏的,植物也不例外。有不少花朵夜间将花瓣关闭起来,到了清晨又开放出来。瑞典博物学家林奈观察到,花朵在一个黑暗的地下室里也能继续开放和关闭;达尔文确定,植物夜间会耷拉它们的花瓣和花柄,并把这一动作称为"睡觉"。然而至今为止,这样的研究往往仅局限于盆景小品。不过现在有了很大进展,目前有一个由奥地利、芬兰和匈牙利科学家组成的国际研究小组成功地在大型成熟的植物身上检测到睡眠行为,他们通过激光扫描仪摄取连续(多测点)图像。

科学家们通过研究发现,在夜间,整棵树就像瘫下了似的,这些均可作为(树叶和树枝)位置改变而被检测到,位置的改变尽管不是很大,通常一棵 5 米高的树在夜间最多可耷拉下 10 厘米。为了排除(天气或不同地点引起的)干扰因素,每一个实验通常要做两次,每次选用两种不同的植物作为试样;比如一棵树在芬兰受试,另一棵树就在奥地利接受同样的测试。两次实验都在昼夜相等的日子进行,都在安静的天气条件下(如无风、无露水)。最终结果显示,树木的叶子和树枝在连续往下低垂,日出前的几个小时达到最低位置;清晨,所有的树叶、花朵、树枝都回归到白天的位置。

人们还在继续分析,树木是被太阳唤醒的还是被本身的生物钟"闹醒"的。其实关于树木的昼夜节奏与基因背景的关系在植物界已经获得成功的研究,从分子层面来说,植物的动作常常跟每个细胞的水含量有关。是否有进行光合作用所需的光,也起着重要作用。科学家们注意到,在夜间,树木停止了茎轴方向的水分输送,树枝和树叶缺少水分与此有关。以前之所以很难在较大的植物中取证,是因为采用可见光会影响植物的睡眠。改用激光扫描仪不仅测试时间短、不干涉植物睡眠,而且分辨率高。

今后,随着对植物行为的进一步了解,人们将有的放矢地开展持久改造森林的活动(比如改变树种的搭配、调整针叶树和阔叶树的比例等),以便知道每一种树木每天的水分消耗量以及耗水对地区气候的影响,希望树木和人类一起顺利地应对气候变化,有朝一日也能在"第二个地球"上成功安家落户。

树上的蔬菜

还记得小时候吃过的一种闲食（其实是咸食）：盐渍香椿头。尽管它咸得要命，浑身沾满了盐花，本来是用来做菜的，然而我们小学生还是挺愿意在学校门前的摊子上买来吃——因为咸，所以耐吃，而且吃后回味无穷，有一种特殊的香味。

香椿又名椿树、椿芽树、春菜树、香铃子，原产我国，主要分布于东亚和东南亚地区，我国南北各地都有生长。树高可达25米，树干直径最大可至70厘米左右。香椿头是香椿的嫩枝芽，每年春天，尤其在谷雨前后，农村和山区的香椿树上长满了又嫩又红的香椿头，为人们提供一种风味独特的蔬菜。国外称香椿为"中国的树上蔬菜"。

有一年乾隆皇帝下江南，路经安徽的寿春镇（今属寿县），为避雨而进入一家小酒店，店主拿出仅有的两块豆腐，又从门前的一棵香椿树上采下嫩枝嫩叶切成小段与豆腐相拌，放入调味品，招待这位来自北方的先生及其随从。这滑溜爽口的香椿拌豆腐吃得乾隆食欲大增，他让店主再来两盘。店主只好实话相告："这位客官，实不相瞒，荒年灾月，小店已无他物招待。"回到宫中，乾隆命御膳房如法炮制香椿拌豆腐，不料乾隆吃后很不满意。待第二次下江南时，乾隆再次来到这家酒店，详细询问了配料及制作细节，并赐店主100两白银，再次饱尝了香椿拌豆腐。尽管如此，御膳房做的香椿拌豆腐还是让乾隆失望；他于是怀疑店主留了一手，直至第三次下江南，乾隆特意折道来到寿春责问店主。店主回说："你们北方的香椿和豆腐与江淮大地的不一样；香椿拌豆腐，香椿要用寿春的香椿，豆腐必须用寿春八公山的泉水磨制。"从此，寿春的香椿拌豆腐也就有了名气。

香椿的新叶呈红色，以后转为淡绿色（正面）和白绿色（背面），入秋又恢复红色，故香椿又叫红椿。"上古有大椿者，以八千岁为春，八千岁为秋。"（《庄子·逍遥游》）。所以自古用"椿龄"表示高寿，并以长寿的大椿树比喻父亲；用种在北堂的萱草（古人认为能使人忘忧，即黄花菜）象征母亲。于是称父亲为"椿庭"，称母亲为"萱堂"，"椿萱"即"父母"，成语"椿萱并茂"乃父母均健在之意。

香椿既是上等蔬菜（香椿炒鸡蛋、香椿核桃、香椿鱼等的主要食材），又是养颜、治病的植物，用鲜香椿芽捣制的液汁有滋润肌肤、增加机体免疫力和抗菌的功能。香椿散是中医方剂，主治恶心、吐酸水、不思饮食。香椿子也是中药。

香椿树木材纹理细，是造船和建筑材料；木屑和根可提芳香油，是西方人生产雪茄时的增香剂；种子可榨油，含油量达35％；根皮也能入药。

香椿具有很强的生命力，香椿芽采摘后很快就能再长，民间曰："家有香椿树，春不愁菜蔬。"

树叶观

树叶观即人对树叶的看法，人对树叶是有不同看法的，有的人喜欢，有的人讨厌，有的人甚至为了树叶而吵架……然而，不管人们如何见仁见智，树叶首先要顾及到树的利益，该掉落的时候就掉落，该长的时候必需长，甚至莫名其妙地猛长疯长。

几个世纪前，树叶对很多欧洲国家的农民来讲，是一种理想的充填物，比如有的地方用作干草的代用品（本来欧洲农村里多用干草做充填物，但有的地方青草不多，能用来晒成干草的便更少了），先是做床垫的填料，到后来，有的穷苦人家连被套里也灌干树叶。所以在瑞士的阿彭策尔，倘若有人在背后说："他们家里上上下下都是树叶。"意即：他们家很穷——垫的盖的都是树叶。

中国以前很有些人是痛恨树叶的，这里说的是秋天的树叶。众所周知，在寺院里出家的小和尚，初进佛门必定先和扫帚及树叶打交道，每天清早起来就是打扫卫生清理树叶，今天扫除了地上的树叶，明日一早展眼望去，落叶又是狼藉满地。从此小和尚们恨死了树叶，他们多么希望扫一次落叶至少能保持两天的"无落叶地面"啊。

树叶能引起邻居间的纠纷，你信不信？德国是一个法规非常细琐的国家，笔者听说过一件事情，一年秋天，公民甲发现，今年秋天他们家的园子里落叶特别多，他知道这些落叶都是他家右隔壁的乙家两颗大树上刮过来的，因为甲的园子里是没有大树。往年甲总是隔几天将落叶扫掉，也不计较，可今年不一样了，树叶特别多，每天扫都来不及。于是他妻子建议说，国家有规定，如果刮到别人家里的树叶超过一定的数量，应当向受影响家庭支付清理费的。过了几天，甲公民的左隔壁丙有点小事来向甲讨教，甲顺便提到"讨厌的树叶"。"别，别，你千万别这么做。"丙劝说道，"说是这么说的，但你若真的去讨说法，那你们两家不就有了过结了吗——为了区区小事？我倒有个主意，我们家也没有树叶的，但每年冬天来临前，我总会收集不少干树叶，将它们堆在园子的墙角，一旦雪积厚了，会有刺猬和其他小动物来过冬和觅食，它们很可爱。"于是两人兴冲冲地用麻袋装起树叶……

"不是秋来易零落，自缘人世别离多。"不管人们是否喜欢秋叶凋零，在冬天到来之前，（尤其是阔叶树的）树叶必然凋落，就像人总会离别一样。树是生命，它懂得秋冬时节必须减少组织中的耗水，因此必须有意识地凋落树叶，以免水分的蒸发，不管人类是赞成还是反对，树叶一定会凋落下来。然而树木有时会得一种"丛枝病"，由于感染了细菌或真菌（如冷杉感染了锈菌类真菌或桦树感染了子囊菌），树木的细胞分裂素对组织的生长便失去了控制，导致在树枝的某个地方集中长出许多叶芽，时间长了便长成一簇一簇的"树中树"（也称"无根树"）。

这本来是树和树叶的病态现象，但因养成时间较长，数量较少，竟然成为了人们的收藏对象。

数字化与文化传承

经常看央视 11 套（戏曲频道）播出的"音配像"节目，这是继承老一辈艺术家优秀唱腔的弥补办法，由于他们在世时没有机会将自己的表演艺术制作成视频节目，只留下了声音记录，而电视这一媒体是一种音视合一的文艺样式，因此多年来一直流行着"音配像"节目——由在世的中青年演员（老艺术家的继承人）担任舞台演出，配上老艺术家的唱腔录音。效果蛮好的。

由此联想到，人类需要传承的何止是艺术，而是整个文化领域乃至全部文明。感谢科学技术的昌明，传承问题不久的将来会有圆满的解决。现代信息技术和新材料发展日新月异，声像档案正在慢慢取代传统档案，数字化处理将会促使实现文化资料的长期保存。很多团队（研究单位和企业）面对人类社会存在的这种需要，纷纷研发用于拯救古旧声像档案资料的程序——数字化处理软件，文化领域是数字化软件应用最广的阵地。

20 世纪末曾经流行过一种音乐播放机，名叫 Walkman（因为它可以固定在腰间，戴上耳机，一面走路一面听，所以在中国被称为"随身听"），用的是盒式录音带，90 年代慢慢消失了。现在很少有人还保留着这样的设备，然而偏偏又有人出于怀旧而想再回味回味音带里的音乐，遗憾的是没有这种播放机了。尽管"随身听"和盒带有这样那样的不足（高保真金属带 Hi–Fi 除外），比如时不时会出现"磁带色拉"（鼓带、叽里咕噜和沙沙作响的声音、容易卡带等现象，快进、快退、倒带操作容易损坏磁带），但它们当时着实风靡了全世界，即使今天，还有人在追怀。几年前，冰岛有一家名为 Elbow 的公司生产了一种过渡性便携式播放机，机器比盒带还小，可夹在盒带的塑料盒上，上有耳机输出口、一个微型 USB 接口。如果再设计一个混声器接口，也许能将声音和音乐直接录到磁带上。

  眼下，有不少公司在推行为用户进行实验性数字化服务——修复和清洗老唱片、老磁带并实行数字化处理。还有一种方式是设计先进的数字化处理程序并面向集体和个体用户销售，让用户自己在电脑上修复和实现"老古董"的数字化。这些程序往往能做到快捷、简单，比如界面显示的"音频清洗"菜单上列有许多功能点，只要双击你选中的点就能自动完成任务。当然，在数字化处理中必须用到的各种配件需要达到越来越高的清晰度、分辨率，这也是设计人员追求的"无止境目标"。其实，数字化工程只能说是刚刚起步，很多任务和工程尚在试验中；图书馆档案资料的数字化和长期保存便是一项高要求的重大工程。相信数字化工作将为人类文明的传承作出具有历史意义的贡献。而作为个人爱好者，人们也在等待老唱片和模拟音像资料出现一波"新的流行"。

谁来做家务

一个家庭的家务谁来做,这在封建社会中也许是非常明确的事情,由妻子做呗。然而也不尽然,在平民百姓家中是如此,倘若是官吏、巨富豪门,则他们的妻子(夫人)也不做家务,家务由丫鬟、厨娘、仆人等承担。

妇女被迫整日跟锅碗瓢勺打交道,封建社会的腐败更造成了家庭妇女的不幸命运。女人一旦成为人妇,等待他们的往往是家务缠身的日子:"三日入厨下,洗手作羹汤。未谙姑食性,先遣小姑尝。"(唐·王建《新嫁娘词》)新婚第三天便挑起了家务的担子,做饭煮羹汤,侍奉婆婆和小姑。

尽管社会体制造成了女人在经济上的无权,不得不依附男人;但仔细分析,是互相依赖。明·冯梦龙《古今小说·蒋兴哥重会珍珠衫》中有言:"做买卖不着只一时,讨老婆不着是一世。"此处的"不着"带一点方言的味道,系"不如意"也。家中有善于持家的贤妻良母,是老公乃至全家的福气。

为什么有瞧不起家务劳动的偏见呢?因为长期以来,人们认为妻子做家务不产生经济效益,它不被看作(能赚钱的)职业工作。家务劳动在国民经济总产值计算中几乎是忽略不计的。

关于家务劳动,历来有不同的观点。出生于阿根廷的女作家、医生、心理学家和社会学家、乔达诺-布鲁诺基金会顾问委员会委员埃丝特·比拉尔于1971年出版过一本颇受争议的书《受折磨的男人》，在书中她主张改革工作时间，改革后夫妻双方每天只干5小时工作，因此有足够的时间做家务及照料孩子，随着家务劳动的不断自动化和电气化，一个四口之家，每天只要花费2小时的家务劳动时间，这一观点在欧美的很多国家受到媒体的认可。由于她同时提出了一个逆当时妇女运动潮流的论点：不是妇女受男人的压迫，而是男人受妇女的压迫；为此，她曾在一个图书馆的洗手间遭到四个年轻女子的集体殴打。

  与此相反，有相当多的西方妇女并不希望丈夫插手她们的传统领域，她们看不惯男人在家务方面的强势，甘当全职太太。而有的社会学家也提出一种相应的新观点：家务劳动是一个家庭里需要夫妻共同解决的事情，如果妻子承担了全部所谓的"家务"，那也只表示帮她的丈夫做了整个家庭中的一半家务；更何况家里的很多事情至今未被看作家务，而这些事情都由丈夫们主动地、默默无闻地承担着：园子里除草等工作、擦洗汽车、住房的小修小补、每周的大型生活用品采购、与行政机构打交道……

  当然，妇女们有她们的顾虑，诸如家务劳动是无偿的、家庭主妇没有养老金……针对这些问题，不少国家实行了"守寡养老金"制度。丈夫活着时，妻子的生活所需由丈夫负责，一旦丈夫去世，依法启动"守寡养老金"。更为可喜的是，许多丈夫在生前就为妻子安排好了自己"百年后"的计划。而一些开明的企业家和政治家甚至真的给自己的家庭主妇每月开工资呢。

  总之，关于家务劳动是没有放之四海而皆准的法规和方案的，重要的是夫妇应相互尊重、共同把家庭经营好，幸福地慢慢老去。

水电问题

现在的人对水电的理解是：水力发电的简称或水力发电产生的电能。但是民间有个叫"水电工"的职业，他们是在装修房子时负责安装水管和敷设电线、开关及照明设备的，和水力发电没有关系。

有人说，在社会体制方面，世界上曾经有过两大阵营：社会主义阵营和资本主义阵营，后来解体了；然而在电压方面，一个历史遗留的问题至今没有解决，换言之，一直存在两个阵营：100—127伏电压阵营和220—240伏电压阵营。参与造成历史问题的主要人物是美国发明家托马斯·爱迪生——白炽灯的创始人。19世纪80年代，碳灯丝灯泡被全世界接受，这种灯泡在电压110伏时发光最佳。爱迪生发明的灯泡深深地影响了当时的网络电压，今天，北美和南美国家用的电压通常是100伏左右。欧洲明显不一样，用的是220伏网络电压，因为这样做可以从同样的电线中获得更多的功率，同时也是为了和爱迪生划清界限。然而爱迪生推出的不仅仅是白炽灯，他同时还从事集中供电的建设，凡是和电网有关的东西，都有涉及。

在全世界建立一个统一的网络电压，人们致力已久，可是至今没有成功——财经问题。已经有过很多例子，证明"换装"十分昂贵；但人们仍然在朝这个方向努力。1987年，当时的欧共体决定将电压统一在230伏，对于本来就实行220伏网络电压的国家，增加10伏小意思。世上也有狠下血本完成全面改造的,如沙特阿拉伯在2010年将本国的网络电压从127伏改成了230伏,加入了"多数国"阵营。

准备去国外旅游的人,不管去哪个国家,电压对所携带的电子产品来讲,总是够用的,但需带好转换器,有可能所在国的插座形状不合适。

再说说水的问题,家里的自来水管(或饮用水管)里会有病原菌繁殖起来,比如军团菌或真菌,这些细菌在25—54℃的温度下最容易繁殖。有鉴于此,建议冷水管里的温度不应超过25℃,热水管里温度不要低于55℃。

较长时间不用自来水,再次首开水龙头时要小心,因为军团菌会随水流喷洒出来,有可能进入人的呼吸道,这对孕妇和免疫力差的人来讲,有时会导致肺部疾病。军团菌即需氧革兰氏阴性杆菌,其中嗜肺军团菌最易致病,是人类肺炎的病原体。

也许应介绍一下"军团菌"这个特别的名词,有几种不同的说法,一说谓"一支工程兵部队在密封的空间里施工,造成士兵们集体呼吸道感染,于是这种病原体被称为'军团菌'"。另一说可靠性较大:1976年在美国费城召开退伍军人大会,会议期间暴发类似肺炎的疾病,于是被称为"军团菌"。据研究发现,病原体来自污水和土壤。

后来不少国家对旅馆、医院、游泳池等经营单位提出要求:不要让水设备长期处于停运状态,因故必须停运的,不要超过72小时。较长时间出差或旅游,家里无人,回家后应让自来水空流一小会儿。电压是一致好,水是流动好,做到了就没有问题了。

水下悬浮隧道

摆渡船将渐渐被淘汰，水下悬浮隧道可能成为未来汽车和火车的高速通道。水下悬浮隧道简称 SFT（Submerged Floating Tunnel），它是一个圆形或椭圆形的管道结构，被悬挂在数个浮体（浮桥船）下。管道断面被分成几个空间：上下各有一条汽车道（正向和反向各一条），上下车道之间是两个并列的正方形空间，它们是救援通道，救援通道的两侧为（往返）火车道；四周剩下的弧形空间分别是安装供应管道和进气、排气的通风管道空间。

SFT 对于解决交通事业带来的环境污染和一些令人头疼的运输问题极具优越性，比如 E39 欧洲洲际高速公路从丹麦北部通往挪威特隆赫姆的一段交通特别繁琐，出门旅行的人必须乘坐 8 次渡船，费时费钱又费心，几乎把旅行者的情趣都搞没了。为此挪威公路交通局推出了一个名为"无渡船 E39 工程"的大型项目，决定全程 1 300 公里中的所有船运段用桥梁和隧道代替。这是一个大胆而带有冒险性的工程，不仅费时长、耗资惊人，而且要求全新的技术和工艺支撑。

整个项目中的最大挑战是 203 公里长的松恩峡湾——欧洲最长和最深的海湾。最深处可达 1 309 米。所以这一项目讨论了好几年，一直没有付诸实施。丹麦建筑工程咨询公司明确表示支持这一计划，目前情况有所好转，计划正在具体化。

SFT 的最大优点是，隧道长度比普通水下隧道短，它不需要上下引道，通过 4.1 公里长的挪威双管式 SFT 只需不到 10 分钟的时间。

尽管 SFT 的优点很多，但是专家们至今仍面临着一些尚未找到理想解决办法的问题。比如由于隧道的位置有所浮动，船只驶过或抛锚时有可能发生碰撞。于是有人建议为隧道增加保护板，有的专家安慰说，船只偏偏在不该碰撞和抛锚的地方出事，这样的概率一万年内也许碰不到一次。

还有人指出，以上计算和假设是利用世纪交替时研制的计算模型得出的，而新型的计算模型已经有了极大发展。可喜的是，科学家终于研发出一种非常具体的安全措施：在浮体（浮桥船）和 SFT 之间事先设置安全断裂处，倘若有一艘大船遭遇不幸，在下沉过程中，沉船的重量不会将浮体连带隧道管拖下水，而是安全断裂处自动断裂，浮体便与隧道管分开，自动离去，不会牵连隧道。

对水下悬浮隧道感兴趣的国家越来越多，如希腊希望用 SFT 将众多岛屿联系起来，西班牙和摩洛哥想在直布罗陀海峡通过 SFT 进行更方便的来往；瑞士已经考虑了在卢加诺湖下用 SFT 实现火车交通，彻底消灭噪声源，不让美丽的风景破相。更有人想入非非，打算在伦敦和纽约之间建一条 5 000 公里长的水下悬浮隧道，用磁浮列车 55 分钟走完全程。

睡眠文化拾掇

中国古代有"冬至阳生"的说法,是日阴极阳生,是一年中夜最长的一天,民间崇尚"早睡晚起"。战国时期流行名为"四味养身汤"的养身诀:"一曰无事以当贵,二曰早寝以当富;三曰安步以当车,四曰晚食以当肉。"苏东坡曾书此诀赠送友人。

其实古代的外国人也是习惯于早睡的,原始部族通常太阳落山后不久就睡觉了,天黑无事可做只好早早就寝。欧洲南部的人有白天睡觉的习惯,所以晚上睡的时间较短,至今有些国家在夏天的午睡时间仍然很长。

早先以狩猎为生的人以及游牧民族的睡眠方式很简陋,他们干脆就睡在地上,最多再垫上一块麻布或铺上些树叶。他们往往是群体睡眠,有条件就支一个帐篷,还必须燃起一个火堆,火光可以吓走野兽,烟能驱散昆虫。

在我国新石器时代建筑遗址中发现过高于地面的、土质较好的平台,长度略大于人的身高,很可能是当时人们睡觉的"坑"。至于床的出现,在我国已有3 000多年的历史,商代的甲骨文中已经有"床"字。1958年在河南出土的楚墓中发现了一张制作考究的木床,床的四周还有围栏。

自17世纪起,西方开始出现卧室,但穷人家里是例外:所有的家庭成员共同分享一张床,甚至客人来了也睡在这张床上,直至

19世纪,"拥有自己的卧室"才成为共识。

按西方的睡眠文化,一个家庭里只有夫妻是同住一间卧室的,孩子有儿童室,等长大了也有自己的单独卧室,偶尔也有两个稍大一点的同性孩子合睡一间的。有一点是雷打不动的,外出旅游或出差,住旅馆开房间,决没有两个同性者合住一个房间乃至合睡一张大床的。

2007年,英国一家连锁酒店公司发布了一个通告,言及2006年该公司在全球的连锁店里共发生过400次客人在大堂里裸身梦游事件,梦游者几乎都是男性。据解释,梦游的原因是酗酒、生活和工作压力大。为什么都裸身?很多人本来就喜欢裸睡的。还有那少数人呢?来该店住宿的,出差短住旅客较多,经常只带随身行李,压根儿没把睡衣放在心上。睡觉需穿睡衣吗?美国2004年的一份调查报告显示,从一大群人的问卷答案看,有22%的人喜欢裸睡,17%的人爱穿普通内衣睡,34%的人习惯穿睡衣裤,23%的人穿衬衫或T恤衫睡觉;还有1%的人穿运动衫裤睡觉。此外,有2%的人作了另类回答,1%的人干脆不予回答。

根据各方面的建议,夜间睡觉应穿宽松的睡衣或者裸睡,原因是女子裸睡或不穿贴身内裤有利于防止外阴的真菌感染;男子裸睡或不穿紧身内裤是为了确保精子质量不受影响。不过此类建议需加上前提:"在确保床单和被套勤洗勤换、干净卫生的条件下,"也可以说是因人因地制宜的。

说话难免延缓词

两个人对话,有的人一见面话就出口了,有的人先要来个延缓音"嗯""唉""噢"……于是有人下结论说,因为有的人说话"不动脑子",有的人有话喜欢先用大脑"整理"一下再说。这样评论,似乎不妥。说人"不动脑子",显然太过分;至于先用大脑过滤一下,则有"不说真话"的嫌疑。尼德兰(前称荷兰)内伊梅根的马克斯-普朗克心理语言学研究所的科学家们发现,在说话前,大脑是需要先准备一句句子的,但更多时候,大脑只准备了句子的开头,人便开始说话了,这是为了尽量少用大脑工作储存器的储存量,特别当谈话内容非常复杂时,或者有的语言的语法比较特殊,常常用到从句,甚至从句套从句,还有的语言语序特殊,关键词在最后出现。为此大脑让说话者通过一种"延缓音",来保证说话过程中完成思考,让意思表达完毕。

延缓词也叫延缓音、填补词,是语助词的一种,通常在说话过程中起过渡作用。延缓词在言语过程中还有两种重要功能。第一,它让对方获得信号:说话马上还要继续下去。这样,等于下意识地阻止了听话者利用说话者在思考时把话语权"夺"过去。说话者也就不用担心已经感受到的话语权会失去。

第二,延缓词能调节说话者的呼吸作用。人在说话时,呼气和吸气跟不说话时是不一样的。说话时,我们吸气较为急速和猛烈,然后是慢慢地吐气,通过填补和插入的延缓词,我们可以做到安心、缓慢地呼吸,不会气喘吁吁。

总之,每个国家的语言中,甚至一个国家的不同方言地区,都有不同的延缓词(音),比如英国人和美国人爱用 er、ya,法国人说 euh,日本人常用 ano,德国人习惯于 Äh。笔者觉得,杭绍吴方言区有一个填补词"格么",这应该是很有个性的延缓词。

有的语言学家认为,喜欢把延缓音拖得很长的人往往是有韧性的人,是执着的人,是一心想让别人接受(自以为是)好意的人。有一个典型的代表者——世界网球传奇人物、得过无数世界冠军和荣誉的德国著名网球运动员和教练鲍里斯·贝克尔,鱼跃救球是他的招牌动作,2003 年被收录入国际网球名人堂。他经常喜欢说服别人,所以说话善用拖音很长的延缓词,有人因此误解他说话"吵吵闹闹",总不想放弃话语权,真是辜负了他的一片好意。记得鲍里斯·贝克尔对中国的网球发展也很关心,他曾在 2016 年说过要跟有关合伙人在深圳创办世界第一家网球学院。

说造话

本文的标题,对一部分读者来说,是很容易懂的,比如对杭绍(杭州和绍兴)一带的人;但可能有大部分人"理不清"这三个字,"说"和"造"是动词,"话"也许是名词"话语"吧,抑或是动词"说话"? 其实"说造话"在杭绍方言中是"说假话"的意思。"造话"是"假话",编造出来的话,不是真的,"说造话"是在撒谎。

按说"撒谎"现象在生活中是普遍存在、经常发生的,对这种现象,有人恨之入骨,有人却显得十分宽容,而心怀宽容的恰恰是一些科学工作者。

"你想我吗?"妻子问刚回来的丈夫。出差了三天,从早到晚,日程排得满满的,哪里还有时间想。然而他却用深情的目光看着她说:"我日夜都在想你。"

每个人都会说谎,但是"经常"到什么程度,是一笔糊涂账;有的人说,很多人在为时10分钟的交谈中,会有2次到3次撒谎;另一些人认为,我们每小时平均撒谎12.5次;还有的人甚至说人每天撒谎的次数难以统计。

现在,科学家们对研究撒谎的真正原因有了更新的手段,神经学家通过图像成形看到撒谎者的大脑,心理学家可以通过精密的测试解开撒谎时的无意识动机(或起因)。结果发现,人会撒谎是一种驾驭生活的前提;进化生物学家甚至声称,撒谎是文明进展的动力。哲学家却说，不分青红皂白，反对一切谎言是错误的，就像消灭所有的细菌（包括生产葡萄酒和奶酪用的细菌）是错误的一样。

维也纳有一位世界公认的谎言研究专家，名叫彼得·施蒂格尼茨，他认为谎言有两个准则，第一个准则即谎言的定义：有意识地回避真相。第二个准则是谎言有好坏之分，两者之间有一个道德界限。如果我用我的谎言有意识地给自己或他人带来害处，那么这就是坏谎言。施蒂格尼茨教授还将谎言分成三类：一，自我欺骗。二，欺骗他人（向一个人或几个人撒谎）。三，向集体撒谎。

总是说真话，生活将会变得苍白无趣，人撒谎很可能是为了省麻烦、为了使生活变得轻松一些，或者为了被人喜欢。有时谎言真的能使双方（撒谎者和受骗者）都受益，我们常把无聊透顶的派对说成"很有意思的聚会"，当着朋友的面夸奖说"多么有教养的孩子呀！"不要把这些话"广义"为撒谎不就好了吗？

"声音造就音乐"，一方面要使人高兴，另一方面不能伤害别人的利益，因此只有采用能伸屈的方式，直截了当往往意味着斗争，适应社交需要的"谎言"有时需要宽忍一点。处处要求讲真话，则每一种"奉承"都会变成侮辱，而听者又不放过每一句惹人生气的话，于是所有的人都感到受了伤害。"假话"与美化粉饰都是人际沟通的润滑剂，它有利于我们将每天的生活顺利地进行下去。心理学家发现，社交场中聪明的人都免不了玩弄一点"撒谎"，但这并不等于说，为了讨人喜欢而有意识地去撒谎，有时候，很多谎言应该打上一个引号才是。

从原始人开始，撒谎已经存在于人的基因中，人因此变成了如此聪明的物种，而语言能力的高超使人变得更加善于"撒谎"。

塑料垃圾的减量

对于已经成为垃圾的塑料来讲,塑料垃圾减量的含义包括两个方面:一,减少塑料垃圾的堆场量和焚烧量;反过来讲,就是增加塑料垃圾的回收率。二,用新的、可生物降解的材料代替塑料。

据悉,欧洲的塑料垃圾循环量为5 000万吨,而且每年还要增加8%;而到目前为止,欧洲的塑料回收工业只生产200万吨再生塑料(塑料颗粒),40%的塑料垃圾是烧掉的,有三分之一的塑料垃圾是倒在堆场的。和玻璃瓶、金属等不一样(它们只要分选、清洗和熔化即可),塑料垃圾的回收很复杂,大部分塑料垃圾实际上是各种塑料的混合物,每一种塑料需要独特的工艺加以处理;再说塑料垃圾往往很脏,经常和别的物质结合在一起,比如一个酸奶杯,杯体是塑料做的,杯盖却是铝箔做的。有鉴于此,奥地利弗雷马公司的两位发明家克劳斯·法伊希丁格和曼弗雷德·哈克尔决心献身于塑料回收和再生事业,用新的方法改变现状。

第一步很重要:把所有和铝箔附着在一起的物质——液体、脏物、颜料去除。为此用气流喷射塑料垃圾,同时塑料被碎成小颗粒,接着进行混合、加热、干燥和压缩。回收装置的体积有一辆大巴那么大,其关键设备是挤压机。有一台带锥度的螺旋输送机将粉碎后的材料送去压缩、加热,此时,像聚乙烯那样的塑料就变成流体,熔点较高的塑料便留下,可用过滤器分离出来。

此发明的最重要一点是从塑料垃圾中有一股涡流对着螺旋运输机的运输方向旋转着,因此始终保持着最理想的塑料量进入挤压机;此外,除异味系统也是回收装置不可或缺的组成部分。所有工序走完后,再生塑料便以小颗粒形式送出输送线。克劳斯·法伊希丁格和曼弗雷德·哈克尔已被列入欧洲发明家大奖赛 15 名入围候选人名单。

人们普遍使用塑料作为各种产品的包装材料和充垫材料——塑料垃圾的第二个来源。不妨先说说两个美国发明家——埃伯·拜尔和加文·麦金太尔的故事:拜尔年轻时在父亲的农庄里看到,从糖槭树生产糖浆时,用来烧火的槭树短枝经常和真菌的地下"乱根"黏缠在一起。看久了,他产生了一个念头:"为什么不用真菌代替塑料,为什么不用糖槭树分泌的甜液将真菌替代物粘结成各种形状的包装材料呢。"于是,拜尔约他的大学同学麦金太尔一起在家中的厨房里做起实验和研究来。

由于经验不足、可借鉴的东西不多,早期的生物包装材料不太普及,响应者少。时至今日,生物包装材料的生产已经大为专业化。作为原料,根据包装材料的不同特点,可以采用棉铃皮、玉米棒子轴或大麻植株的残剩部分。植物原料先行消毒,接着也可以掺一些真菌。约有 450 种真菌适合于作包装材料,在一个生长器皿里,由于不同的真菌有着不同的特点,可通过各种组合试验包装材料的性能特点。最后混合材料尚需在室温下放置 4 至 6 天,而真菌正好借机将部分垃圾降解。生产这样的包装材料,能耗只占塑料包装材料的八分之一至五分之一。

一分为二看塑料

1846年,化学家弗里德里希·舍恩拜因在实验时用抹布擦拭不小心泼出的硫酸和硝酸,于是两种酸与抹布中的纤维素起作用,在一声巨响中,生成物被点燃了。这一生成物就是硝酸纤维素(俗称硝化纤维素或硝化棉,是生产赛璐珞的原料)。

20年后,有人以1万美元作奖励,希望能为美国西部新兴体育项目落袋台球研究出一种生产弹子的替代材料,因为弹子一向用昂贵稀有的象牙制成。有一位叫海厄特的印刷工竟然毫不犹豫地将自家的厨房改成实验室,像一个中世纪的炼丹士一样在家里做起实验来。经过无数次尝试和失败,海厄特终于发现了生产赛璐珞的主要原料可用(胶棉中的)硝酸纤维素和樟脑(作为增塑剂),1869年,海厄特开办了世界首家塑料厂,开始正式生产塑料。

将近一个半世纪以来,塑料成为人类生活中不可缺少的材料,是材料工业的主将之一,它不断适应和满足越来越高的要求,并且正在悄然替代各种金属材料。

在漫长的发展岁月中,多数塑料以合成树脂为基础。大部分塑料利用石油等化石原料提炼时的副产品作原料,经聚合作用成为高分子聚合物,并添加填料、增塑剂、稳定剂、润滑剂等辅助材料,以改善塑料的性能。塑料有一个非常受人欢迎的特点,它是一个"变化艺术家",塑料的许多性能如硬度、弹性、耐腐蚀性、耐高温性、断裂强度等可以通过掺入添加剂而任意改变。现在的许多塑料（尤其是工程塑料）已经不是人们一般概念中的塑料。以交通工具中用的塑料为例，材料应用的趋势是"钢—铝—塑"，无论是轨交车还是飞机，高速、安全是原则；这些要求，塑料都可以满足。车辆提速首先要减轻自重，铝合金比钢轻得多，已经较普遍地应用。飞机（机壳等）材料也要从铝合金转向塑料。

鉴于全球的资源和环保问题，我们的目标是开发和利用新型生物塑料（其实上述人类最早的塑料就是生物塑料），也就是以纤维素为基础的塑料，石油等化石原料是不可再生的资源，而纤维素则是可不断生长的原料。仅从木材加工和造纸工业的废料（全世界每年约为5 000万吨）中便能获得大量木质纤维素。1995年，高级生态塑料已在汽车制造中得到应用。戴姆勒-本茨（奔驰）汽车制造公司启动了"绿色梅塞德斯"工程，至今已有包括门架和内板在内近50％的部件用生物塑料制成。最新的生物塑料具有极高强度，表面光亮如镜，用这种材料制成的汽车轮辋，无论在外表和强度上都不逊色于铝合金。

专家们将继续攻克生物塑料满足飞机外壳超高要求的难题，而且要做到消除因材料老化引起的空难事故——研制一种智能型自愈合生物塑料。一旦塑料因老化产生裂纹，材料内部的超强粘结剂便自动释放，将裂纹修补好。

岁寒说柏

柏树斗寒傲雪、不畏风霜、坚毅挺拔,乃百木之长,素为正气、高尚、长寿、不朽的象征。孔子的"岁寒,然后知松柏之后凋也"是对松柏精神的精辟论断。柏在国外是悲哀和哀悼的情感载体,所以柏树总是出现在墓地。古罗马的棺木通常用柏木制成,莎翁的《第十二夜》有"葬吾于哀柏兮"之句。希腊人和罗马人习惯将柏枝放入死者的灵柩中。而中国人在死者的坟上及坟地栽柏是寄托一种让死者"长眠不朽"的愿望。

柏树的寿命很长,所谓"千年松万年柏"是也。浙江金华天宁寺有宋时所栽"龙凤柏",龙柏已枯,但其雄姿尚存,凤柏依旧四季长青,吐华抽叶。纪念宋代民族英雄岳飞的杭州岳庙内有"精忠柏亭",亭内有八段"精忠柏"(化石)。这些古柏原来矗立在南宋的大理院风波亭旁,传说岳飞被秦桧害死于风波亭,于是四周的柏树相继枯死,后人称"精忠柏"。至于延安万花山顶的"五龙柏",则更因年代久远而无从考证其树龄了。

柏树学名 Cupressaceae,系引申自 Zyparissias(赛帕里西亚斯)。据希腊神话载,有一名叫赛帕里西亚斯的少年,爱好骑马和狩猎,一次狩猎时误将神鹿射死,悲痛欲绝。于是爱神厄洛斯建议众神将赛帕里西亚斯变成柏树,既不让他死,又让他终身悲哀,柏树的名字即从男孩的名字演变而来,柏树于是也就成了悲哀和哀悼的象征。

柏叶枯涩,性寒,通常没有人会去吃它,但据传说和记载,柏叶竟然可以充饥。明朝嘉靖年间,有渔民 10 余人在海上遭飓风袭击,船破漂流至一岛上。岛上的土著居民发现他们已无粮食,便送柏叶让他们充饥。饥不择食,枯涩的柏叶居然吃起来香甜。十余天过去了,船已修复,渔民们准备返航,岛上居民又以满船柏叶作为路上粮食相赠。

据葛洪《抱朴子》所载传说,秦时有一宫女逃入山中,食松柏充饥,夏不怕热,冬不畏寒。至汉武帝时,有猎人于终南山发现一女子,走路跨涧如飞,于是将其捕获,原来她就是当年的秦女。

柏树的树脂、树油、果实、枝叶均能入药,柏子仁有养心、安神和通便之功用。扁柏叶经加工后能治吐血、便血、尿血及老慢支等。

在欧洲,柏木油(主要用意大利柏蒸馏制成)用得很普遍,因对皮肤有刺激,通常将其溶入某种基油,如熏衣草油。柏木油能治感冒、咳嗽、流涕;能消炎、治痉挛。一般在手帕上滴 1 至 2 滴,将手帕捂在鼻子上吸入;晚间可滴在枕头上。在洗脚水里掺入柏木油和薰衣草油,能减轻汗脚。柏木油对心理和精神都有治疗作用,它能恢复镇静、促使心理平衡、有利大脑清醒、稳定情绪。当人精神痛苦时,柏木油能起到安慰作用,给人以勇气和力量。

柏木因其纹理细致、木质坚硬,自古为造船、建筑和制家具的上等材料;又因某些品种风姿苍劲而被视作观赏盆景的优秀树种。

它们真的无用吗

我们常说人是世界上进化最彻底的生物,人是按适应环境的需要而定型到现在这种地步的,凡是不适应环境的器官及其功能都已在进化过程中慢慢退化和淘汰,而现在人身上留着的东西及其发展结果,都是为了和环境协调或进一步开发环境而形成的。尽管如此,还是有不少人觉得人身上有少数器官是多余的,进化没有来得及将它们彻底淘汰,因而只好作为"可有可无的器官"留着,任凭它们时不时给人找麻烦。

盲肠是大家熟悉的"无用器官",很多人只知道"因为有了盲肠,所以就会得盲肠炎,没有盲肠就不会有这种麻烦,盲肠是无用的器官。"其实这些话是错误的,首先"盲肠炎"这一叫法就不大对,盲肠是很少发炎的,"盲肠炎"多系阑尾炎的误称。盲肠是大肠开始处长约6厘米的袋状部分,位于人腹腔的右下部,向上延续为升结肠,下部有一孔通阑尾(蚓突)。由此可见,盲肠是盲肠,阑尾是阑尾,平时所谓的盲肠炎,多为阑尾炎。

盲肠应该被恢复名誉,很早很早的时候,盲肠作为植物性食物的一个发酵室而存在,在那里难以消化的纤维有专门的微生物在帮助消化。盲肠的蚓突(阑尾)有大量的淋巴组织,所以它是淋巴器官,是免疫系统的重要支柱,甚至被称为"免疫力的智囊团"。这个地方的"消化糊浆"几乎已不再含有营养物质,但对淋巴组织中的细胞来讲却很有用，能使它们转变为具有战斗力的免疫细胞。盲肠还有一个用处：一旦肠道得了病，那么在肠内建立起来的、对身体有利的肠（道）菌丛也就被破坏，这时盲肠便成为有用细菌的小小避难所，在条件成熟时，这些"备用细菌"便从"避难所"出来，再生肠菌丛。

在人体器官移植手术发明以前，人类对脾脏一直存在错误的看法，认为只有胎儿尚处于娘胎时，脾脏才因承担着胎儿的造血任务而显得至关重要；等胎儿出生后，人体的造血工作全部由骨髓承担，所以脾脏被看成"只是个血液仓库"而已。后来医生们发现，器官移植后往往发生排异反应，身体内的许多淋巴细胞和免疫防卫抗体物质会竭尽全力排斥外来器官，而脾脏在其中起着"急先锋"的作用。为此，外科医生要么采取药物控制，要么干脆切除脾脏，因为脾脏内不仅储存着大量淋巴细胞，而且还会产生许多免疫球蛋白，这些免疫球蛋白是制造排斥移植器官抗体的原料。由此可见脾脏对于加强人体免疫系统和提高人体抵抗力具有极大作用，在决定是否切除这一"人体卫士"时必须慎之又慎。

扁桃体也经常被人看作惹是生非的器官，一不当心便来个"扁桃体发炎"，给你点颜色看看。所以大部分人认为扁桃体是可有可无的器官，甚至是累赘。其实不然，扁桃体是淋巴组织集成的团块，也是人体免疫系统的一部分。相信人类进化是没错的。

体验死亡

有的人怕死,有的人不珍惜生命;有的人不怕死,但愿死得有尊严。然而眼下有些事情不得不让人嗤之以鼻:年纪轻轻,爬上高楼,撕破嗓子高嚷要跳楼一死了之——因为被情人抛弃。作为万能抢救员的消防队员,面对每一个生命,他们都会履行人道主义精神。消防队员是不拿枪的战士,为了拯救他人的性命,他们可以出生入死,哪怕献出自己的生命。

话要说回来,为不值得的原因而萌轻生之念,一向是人类中逃避厄运的一种选择。据报道,韩国是世界上自杀率最高的国家之一,在最近10年中自杀率居新兴工业化国家的首位,有人分析是由于经济的快速发展,导致对人的能力要求大幅度加强,使很多人在不堪重负下选择了自杀。除了大中小学生的学业压力外,员工们的工作和责任压力亦太大,不时导致某些人以选择结束生命的方式,让人生一了百了。

美丽的汉江流经韩国首都首尔,其中有一座大桥被市民称为"死亡之桥",因为从这座桥上投江自杀的人特别多。首尔官方对这一现象作出了反应,正式将这座桥改名为"生命之桥",并在桥的栏杆上配置了多个麦克风,不断提醒行人要珍惜生命。

自杀现象同时也受到有识之士的重视,他们煞费苦心地想出了稀奇古怪的办法,创办所谓的棺材研讨会。在一个以体验死亡为重点的研讨会上,一开始,为每个参与者拍一张"遗像",然后每人经历为自己举行的葬礼,包括尝试一次为时 10 分钟至 20 分钟的试躺(盖上棺盖、仅留一条窄缝的)棺材。在躺进棺材前,参与者必须穿上白色的丧服,写好留给所爱之人的"遗书"。

作为深度措施,参与者最后观看顽强与死亡作斗争者的生活录像,如严重患病者、重度残疾者如何欢乐地驾驭自己的生活,或者是一个癌症病人如何有意义地过好生命中的最后日子,一个没有四肢的妇女如何顽强地学习游泳……有一位曾经的殡仪馆馆主说,举办棺材研讨会是为了使那些对生活绝望的人懂得,个人问题是人生的组成部分,要学会去面对并接受生活中的挑战,从而赢得新的生活勇气。许多参与者承认,体验躺进棺材是一种令人震惊的经历,它把人的意识中消极的内容全部删掉,将指针调回到零,以便实现新的开始。

绝大部分参加过棺材研讨会的人(包括来自其他国家的人)都感到浑身轻松,好像自己已经脱胎换骨似的。许多人当他们事后再读自己所写的"遗书"时大吃一惊——原来自己是如此热爱生活、热爱亲人……

朋友,碰到问题千万要想开,人生有坎儿总得过,但一定要绕开一念之差哦。

天才容易生病吗

大家通常都很羡慕脑瓜子好使的人（当然，前提是不把聪明用来使坏）。世界上曾经出现过一大批对人类作出巨大贡献的科学家，也有一大批尚健在的优秀科学家，他们都是人类文明史上的精英，同时也为人类带来了一个值得思考的问题：大科学家的脑子是否与众不同？

开始很多人认为，爱因斯坦的脑袋肯定比常人的大，但这一推测很快受到否定——爱因斯坦去世后，负责对爱因斯坦进行尸检的病理学家哈维有幸将这位科学大师的脑子带回家里，经各个方位的拍照后，将脑切成240块，小心保存起来，以便日后研究之需。于是很快得知，爱因斯坦的脑重只有1 230克，略轻于一般人的平均脑重，人们不得不因此而放弃这一猜测。

后来，美国的神经科学家又用大鼠做了实验，并从哈维处借来4块脑片进一步研究，得出结论：爱因斯坦聪明超群的原因是他脑中的胶质细胞较多，而胶质细胞能增强神经细胞的代谢活动。

21世纪初，有人通过计算机技术将哈维收存的所有爱因斯坦脑块样品拼合起来，生成爱因斯坦完整的大脑图像，发现这位杰出科学家的大脑下顶叶比普通人宽15％，而这一脑区与数学思维和视觉空间认知有关。但这一论点是否能为科学界普遍认同并成为定论，还是一个大问号。

其实,对"脑重"、"胶质细胞"与认知能力关系的结论持不同意见,一向大有人在,他们认为,由于已故优秀科学家中只有爱因斯坦留下了大脑,所以这一类型的"实验组"只有爱因斯坦一人的大脑,而"常人组"人数很多,年龄、性别不一样,且没有关于智力方面的数据,也就是说,实验的前提条件不规范,结果会造成对比结论的不准确。

另一方面,不久前有一个由瑞典和奥地利科学家组成的"瑞奥科研小组"提出了一种崭新的论点:生命中的能源是有限的,完成机体中的每一种功能都需要一定量的能耗。如果某一部分多用了能源,那么肯定会有另一种功能受到损害。换句话说,如果大脑呈现超常的高智商,则机体就会在别的地方节省能源。研究指出,在这种情况下,首当其冲的"别的地方"是免疫系统,因为免疫系统本身要用到大量能源。

瑞奥科研小组在虹鳉(一种色彩美丽的淡水热带鱼)身上进行了试验和研究,并对大脑袋虹鳉和小脑袋虹鳉的免疫系统作了比较,发现大脑袋虹鳉的免疫系统是按节能方式工作的,将能源让给了脑袋,因此容易得病。但科学家们也发现,有的鸟类脑袋较大,因此容易得寄生虫病(因为免疫系统较弱)。由此推测,人应该也是这样的,极端聪明的人往往因为抵抗力较弱而容易生病,目前正在人身上作研究。关于大脑,尚有不少问题始终没有获得被科学界一致认同的解释。

天上饭菜逊色人间

空姐终于为旅客送来了午餐,然而居然有不少感觉灵敏的旅客嫌铝箔盒子和塑料盘子里的饭菜味道欠佳,没有在地面上吃得那么有味。是航空食品公司的厨师技艺不高还是食物时间放长了?不是,都不是。食品专家们解释说,首先,航空膳食的消毒是过得硬的,这一点尽可放心,不合口味是另有原因的。

首先是因为机舱里的噪声太大。一个受委托而进行调查研究的团队将48名"受试食客"带进一个在产生80至85分贝噪声的、类似于机舱的空间,并让他们接受膳食服务。之后问他们对饭菜的滋味是否满意,他们的评价明显低于另一个在安静的食堂吃饭的受试者的意见。噪声是破坏我们食欲的原因之一。"我们被飞机上的噪声分散了注意力,也就是说,我们对味道的注意力减少了。"心理学家们也支持这种解释,因为这里牵涉到一个认知问题。

于是有人建议在机舱用餐时不妨戴上耳机,用悦耳的音乐代替噪声。这也许不失为一种应对办法,然而问题没有这么简单,在飞机上捣乱膳食滋味的不止味觉一个因素。吃饭是一种经受(或享受)过程,这种经受不仅仅局限在味觉器官上;品尝饭菜时,眼睛和鼻子的感觉印象同样也在起作用。

此外,机舱里还有一个问题:空气干燥。飞行在一万米的高空,空气压力和空气湿度也会构成"味觉杀手"。飞机里的人造压力状态相当于一座2 500米的高山气压,同时,空气湿度也很小,通常只有10%;在地面的普通空间(如起居室)里,空气湿度约为40%—60%。这么小的空气湿度使鼻黏膜变得很干燥,唾液分泌受阻,膳食的味道和香气便明显受损。尽管味觉主要由舌、颚、咽的味蕾负责,但倘若没有一个功能完善的鼻子,味蕾是不能全面地完成任务的。每个人都可做一个简单的自我测试:闭上眼睛、捏住鼻子,然后往嘴里送入一些可吃的东西,这时,我们很可能说不上来,正在吃的是何物。

有一位气味化学家打了一个比方:"在机舱里用膳的感觉与地面上一个伤风的人在吃饭有点相似。"经耐心和仔细的研究分析,人们发现在机舱里吃饭对盐的感觉会失去20%—30%,对糖的感觉会少掉15%—20%,对酸的和有水果味的食品感觉不变。另外还发现了一个例外现象:番茄汁的味道在机舱里比地面上好。

有关专家总结了一些参考意见:既然上了飞机,不妨多听一些轻松的音乐并使用有利于压制噪声的耳机;饮用足够的水和饮料,使身体和黏膜不致过分受机舱内干燥空气的影响;改善"天上伙食"应从正确调味着手,亚洲膳食调味浓重,易于经受空中考验;建议旅客要么不饮低度淡味轻质葡萄酒,要么只饮醇厚的优质葡萄酒,因酒中的苦味和酸味往往在"第一时间"被感觉到,从进化过程来解释,苦味经常意味着有毒,它总是最先让人感觉到。此外对飞机驾驶员和副驾驶员有一个提醒,不要吃同一种膳食,更不要在同一时间进食,以免万一两者同时对膳食作出过敏性反应。

美食本是人间造,天上也应有佳肴;航空食品逊色人间,已经引起很多航空公司的重视。

天下灯节

元宵节是中国传统的节日,简称"元宵""元夕"。旧时常常通宵张灯,而且有"试灯收灯"(或称"上灯落灯")的讲究——元宵节前后的张灯活动。"正月十三夕,俗称上灯夜"。清代江南一带通常是十三日上灯,十八日落灯。明永乐七年,皇帝下诏,元宵节自正月十一日起,赐节假十日,即放灯增至十夜,成为我国历史上最长灯节。

伴随元宵节的有秧歌、高跷、舞龙、滚狮、闹花灯、射灯谜、吃汤圆等活动,都是新年的压轴大戏,又因为是新年的尾声,人们难免依依不舍,所以动辄便给它加码,除时间外,内涵也有所衍生。如浙江和福建等地的竹农,元宵深夜,家长常常让小孩子独自走进竹林,去选一颗去年长得最高的竹子,孩子伸出双手,在齐头的高度捏住竹子摇动,边摇边唱:"摇竹娘,摇竹娘,你长我也长;去年是你长,今年让我长;明年你我一样长。"人们把这颗高壮的竹子视为"竹神",信她能帮助人长高——一种积极向上的愿望。是夜,广东汕头等地的百姓有提灯游走各座石桥之间的习俗,谓之"游安",妇女倘若走过了三座桥,则本年可祛各种疾病。

亚洲有灯节的国家还有不少,如韩国、新加坡、马来西亚……有的国家流行水灯节,每年的10月15日是老挝的灯船节。十月的湄公河上,荡漾着一只只用小灯泡或蜡烛照亮的渔船,这些渔船被称为"金龙"和"金塔"。船上的人带着用竹片或香蕉叶做成的小船,船里放一束鲜花或纸钱,点上蜡烛,祈求"圣河"的保佑。泰国同样也有水灯节,表示对水神的感恩。说到灯节,我国哈尔滨的冰灯节是一种体现冰雕和冰灯艺术的节日,已有上千年的历史,自1963年起被正式定为节日。

如果说元宵节体现了亚洲灯节的种种风情,成为东方灯节的典型,那么欧洲很多国家流行的马丁节则代表了西方国家的民俗文化;马丁的名字叫马丁·冯·图尔,出生于公元4世纪的松博特海伊(今属匈牙利),十五岁时来到米兰,成为罗马帝国皇帝的禁卫军官,退役时已经四十岁。马丁一生为人谨慎谦虚、正直真诚、同情穷人,深受人民大众的爱戴。关于他的传说,最有名的是"分享披风"和"鹅圈藏身"。当他在禁军服务时,一个冬日,在城门口遇见一个没有穿衣服的乞丐,他十分同情,毫不犹豫地用佩剑将自己的披风一劈为二,把其中的一半分与乞丐。鉴于马丁的高贵品格,老百姓纷纷拥护马丁担当地区的主教。但马丁认为自己不够格,坚决不肯接受此职,竟然躲进了一个养鹅的鹅圈。没想到鹅群乱叫乱跳,出卖了马丁。马丁终于被人找到而被迫当了主教。马丁节在每年的11月11日,在欧洲民俗文化中持续了一千多年。是日有吃烤鹅的习俗,同时要举行提灯会(故马丁节也叫灯节),提灯会主要是孩子们的活动,但家长也积极参加(有必要提一下,现在的提灯游行会,走在最前面的是一辆消防车,其后才是马丁的扮演者)。灯会结束后,孩子们三五成群,提着灯笼挨家挨户去唱《马丁颂歌》。东方灯节和西方灯节固然有不同的内涵,但提倡正能量,教育孩子做好人、做善人,奋勇直进则是两种文化的共同点。

头痛医头……

常言道:"是药三分毒。"就是说药可以治病,但有不少毒副作用。药物的治病作用和毒副作用是一对矛盾,那么有没有这样的药物,服用后只到我们需要它起治疗作用的人体部位,而不在其他部位产生有害作用? 有,这样的药物称为"靶向药物"。用载体将药物有选择地浓集于"靶区"(病灶或体内特定部位)的体系叫"靶向给药体系"。靶向药物分为被动靶向制剂和主动靶向制剂,通过机体细胞吞噬作用使药物进入靶区。此外还有物理化学导向制剂(用磁性材料、热敏载体或 pH 敏感载体使药物在特定部位产生疗效)。

靶向药物的研制是非常复杂、艰难和持久的任务,而且难免遭遇挫折和失败。现代化的大型制药公司的研发机构往往设有一个十分机要的"珍宝馆"——冷藏着几十万乃至一两百万种高效物质的高架仓库,由一个计算机控制的机器人操纵这些物质,他勤快地将许许多多高效物质搬运到常温房间,那里的其他机器人将这些物质融化后放入特殊塑料盒的许多小钵中。如果靶区是膝关节,则事先用基因技术复制大量膝关节—细胞受体分子,由机器人将微量的细胞受体分子加入各个小钵。科学家们在等待,看哪一种物质能"命中"受体分子,产生作用(该物质的小钵会自动亮灯)。如果一种有效物质被定向在肠内起作用,那么它就不应该在血液中很快分解,否则在肠内不能发挥作用。

选中的高效物质于是被用来作动物实验,首先用动物细胞在试管里试验,然后用动物活体试验。动物试验通常都用鼠类;倘若研究皮肤病新药,猪的皮肤和人类的比较接近;而狗则主要被用来进行心脏病药的试验。如果试管试验结果很好,但在血循环系统中却失效,那就必须改变该物质的化学结构。或者发现肠壁不让该物质通过,或者该物质在血液中滞留时间太短,为了解决诸如此类的问题,都必须对该物质作相应的化学结构改变。

所有的动物试验通过后,便开始临床试验,临床试验分三个阶段,第一阶段是健康人志愿者的试验,先用极小剂量,然后逐步谨慎地加大剂量,同时观察什么时候出现什么副作用。药剂师们也开始研究,用什么方式给药,比如定向在肺部的药物不宜制成片剂,而应通过喷雾吸入方式用药,以避免在皮肤、肌肉组织和其他不希望的部位起作用。临床试验的第二阶段由几百名病人志愿者参加;第三阶段邀请世界多国的几千名患者进行试验。美国一个研究小组介绍了一种靶向胃药:患者吞下一粒胶囊,胶囊内除了药物外还有一枚极小的磁体。另一块稍大一点的磁体放在患者的腹部上面,受一台微型计算机控制的磁力将内磁体及胶囊定位在胃的中心。该"靶向给药系统"已完成在实验鼠身上的试验,不久将进入临床试验,争取最大程度实现"头痛医头,脚痛医脚"。难点是磁力的计算必须十分精确,不能大一点点或小一点点。

为什么爱

手机普及初期,很多人喜欢将现成的句子或段子群发给多人,记得有一次收到五句话,要求用一句话猜出意思来。笔者一向不喜欢群发过来的东西,尤其是作为节庆日的贺词,因为它们不是发信者的心里话,不管张三李四,都给你戴一样的帽子。不过科学界还真有人开始一本正经地研究起这个"爱"字来了,曾经出现过很多问题,诸如"什么是爱情""爱是来自宇宙的一种高级感受吗""爱是延续物种的绝招吗""进化要求用爱来维持生命吗"……

其实在更早以前就有一种理论,认为在人类的所有社会形式中,爱起着重要作用,只是在很长一段时间里,对"爱"的研究被看成"不严肃"。直至1957年,美国心理学家通过对猕猴的研究才改变了上述看法:从幼小的猕猴中夺走它们的妈妈,发现小猕猴身上出现了行为障碍。不少科学家于是倾向于一种观点:无论是异性之间的爱还是长幼之间的爱,都是以确保物种生存为目的的。远古时期,人每天要遭遇无数危险,而每一个小小的伤害都有可能意味着死亡。在这种情况下,一个小孩能受到父亲和母亲的保护,生存下来便有了更大的可能性。从这一意义看,我们称之为"爱"的感情是一种自然选择。

然而按照今天的社会发展来看问题,爱,尤其是男女之爱是需要强调忠诚和责任的,这就和进化有了矛盾。人其实还牢牢地陷在石器时代,按物种生存和进化而论,大自然创造了人,并为人类编排了程序,让男人和女人有相当一段时间在一起;如果儿童教育已经超出了安排时间,那今后的日子就为期不长了;"白首偕老"和"一起慢慢老去"又从何谈起呢。有的科学家因此把夫妻之间的经常吵架看得再也正常不过了。

好在人是优秀的高等动物,智慧和研究能力很强。从激素可以人工生产以来,苏黎世大学在研究催产素时获得一种指示未来的发现:夫妻间的吵架可通过赋予"温柔激素"(催产素)而化解,催产素显然是一种和应激激素针锋相对的激素。另据报道,美国科学家可根据脑扫描预言,两个人的爱情大约可以维持多久。

人们还发现,两个相爱之人的心脏真的会同步跳动。在一个受人关注的实验中,有三十几对相爱的男女被隔绝在实验室里,不许谈话,不许接触。过了一定时间,发现每一对的呼吸模式和心跳节奏互相变得协调和同步。同样的实验让互不相识的男女去做,没有发生这种现象。

与此同时,人们对外激素的作用有了新的认识。外激素是生物体释放的一种化学物质,能为同种生物所觉察并影响其行为。以前大家都笼统地称之为体味,现在已被称作"爱的香味",因为它在选择配偶的过程中能起到决定性作用。这种性诱物质是从基因角度去吸引潜在的、能作为自己免疫基因补充的配偶。借助外激素结合的配偶之间比较融洽,他们的后代对很多疾病具有抵抗力。欧洲马克斯-普朗克免疫生物学和次生学研究所已研制出一种人工香水,用于强化身体本身的"体味",以利于人们理想地选择配偶。

为何不能复合呢

相当长的一段时间以来，"民生"二字对中国的绝大多数老百姓来讲，就是希望能过上小康日子，把小康日子经营好，千方百计地保卫小康；用民间俗话说，只求老婆孩子热炕头的安稳日子；健康、平安、夫妻恩爱、白首偕老。这就叫过日子和经营婚姻。几千年的传统把中华民族紧紧地维系在大大小小的家庭中，人们十分看重婚姻和家庭，这是好的一面，在一夫一妻的前提下，夫妻间不言"离婚"二字（至少从新中国成立到改革开放这一时期是这样）。

前些日子，在网上和电视屏上看到了一段笔者很不愿意看到的真实消息：著名杂技型、夫妻档喜剧演员刘亮和白鸽分手了（据说具体分手时间早在 2018 年 4 月）。刘亮和白鸽曾获综艺节目《笑傲江湖》第二季总冠军，他们为广大观众、网友、粉丝带来了难能可贵的艺术享受，使欢声笑语充满了舞台和生活。对刘亮和白鸽满满的爱戴和感谢同时也激发了人们真诚的感叹。

全世界约有三分之一的婚姻是"失败的婚姻"，如此高的比率说明，生活为夫妻关系准备了大量的绊脚石：社会状况、经济状况、年龄、居住地、宗教、孩子的数量……尽管我国的离婚率低于欧美国家，但在亚洲是属于高的。问题在于，"离婚率"中的分子应是离婚的夫妻对数，而不是人数；如果概念被误读，离婚率就会差一倍。

有人说,倘若刘亮和白鸽从事的是一种另外的工作,那么……弦外之音,职业和婚姻稳定有着一定的关系。国外有很多心理学家在从事"离婚与职业选择"问题的研究。他们利用人口普查机会,收集了大量数据(如美国科学家于2000年人口普查时确定了450种职业作为研究基础),着手分析研究,发现其中有不少职业确实像是被设计好了的程序,往往成为导致离婚的通道。不过这些心理学家也仅仅给出了离婚率,没有提到离婚的具体原因,比如他们发现,职业舞伴以及芭蕾舞动作设计师的婚姻保持时间最短(离婚率达43%),正如调查者所说的:婚姻就像在演戏。赌场职员的离婚率也很高,所有赌台职员的离婚率达34.6%。按摩师的离婚率达38.2%。酒吧老板或侍者的离婚率达38.4%。离婚率比较高的职业尚有洗衣店员工、大公司客服的来电接听员、医院护士、酒店职员等。调查者认为,总的来讲,工作时间的没有规律以及与客户的频繁接近使本来相爱的夫妻变成了关系岌岌可危的配偶。另有一份问卷的结果显示,眼镜店职员的婚姻最安全,因为那里有一种相当安静的工作气氛。

当然,个别国家的现象只能作为参考,再说,每个国家有自己的国情。郭德纲老师说得好,我们不是当事人,不知离婚的具体原因,但这跟忙不忙、红不红其实都没有关系的。

不管有多少原因和理由,它们都是可以推翻的。请允许笔者提醒一点:既然好离,为什么就不能复合呢?

未来型建筑

有人说建筑是时代的衣装,很有道理。那么未来的建筑该穿什么衣装?前者说的是从建筑可以反映出一个时代的特点,后者的问题是为一个有着很多变量的时代,我们该设计出什么样的衣装?这是一个比较前卫的课题。不管怎么说,办法还是有的:未来应该比现代先进,未来应该消除现在存在的问题,倘若朝着这个方向看,就会想到,如何从建筑着手,解决能源问题、污染问题、自然资源的利用问题……换句话说,我们需要设计出能解决人类长期生存的建筑物。既要解决已经造成的问题,还要预见和应对将会出现的问题。

举个例子,无人机的制造和应用正在蒸蒸日上。有先见之明者于是开始考虑,无人机是个好东西,但好东西必须管理好、控制好、利用好。于是亚马逊、敦豪国际快递、沃尔玛等公司已在积极行动,他们希望利用无人机大大缩短对用户的交货时间,然而无人机不能胡乱行动,它们必须集中管理、控制和调度。有人设计了一种"蜂巢"式建筑物,作为"中央无人机库",它可让9种不同的机型与"机库"实现水平对接。无人机降落后,对接站连同无人机一起在塔柱的立面上翻下并收拢,安装在模块中的电池自动为无人机充电。由于无人机在不断飞进飞出,所以蜂巢的外观也在不断变化。这一设计方案在美国一年一度的建筑设计比赛中受到好评,因为它确保了无人机的定点降落、能源补充和集中监控。

自2011年底以来,加利福尼亚时遭旱灾,加州是全球第五大农业生产地,未来将采用促使低位海洋云带提前降雨的办法,建造可人工降雨的住宅大楼。今后人造雨降落的时间精确度可控制在10分钟以内。将海盐从地面的海水脱盐槽往上部楼层抽,盐与碘化合物混合并加热,以蒸汽的形式喷入来自太平洋的积云……含碘盐可成为理想的冰晶,在云中受到水蒸气的包围并形成大水滴,从而引起降雨。钢制的受雨网络组织把接住的雨水引到梯形农地,地里生产的农产品可供居民生活食用。

建造地点在未来型建筑中往往是一个重要因素,眼下,许多公司的电脑所用的服务器通常停泊在网络服务公司的平房里,它们要占用许多建筑面积,要消耗大量的能源,尤其是用来冷却的能源。按生态高科技原理设计的服务器停泊场(数据塔)就是为了解决这些问题的。全世界的数据量在不可估量地上升,服务器的数量也会成正比上升,服务器停泊场的革命势在必行。在冰岛,这场革命的形势十分有利,冰岛位于欧洲和北美之间,世界网络大公司可集中在一个地方,为两个大陆提供网络服务。另外,冰岛拥有天然能源,主要是水能,还有来自许多火山的地热能。冰岛的北部和东部有时所刮的冰冷的极风也可利用。热运行中的服务器首先受到外界冷空气的冷却,受热的空气然后沿着空心内室上升、被分配到实验室和各种工作室,作为环境友好型的采暖介质。

问询与问询服务

儿子陪我去一家三甲医院专家门诊就诊，事先要到另一幢大楼取一份检查报告，走到半路上发觉指示路标消失了，恰好有一位穿白大褂的女医生迎面走来，于是我们用普通话问她那幢楼是否就在前面，谁知她冷冷地看看我们，一言不发闪了过去。"我们不是很礼貌地问她的吗？"我说。还是儿子懂得幽默："不要计较，她今天心情不好。"

我碰到过不少路人，他们似乎对别人的问询毫无兴趣，要么懒得回答，要么给你一个错误的答复；所以我常常在注意路人的行为。如果问我，可能的话，我甚至会陪他一段路，然后再指点他一下。可是总有人这么对我说：现在的人都是靠查手机解决问题的，他们不习惯别人向他们问询。不过在我的大脑硬盘中，也储存着许多与人际交往有关的问询和问询服务的正面记忆。尤其是问询服务受到点赞的一些国家和地区使我不能忘怀。

世界尽管已处于智能手机和互联网时代，打问询电话的人确实比以前大为减少了，但在不少欧盟国家每天还是有成千上万的人打问询电话，据电信局发言人说，不用互联网的人打问询电话最多，大部分是50岁以上的老人；还有那些正在开车的人，他们觉得打问询电话比自己查找方便，而且还能直接跟要联系的地方讲话。所以他们对于2欧元一分钟的电话问询从不皱眉。

兴许是我国的问询电话服务从一开始就比较简单,记得打114就只能得到一个电话号码,别的信息一概没有,所以一旦没有了这种服务,也没人觉得不方便。记忆中,从1982年至1983年,我曾有连续9个月的时间在德国担任某一管理工作,有好几次我都是动用问询电话解决问题的:冬令时间快要结束了,但我吃不准从哪一天开始拨快一个小时——打问询电话;与此相关的还有公交车的间隔时间可能会有改变,尽管离公寓不远处有一个停靠站,但我还是选择了问询服务。刚挂断电话,又一个问题冒了出来:我们每周要坐好几次火车到别的城市出差,于是我再让电信局的问询电话帮我接通了我们所住城市明兴-格拉德巴赫的火车总站问询处,听了我的解释,问询处的工作人员建议我下一次出行时,到火车站行车调度室去免费领取一张新的全德火车时刻表——一大张黄色的、像世界地图那么大的、可贴在墙上的行车时刻表。打那时起,我就知道,欧洲很多国家的电话问询不仅仅是告知电话号码而已,很多信息都可通过电话问询服务获得。

人们之所以能做到这样,我想,应该是在较长的时间中养成的习惯,一种自觉的、正能量的习惯。但后来我又发现,好习惯的养成,离不开另一种因素:教育和来自某些方面的约束,比如奥地利有一个名为"公众问询服务管理局"的机构,根据奥地利联邦各部的法规修改草案,规定各级行政机关和各类相关的服务机构有责任和义务向公民提供问询服务(恶意问询和涉及保密法内容的除外)。

其实呀,人与人之间在通常情况下就应该实现信息共享,把自己知道的有用信息告诉别人,有道是与人方便,自己方便。如果能做到那样,一个人哪怕走在路上也会笑出声来:这个世界真美好!

乌盆尝鲜纸上游

以前的小学生们常常会在嘴边挂着顺口溜,比如说"竹管做身毫做头,乌盆尝鲜纸上游"。这其实是一个打"毛笔"的谜语。在手写体受到摒弃的时代,最近几年来的中华大地可喜地涌现出了大批的书法家和写毛笔字的学生及年轻人,开一代风气。

毛笔是起源于中国的传统书写和绘画工具,系用动物的毛毫制成,被列为中国的文房四宝之一。我国一直流传着"蒙恬造笔"的说法,认为毛笔是督造万里长城的秦国大将蒙恬发明的,他并以兔毛改良过毛笔。实际上在秦以前已开始使用毛笔,1954年,我国考古工作者在湖南长沙左家公山的战国墓穴中出土了一套写字工具,其中有一支用优质兔箭毛制成的毛笔。秦以后,出现了很多制笔的能工巧匠,如三国时期的韦诞、唐朝的铁头及北宋的诸葛高。元代,湖州笔匠冯应科、陆文宝的制笔工艺世代相传并不断发展,形成全国闻名的"湖笔"。湖笔之所以受到赞美,应归功于其内在质量,湖笔讲究"三义四德"。"三义"指"精""纯""美"(从工艺角度而言);"四德"即(书写效果的)"齐"(笔尖润开压平后毫尖平齐)"尖"(笔毫聚拢时末端保持尖锐)"圆"(笔毫圆满如核,毫毛充足)"健"(将笔毫压下后提起能立即恢复原状)。

制毛笔后亦用羊、鼬、狼、鸡、鼠等动物的毛,古代也有用人的头发或胡须制成的毛笔。毛笔制作除湖笔外,尚有宣笔、川笔等派系。

毛笔有很多别名（将近一百个），不妨提取几个示之："毛锥子"（毛笔头形状如锥，故名）、"文翰将军"（拟称，宋·叶廷珪《海录碎事·文学·笔》："文翰将军。笔也。"）、"三寸鸡毛"（古有以鸡毛为笔者。《福惠全书·莅任部·考代书》："所谓空中楼阁，只凭三寸鸡毛。"）、"中书君"（拟称，宋·苏轼《自笑》："多谢中书君，伴我此幽栖。"）……早先，笔用"聿"表示，秦始皇统一中国后一律称"毛笔"，尽管如此，白居易仍称笔为"毫锥"。《寄微之》诗云："策目穿如札，毫锋锐若锥。"南朝梁文学家徐摛曾写有著名的《咏笔诗》："本自灵山出，名因瑞草传；纤端奉积润，弱质散芳烟。直写飞蓬牒，横承落絮篇；一逢提握重，宁忆仲升捐"。

有的考古学家提出一种理论，根据对殷墟的研究，商朝时中国人主要还是用毛笔写字的，只是由于书写材料和毛笔字无法保留到今天，所以我们今天看到的似乎都是甲骨文，商王朝的存在也就幸亏有了这些甲骨文的见证。

毛笔分软性、硬性和中性，软性包括羊毫、鸡毫，硬性有紫毫（野兔项背上的毛）、狼毫，中性不软不硬，亦称兼毫，有羊紫兼和羊狼兼之分。

现在有人发明了一种储水毛笔，可将墨汁储存在笔杆中，并在笔杆上装了按钮，按动按钮，墨汁即给毛笔"添墨"，因而可保持书写的连续性并实现字的浓淡、肥瘦和枯润。

愿书写人都能"梦笔生花"，不过更多的人喜欢自称"秃笔"。

污渍的清除和利用

谁也不希望看到衣服沾上污渍,小孩子也不例外,看见自己的新衣服被缀了一块斑迹,"哇"地一声哭了起来。"不好看了"是一,更主要的是怕被妈妈骂。不料妈妈忙着跑来说:"宝贝不哭不哭,妈妈帮你洗,现在什么污渍都有办法洗掉的。"

"是呀,"回家后妈妈针对爸爸的质疑说,"只要不是烧焦或织物组织受到破坏而使组织改变得无法逆转,今天,每一种污渍都有相应的溶剂可以化解。""是吗,你是不是广告语听多了。"爸爸反问道。

应该说,两个人的话都有道理,化解的溶剂确实多了不少。对付一般的污渍,人们的习惯做法是,将相关的沾污织物加入漂(增)白剂放在阳光下或放在(提去黄油后剩下的)脱脂乳里浸泡软化,然后再洗……但是,如果污渍侵入到纤维深处,这样的做法是没有效果的。有些污渍特别顽固,比如汗渍、蜡烛的蜡渍、圆珠笔芯的油渍等是很难清除的。拿汗渍来说,当汗水与铝化合物结合,生成物的污染作用会不断叠加,到一定时候,衣服的腋下处就变成了灰褐色污渍,它们必须通过专用溶剂才能去除。对付蜡渍的话,因为蜡是不溶于水的石蜡(烷烃),因此也不是普通方法能奏效的。至于圆珠笔芯污渍,它是一种脂和颜料的组合物,通常只能用洗涤酒精(消毒酒精)和漂白剂擦干。红酒渍虽是各种饭局中难免的污渍,但处理起来比较容易,可在柠檬汁里加上盐而洗去。

有一种被称为"蓝雨"的紫藤渍,谁要是碰上了折断的紫藤枝条,肯定会被其汁水污染。讨厌的是,此污渍一开始是看不见的,只有衣服洗了以后才可发现一块锈褐色的污斑,而且每洗一次,显色度增强一次。只有连续不断地在氧漂白剂(含有过氧化氢或会释放过氧化物的漂白剂)中浸泡才能清除。请勿用氯漂白剂(次氯酸盐漂白剂),它会损坏织物纤维的。处理污渍,有一点相当重要:沾上了须第一时间洗擦,以免污渍渗入纤维,干固而牢扎在织物中。

污渍的载体不一定是织物,也可以是纸张,因为纸是由无数的纤维素——植物细胞壁的主要成分构成的,纤维组织之间的空气散射着照入的光,所以纸张呈白色。倘若油脂的分子进入了纸张,就会把纤维之间的空气赶跑,光的散射效果大为减弱,纸便失去了白色而变得透明。当然,纸张如果弄湿了,也会出现同样的透明效果,但如果纸干了,透明现象也就消失了。油脂一旦进了纸张,脂分子便一直留在侵入的地方,透明脂渍至少会滞留很长时间。

总的来讲,污渍是令人不快的现象,但也有人喜欢玩污渍。19世纪的欧洲产生了一种名叫墨渍画的艺术样式,要是墨水泼翻在纸上造成了墨渍,有些作家如维克多·雨果和乔治·桑,他们有意识地留住墨渍,同时用鹅毛泼引墨渍,使之成为一个图形或一个人物形象。这样的图画往往能赋予他们创作的灵感。有时候,他们会把纸张一折两,于是便形成对称图形(如蝴蝶等)。世人把这样的画叫做"墨渍画",图画的意义往往因观赏者的想象而异。据称,墨渍画这一概念,系德国医生和医学作家尤斯蒂努斯·克纳首创的。

无酒自醉

男人因为嗜酒如命，到了无可救药的地步，最后被妻子"休"了，这种事例古今并不罕见，但是这些男人中也有少数是被冤枉成"酒鬼"的。我曾听说过一件事情：在德国有一对中年男女，因工作关系分居在两个城市，没有结婚，只有周末才相聚同居在一起。日子久了，女的发现男的身上经常酒气冲天，但男的始终说没有喝酒；到后来她在电话中都能听出他的"醉酒状态"了。经多次交换意见，男的坚持说"滴酒未沾"。酗酒已经是一个大问题了，糟糕的是他"敢做而不敢承认"。加之周围有人说些不负责任的话，诸如"肯定是在偷偷喝酒"之类的。最后两人分手了。直至最近才搞清楚，那男的确实没有酗酒，但已经晚了——女的成家了。男的据说是患了"自醉综合征"，因非先天的，故能治愈。

所谓自醉综合征，就是没有喝酒而出现醉酒的状态。以前曾经有人指出过，过分成熟的水果不能多吃，否则会"无酒自醉"的，因过熟的水果果实容易在体内经酵母发酵，变成各种果酒。这是人们对自醉综合征的最初认识。

最近几年来，医生们对为数很少的自醉病人的胃肠系统作了详细检查和分析，发现由于少数病人平时的错误饮食或长期用抗生素治疗，使体内的肠菌丛受到破坏，从而为酵母菌的迅速增殖并占领胃肠系统提供了有利条件。当患者吃下较多含淀粉的食物

（如面包、面条、米饭、土豆等）后，肠胃就像酿酒厂一样，使这些原料经霉菌糖化和酵母菌发酵而成为"酿造酒"；或者作为含糖原料的水果果实经发酵后成为葡萄酒或其他果酒。

酵母菌使糖发酵成碳酸和乙醇，后者会很快进入血循环系统，人体便出现一种微醉现象，有时甚至使人进入酩酊大醉的状态，并伴有醉汉的行为和情绪。

美国得克萨斯州有个"喝得烂醉如泥"的病人由家人陪同、跌跌撞撞来到医院。起先，不管病人如何强调事先没有碰过酒，他妻子也是护士，申明每天为丈夫作饮食记录的，医生还是怀疑病人不愿承认"偷偷喝酒"的事实。然而2个月后，病人又来到医院，通过肠道检查发现了酵母菌，医生们同时也得知，病人于6年前因脚骨折而接受过手术治疗，且较长时间使用了抗生素。于是院方开始将他与"自醉综合征"挂起钩来，这一诊疗得到了病人的良好配合。由于当年在治疗脚伤时，抗生素杀死了他肠胃内的全部细菌，使得酵母菌得以"茁壮生长"。病人最后通过药物治疗和规定饮食，"醉酒"症状大为减轻。但医生们认为，根据目前的医疗水平，如果儿童从小患有这种病，而且发现又太晚，则较难摆脱真菌侵染。

自醉综合征患者较少，据说全世界有记录的病案只有几十例，而有的也仅作趣闻轶事被流传。

无可摆脱的祸害

在工业化国家,由于锈蚀造成的损失,经济效益往往要减少3%—4%。在美国,钢铁产品的40%因此而不能用来制造新设备,因为现有设备的锈蚀和损坏需要钢铁修复;铁锈被看作"钢铁的阴暗面"。美国作家乔纳森·沃尔德曼称铁锈是"人类无可摆脱的祸害"。

铁锈持续了很长很长时间,在24亿年以前达到高峰。地球早期的大气是没有自由氧的,最早的地球居民是原始细菌,它们的新陈代谢建立在碳、甲烷或硫的基础上;氧对这些原始机体反而是一种"毒(气)"。然而不知什么时候,有些细菌"开创"了一种新的、更有效的光合作用,但作为废物排出的是氧。这些细菌与氧和平共处,致使氧不断扩散到海洋和陆地,和一切准备与之反应的物质进行反应,它首先氧化分布在矿石和沉积物中的铁。又经过几百万年,形成了大量含有"铁锈"(氧化铁和氢氧化铁)的矿石。

当所有可被"支配"的铁被氧化后,自由氧于是在大气中开始富集。没有含氧的大气,就不会产生高等动物,氧是最有效的能量载体,但是其强大的氧化能力成了我们人类需要付出的代价。

人类和铁锈的周旋只是持久的抗氧化斗争的一部分,不能怪罪于工业化。古代的军队将领们不得不经常和手上的刀剑、长矛和梭镖上的铁锈作斗争。古罗马作家大普林尼(小普林尼之舅,曾任骑兵指挥、海军司令等职;在他诸多哲学、历史、修辞学著作中,仅存一部百科全书式的《自然史》三十七卷)用一句富有哲理的话安慰说,他看到了大自然的智慧在实践中所起的作用:杀伤了那么多人的金属,自己也是那么容易受伤。

生锈是一种电化反应:一种金属放出电子,因为反应伙伴——另一种金属或氧在更为强烈地吸引电子。比如让铁和铜接触(用铁丝绑住铜,电子便会从铁"跑向"铜),不太贵重的金属被腐蚀。导电性越强,腐蚀越强;湿度越大,腐蚀越厉害。美国纽约哈德逊河口的自由女神像的内部骨架是钢铁做的,外部用的则是铜片,产生了按这种原理形成的腐蚀,幸亏抢救及时,避免了倒塌。

有时候,锈蚀也有其价值,德国萨尔州的弗尔克林根钢铁公司曾经是德国最大的钢梁生产企业,1873年建厂,1986年关闭,1994年作为世界文化遗产而重新开放,这是世界上唯一全部停产的钢铁企业,以一个完整的钢铁联合企业(博物馆)被保存下来,参观者每年平均30万人。德国人最自豪的是,这个文物馆是"原生态"的,保留了所有铁锈:锈红色、锈褐色、锈黄色……文物馆的馆员们说,铁锈中也有"好锈"和"坏锈"之分,在固定处的铁锈,只要知道材料的真正强度,经常关心即可;比如可达50厘米厚的高炉炉壁钢板是不会那么快被锈穿的,可以"带锈生存"很长时间。但是有一种被称为"酥饼状锈蚀"的铁锈,其表皮像片状的酥饼皮,片与片之间容易积聚水分和潮气,这是一种典型的"坏锈"。

最近10至15年以来,汽车制造业对锈蚀的研究很有成效,在选材和工艺方面取得了突破,比如汽车车身钢板整体浸入锌液槽的镀锌工艺确保了镀锌层的绝对均匀,达到优异的保护效果。

无人机"做媒"

无人机是一个比较时新的概念，比如说有人用无人机将一顿美味的饭菜快速顺利地送至住在某高层的一位订餐者手上，这种"天上掉馅饼"的例子屡有所闻。老实说，"无人机"这三个字，说老不算老，说新也不见得。话要说到20世纪20年代了，英军的卡德尔将军和皮切尔将军联名向英国军事航空学会提出了一份被人称为"想入非非"的建议书——研制一种不用人驾驶的无线电操纵小型飞机，可让它带上炸弹自己飞到敌方上空投掷。此建议不但得到英军方的批准，而且无人机不久也真的制造成功，但开始时并未装载炸弹，而仅作为战斗机的靶机使用。

我们现在说的"无人机"其实是无人机概念的扩展和衍生，(有人用英语写成"无人驾驶的飞行器"，而绝大多数国家干脆只写成drone——蜜蜂发出的嗡嗡叫声)。具体来说，无人机需加以分类：首先，无人机应区分为军用无人机和民用无人机两大类。除了军事目的以外，各个领域、五行八作所用的无人机则都属民用无人机。如植保、救灾、快递、新闻报道、监控传染病、考察野生动物、文艺演出中的奇妙展现、拍摄浪漫效果等，都是无人机的用武之地。有人夸张地说，只要是一个行业，后面就能加上"无人机"三字。2013年，中国民用航空局作出规定，只有重量在116千克以上的无人机和体积在4 600立方米以上的无人飞艇在空域飞行时属民航局管理,其他各种无人机(无人飞行器)均由行业协会或操作手自行管理。

通常认为无人机的重量和体积应尽量趋向于小型化甚至微型化,此话有理,日本有一个团队在研发一种微型授粉无人机。由于大自然的蜜蜂正处在濒临灭绝的危境中,而农业生产和果树生产中的虫媒授粉(授粉有天然授粉和人工授粉之分,天然授粉包括虫媒、水媒、风媒等)任务约有 80％是由蜜蜂来完成的,尤其对果树种植来讲,"蜜蜂即将消失"绝对是一个坏消息。未雨绸缪,科学家们将研发授粉无人机的工作看成一种使命,经过团队的辛勤劳动,第一架采粉无人机终于诞生了,这是一架四翼红白双色微型无人机,已经成功采到了百合花的雄蕊花药。

这架微型无人机只有 14.8 克重,在无人机平台的下面有一个用马尾做成的"枕垫",被涂上一种特殊的胶质;无人机用遥控器定位,到了目的地,花粉被粘住后落入粉袋。目前人们正在继续完善这架无人机,用电子化高科技确保精准性,准备让无人机自行寻到雌蕊柱头,并打算稍稍增加一点机身的体积,或制成上大下小的倒宝塔形,以便增加必要的软、硬件,便于适应大部分经济作物的特点,因为它们中的多数花粉往往藏得较深。至于效率,可以说,一架无人机至少能顶几十名乃至上百名人工"授粉者"的劳动。科学家们不无自豪地说:"我们是无人机(drone),是当之无愧的蜜蜂,因为我们会发出嗡嗡之声。"

午餐与饥饱

将近中午 12 点,在办公桌旁专心工作了一个上午的你,思想开始不集中了,脑子也许在想,中午上哪一家速食店换换口味,或者到西式快餐店吃点什么比萨呀、意大利面条之类的,要不尝一尝韩国拌饭?你终于站了起来,走出办公室……

为什么每天在同一时间让我们想起要摄取食物?一直以来,人们总是认为,食欲是从胃里产生的,因为肚子在叫了。其实,19 世纪的著名神经科学家查尔斯·谢林顿已经发现,使用手术将胃切除的人仍然有饥饿感,因为人的口腔、胃、肠和血液里都有化学信使物质,它们像信使一样,将生物信息传递给靶组织(能被激素作用的组织),使靶组织细胞内原有的生化进程增强或减弱。有些信使物质"工作"很快,它们在控制人吃一顿饭时的饥、饱问题;还有的信使物质在负责身体的脂肪库存量,如果库存用完了或太少了,它们便向大脑传递信号。大脑中与此相关的脑区是脑干延髓(接收短时信号)和下丘脑(作出判断),20 世纪初,人们在尸体剖检中已经发现,体重特别超标的人下丘脑多已受伤,说明这一脑区在起调节食欲的作用。

人体中最有效的食欲素之一是一种被称为"饥饿激素"的多肽,主要在胃和小肠上部分泌,通过大脑能强烈激励食欲。经测试发现,饥饿激素的分泌量白天波动很大,吃饭前几乎上升 80%,饭后则降到最低点。但空腹（胃）并不是饭前饥饿激素上升的激发者，而是大脑在长期工作中设定了程序，如果你习惯于每天进食4次，那么你就会每天经历4次饥饿激素峰值；倘若你改成每天只吃两餐，并已养成习惯，那每天只有两次饥饿激素峰值。

午餐吃到什么程度算饱了（有饱感了），这取决于吃什么东西，因为不是所有食物都以同样效果"压制"饥饿信号的。蛋白质和糖对饥饿激素的压制能力很强，它们能较快地消除70％的饥饿激素，而脂肪的饥饿激素消除能力只有约5％，所以吃高脂肪食物会引起发胖的机制就很明显了。

若早餐摄入了一个人全天所需的热量，那么他有可能瘦身，反之，若同样的热量在晚餐摄入，则很不健康，而且会发胖，因为身体在早上对碳水化合物的消耗比晚上快。当然，影响热量消耗的还有许多其他因素，如体内纯肌肉量的比率、运动等。

午饭要按时吃。正常情况下，临近12点时，体内的饥饿激素分泌很快，胃、肝等都作好了发挥最大能力的准备。另一方面，午饭吃得太晚，也许使整个下午的工作效率不高，为了加工处理午饭，心脑血管循环系统及大部分其他器官的代谢都被切换到"微火"状态。根据最新研究，人体不止一只生物钟，所有的人体器官都有自己独立起作用的生物钟，它们不仅按昼夜节奏行走，也和人的饮食习惯相关。按时的一日三餐对肝肾及胰腺的生物钟绝对有益。三班倒的工作人员以及长途飞行的旅客常有消化障碍问题也就不言而喻了。

舞蹈和语言

有人为两只鹦鹉演奏流行音乐,发现它们会随着音乐摇晃脑袋,并且有节奏地用一只脚踩另一只脚,它们甚至能适应音乐的速度变化。对此,科学家认为辨音力和运动机能有着紧密联系。

经过对几百个动物物种的研究,人们得出结论:只有会模仿声音的动物才能掌握节奏,这与动物本身的舞蹈能力没有关系,也就是说舞蹈对动物的进化不起作用。然而有人认为,舞蹈对人类的进化有着决定性意义。

据信,人类的舞蹈产生于 400 万年以前的非洲。估计人类刚完成了两条腿走路的进化,就已经开始舞蹈了,而舞蹈在人的进一步进化中有着十分重要的作用:没有舞蹈,便没有语言。科学家们把人的身体设想为一种打击乐器,把脚想象为鼓槌。最初,舞者是自由地运动身体,后来形成了固定的舞步,许多舞步组合成较长的一段舞蹈过程,最后便有了完整的舞蹈节目。

有科学家认为,人根据积木原理,将步子连成前后相关的舞步,由舞步串联成舞蹈,就像用音素(语音)连成单词,由单词组成句子一样。组合的可能性很大,但又不能随意组合,必须遵循一种语法,在舞蹈中,击鼓的节奏相当于语言中的语法。

人的语音和脚槌击的节奏是一致的,后来,脚的节奏演变到语言中,舞蹈的语法(规则)成了语言语法的前身——两者都有着节奏学的原理。我们的祖先是通过跺脚、手指敲击或拍手来产生节奏的,科学家在作运动实验时发现,语言和舞蹈在我们的大脑中也是互相关联的,两者呈镜对称,如语言运动中枢"白洛嘉脑区"及其对应的舞蹈节奏脑区便是。

"白洛嘉区"和我们的手也是紧密关联的,专家们证实了语言发展史中的"手势理论",该理论认为人与人的交流先是从手势开始的,然后才发展了语言,舞蹈可以解释成手势语言的原始形式。从电脑图像可以看出,舞蹈,哪怕是简单的舞步就能引起大脑中产生许多和语言有关的过程,我们在激励感觉中枢、运动技能和神经系统,从而将许多脑区相连。我们的大脑是一个由无数神经细胞组成的密集网络,神经细胞向各个方向分叉、不断地重新连接。

人的每一个动作、每一个思维、和环境的每一个互动都会使这一巨大网络兴奋和变化,从而使这一网络到了人的高龄仍然具有相当的灵活性。

正因为这样,舞蹈对身心都有好处,科学家们指出,舞蹈是老少皆宜的。由于舞蹈和语言的紧密联系,老年人如果每周有4次跳舞(也可以自跳自娱),会大大降低痴呆的风险。患帕金森氏病(震颤麻痹)的人,通过舞蹈可以改善他们的移动能力。小学生多跳舞,有利于使自己变得温和。舞蹈之所以令人愉快,因为舞蹈能促使激素系统分泌内啡肽。

舞蹈对进化的意义在于最终提高人的认知能力,人于是进化到现在这种状态。

喜雨者说

细心的观众也许都会发现,电视剧中表现屋檐的镜头,不管是从室外往室内拍,还是从室内往室外拍,十有八九是雨景。屋檐是体现下雨的最好道具,而下雨天的屋檐是让观众领会剧中空间和时间的最佳机会,往往因此而让画面具有诗意。有人说,"雨中屋檐"可能是为了通过"光和影"的效应而衬托出此时此地的人物心情并埋下伏笔。不过"下雨天的屋檐"也要用得恰到好处,应和剧情相呼应。

在日常生活中确实有相当一部分人是喜欢下雨天的,翻阅中国古代的诗词作品,就会发现,喜雨诗人比比皆是。诗人的想象力丰富,遇事睹物皆怀着感情,而且往往会在雨中怀念故人、亲友。

一个人之所以喜欢雨天,在很大程度上与他的性格有关。善于思想的人、多愁善感的人、喜欢安逸恬静的人乃至忧郁或浪漫的人会对下雨天产生一种"莫名的"好感。这里所说的"莫名"和下雨天的特殊气氛有关,下雨会把平时环境中的各种噪声吸收(隔绝)掉,有的人就会觉得自己有一种"自由和摆脱"感。下雨也会改变周围的景象:城市的马路变得静寂了,乡村正在接受大自然的浇灌……有着一定爱好的人往往会凭窗眺望或静心观察室外的雨景,如果是休息日,雨天正好为你提供了品茗或喝咖啡的理由,或者让你心安理得地读一点平日里没有时间过问的文字。

夜里的雨声常常能造就安静的气氛,尽管雨总是那么单调地滴着,单调的声音由于"无聊"而能催人入眠。"隔窗知夜雨,芭蕉先有声""潇潇残雨入深更,半洒疏窗半洒楹",然而夜雨落在不同的物体上而产生的颇有"个性"的声音,又使不少诗人浮想联翩,第二天往往是一首新诗的诞生之日。

对许多人而言,喜雨是有前提的。笔者有一天去拜访一位同事,谈话间突然下起雨来。同事说:"很好,中国人常说,下雨天留客天,你就安心在我家用午餐吧。"停了一会儿他又说:"其实我是很喜欢下雨的,你看我这园子不小吧,如果不下雨,我必须亲自浇园;再说,下雨的浇园效果远远优于人工浇园,而且为我节省了很多时间。"还有一些人,由于生理上的原因而喜欢下雨天,比如严重的花粉过敏者,他们在干燥和较热的空气中,总觉得不能爽快地呼吸。

关于"喜欢下雨天",尚有一些可供参考的说法。有个朋友自豪地说:"在雨中奔跑是一种真正的乐趣。"原来是他的宠物狗喜欢在雨天里往外跑,他也养成了雨中狂奔的习惯。

人有时候还真有一种说不清楚的感觉:经历了长时间不下雨的日子,一旦下起雨来,起先总爱在雨中待一小会儿;同样,蒙蒙细雨也是很多人愿意亲身体验一下的。

有的行为学家认为,喜欢下雨天是人类进化史中沉淀的一种集体潜意识:早先,下雨天野兽通常较少出没,人们心里便形成一种暂时安全感——雨天安全感。还有人从记忆角度得出结论:倘若某人在以往的生活历程中所经受的幸福和愉快都和雨天有关,则会使他在潜意识中增加对下雨天的好感。

先救谁

妻子问丈夫:"如果我和你妈都掉进河里了,你先救谁?""我想,应该先救我妈。""什么?""因为你会游泳,我妈不会游泳。""要是我也不会游泳呢?""那就按'特里亚热法'。"丈夫胸有成竹地说。其实妻子说的只是一个简单的假定,真正发生灾难时,情况会复杂得多。到那时候,面对许多受伤者,专业抢救人员和医务工作者必须在很短时间内发现并作出决定,哪个伤员已处于垂危状态;哪些人受伤不是十分严重,可稍后一点抢救;是否存在已经无法救活的伤员……尽快作出抢救顺序的安排,这是牵涉到是否能让尽可能多的伤员得救和存活下去的问题,也是对救护人员的一种挑战和考验。

"特里亚热"一词产生于18世纪和19世纪拿破仑战争时期,一战时的法军战地医院又重新捡起了这一概念,在前线普遍设立了特里亚热站,"特里亚热"在法语中是鉴别分类的意思。

今天,在德国如果一辆大巴出了车祸,受伤者在首次鉴定时会获得一张色卡或挂牌,红色表示立即采取抢救措施和治疗,黄色意味着允许过6至8小时进行处理和救援,绿色说明可以再晚一点救治(说不定就是门诊治疗);挂着蓝牌的伤者已无存活可能,死亡在即。医院的急救室同样也采用特里亚热鉴别分类法,但医生比较注重病人的行走、呼吸和心跳状况,期间还要确定病人是否还有知觉。

在医疗卫生单位和疾病救治中心,往往由于资源紧缺,医疗的回旋余地受到限制,比如脏器移植,处理和决定最近一个受者是谁,尽管有脏器移植法,但处理起来常常陷入两难境地。于是美国西雅图的瑞典医院成立了一个"神圣委员会"(《生命》杂志称其为"完成特定任务的专家委员会"),但也有人将其讽刺为"外行委员会",因为这个委员会由一名法官、一名神职人员、一名家庭妇女、一名政府官员、一名银行家、一名工会领袖以及一名驻会医生组成。这些委员们被告知病人的家庭状况、财产、职业、文化水平、宗教信仰、是否有需要赡养的家属、病愈后返回工作岗位的可能性等信息。神圣委员会最后作出决定,谁的生命最有价值——对社会还会有最大程度的贡献。后来产生的肾衰竭透析中心也采用"神圣委员会"制度。至1972年,神圣委员会被解散。

美国也实行器官自愿捐献,捐献者可以将一个肾或部分肝脏捐给自己指定的人;但像心脏和肺这样的器官要死后才能捐用,因此受者由共享网络(UNOS)协调后决定。根据各种考虑因素,用一套算法来决定(不同的器官算法不一样)。尽管不同的国家都用符合自己国情的标准来考虑,但有些标准绝对是各国一样的。

我国中山大学附属第一医院开创了器官移植史上具有里程碑意义的"无缺血"移植技术,这意味着器官移植将进入"热移植"时代(将被移植的器官置入多器官维护系统,系统模拟人体进行供血供氧,使得手术过程中器官不中断血流)。近几年来,在遵循世界卫生组织关于器官移植伦理学原则的基础上,我国已经确立了符合中国国情的器官捐献与移植体制,并于2013年9月1日启用了中国人体器官分配与共享计算机系统。

看来,"先救谁"不是某个人说了算的。

现代冬季两项

国际奥委会执委会于 2014 年 7 月确定了六个候选城市,但其中的四个以各种理由纷纷退出,最后只有中国北京和哈萨克斯坦阿拉木图相互竞争。2015 年 7 月 31 日在马来西亚首都吉隆坡举行的第 128 届国际奥委会全体会议上宣布由北京主办 2022 年冬季奥林匹克运动会。北京市将成为全世界第一个既举办过夏季奥运会,又举办过冬季奥运会的城市。

作为冬奥会比赛项目之一的"现代冬季两项"是一个颇为引人注目的组合项目,国际通用术语叫 biathlon,系由前缀 bi(双、二、重)+ 希腊文 athlon(竞赛、斗争)组成。所谓冬季两项,即越野滑雪加射击;滑雪考验运动员的耐力和速度,射击比命中精确度。这项组合运动的发展历史非常悠久,在挪威发掘的洞穴壁画证明,滑雪狩猎早在 5 000 多年前就是生活在冰天雪地的居民捕捉野兽的好办法。公元前 40 年,罗马诗人韦尔吉尔曾描写过人们在滑板上狩猎的情景。一块在挪威出土的公元 1050 年的鲁内文(日耳曼族最古老的文字)石碑上刻有一个手拿弓箭的滑雪男人,图文并茂地表现了这一运动最早的狩猎意义。

后来,狩猎意义又扩展到军事意义,诺曼人时代初期,挪威北部的土著人成功地在滑雪板上击退了入侵的丹麦诺曼人部落。中世纪时,在斯堪的纳维亚半岛以及俄国,快速灵活的滑雪兵团是国家军队的组成部分,精通滑雪和箭射是一个好的滑雪兵必须具备的基本条件。1767年,驻守瑞典和挪威边界的两国边防军进行了滑雪射击比赛。1861年,在挪威的特吕西尔成立了世界上第一个滑雪射击俱乐部;20世纪20至30年代,滑雪射击在北欧以军事体育运动"军事巡逻"而盛行;1924年在夏蒙尼举行的国际冬季体育周上,军事巡逻被列入军事体育比赛项目。两年后,夏蒙尼体育周被"追认"为"第一届冬季奥运会"。以后在1928年、1936年和1948年的冬季奥运会上,军事巡逻都被列入表演项目,在1930年以前,它始终是一个集体项目,由四人组队参加:一名军官(队长,携带手枪)、一名士官和两名士兵(三名队员每人携带一支步枪和三枚子弹),比赛内容为25公里越野滑雪加一次射击。进入射击区后,由三名队员射击(队长不参加射击)。

二战后,这一军事体育运动被"民事化"。1954年,国际奥委会确认biathlon为独立的体育项目。1956年11月17日,在澳大利亚通过了现代冬季两项的比赛规则;1960年,现代冬季两项(男子)被正式列入冬奥会比赛项目。1988年,国际奥委会决定将女子现代两项列入冬奥会比赛项目,但首次出现在冬奥会上却是4年以后的1992年。

越野滑雪和射击的组合对运动员的要求很高,所以欧洲(尤其北欧)设有培训中心,用最新的测量仪器和复杂的数学模拟方法研究冬季体育尖端成绩和培养体育新人。训练时,运动员身上佩有脉搏电子传感器和无线发送器,信号发至十几个监控点。滑行和射击的轨迹以及与理想线、理想目标、理想角度的偏离值等信息都可在两台计算机的显示器上获得,供运动员纠正和优化。

现金不会寿终正寝

一天早上,一位父亲去排队买早点,忽然一位中年妇女插队,就是要先买,而且用手机支付,搞了一会儿没有搞定。于是这位父亲吐槽了:"你省省吧,不会用快付现金吧,不要浪费别人时间了。""侬才不会用呢,今后现金要取消了,饿煞侬只老头子。"

事情似乎不值得再提了,那位父亲显然也是觉得自尊心受到了伤害,不过这都是小事。至于说到"现金要取消了",这未免有点无厘头了。

钱币的形成和发展是人类历史上的一个漫长过程,钱币从最早的贝、帛、布、刀发展到金、银、纸币,孙中山先生称之为"钱币革命"。研究历代钱币(主要是实物)的学科称为"钱币学",新中国成立后,钱币学的研究范围有了进一步扩大,包括研究钱币实物及有关文物、探索钱币发展规律、历史作用、文物价值和社会意义。

不过,随着科技的进步,尤其是电子科学及移动通信意想不到的突飞猛进,有一个现实是大家必须正视的:电子支付越来越流行。其支付方便和其他优点也是有目共睹的。

在欧洲国家中,瑞典的交易几乎已经没有再用现金的了。与此相反,德国人仍然非常依赖于现金,大概只有三分之一的公民喜欢优先使用信用卡或者电子支付手段。

当前，有些人认为，取消了现金流通，国家的央行便可以更好地贯彻金融政策和措施；官方可以更有效地打击雇佣黑工、毒品交易、洗钱、恐怖性资金筹措等犯罪行为。为此，很多欧盟国家已经实施了现金交易往来的允许上限，比如意大利控制在 3 000 欧元、希腊控制在 1 500 欧元、法国控制在 1 000 欧元；超过上限的金额，必须通过银行汇转或其他电子途径汇转。欧盟认为，这样做，汇款人和收款人都可以被实名化，可以掐断刑事犯罪和恐怖组织的经济源头；目前正在着手制定适合于欧洲的现金交易最高限额。在德国，有人估计每年的洗钱数有 1 000 亿欧元左右，正在讨论现金交易上限是否应定在 5 000 欧元。然而，这样的考虑已经激起了强烈反对（尤其是来自数据保护主义者和人权保护主义者的反对）。反对者的理由是，即使允许非现金匿名支付，也已丢失了一个重要隐私。再说，在一个无现金的金融系统中，公民把自己的命运完全交给了银行，万一银行陷入了危机，那么公民的财产就无法以现金提取。

总之，全球的电子支付和现金支付的方式和进行速度很不一样，而且，鼓吹非现金支付的人到一定的时候也会觉得非现金支付者好像被剥夺了什么权利似的。尽管有人（如韩国央行）在呼吁"实现无现金社会"，然而至今为止，全球约有 85% 的零售交易仍然依靠现金。是否取消现金支付往来，不是以多少人在用移动支付而决定的，而是要非常重视有多少人在现金支付，这些人又是怎样的人。还有，电子支付同样会给犯罪分子创造很多诈骗机会。中国央行明确规定，拒收人民币现金将被列入信用不良名单。

小创将愈痒兮兮

在生活中难免跌跤而擦破皮肤,切菜时也有可能割破手指,连刮胡子也会刮破脸皮……碰到这种时候,出血是不可避免的。孩提时,常听到一些大人此时此刻便嚷着叫人快搞一点"门档灰"(木门栓上所积之灰)来,然后将它按在伤口当止血药,实在是愚昧无知,兴许还带有迷信的成分。实际上,当人体表面发生了创伤,人体在几分钟后便启动修复过程。如果创口较深,那会比较疼痛,但紧急着是发麻。用不了多久,创口开始结痂(俗称"结盖"),同时会让人产生痒感,等到创伤完全愈合,痂皮便会自动脱落。

痂是创口表面由血小板和纤维蛋白等凝结而成的块状物;受伤时,组织短时间失去平衡,此时会有无数的修复细胞活跃起来,细胞必须重新排列,以便尽快实现一个痊愈过程。为了避免失血和感染,细胞会积极互相"通讯";首先要做的是止血——受伤部位的血管收缩,在变狭窄的部分,血小板互相黏结(对接)起来,形成一个由纤维蛋白组成的网,将血管破口封起来,这一过程即血凝固。

与此同时,巨噬细胞进入伤口,与病原体作斗争,并除去凝固的血和坏死的细胞,伤口周围的皮肤会有稍许发炎,属正常现象。起先人们有一种误识,以为负责痛感的神经通路同时也会产生痒刺激。几年前发现,参与修复组织的细胞通过神经递质进行"协调",知道哪里需要它们,其中有一种属于交感神经递质的组胺,是免疫系统中很重要的物质,但同时也会引起痒刺激。

创伤犹如一个检修车间,凡是坏掉的(血管、纤维、结缔组织、神经等)都要重新修复,因而产生繁忙的递质交换。生长因子负责组织的新建,在新建过程中也会分泌出组胺及其他物质。而神经末梢在痊愈过程中同样会向大脑发出新的信号,这也会被人感觉为痒刺激。所以说痒感是创口痊愈过程中的一种伴随现象。不过我们不应为了"解痒"而去挠摸创口的痂皮,否则会起破坏性作用,一旦刚结好的盖被搔破,整个创伤的痊愈过程就必须重新来一遍,而且会变得比第一次麻烦。

有一个误区需要防止,在对待一个普通的小创伤时,不必过分使用杀菌药,因为凡是能消灭病原体的药物,也会去对付巨噬细胞、新组织和皮肤细胞的,从而妨碍创口的愈合。另外有一种观点认为,当孩子被弄伤了,最好用一种在使用过程中能析湿的治伤凝胶,这样形成的痂皮便是潮湿的,而不是干的,理由是湿的皮痂不发痒。而且,在潮湿的氛围中,免疫细胞能更有效地起作用;再则,修复细胞的转移和增殖也是在潮湿条件下比干燥条件下快。为此,人们特地研制了一种医用纸,用来实现"湿模式创伤痊愈"。

不由得想起一件小事,以前有一种商品名叫作"邦迪"的创口贴剂,不知从什么时候开始,"创可贴"上面那块覆盖创口的"料子"变得很小很小了,根本盖不住伤口,每次问药房的药剂师,都回答你:"我们也不知道,'邦迪'不生产了。"

小识宇宙淘金

闪闪发光的金子非常珍贵,不仅在地球上罕见,在整个宇宙中也非常稀缺,有时候在 1 000 吨金矿石中只能找到 4 克金子,因为金子只有在极端条件下才能形成。至今人们知道,在宇宙中产生金子只有两种可能:第一是超新星的巨大爆炸,这种爆炸的最后结果是超新星也结束自己的存在;第二是两颗中子星在宇宙中的相撞。在爆炸时产生的极端高温和高压条件下能形成特别重的元素如金,这些金以高速运行的微粒被甩入宇宙,它们迟早也会被甩进另一个天体(比如地球);宇宙尘埃、小石块、金微粒等在漫长的地球形成过程中,细小的金颗粒通过地下河流、岩石的移动以及熔岩流的影响而归集成金矿石或天然金块。

鉴于地球上的金矿不能满足人类的希望,不少地质学家很早就着手研究宇宙采矿,比如亚利桑那州大学的退休教授约翰·刘易斯现受聘于美国"深空公司",从事宇宙采矿的研发工作。据他的计算,仅仅地球附近的小行星就足够供应 100 亿人口的原料需求量——大大超过了地球所能做到的。大部分已知的小行星组成了火星和木星之间的"小行星带",刘易斯把这里称为"未来的狂野西部"。"深空工业公司"用录像片向人们展示了和小行星对接的采矿机器人,它们在开采金矿和其他贵金属矿、冶炼并就地用大型3D打印机加工建筑部件,建造球形的空间结构——小行星带上的一个空间站。

科学家们也没有忘记月球，因为月球土壤表层的氦-3对地球来讲最具开采价值，是理想的核燃料，估计在月球表面有100万吨的储量。然而很多事情说起来容易做起来难，2001年，NASA-探测器为了探测一颗小行星，绕小行星433号飞行了一年才收集了有关被选定的小行星数据。2004年，欧洲宇航局起飞了"罗塞塔"探测器，让其向着远离地球的彗星67P飞行，2014年，登陆模型发生故障，不能准确抛锚，只能无规律地发送数据。其实最重要的一步是将金和铂等贵金属送回地球。

不过真正的问题在于，私人企业是否被允许到宇宙去采矿和加工产品，这是一个牵涉到法律的问题，宇宙不是一个无法的空间。但据称美国的有关行业成立了游说公司，企图向美国国会施加压力。甚至有两位美国国会议员（分属民主党和共和党）向美国众议院提交了一份"小行星法"草案，故意将里面的概念和定义写得含糊其辞。

在这里有必要回忆一下1979年联合国大会通过的《月球协定》中的有关条款"……月球及其自然资源为全人类的共同财产……缔约各国有权在平等的基础上探索和利用月球……"

新型滑雪运动

阿尔卑斯山延绵1 200公里,平均海拔高度3 000米,是欧洲的滑雪胜地。这里有120部缆车将滑雪者送至滑道,所有滑道加起来总长达12万公里。由于全球变暖,致使其中24 000公顷的面积需要人工降雪,每年耗资约30亿欧元。所以来这里度假的开销相当高,最贵的别墅租金每周10万欧元(面积1 000平方米,提供男仆和厨师)。尽管如此,每年冬天约有1亿2千万名度假者从世界各地来到阿尔卑斯山滑雪,最近几年来,中国人占的比例在不断增加。

来这里度假的有职业运动员和业余爱好者,但多数是来休闲和娱乐的,因此新近流行一些更具娱乐性的滑雪运动,比如飞翔滑雪在阿尔卑斯山地十分受欢迎,滑雪者的装备是一副雪橇和一顶代替雪杖的长方形滑翔伞,滑雪者的双手紧握滑翔伞的绳子,并通过顶伞控制速度和升力;根据地面的起伏状况,时而飞翔、时而着地滑行、时而跳过深渊和障碍、时而快速转弯、时而悠哉摇摆,充分享受介于飞行和滑雪之间的乐趣。飞翔滑雪的首创者为法国著名特技滑翔伞飞行运动员弗朗索瓦·波恩。

高山滑雪是一项十分刺激的冬季体育运动,但事故和受伤的概率也相当高,每年被"石膏轰炸机"(急救飞机,因被抢救者多数需要上石膏,故得此戏称)载走的滑雪者不下于3 000名。有鉴于此，近来有两项简单易学、饶有兴味和危险较小的滑雪运动问世：一是气垫滑雪，滑雪者趴在一个滑雪气垫上，腹部顶住垫子，通过气垫下侧的肋条和身体的移动控制滑行过程，由于重心较低，可用任意转弯半径滑行；速度最大可达 100 公里/小时，不会发生危险性事故，因为只要将气垫横过来就可以制动；再说，气垫用结实耐用的软材料制成，富有弹性，可补偿滑雪场地的不平，跌撞时的受伤可能性也被降至最小程度。气垫滑雪所用的气垫是瑞士人约·施泰纳研制的。

还有一种新兴滑雪叫单车滑雪，单车是粤语"自行车"的意思，叫起来方便一些，不妨借用之。单车滑雪让人想起 50 多年前的雪犁（橇板用木头做成，看上去很像犁），但现在的单车雪橇就是一辆自行车，只是它没有车轮，有车架（橇架）、车把（橇把）和鞍座（橇座）。橇架前有一短橇，与橇把相连，用以控制方向；架后有滑雪板，用于滑行；滑雪者脚上绑了很短的滑板，以便在转弯半径小的时候保持平衡。万一滑雪者从鞍座上跌翻出来，单车会自行制动，在不远的地方停下，不会弄丢。整套设备只有 7 公斤重，而且可以很快拆成 3 个单件，捆在一起，坐电梯和缆车时携带方便。目前在日本、美国和欧洲的 75 个单车滑雪站出租滑雪单车并负责教会基本技术。

大型的天然滑雪场不可能每个地方都有，然而近几年建成的许多室内滑雪场同样能满足爱好者的兴趣，包括穿着滑雪鞋滑雪。

幸亏有醋

民间传说三国时的周瑜是个嫉贤妒能、心胸狭窄的典型人物，然而据较新的考证资料介绍，历史上的周瑜其实是个文武双全的三国名将，他的文韬武略反而常常受人妒嫉。三国时，刘姓被视为正统，民间的评话艺人常把周瑜的很多优点归到蜀国的诸葛亮身上。《三国演义》的作者罗贯中故意将错就错，把周瑜塑造成一个喜欢妒嫉的人物。据说主要原因是，罗贯中科考屡屡落第，而他的同窗周叙却一举金榜题名，周瑜是周叙的祖先，巧得很，根据宗谱考证，罗贯中的祖先和周瑜是亲家，因为妒嫉周叙，罗贯中将怨气全发泄在周瑜身上，让周瑜蒙上不白之冤。

妒嫉其实是人的一种心理反应，心生妒嫉者往往是因为看到别人有的东西（包括智慧、才能、成就）而自己却没有，从而嫉恨别人。妒嫉有广狭，狭义的妒嫉往往用在男女关系上，比如有的女子妒嫉别的女子比自己漂亮，妒嫉别的女子和自己的丈夫有关系。所以中国以前一直用两个女字旁来组合"妒嫉"；后来又为此而专门创造了"吃醋"一词。唐太宗因当朝宰相房玄龄辅政有功，多次想赏赐他美女为妾，均遭婉言拒绝；后得知房家有妒妻，于是让皇后出面做房妻卢氏的工作，竟然未果。太宗大怒曰，若再坚持己见只能赐死；卢氏面不改色，将所赐毒酒一饮而尽。卢氏喝下的乃醋，非毒也。太宗后来不得不感叹说，朕尚且怕她，何况房玄龄呢。

有了吃醋这一比喻词,人们就把男女之间的妒嫉都用吃醋来表示,妒嫉可以包括吃醋,但吃醋不能代表所有的妒嫉行为和思想。"吃醋"充分体现了中国文化和文字的丰富多彩。西方许多国家的语言中尽管也有一些妒嫉的同义词,但好像没有汉语中那样专指男女间妒嫉的词语。有些外国语言专家也认为,很多人不善于一针见血地阐述一件妒嫉事件的性质,非得说上一阵子才能让人明白,难怪。

从实质来说,吃醋和妒嫉是有区别的。如果说妒嫉是一个人对别人拥有而自己没有的东西的贪羡,最后发展到嫉恨别人,那么吃醋则表达了对自己已经拥有的东西害怕会失去的心理感受。比如妻子发现(或怀疑)丈夫有外遇,心里非常气愤和不舒服,感到受了伤害,这其实是一种正常的心理反应,潜意识表示他对感情(爱情)的专一,同时也体现出她担心失去丈夫的害怕心理。

轻微的醋劲在所有的恋爱过程中都会出现,它来得快也去得快,这完全是正常的心理反应。心理学上有一个概念叫"病态妒嫉",中文表达更确切:病态吃醋。病态吃醋往往和吃醋者自己的心理素质、心理障碍(自卑综合征等)或病态饮食行为(嗜酒、服镇静剂等)有关。

病态吃醋的症状通常为:每天脑子里想着他(她)的不忠诚、每天翻查他(她)的衣服、把某些行为方式视作(可能)不忠诚的证据、跟踪和打听他(她)的行动和逗留地、不断用责备挑起对立和争端、每天打电话到他(她)的工作岗位进行远程查岗。

病态吃醋者往往对自己的观点坚定不移,任何解释和逻辑分析不起作用。西方称这样的吃醋狂为"奥赛罗综合征"(莎士比亚悲剧《奥赛罗》中的主人公,用来指妒火中烧、丧失理智的丈夫)。

虚拟能源中心

人类正在经历一场能源系统的历史性变革——为了节约自然资源和保护环境，为了使地球村继续保持人类可生存状态。早在2007年春，欧盟各国的政府首脑就确定了一条共同路线：至2020年，欧盟的能耗将比1990年减少20％。说出的话就该通过具体措施去兑现，人们发现，通过烧煤、天然气、重油发电的老热电厂是浪费资源和污染环境的特大户。因为一次能源（比如发电所用的燃料）在转变成二次能源（如电能）的过程中，有三分之二是损耗（变成废热通过烟囱排放），只有三分之一得到了利用。这就是典型的浪费能源、污染环境。

德国有一位住房开发者建造了一个"太阳能小区"，共有60幢楼房，入住率已达100％。这些住宅里的住户根本不需要考虑用电和热能所需要的原料（天然气、燃油等）费用问题，他们根本不用这些资源。房子多为二三层楼结构，隔热性能极佳，通风系统也是挖空心思设计的，屋顶是整片大面积光生伏打电池（俗称太阳能电池）。楼房本身能发电和生产热能，不仅解决了家庭用电和冬天取暖的问题，所发之电甚至有富余，可输入公共电网，供其他地区用电。由于不用公共能源系统的能源，房子自己产能，又不污染环境，所以这样的房子又被称为"盈能房""生态房"……

"盈能房"的产生来自发电改革的基本意念：逐步摆脱大规模

集中发电和供电体系,代之以小区自备式"绿色能源"发电。还有一种更好的方案——小型电热联合设备,这种设备所发的电可更好地输入公共电网,但由于热能的输送会损失很多热量,所以最好建在用户集中的地方或附近地区。有的设备除了发电、生产热能外,还可以制冷,天热时,能生产一个医院所用的冷气,不过这种类型的设备需要和当地的企事业及居民一起联合协调建立。专家称这样的设备为"街区电、热厂",多个小区的设备(包括太阳能产能设备、风力发电机等)可以联网,组成一个较大的"虚拟能源中心",之所以称为"虚拟",是因为这个中心实际上并不存在,只是通过网络起到控制协调作用。如果某些小区正好在一段时间里没有风能,天又经常下雨,即缺少一次能源,那么可以通过虚拟能源中心调配而获得电能。

根据不同的国家,民用电占全部用电的比率往往在15％—30％,如果能从小处着手,家庭节能大有文章可做。一个最容易做到、却最不被人重视的举措是随手关灯;此外,改变一下理念,将传统的白炽灯泡换成节能灯,发光二极管本身发热很小,用电极少。所有家用电器用完最好不要让它们处于待机状态。建议选用智能式优化电冰箱、洗衣机、洗碗机等,冬天的耗电老大是电采暖设备,居室的良好隔热和密封性能有助于节省电能。最近十几年来,我们营造了数不尽的高高低低的楼房,大部分老百姓的住房问题是得到了极大改善,数量是有了,可惜建设中却缺乏节能和环保意识。

学会应对走天下

英国前首相丘吉尔以善于应对出名,一次,他在下院演讲。期间,有一位在野党女议员大声喊道:"如果我跟这个男人结婚的话,我会在他的咖啡里下毒。"丘吉尔镇静地回答道:"如果我跟这位女士结婚,我会喝掉这杯咖啡。"真是绝妙的应对。人们是如此分析的:首先,如果丘吉尔同这位反对党女议员结婚,"她还会不会下毒",这本身就是一个很大的疑问。其次,这句话表达了丘吉尔的态度:"我是不会跟她这种人结婚的。"所以不存在"如果",喝掉虚拟的有毒咖啡又有何妨。

善于应对是人际交流中的一种优势,社交场合非常需要善于应对的本领,但并不是人人都能做到的。美国幽默作家马克·吐温曾说,一句好的应对,普通人也许要过24小时才能想出来。

随机应变、善于接茬虽说是一个人的天性,但倘若缺乏知识,不善于学习、没有自信性,同样会难以做到快速、准确地作出反应,因为首先发话的人往往是一个"语言攻击者",答话者只有凭借机智、果断和幽默,才能解除对方的武装。比如甲对乙说:"我想象中的你,个子要高多了。"乙听罢明知对方对自己的身高不满意,但不妨先回敬一句幽默话:"那是因为你在长个子的时候,我正好在长智慧。"若对方露出笑意,便可打住了。

有时候可以顺着对方的话茬儿,来一个偷梁换柱。比如在交谈过程中,一个男子对一个女子的见解不满,认为是女人之见:"你这是典型的女人!"女子答曰:"完全正确,热心、聪明、有魅力。"保留了对方的话语框架,却改变了内涵的性质。女子也会说男子:"典型的男人!"男人也会接受:"总比典型的女人好!"

"你小子休假休胖了。""可不,前两天我坐的大巴后轴都被压断了。"这种顺水推舟式的反应通常不会引起任何一方的不愉快。有些不自觉的烟民经常用一句似乎很有礼貌的话来获得吸烟的理由:"如果我吸烟,你会介意吗?"因为他们知道在通常情况下,被问者的回答都是"没关系"。其实遇到这种情况不妨动点真格的,如:"我不知道,因为至今为止还没有人当着我的面吸过烟。"有时还可以让问话者感到一点尴尬,问者(女):"你还没有结婚?是不是没有人愿意嫁给你?"答者(男):"有的,但她们长得都像你。"

传说古代有两个私塾的书生,他们每天一起去上学,一起回家。一天,在回家的路上,两人争执得很厉害,其中一个对他的同窗说:"难怪你一点不像你父母,原来你是被领养的。"同窗很生气,十分敏捷地作出反应:"他们是经过选择后把我领到家里来的,你的父母没有选择的余地,于是只好接受你这副德性。"

其实,中国自古重视应对能力,对对联、赋诗填词就是考的即兴应对功夫。当今社会,做生意、进行谈判、当一名节目主持人尤其必须擅长应对能力。

雪的记忆

身居闹市少见雪,自 1995 年春节下过一场为时 20 分钟的瑞雪以后,雪(像模像样的雪)和上海人睽违多年了。在我的记忆中,我小时候很喜欢雪。孩子喜欢雪大多是为了打雪仗呀、堆雪人呀、雪地捕雀呀……后来长大了,又觉得下雪很有诗意,那雪花飘飘如柳絮、似蝴蝶、像鹅毛。我甚至十分羡慕那些在大雪纷飞的日子围炉、饮酒、作诗的文人,说起来我们还应该感谢这些骚人墨客为后世流下了那么多不朽的"咏雪"诗篇呢。

雪真的很可爱,它轻盈多姿,拂拂扬扬地从天上飘下来;它很白,白透了,白得彻底。凡是洁白的东西我们都用雪来形容:雪白的盐、雪白的棉花、雪白的面粉,连白银也称"雪花银",英国人用雪来代称海洛因(白面)。有一个卖棉花糖的老人曾经这样吆喝:"快,快,快,买棉花糖喽!雪一样白,蜜一样甜……"大概是因为雪花常在一月份飘落,所以德国人把一月也称为"雪月"。

雪何止人类喜欢,动物和植物中也有很多喜欢雪的(或者说是熬雪斗寒的),如雪蚤、雪雁、雪鸡、雪雀、雪兔、雪豹、雪草、雪果、雪莲等;其中雪兔是国家二级保护动物,雪豹是国家一级保护动物,雪莲则是国家三级保护植物。

雪花虽然惹人喜爱,也富于诗意,但它终究要融化的,于是雪又用来比喻"不可靠""乌有""白费心机""欺骗"等等。"雪人"在美国俚语中乃"花言巧语的骗子",德国有谚语曰:把雪当盐(或棉花)卖(意谓把毫无价值的东西说得天花乱坠,以求高价待贾)、像雪存在于太阳下(即不可靠的意思)、"如融雪般花钱"、"把雪放在炉子里烤"、"寻找去年的雪"……有个人非要确切知道其实一点把握没有的时间概念,人们只好回答他:"夏天下雪的时候"。

大凡物事都有几种别名,雪花也有许多别称,这些别称通常都出自古代诗人的名句,比如"银粟"(独往独来银粟地·宋·杨万里诗)、"玉尘"(东风散玉尘·唐·白居易诗)、"玉龙"(岘山一夜玉龙寒·唐·吕岩诗)、"六出"(六出飞花入户时·唐·高骈诗)。在广东省,雪还有一个很奇怪的别名:犬狂,那是因为雪在广东非常罕见,故杨万里曾有诗云:"粤犬吠雪非差。"唐文学家柳宗元则说得更为详细:"大雪逾岭,被南越中数州,州中之犬,皆仓黄吠噬,狂走者累日。"从此,"犬狂"也就在岭南成了雪的别名。

雪花是六角形的,小学生都知道,但这一点是在中国最早见诸文字的。西汉时《韩诗外传》曰:"凡草木之花多五出,雪花独六出。"雪花虽然都是六角形,但细分起来有 20 000 多种具有微小差别的图案。1935 年,美国人威·别恩特里发表了总结他几十年研究成果的雪花专著,附有近 2 千幅雪花照片,此书至今仍不失为研究雪花的重要参考资料。

演讲的艺术

在我的记忆中,外国人对中国人所使用的汉语评价是相当高的;很多老外认为,汉语是一种华丽多彩的语言;还有一些懂得一点古汉语的外国人则说,汉语非常精炼,句子短小精悍,言简意赅。20世纪90年代,我有机会参加了一次难忘的泰山系列游。活动由山东省聊城市一位民营企业家(老总)组织安排,游客中有两位德国人和好几位中国人,具体说,是中国企业家和德国铝型材挤压机供应商在洽谈设备进口项目,东道主是中国人,因项目谈完了一个阶段,尚留下一个较敏感的问题——价格和付款方式,旅游是为了调剂一下心情和气氛。游罢泰山又去了曲阜的孔庙,在曲阜用午餐时,挤压机销售部经理罗德先生好像做总结报告似地说道:"子曰,一分货,一分价,吾货优,则价微高,合情也。夫付款事,尚可再议,吾或让之。"

听了此番话,在座的所有中国人大为惊讶,老总说:"罗德先生会说这么地道的古汉语,而且是《论语》模式的,佩服佩服!""哪里哪里,一则,我说的是真心的想法;二则,这里是孔夫子的故乡,我只是开了一个头:Konfuzius hat gesagt(注:孔夫子说过)……本想增加一点幽默感的,没想到陈先生用简洁的汉语(应该是古汉语吧)作了翻译。应该谢谢陈先生。""没有啦,我也是兴致所至,瞎凑热闹罢了。"我说。

古今中外，都流行讲话（作报告），比如开大会作报告或开小会时比较正式的发言；随着社会的进步和文明的进展，可以说人是在听报告或发言中长大的，报告听多了，大家都积累了很多听的经验和分析评论的水平。老实说，作报告要做到让人喜欢听，是一件很不容易的事情。正因为如此，历史上留下了很多脍炙人口的讲话，有的后来成了名言和警句。简单说，发言者通常应该争取用吸引人的语言去打动听众，在较短的时间内把事情说清楚。最忌讳的是"长篇大论煮成的一锅粥"。听说曾经流行过一个不成文的约束：讲话时间不超过20分钟。有人觉得很难，因为讲话过程中是允许听众提问题的，这时间也包括在20分钟之内。美国黑人民权运动领袖、1964年诺贝尔和平奖获得者、被评为"影响美国的100位人物"（第八名）的马丁·路德·金于1963年8月28日在林肯纪念馆的台阶上发表的著名演讲《我有一个梦想》全长17分钟。无独有偶，丘吉尔于1946年所作的演讲《奋起吧欧洲》同样持续17分钟。

今天，通过视频或网页发表的讲话，基本上也有一个相当的时间约束：不宜超过18分钟。而"苹果"创始人斯蒂夫·乔布斯于2005年在斯坦福大学为毕业生所作的一次精彩演讲让很多人难以忘怀，演讲题目是《先关心如何活着，然后再去想死亡的事情》，演讲时间15分钟。

曾经有人误解过作报告的时间，那是一种极端的做法，比如提倡"用吸一支烟的时间"作一个报告，或者"用一条腿站着作报告，当你受不了时，就结束报告"。其实，人们都在努力，用恰当的时间，为听众做一个有意义的报告。

摇椅和摇椅疗法

最早的摇椅是一种椅座、靠背和靠手固定在弧形架子上的椅子,只要身体稍微动一下,椅子就会来回摇动,人坐在上面觉得非常舒服。十年前我搬进新居,妻子特地随人到南浔买了一把木制的摇椅,放在我的书房里。这把摇椅的特点是靠背的角度是可调的(通过靠手下的五个卡档),椅架是固定的,椅身通过木制活节和椅架连接。因椅架不动,故不会损坏地板,也不会影响楼下人家。摇椅还配有一个靠脚(搁脚的),靠脚是单独的,也可摇动。

坐在摇椅上摇晃,通过有节奏的摇动,能消除疲劳、缓解大脑和肌肉紧张、有利于血循环系统,所以人便有一种舒适的感觉。法国曾经有一段时间把摇椅作为一种"医疗仪",如果有必要,医生甚至有权为参加医保的病人在药方上开"一把摇椅"。

近来,摇椅产生的"舒适感"已经被科学家提升到"摇椅疗法"的高度。研究者指出,有节奏的来回摇动可激励所有的感觉器官,尤其是内耳中平衡器官的细毛受到"美妙的"刺激,有利于人的动作协调和灵敏度。有精神和身体障碍的孩子、痴呆病人和因重大事故受到精神创伤者都能在摇椅上受到益处。肌肉的放松、保持姿势和动作的稳定性,这样的效果几乎与摇动同时出现。新的研究表明,摇动甚至能减少服用抗抑郁剂的病人的服药剂量;医生认为这种效果应归功于摇动时对平衡器官的刺激作用。

20世纪50年代,西方风行"好莱坞摇椅",它是一种有漂亮顶篷并装上软垫的长摇椅,可坐二三人。这种摇椅很灵活,很容易摇动起来。好莱坞摇椅是谁发明的,这一点已无从查考,人们只知道,1909年已在英国的私家花园里出现这样的摇椅,欧洲人称之为好莱坞摇椅,是因为他们经常在好莱坞电影中看到这样的摇椅。在美国并没有"好莱坞摇椅"这一叫法,美国人称之为"阳台摇椅"或"阳台秋千"。在那些出现"经济奇迹"的年代,好莱坞摇椅成了时髦的上流社会的化身。而彩色耀眼的摇椅软垫常常使人联想起小资情调的度假生活和美丽温暖的南国风光。其实至今为止,"摇椅是避雷针的发明者富兰克林首创的"这一说法,并没有得到证实。有的人说,富兰克林于1780年为自己制作了一把有轮子的椅子,它可以在房间里推来推去,如此而已。

更有人把摇椅的诞生提前了整整160年:1620年以后,从英国公谊会分出的一支基督教新教在北美洲建立普利茅斯殖民地,并推出了震颤派家具风格(这一新教在派宗教仪式中浑身摇动震颤,所以称为震颤派),很可能是有人把"震颤派椅子"理解成"摇椅"了。

谁发明了摇椅,不一定有那么重要;回顾不如看现在,展望比现在更重要。如今已经有人设计了发电摇椅(或叫摇椅发电机),通过一个较大的轮子,将摇动时所做的功转化为电能,为阅读灯供电。

药 名

纯粹是偶然,我的眼前出现了两个汉字:"唑"和"嗪",说真的,有点"面熟陌生"。原来前者是安眠药"安定"中的译音之一字,后者是我小时候吃过的蛔虫药"哌嗪"中的译音之一字。对西药来说,眼下有的药品说明书上标明"通用名称"(汉语拼音)和"英文名称"(也叫学名),还有的会加上商标名。汉语真的是古老而又伟大,竟然创造了没有意思的单字,仅仅为了用来翻译药名(广义而言是"化学名")用得上;具体一点:阿普唑仑(俗名为"佳静"的安眠药),英文名称为 Alprazolam;艾司唑仑(俗名为"舒乐"的安眠药),英文名为 Estazolam。至于驱蛔虫和蛲虫的药哌嗪中的"嗪",同样是个译音用字,没有别的意思。

别以为只有中国人对英文药名犯难,外国人同样烦那些根本记不住的药名,这个问题,有关专家和制药公司都很清楚,如果大部分患者都不愿购买和服用那些与治病无关的名字作药名的药品,厂家的日子也不好过。有一种消炎镇痛药叫"双氯芬酸"在市场上默默流通了 40 多年,自从有人将其改名为"扶他灵"作为商标后,形势大为好转。阿司匹林经历了近百年的临床应用才慢慢被广大患者所认可,这是一个不容易的例外,因为它本来叫"乙酰水杨酸",一点不好记。近年来,在以前的基础上,人们又发现阿司匹林不仅有解热镇痛作用,而且对血小板聚集有抑制功能,可防术后血栓形成。

药品商标名的重要性越来越受到重视，颇有一些经验之谈：国外有人认为药品商标名中所选的字母必须具有可发音性，尽量少用 H、K、和 W 这样的字母，否则的话，在某些语言中，药品的发音会成为"绕口令"。20 世纪 80 年代至 21 世纪初，带字母 X 和 Y 的药名很受欢迎，除了药效因素以外，当时很少有人将这两个字母采用到药名中，因此药品的辨认率相应提高；再说，患者对药品的辨认率低，容易将药品搞错。为此，欧盟药品管理局属下设有一个"药品通报"机构，便于对药品商标名的检查。据称管理非常严格，有 50%—70% 的药名上报建议书会受到否定，原因往往是"存在与其他药品混淆的风险"。该局还有一个规定，药品的商标名在药盒或药瓶等包装材料上不许用"花体字"或奇形怪状的美术字，以防由此引起的意外。

中药是我国的医学宝库，但若将几种药材混合加工成制剂，药名同样要经过国家有关部门的审批。可能中成药的商标名审批会复杂一些，因为中药有个"配伍"问题。《神农本草经》指出："药有单行者，有相须者，有相使者，有相畏者，有相恶者，有相反者，有相杀者……当用相须相使者良，勿用相恶相反者，若有毒宜制，可用相畏相杀者，不尔，勿合用也。"（相须者：同类药用在一起能起增效作用；相使者：一药为主，另药为辅；相畏者：一药受到另一药的制约，药效被减弱；相恶者：一药的功能被另一药夺走；相反者：两药功能向悖，通常不应配伍；相杀者：其中一药能将另一药的毒性消除或减轻）。

液体黄金橄榄油

橄榄油正在不断成为国人的认知话题,对某些大款来说,甚至是一种时髦的体现,因为橄榄油虽好,但它很贵,最贵的1升要卖100多元。其实人类应用橄榄油已有几千年的历史,几千年前,地中海沿岸的人民就开始种植油橄榄和榨制橄榄油。在橄榄油的历史中,古希腊人起了先锋作用;公元前7世纪至3世纪,古希腊的哲学家、医生和历史学家对油橄榄的特点和分类做了大量工作。为了保护油橄榄树,号称"古希腊七贤"之一的雅典政治家和诗人梭伦制定了一个保护法,规定每个橄榄树林里每年砍伐的树木不准超过两棵。古希腊人每年的橄榄油人均消耗量为50升,其中30升用来护理身体,16.5升食用,半升用在医学上,3升用作灯油。尽管当代希腊人的橄榄油消耗量已降到每人每年21升,但这一数字仍然是世界纪录。

古罗马人也是橄榄油迷,当地产的橄榄油不够他们用,每年还要用船从北非和西班牙大量进口。今天,在意大利的港口城市奥斯蒂亚仍能看到泰斯塔乔丘陵,它纯粹是由橄榄油罐的碎片堆积而成的。

与其他植物油相比,橄榄油在高温下的稳定性更好,适宜高温烹调,但国外的营养学家建议,超过180℃(油炸温度)时,用精制橄榄油(高温提炼加工初榨橄榄油所得)为宜。此外,从防止胆固醇升高、防止高血压、抑制血小板凝固、防止心脏病发作等方面看，食用橄榄油优于食用其他植物油。不过也有专家主张不宜长期食用橄榄油，应适当和其他植物油搭配着用。

橄榄油是由油酸、软脂酸和亚油酸组成的油脂，通常用常温水压并离心分离（所谓的冷榨法）或"新诺良橄榄油提取法"不经精练而制成，在我国的商品标签上都注有"初榨橄榄油"字样。橄榄油分多种等级：特级初榨橄榄油（酸度——游离酸含量不超过1％），国外亦称"特醇橄榄油"；上等初榨橄榄油或半优质橄榄油（国外称纯橄榄油，酸度不超过2％）；精制橄榄油（对初榨橄榄油进行提炼加工而成）；橄榄油（用精制橄榄油和初榨橄榄油掺兑而成）；橄榄渣油（经过提炼加工的橄榄渣油与初榨橄榄油混合而成）。显然，特级初榨橄榄油的质量最高，所以在我国比较强调"初榨"二字。国外鉴定橄榄油的品质和等级就像品尝葡萄酒一样：切一片棍子面包在油里蘸一下，放进嘴里慢慢品尝。

"内服蜂蜜外用油，人生活到九十九。"这是古希腊哲学家德谟克里特说过的话。此处的油系指橄榄油。据说，古埃及艳后，恺撒大帝的王后每天早上将橄榄油搽遍全身，以保持皮肤细嫩，头发乌亮。埃及的金字塔壁画及许多西方绘画中出现的美女身边往往有一个捧着陶罐的侍女，陶罐内装的便是橄榄油。橄榄油具有美肤、美发、防皱纹的功能，这一点已为许多人接受。

橄榄油一向被视作"液体黄金"，然而有一个事实令人不快：全世界销售掉的橄榄油数量远远大于实际生产的数量。原因很简单：掺假，以次充好。最普遍的是掺杂榛子油，国际市场最高掺杂比例甚至达50％。保卫食品的纯洁和安全！这是人类面临的紧迫任务。

一举多得印加稻

稻米是世界主要粮食作物之一,全球约有一半人口以大米为主食。无论是种植哪一种粮食作物,都会消耗能源和污染环境,稻米也不例外。人首先需要解决吃饭问题(世界上还有很多地方存在饥饿和营养不良现象);但同时也必须保护环境、控制气候变化。那么有没有两全其美的粮食,既能用它解决饥饿和贫穷,又不会污染环境?

有一种名叫昆诺阿苋的植物,它源自南美洲印第安山脉,6 500年来生长在海拔4 000多米的高度,玛雅人、印加人和阿兹特克人(墨西哥印第安人)非常重视这种植物的种子和叶子,它们能让人吃饱肚子,提供各种营养。在智利和秘鲁,昆诺阿苋被看作蔬菜和粮食的结合体。尽管昆诺阿苋是苋科植物,但由于它是营养丰富的粮食,人们还是给它起了一个叫"印加稻"的别名(稻系禾本科植物)。

印加稻富含蛋白质、镁、钾、钙及不饱和脂肪酸,不含谷蛋白,易消化,有利于降低胆固醇,能在贫瘠的土壤和盐碱地正常生长,不需要花很大力气灌溉(因而被列入"旱稻"),既耐炎热和直射的阳光,又能抗风暴及夜间霜降,几乎不需要施肥,仅靠其他农作物留在土壤中的养料而茁壮生长。印加稻的稻壳(脱壳时被去除)中含有一种苦味物质,能抵御害虫,有利于不用或少用农药。

16世纪,由于西班牙占领者荒唐地认为南美洲的原始居民(印第安人)之所以那么勇敢和不屈不挠,和他们吃印加稻有关,所以下令不许种植印加稻,强迫当地人食用从欧洲进口的粮食。这也是印加稻一直在世界上默默无闻和产量很少的原因。

近几年来,印加稻颇受农业专家们的青睐,联合国粮农组织十分重视印加稻的作用,前联合国秘书长潘基文曾提出将2013年定为"国际印加稻年"。

印加米煮10至15分钟即熟,可作烩饭,与麦片混合加水果丁、胡桃仁、葡萄干、牛奶等成为营养早餐,亦可制作糕点或烤饼等。安第斯山脉原始民族的传统吃法是炒着吃,或煮粥、磨成面做米面包、团块;叶子可当蔬菜或拌色拉。因其独一无二的营养特点,美国航空航天局认为这种"重新发现的新粮食"非常适合于在空间站作为"可控生态生活的支撑系统"。

值得强调的是印加米在生产过程中所体现的、极为有利的蛋白质和能源投入之比,生产牛肉时,这一比例为1∶50,生产大豆时为1∶2,而生产印加米为1∶1.5。也就是说,获得同样的蛋白质,生产牛肉所投入的能源是生产印加米的30多倍。

今天,从阿根廷北部到智利南部都在积极种植印加稻,玻利维亚、秘鲁、美国和厄瓜多尔也已成为重要种植区,欧洲有6个国家在小规模种植。至今全球已有70多个国家在种植印加稻。随着需求量的增长,印加稻的价格在一些富裕国家也迅速上涨。令一些专家感到遗憾的是,人们缺乏用一种全球眼光看待这一极为环保和健康的粮食,因为有不少人舍不得放弃"舌尖上的享受"而念念不忘牛排和汉堡包。

世界杯与无线跟踪

第八届世界杯足球赛决赛在伦敦温布利足球场举行，比赛在英格兰队和联邦德国队之间进行。比赛到了第 101 分钟（加时赛），英格兰队的赫斯特在德国队罚球区将球截住，抽脚狠狠朝德国队球门射去，球从门楣弹到地上。主裁判瑞士人戈特弗里德·丁斯特在征求边线裁判意见后，判英格兰队进球；德国队立即提出抗议，认为球弹到地上时没有完全进底线（门线），按规则此球未进。在一脑门的不满和怒气难消的竞技状态下，德国队最后又被踢进一球，以 2∶4 负于英格兰队，丢失冠军。而这一球也成了世界足球史上最有争议的进球。

无奈多数裁判是"面对错误而坚持错误"的，德国队当时无扭转乾坤之力（很久以后，经多次分析，发现此球确实错判），但对这一不公正的裁定，德国人至今耿耿于怀。

春去秋来，时光如流，转眼已过四十几年。第十八届世界杯足球赛将于 2006 年 6 月在德国举行，东道国早在考虑和研究一个问题：如何杜绝争议球。虽然现在已有大屏幕回放手段，但有时还是帮不了忙，如果球被球员遮住了的话。于是德国有两家公司和弗劳恩霍弗尔集成电路研究所联手研究了一种无线跟踪系统。

按照这一系统的原理，足球内装有一个耐冲击、耐高温和防水的脉冲发送器，它只有 12 克重，钱币大小，却以每秒钟 2 000 次的频率发射微波信号；信号不受手机电话或故意破坏干扰的影响（发送器同样可以薄膜形式装在球员小腿的护胫内，其发送频率为每秒钟750次）。

信号以光速从足球和球员身上传到装在足球场四周泛光灯柱上的6至12个天线上，天线接收信号并将信号通过光缆送至中央计算机处理，这台计算机记录每个信号到达每个接收天线的时间差。这些时间差是因发送器和各天线间的不同距离造成的，时间差一般只有几个微微秒（1微微=10^{-12}）。

根据这些极为微小的时间差，中央计算机可知道球或球员的确切位置，前提是比赛场地的测量要精确到毫米，数据被输入到计算机的立体坐标系统中。

装天线的泛光灯柱当然会因风和其他气象条件而摆动，为此在比赛场地周围装有多至10个的固定式参考发送器，它们发出监控信号，根据这些信号的传递时间，中央计算机便可作出精确修正（每秒钟可作几百次修正）。

无线跟踪系统将为排除错判、精确判定球和球员位置作出巨大贡献。该系统已在2005年2月纽伦堡弗兰肯足球场首次试用，引起极大重视。与无线跟踪系统相关的另一条件是必须提供完全符合要求的足球，为此阿迪达斯被指定为世界杯足球赛的足球供应商。专家称，无线跟踪系统尚能应用于篮球、冰球、扔铁饼等其他比赛项目，可以编辑成动画片供教练和培训时分析用，甚至能用在反恐怖行动中。值得点赞的是，近几年来，足球世界杯比赛中，已经采用"视频助理裁判"（通常配置为5名"视频助理裁判"）。

一天不到 10 小时

"2亿年前,一天只有9.375小时。"是谁提出了这么荒诞的论点?事情是这么引起的:2亿年以前,有很多种恐龙都是会飞的,有一种翼龙身体特别庞大;所有的飞机设计师都认为,根据气体动力学的知识,它们是不可能飞上天的,于是不少科学家着手研究起这个问题。

俄罗斯的有关科学家认为,飞机设计师的话一点没错,但他们是以今天的大气压为基础的。恐龙统治地球的中生代时期,地球只由两部分组成:一个原始海洋和一个原始大陆(洲)。整个地球的表层(陆地表面和海洋底部)是坚硬的花岗岩,这一表层于2亿年前开裂,四分五裂的大陆在海洋中漂流,最后拼成了六大板块。这就是大陆漂流说,由德国地球物理学家和气象学家阿尔弗雷德·魏格纳于1912年提出,当时颇受地球物理学家和地质学家们的重视。尽管这一理论因在解释某些问题时碰到困难而曾受过冷落,但到了20世纪60年代起再度受到人们重视,并在此基础上产生了板块构造学说。

现在,俄罗斯科学家们也是在大陆漂移说的基础上提出补充观点:地球表层裂开后,从地球内部向外"上升"的熔融岩浆流所受的阻力变小,地球因此长大起来,地球的半径是以前的1.6倍,而自转速度变小2.56倍。这意味着,地表开裂前后的情况大不一样了,首先是以前一天只有 9.375 小时,其次是开裂前的大气压和空气密度都是今天的 6.55 倍,空气浮力因此也比今天的大多了,这就是 2 亿年前,好几吨重的恐龙能在天上飞的原因。自从开裂以后,由于空气密度大为减小,恐龙纷纷"从天而降",但它们作为名副其实的爬行动物在地上继续进化。

俄罗斯科学家的观点非常接近柏林科学家希尔根贝格的理论,他曾于 1933 年发表《地球在长大》。各国研究地球膨胀理论的科学家认为,地球在变得越来越大,一天的时间也在变得越来越长。英国某些天文学家发现地球的自转速度一直在减小,在遥远的将来,地球上一天的时间将会是 25 小时。

针对地球膨胀理论,也有人说地球在收缩,更有少数人抱住现有的知识,对新的观点采取挖苦嘲笑的态度加以反对。其实波兰天文学家哥白尼也是通过长期艰苦斗争才创立了日心说,否定了在西方统治了一千多年的地心说,从而为近代天文学奠定基础。新技术的发明和科学新理论的建立首先要敢于设想,常言说得好,发明是建立在失败的基础上的。退一步讲,我们今天所掌握的某些地球物理学知识也是借助推测而得来的,而关于某些概念,本来就存在不止一种理论。对待新理论,不妨采用我国战国时期的模式——百家争鸣。

一团和气说甘草

甘草,小时候接触得多一些,小学的门口有一副小担子,主要通过摸彩赚小学生的钱,摸不到奖也能吃上一粒甘草橄榄或一小撮甘草山楂,它们都是用甘草粉拌的,吃起来很甜。此外摊主也出售整根的甘草棒(甘草的根)。就这样,我很早认识了甘草。

甘草其实是我国的传统药材,以味甘甜而得名,但以前曾被不恰当地作为零食来哄孩子(甘草吃多了有副作用)。

古代禹州被称为"中药圣地",传说该城有一家药店,声誉颇好,从该店所配之药均很灵验。为确保配伍和计量的准确,掌柜亲自撮药,而且每一味都要亲口尝一下。药店的吴姓邻居之子把这一切都看在眼里。他的兴趣在学医、行医,父母只好拿出平生积蓄送儿子到外地拜师学医。几年以后,儿子学成归来,一日拜访药店掌柜,见掌柜面色青灰,便劝其就医。掌柜没有把一个年轻小子的话放在心里,但数日后果然卧病不起,遍求城里郎中,却无人能治。掌柜这才想起邻居后生的话,赶紧差人把吴姓后生请来,表示要以重礼求治。后生开一药方:甘草六两煎服。第二天重复此方,剂量改为八两。第三日增至十两。连服三日甘草,掌柜的病基本痊愈,看着掌柜的满脸感激和疑惑,后生解释道:"老伯平时撮药必亲自尝之,日积月累,百药之毒聚积体内,今日并发,甘草能解百药之毒也。"甘草对药物中毒和食物中毒均有一定的解毒作用,能缓解中毒症状；其作用物质主要是甘草甜素（甘草酸）。

古埃及人已经十分重视甘草的根和根状茎的医疗作用，所以他们制造了一种甘草饮料。古罗马人把甘草视为能祛痰镇咳的草药和解渴剂，故甘草后来成为罗马士兵的标准配备之一。甘草还能治消化道疾病，第二次世界大战中，法国和土耳其士兵的军用背包中都备有甘草。拿破仑一世的身上随时都带着甘草粉。甘草的根状茎可内服，如沏茶、做成浸剂（药酒等），治胃灼热及胃炎。亦可制成漱口药水，减轻牙龈炎、口腔发炎和口臭。

甘草喜干燥气候，多生长在砂土、黄土、荒漠草原地带。在我国分为东甘草（产于内蒙古东北部、东北等地）和西甘草（产于内蒙古西部、青海、甘肃、陕西等地）。以内蒙古伊克昭盟杭锦旗所产甘草质量最佳。

南朝医学家陶弘景称甘草为"国老"——众药之王，是中药中应用最广的药物之一。因甘草能调和诸药，故寓意"调节、随和、一团和气、容易相处"。旧时在一个小范围的人群中常将某一个性格随和、人缘好、能与任何人相处者奉为"甘草"（姓加"甘草"或"甘草"加职务）。

甘草尽管有很多功效，但不能过量食用，否则会使血钠排出减少，钾排出增多，造成体内水分平衡障碍，导致高血压、低血钾、浮肿等现象。

医生就在你身边

智能手机的功能远远不限于娱乐、游戏和趣味节目等，很多医学专家认为，像 iPhone 之类的智能手机不应大材小用，而应成为救命的手机和慢性病人的常伴医生。有了装有医学应用程序的智能手机，就能远程控制慢性病人的数据，医生可及时介入并采取措施，这是正在兴起的远程医学。

有一种叫"糖尿病管理者"的健康系统已在美国经临床试验而获得官方承认，该系统的应用程序将糖尿病患者的血糖值及其他数据储存在一个数据库里，及时告诉患者何时服药、服用剂量等，并根据健康状态随时给出专门指示。患者也可自己制定一个服药计划，存入手机，由手机按时提醒；或者用蓝牙技术将自己的数据输入医生认可的"在线日记"中。通过这种方式可免去费时费钱的看病过程，医生在网上就能监视病人的健康状态，如果有必要，就开通"远程门诊"。这种系统还在继续优化。

远程医学方案在应用实践中的最大挑战是研制不需维修的微型探测器，作为下一代医学电子产品的尖端技术探测器是一种植入物，可在患者体内直接检查疾病和痊愈过程。这种智能生物探测器不久将用来监控肿瘤组织或用在骨疗上，探测器可测量血氧饱和度，从饱和度可知道组织的状态。瑞士和美国正在联合研究一种名为"药片中的芯片"的植入物，用来检测器官移植是否成功。

患者将裹着芯片的药片吞下,在自然排出前,芯片会一直提供体温、心率等数据。被记录的数据传递到智能手机,在手机中被处理成曲线和图表,然后发给医生。医生就能确定是否出现对移植器官的排斥反应、是否需要用药物进行针对性控制。

由于智能手机可以在显示屏上很快显示出彩色曲线和图表,所以对心脏科医生很有帮助。正在研制的一种iPhone手机的外壳带有接触电极,只要将手机放到患者的心脏处,几秒钟后在手机显示屏上便出现一个心电图。根据同样的原理,芝加哥的医生们为癫痫患者研发了一个早期警告系统:智能手机只要加一个专门的应用软件,可将测得的脑电图发至观察站,如果观察站发现将要发病,便让手机发出警报;患者就能及时到安全的地方去,发病时也就不会摔到危险的地方。设计者想得十分周到,假如患者是一个小孩,那么他的家长的手机也会发出警报,并显示患者所在的确切位置。

微型芯片、智能手机和医学应用程序是远程医学的三大元素,评论者认为,"救命手机"能减小慢性病人突然死于街头或工作岗位的概率;但也有人提出了他们感到的不足之处:研究的机构和团队很多,各自研发,不能确保系统的匹配。最让人不放心的是测得的数据是无线传送给智能手机的,不能杜绝第三者的访问,患者的数据无法受到可靠的保护。这些都是需要进一步完善的。

以唾液还唾液

人们普遍感到,蚊子的耐寒力和生命力似乎越来越强了,四月初,蚊子便开始扰民了,甚至到了12月,还有蚊子在乘电梯。且不说传染疾病,就那烦人的嗡嗡声和吸血时造成的奇痒,蚊子已经罪该万死了。

为什么蚊子叮咬后会那么痒,因为蚊子叮咬时分泌的唾液中含有能阻止我们血液凝固的蛋白质,这对蚊子很有利,但对人却意味着发痒刺激。蚊子为什么要吸人的血(确切讲:雌蚊为什么要吸人的血,因雄蚊只吸食花果的液汁)?雌蚊需要用血来生产蚊卵。雌蚊的口器由6根发达的口针组成,完全符合吸血的需要,通过多根口针互相交替的方式,能保证雌蚊在极短时间内深入微血管和获取营养。而雄蚊的口针已退化,无法刺入人的皮肤。

被蚊子叮咬后大部分人都会出现红肿块,不疼,但瘙痒难忍,这是因为一般蚊子的口针很细,远远小于人体皮肤表面痛觉感受器的密度。插入人的皮肤表面后,蚊子唾液中的抗凝血剂在确保蚊子完成吸血任务;但蚊子唾液对人体来讲是一种"外来物",因此会刺激人体免疫系统释放一种组胺(组织胺,广泛存在于动植物组织中的一种自体活性物质),来抵抗"外来物"——一种典型的免疫反应。当血液流向叮咬处进行组织修复时,组胺会造成叮咬处周围组织的肿胀而引起过敏反应,所以人会感到痒。然而被蚊叮咬后，人的第一反应是搔痒，搔痒能起到短时解痒的作用（搔痒实际上是在引起疼痛，而这一疼痛信号能在大脑中短时占优势），可是过后往往会觉得更痒，这就叫"越搔越痒"。

很多人从小就从大人那里获知：被蚊子叮咬后，可将自己的唾液涂抹到叮咬处。这一方法是有道理的，至少由于皮肤上液体的蒸发，叮咬处得到冷却，从而缓解了痒感。至于唾液是否也在起抗菌作用和止痛作用，这个问题目前尚有争议。不过有一点医界的看法是一致的：只要是起冷却作用的，都是有效的，比如冷水或冷敷袋都是涂抹的良好选项，冷却作用使皮肤神经不再向大脑传递信号，人便不再觉得受刺激。

如果将冷却法改成热处理，效果会更好。比如可将热水袋放在叮咬处，因为蚊子唾液中的蛋白质受热会凝固；不仅如此，热量还会分解蛋白质（当温度在45℃以上时，唾液中的蛋白质便分解）。有一点应注意，被蚊叮咬后不应过分和不断地搔痒，以免将细菌带入伤口。有人喜欢开玩笑说："你的血甜，所以蚊子爱叮。"这句话其实应改为："蚊子爱叮体温较高和有汗味的人。"此外，厨房里有许多东西可用来冷敷：切开的生洋葱、切开的西红柿、醋溶液、蜂蜜、柠檬片……或者干脆用冰块。欧洲人有个土方子，取路边的长叶车前子的叶子，放在手里碾碎，将液汁涂到蚊子叮咬处。

以蚊治蚊

记得儿子小时候的一件事情：一个夏天的晚上，儿子在做作业。突然听得"啪"的一声，紧接着是儿子的骂语："好你个小鬼子，血债要用血来还！"然后儿子举起沾有蚊子血的两个手掌心给我们看。全家人好像"报仇雪恨"了似地大笑起来。

小小蚊子，种类不少（已知的蚊科昆虫有 3 300 多种，中国约有 350 余种），蚊子发出的声音很小，然而这种嗡嗡声却非常烦人。也许南宋诗人陆游也特别烦这种声音，所以他在《春晚书怀》中有意放大蚊音曰："暑近蚊雷先隐辚，雨前蚁垤正崔嵬。"意谓小声音多了也会成为轰雷大音，后人以"蚊雷"承用。

常见的蚊子有三属：桉蚊、伊蚊和库蚊。蚊子属于害虫，因为它们会通过吸血而传播疾病，如疟疾（由桉蚊传播）、登革热（由伊蚊传播）和流行性乙型脑炎等疾病。不过吸血的只是雌蚊，雄蚊吸食花果的汁液。本来，雌蚊和雄蚊都可以通过吸食植物的汁液和花蜜而维持生命的，但这些食物中通常无蛋白质，没法满足雌蚊卵巢发育的营养需求，而血液中的血红蛋白能促进雌蚊卵巢发育、卵子成熟和增加产卵量。雄蚊没有产卵的任务，口针已退化，不能刺入人的皮肤。

疟疾也称打摆子和冷热病，是一种疟原虫寄生于人体后引起的寄生虫病，能寄生于人体的疟原虫有 4 种：间日疟原虫、三日疟原虫、恶性疟原虫和卵形疟原虫,通过桉蚊吸血传播。在中国,传播疟原虫的主要是中华桉蚊和嗜人桉蚊,疟原虫是疟疾的病原体,桉蚊是疟疾的传播者。所以防止疟疾不仅要积极治疗患者,而且必须有效地控制桉蚊。曾几何时,奎宁被视作治疗疟疾的特效药,奎宁俗称金鸡钠霜,能防治各种疟疾的发作,但愈后容易复发;而且长期以来由于疟原虫的抗药性,几乎已经失效。所幸中国科学家发现并开发了"中国神药"复方青蒿素,对恶性疟疾的治愈率达97%以上。为此中国女科学家屠呦呦于2015年和一名日本科学家及一名爱尔兰科学家分享诺贝尔生理学和医学奖。

在控制和消灭蚊子方面,考虑到灭蚊剂同时也会伤害人类和其他生命,遗传学家也想出了新的招数:改变蚊子的基因。办法似乎不止一个,比如通过在雄蚊的DNA中再追加一种基因,使蚊子后代在幼虫阶段便死去;在巴西,这种高科技转基因蚊的放养已获得许可。其他的转基因方法尚有:1. 让雌蚊丧失飞行能力。2. 让雌蚊变成雄蚊。3. 让雌蚊不会产卵。美国的科学家从另一种思路入手:让蚊子体内产生一种能对抗疟原病虫的抗体,致使不再传播疟疾。所需之基因取自于鼠,啮齿目动物之所以不会得疟疾,是因为它们的免疫系统用来对付疟原病虫已绰绰有余。

尽管如此,许多专家提醒人们:在没有明确新的高科技灭蚊手段以前,用药和严格使用蚊帐不失为有效的选项。

饮食文化与民族精神

小时候我也学会了用春天里颇受欢迎的烹饪食材蚕豆做戴钢盔的美国兵头脑,当时正是抗美援朝时期,将蚕豆从荚果中剥出,使长方圆形的种子(蚕豆)带黑线种脐的一端朝下作为头的下巴,上部约五分之二处用刀割出一顶钢盔(两边留住作为钢盔带子用的皮),多余的豆皮割掉,露出的(豆肉)鼻子、眼睛真像个美国老爷兵。笔者打从心底里佩服发明者的智慧和爱国精神。

中华民族是中国各民族的总称,"中华"与中国相通,与华夏相系。中国近代维新派领袖梁启超于 1899 年首次使用"民族"一词,开创了"中华"与"民族"连用的先例。从此,中华民族便成为中国境内各民族总体的称号。

中华民族具有悠久的文明历史和优秀的民族精神,然而在历史长河中,由于中华民族以伸张礼仪、和睦外邻为宗旨而被看作"好欺负",多次沦入外族侵略的苦难中。尽管如此,不屈不挠的中华民族在每一个领域里都展现出"坚决抵抗"的"不可欺"精神。

作为老百姓,哪怕吃饭也要痛骂侵略者及民族败类。宋元明清期间,中原王朝面临侵略不断,抗金民族英雄岳飞遭奸臣秦桧(时任宰相)及其妻子王氏的施计陷害,以"莫须有"罪名被杀害于临安(今杭州)风波亭。老百姓闻讯个个义愤填膺。传说风波亭旁有一经营油炸食品的店主将一块面团捏成一男一女两个小面人,并将它们背向粘在一起,扔进油锅;边炸边大声高呼:"油炸秦桧啦,都来吃油炸秦桧啦!"从此杭州城里纷起仿效,以大啖"油炸秦桧"而泄愤。后来"油炸秦桧"改成"油炸桧"(或"油炸鬼"),此物其实就是油条,它很快以"油炸桧"的名字传到东南沿海的吴语、粤语和闽语地区,而且很快被引入天津。《清稗类钞》记曰:"油炸桧长可一人,搥面使薄,两条绞之为一,如绳,以油炸之。其初则肖人形,上二手,下二足……宋人恶秦桧之误国,故象形似诛之也。"

天津人在传说过程中对秦桧注入了更多的愤恨,创造出更加活灵活现的故事:秦桧夫妇不仅害死了岳飞,还千方百计迫害为岳飞鸣冤的百姓:有一位义士行刺秦桧未遂,反被砍头示众,其兄嫂亦遭追杀,他们不得不扮成渔民从临安顺运河北上逃至天津,兄改名朱钦奎(谐音诛秦桧),夫妻二人以卖"临安油炸桧"为生。

"油炸桧"后来在天津发展成"煎饼馃子",天津的煎饼馃子品种繁多,享誉全国。天津人讲究用绿豆面摊煎饼,惟此才有豆香,有嚼劲。而在杭州,又从"油炸桧"衍生出"葱包鬼儿",将冷油条(油炸桧)放在平锅上加热压扁到"似脆不脆、似软不软"的程度,和葱段卷入涂上甜面酱的春饼里,再用压板略加压烤,使两面略呈黄色。这种点心在上海也曾应市过,但时间不长,名字就叫春饼。

隐　私

在欧洲,有些年轻人不喜欢在家里挂窗帘,他们反对父母一代的做法,认为挂窗帘是小市民习气,他们不挂窗帘是为了表示:我们没有什么东西可隐藏的。其实上辈子人的做法是无可指责的,挂窗帘是保护隐私权的措施之一。但荷兰人(尤其是阿姆斯特丹人)的窗帘只挂半截,因为当时的政府要收窗帘税,如果窗帘只挂半截,则税额可减半。德国没有这一规定,所以德国人喜欢把窗帘放到底,尽量不让别人看到自己家里的家产,否则,倘若王公贵族和地主看见老百姓拥有的家产"可观",也会提高税额的。

把自己与外界隔开,是人的一种古老的需要;旧石器时代的洞穴人已经知道用厚厚的兽皮将洞穴和外界隔开。奴隶社会时,实际上只有上流社会中的所谓"精英"才能享受隐私权,奴隶是不能有隐私的,他们连一个属于自己的空间都没有。

欧洲文艺复兴时期,人们开始把自己看成"私人",私人就应该有个退隐的空间。到了十七至十九世纪,"家"变成了隐退的伊甸园,凡是不想在集体面前展现的事都可以到家里去做,不想让家人知道的事可以到自己的房间去完成。19世纪90年代,美国法学家路易斯·布兰代斯和塞缪尔·D.沃伦正式书面提出"隐私权"这一概念,并把隐私权看作人权的一部分。

法学家和心理学家通过实验和研究证明,隐私对个性的发挥起着决定性作用,没有隐私的话,我们的生理和心理都会受到障碍,甚至得病。很多老人不愿搬进敬老院,不少病人不愿住院治疗,为什么,因为敬老院和医院没有退居的地方,没有发挥个性的空间,时间长了有可能出现恐惧症症状或抑郁症症状。据说欧洲的难民所里,最受欢迎的床位是多层床的下铺,因为只要张挂一条床单就能将下铺改造成一个隐私空间,就能避免好奇者往里看。

同样的道理,即使在大空间办公室里,每一个员工都被围在一个用隔离板分成的小空间里,这个空间只有一个几乎只能供人进出的"开口",这样的安排使每人的办公空间成了一个满足小小隐私的小天地。

隐私也包括两个人相处的间距,间距的大小因文化而异,比如一个巴西人和一个美国人在谈话,巴西人会不断地靠近美国人,而美国人总是设法后退。再有,一个阿拉伯人和一个英国人聊天,阿拉伯人会时不时去拉英国人的手,但英国人决不去拉对方的手。巴西北部和委内瑞拉南部有一个原始民族雅诺马马人,他们往往是整个村庄的人都居住在一所棕榈叶盖的大房子里,但每个家庭有自己的领域,没有家庭的同意是不许跨越这个领域的。尽管如此,要想两个人不受干扰地单独待在一起也是没有问题的,堪称一种尊重别人隐私权的自觉行为。

用脑知多少

以前,科学界流传着一种论断,说什么"人类其实没有充分利用自己的大脑,充其量只用到大脑潜能的十分之一。"言下之意,如果人把自己大脑的全部智能用上并发挥出来,不知比现在要聪敏多少呢?当然,针对这样的言论,相信的人很多,怀疑者也大有人在。然而问题在于,是谁最早提出这一论断的。按通常的版本(说法),这一观点可上溯到19世纪90年代,美国哈佛大学的心理学家威廉·詹姆斯在多次报告中提到了"人只开发了脑潜能的一部分"。不过传播这句话的功劳应归于美国记者洛厄尔·托马斯,他在1936年为极有影响力的实用心理学书《如何赢得朋友》(作者戴尔·卡内基)作序时引用了詹姆斯的这一语录,而且平添了"十分之一"这一数据。由于《如何赢得朋友》一书受到全世界读者的欢迎,詹姆斯的论断也就不胫而走,几乎有三分之二的人相信和支持。

如今,"十分之一论"最终被证明是错误的。科学家们终于理直气壮地批评了这一不科学的论断:"一个远远没有被充分利用的器官,不是在进化过程中被优化了,就是被无情地淘汰了。""进化表明,大脑如果只有十分之一在工作,是没法起作用的。""自然选择对如此无效率的物种,要么进行优化,要么让这个大脑死亡。"

实际上,在我们人体中,大脑是最复杂和最有效的器官。数以百亿至千亿计的神经元,通过神经递质和电荷的交换,加工感觉印象、协调呼吸和身体、对思维进行分类、安排和计划人的行为;期间不断产生新的联系,有的联系被强化,有的联系被截断,好比是树林里的小径,人们经常走的就成了小径;倘若踩出来的路被认为是多余的,则小径便消失。大脑这一思维中心只占体重的2%,却要消耗20%的能量。可以说,不活跃的脑区是没有的,即使确实没有事情可做的神经元往往也在无缘无故地发射电信号,被称为自发性活度。

小时候在上学的路上总要经过一块大面积的广告牌,是宣传进口的"艾罗补脑汁"的。这种补脑汁我在我家隔壁的五洲大药房里也看到过,所以我的脑子里一直有个印象:脑子是需要进补的。有些营养素,它们对人的大脑特别重要,比如维生素B_{12},它在形成大脑(神经)递质中起着重要作用,如果长期缺乏维生素B_{12},在严重情况下有可能出现类似于痴呆的症状。不饱和脂肪酸(主要是Omega-3-脂肪酸)能使脑细胞壁具有一定的灵活性,便于传递脉冲。大脑同样需要以葡萄糖形式出现的能量,但它无法储存,需要不断地补充。如果我们需要短时间提高脑功能,比如上午要参加一场考试或求职面试,那么一定要认认真真地吃早餐。

有所不为

很多人不注意自己的"登台亮相"动作，当出现在别人面前时，往往做出一些不恰当的姿势，致使对方获得一个关于你的错误印象。但有些人说："我习惯做什么动作就做什么动作，哪来那么多规矩呀！"其实不然，人与人打交道确有很多规矩，生活在文明社会，必须讲究文明和礼貌，要通达情理才能维持秩序。

不过也有不少人确实是因为不谙熟个中的内容而闯了祸，如果有人非常诚恳地想跟你说一件事情，但你却拿着一件东西（比如一个手提包），包的位置在腹部，把你和对方的联系隔断了，而你也没有将包放下或换个部位的意思，那么对方会认为你对此事非常谨慎、拘谨，甚至冷淡，于是得出"你不想跟此事有任何关系"的结论。在这种情况下，建议将东西从腹部移开，比如用手臂夹住它。

不少坐办公室的人有经常看手表的习惯，有的是为时间所迫，有的不过是一个下意识的动作而已。然而这一动作在周围人（比如正在跟你说事的人）看来，是一个明确的提示：你对他说的事一点不感兴趣，而且希望他快点走开。倘若你真的有急事要办，不妨委婉地明说，这样做比通过看表暗示，效果好多了。

有一个与看表类似的动作也应避免：当有人在跟你说话时，你却在一个劲儿地从自己的衣服上"捉"去绒毛、线头之类的劳什子，而且眼睛不断地往地下看，这种动作极易被人误解成"对别人的话一点不感兴趣，但又不想明说"。

"摸自己的下巴"通常表示在沉思、捉摸和考虑问题，如果你同时看着某一个人，那就会被人解释成"你在暗暗端详和评价这个人"。当然，结论不一定是负面的，但最好不要这样做。

为上司者都有一个习惯，坐在"老板桌"的后面喜欢把双手放在后脑勺上，并让双肘向外撑——典型的"优越姿势"，但同级之间千万不要摆出这种显示优越的 pose。

双臂交叉放在胸前，多悠闲的样子，表示你很惬意；此时正得意地观察着别人，说不定还能看到别人出洋相。也有人认为，这是一种傲气、拒绝和凌驾的姿态，建议最好不为。

抓挠脖子或搔头摸耳，是没有把握、很想提问的姿势，不过也很容易被误解成"说谎"，因此在与人说话时不宜将手放到头上去做任何动作。

一边说话，一边玩衬衫领子，甚至把领口解开，这是在透露"你觉得待在这里很憋气，想很快离开"。

总之，与人说话，应正面迎着对方，双手放在身体的两旁，腰肩宜挺直，胸部微向前，有特殊情况，不妨直说。

鱼儿也认人

鱼类和我们人类是两个世界的生物,由于平时接触不多,所以人类对鱼的了解往往有局限,比如很多人认为鱼是"沉默者",鱼的视力很差,有的鱼甚至没有眼睛……因为鱼和人生活在两种不同的介质里,水的密度是空气的好几千倍,不少鱼能发出叫声,甚至会"唱歌",但这些声音都消失在水中了,人只有借助仪器才能听见。

盲鱼和深海中的光头鱼都是无眼鱼,是没有视力的鱼,但盲鱼刚出生的时候是有眼睛的,出生 2 个月后,幼鱼的眼睛开始退化并被一层皱褶的皮肤覆盖起来。科学家们推测,盲鱼的祖先是有眼睛的,在几万年前,一部分盲鱼受水流冲推,被带到了黑暗的地下水体或洞穴水体中,它们的视觉也就慢慢地退化和失去功能。好在这些黑暗的水体中食物充足,且没有食肉鱼的危险。此外,和人类一样,一个丧失了某种感觉功能的人,作为补偿,他的其他功能因此特别发达,以确保自己的生存。盲鱼也是这样,眼睛退化了,吻部的触须却超常地灵敏;加上头部或体表的特殊感受器,盲鱼在生存斗争中始终没有被淘汰。

没有视力的鱼是值得同情的,尽管它们也活得很自在;然而当有人告诉你,有一种鱼能认出人的脸面,也许你会惊叹不已吧。当然,对一些家畜和家庭宠物来讲,比如狗、马、牛、鸽子等,它们能认出人脸,是容易解释得通的。首先是这些动物和人相处密切,和人生活在一个屋檐下或一个院子里,它们比别的动物有着更为优先的条件,特别能记住每天或经常向它们提供饲料和水的人之脸面。其次,上述动物的大脑已经发展到具有一种新(大脑)皮层的程度(至今认为,新皮层是负责认出脸面的脑区)。

前不久,有研究者提供了更有说服力的事实:有一种名叫"射水鱼"的热带鱼,它们通常不和人打交道,而且也不具备新皮层,这种身长只有几厘米的鱼儿却练就了一副杂技般的捕食本领:它们会喷出一股强有力的细水柱,这股水柱不偏不倚地对准了河岸上的某一昆虫,将它从植株上击落下水,从而成为鱼儿的战利品。可以肯定地说,射水鱼有着一种高度发达的视力。

人们对养在鱼缸里的射水鱼作了耐心的实验,两次实验,一样结果:用事先在鱼缸上方安装的显示屏,向实验鱼展示2张人脸,根据实验的程序,只要向其中一张脸射水,鱼儿就能获得食物;若向另一张脸射水,则一无所获。鱼儿们学得很快,它们知道,想获得奖励,该向哪张脸射水。实验的成功率达86%。接着开始第二次实验:从第一次实验中,鱼儿们已经记住了那张"不该射的忌脸"。显示屏中忌脸的旁边不断先后出现各种陌生脸,它们大多成了射水鱼的靶子,陌生脸被射中的应验率为81%。

射水鱼的捕食风格和由此引起的实验不仅为动物学提供了有关鱼类(视力和智能的)新信息,而且再一次提醒人们,有些科学上的定论不是不可动摇的,人类既欠着一些尚未解决的旧账,又不断面临新的情况,最近十几年来,地球上接二连三地出现新的物种。

与微生物共生

当你和你的女友(男友)接吻时,也许你并不知道,参与这一亲密行动的并非仅仅你们俩,还有约 250 种细菌利用你们的舌尖架起的桥梁,从一个口腔进入了另一个口腔、从一个主人跑到另一个主人那里。当然,这些细菌并不都是致病的。不管我们愿意不愿意,微生物到处陪伴着我们。我们的身体携带着 2 公斤左右的微生物,这些微生物中有细菌、真菌和病毒。真菌有真正的细胞核和完整的细胞器,所以称真核细胞型微生物。细菌只有原始核结构,是原核细胞型微生物。病毒则没有细胞结构,系原生微生物。

人体中各种各样的微生物,有的是致人生病的,有的是对人有好处的,有的甚至会改变人的思维和行为。电子显微照片表明,粪便的 50% 是细菌,但人并不因此而每天生病。乳酸杆菌是存在于人和动物的胃肠、阴道中的菌群,尤其是阴道中的乳酸杆菌被称为阴道的"健康卫士",它们创造一种酸性环境,消灭外来的有害细菌。常用阴道冲洗液的妇女盆腔感染率反而上升 70%,是因为乳酸杆菌的减少而破坏了阴道的自洁功能。近几年来,人们发现,用乳酸杆菌生产的抗病毒、抗肿瘤和生殖免疫疫苗能有效诱导出全身和粘膜免疫反应。

链球菌是人体内较普遍的细菌,能引起肺炎等较严重的疾病。人体中的幽门螺杆菌是慢性胃炎和胃溃疡的致病菌,通常用药物杀灭。6万年前，幽门螺杆菌从非洲开始传播到全球。随着幽门螺杆菌的大规模被灭杀，人类却有了另外的麻烦。试验报告指出，幽门螺杆菌携带者患哮喘的可能性减小40％。在非洲，90％的孩子有幽门螺杆菌。美国只有5％的孩子有幽门螺杆菌，但他们得哮喘和过敏反应的概率却很高。

人体中有一种微生物有可能改变我们的情绪，甚至决定我们的命运。弓形虫是人畜都有的寄生生物，这种原生动物在猫的身上较多，会传染给人类并侵入脑部，严重时会影响人的思维和行为。实验表明，严重感染弓形虫的老鼠会变得十分大胆，因而容易成为猫的牺牲品。布拉格大学的研究者弗雷格尔指出，人在严重感染时，会发生行为和思维的变化，女的会变得更开放、喜欢随便交际、爱玩乐；男的会变得多疑、好斗。两者的共同变化是反应变慢，不善应变，容易出交通事故；交通事故在他们身上发生的可能性是无弓形虫者的2.7倍。其他国家也有类似的报导，但这种作用尚未成为定论。

今天消失的细菌，明天会有别的细菌来代替，而且有可能是更为有害的细菌。与微生物共生的人类是不可能完全离开微生物的，什么时候该保护，什么时候该杀灭，这是一个辩证的问题，应该从解决主要矛盾着手。

预料性出击

警车缓缓拐进一条小街,来到一个被计算机圈定为(可能发生犯罪案件的)"热区"的地方。从智能手机或电脑的显示来看,最近4个小时内(10点至14点)有人可能在这个150×150米的"热区"作案。负责这一区的副警长特别注意停在路边的车辆,如果有人在车内吃午饭,他会更加警惕,因为现在是11点30分,在车上吃饭的人肯定不是这个地方的人,更值得怀疑。在离小街尽头100米处的街边果然停了一辆车,里面坐着三个男子,一动不动。警车继续往尽头方向开着,几分钟后又折返回来,发现那三个人还是一动不动地坐在那里。副警长和其他警官于是对他们实施检查,经和中心联系,得知其中两名是正在被警方追捕的嫌疑人;另外还在车上搜出了毒品,于是三名男子全被戴上手铐。"这是最精确的一次预料性出击。"副警长不无得意地说。

警局的计算机软件是怎么知道什么地方和什么时候犯罪的可能性特别高的呢?其实靠的就是复杂的数学模型,但这种模型最早是用在别的领域的,比如用来对一次地震后的余震做统计用;或者用在物流系统上。世界最大的商业零售贸易企业集团沃尔玛百货公司在几年前发现,只要有飓风预报,顾客便会改变他们的购物行为,会超量购置瓶装水、手电筒、粘结带、夹心饼干等,为什么偏偏是这些东西,没有人去进一步研究,关键是顾客在做一些引起物流专家高度重视的事情,这意味着在一次强暴风过后,货架上必须有足够的上述物品。

根据同样的数学原理,犯罪学专家于是开始探索犯罪统计中的异常现象,设计出供警方在犯罪分子出手前先发制人的"预料性出击"模型。警方知道,在一些地方的武器展览会后,暴力犯罪会增加,然而出乎意料的是暴力犯罪并不发生在展览会后的那个周末,而是两周以后。为使软件找到这种有关时间和空间方面的相互关系,事先必须输入大量相关数据,警方计算机不仅储存着犯罪行为的种类和地点,而且拥有无数作案的月份、日期、钟点、天气(包括月相)、作案现场附近的特殊事件(如体育比赛等)、周围的设施(如酒吧、商店等)、有关发工资日期的信息……数据越多,模型的计算精度越高。

软件中甚至存有心理学知识和信息,比如罪犯是有犯罪习惯的人、作案者往往会回到作案地……这些信息也会被模型顾及到。预料性出击能使刑事犯罪率下降、提高警方破案速度、节省警力,甚至可以做到根本不给企图犯罪者有犯罪的机会。最早开始实践这一行动的是美国洛杉矶警局,后来,波兰和英国(伯明翰和曼彻斯特)也采用了这种模型。有的国家则认为必须对费用和效用先作切合实际的评估,根据国情和警力状况再来考虑。

远古动物曾经沧海

不能不说，神话的产生，跟古代人没有能力解释各种自然现象有着一定的关系；于是，很多事情往往和神话故事联系在一起，中国一向崇尚盘古开天辟地、女娲补天，各种奇异的动物妖怪也常常在神话中唱主角。不过在地球史上确实出现过许多大得比神话中还要出奇的远古动物（或称原始动物），当然，那时人类尚未来到地球。大约3.6亿年前，开始了地质学上称为石炭纪的地史时期，那时候，昆虫的个头大得吓人，地上有体积大如一辆"巨龙公交车"的千足虫（马陆、蜈蚣等），蜻蜓像老鹰般在空中飞翔。动物如此疯长的主要原因之一是那时的空气中氧含量很高，达35%，而今天的氧含量约为21%。此后到了二迭纪（约3亿年前），氧含量又开始下降，爬行动物的体积也变小了。到了侏罗纪末期（约1.3亿年前），氧含量再度上升，造就了长臂龙（前肢长于后肢的大型恐龙）对这种以植物为生的素食动物来讲，有了繁茂的树林、温暖的气候和充足的氧气，地球真正成了它们的天堂。

6600万年前，发生了陨星撞击地球的宇宙大事件，终于导致了恐龙的灭绝，大森林消失，恐龙的食物来源也相应消失，按说巨型动物的地史时期也应该结束了，谁知过了1600万年，空气中的氧含量重新"短暂"上升，因而又出现了许多体积庞大的动物，人们曾经发现过身长2.5米的大海狸和身高4米的树懒以及小轿车那么大的犰狳（音 qiúyú，美洲的哺乳动物，身体分前、中、后三段，头顶、背部、尾部和四肢有角质鳞片）的化石。

后来，体积较小、种类繁多的动物终于和人类一道，在很长很长的时间里，共同生活在氧含量为 20%—21% 的空气环境里……

其实在地球史上，空气中氧含量的增减有着很多原因，比如石炭纪的氧含量增大是因为当时陆地植物大面积扩展；较后的氧含量下降出于地震、陨星撞击和火山爆发等因素，因为期间释放出的甲烷在氧化反应中需要消耗很多氧，从而导致空气中氧含量的下降。另外还有一个重要因素：地球本来是一整块大陆（即泛大陆，也称联合古陆），5 000 万年前，泛大陆解体为今天的大陆（洲），于是就形成了海洋，同时产生了很多藻类，它们的光合作用为大气层提供了较多的氧气。感谢 20 世纪物理学的进展，科学家们可以根据海底钻探试样，进行测量，得知各个远古世纪的氧含量。

月亮，永不放弃

月亮在无限的时间里，始终没有被地球和地球人放弃。自 20 世纪 60 年代起，月亮的安静无干扰运行被打破。人类开始登月、开始探索月球。因为月球是离地球最近的天体，人类很想知道月球上是否也有生命、月球的环境和条件是否适合于人类居住；甚至考虑到有朝一日，人类是否可迁徙到月球去。换个说法，人类在寻找第二个地球。先进的科学技术很快让人类搞清楚：月球不具备人类居住的基本条件。

然而对月球的探索和研究并没有停下来，人类不会放弃登月。无论是四十几年前还是今天，登月和探索月球体现出一个国家的经济和科技实力。更何况人类有一个重要使命——征服太阳系没有完成。人们相信，月球纵然不能成为第二个地球，但它有可能成为地球的第八洲。如果我们要到遥远的火星去，那我们就得在离地球最近的宇宙空间作种种尝试，月球是一个我们"家门口"的不能忽视的基地。

其实，科学家们早就计划好在 21 世纪要重新载人登月。美国的航天员（12 名）已经在月球总共停留过 300 小时左右，美国曾打算最晚在 2020 年再度载人登月，2024 年开始建月球站——一个能让航天员在月球上居住和工作半年的"中心"。新的登月载人航天飞机被命名"猎户座乘员探索飞行器"，比当年的阿波罗飞船更安全、更灵活，容积是以前的 2 倍多。人类不仅已有国际空间站，但还想建月球站，可是月球站的建设费用极高（好几百亿欧元），估计需要跨国合作。

尽管月球是一个无大气干扰、无电波和声波干扰的理想科学实验平台、是药物学和材料科学的最佳实验和生产场所，但人的生存条件却非常恶劣。月球的表面到处是几米厚的风化层，白天太阳可把月球表面加热到130℃，晚上气温降到零下160℃。航天员只能感觉到地球重力的六分之一。地球表面有地磁场在保护人体不受宇宙辐射的侵害，而月球上的辐射量为地球上的100倍，却没有这样的保护层。所以月球站的建筑物必须有厚厚的屏蔽墙隔离宇宙辐射，航天员必须学会就地取材，利用风化层作隔绝材料；建月球站的原则之一是尽量少带辅助材料。

月球上的硅酸盐岩石中含有很多氧，这些氧可以用高温或通过与氟反应分解出来，不过至今试过的方法都十分耗能。大量的太阳能是月球上的一个有利条件，建造太阳能发电站对月球站24小时供电是绰绰有余的。再说制造太阳能电池可利用硅酸盐岩石中的硅。

探索月球已不仅仅是国家和大型企业的工程，欧美一些较小的公司也具备设计探索器、机器人运输工具或火箭中的部分设备的能力，美国航空和航天局及欧洲航天局也愿意接受这些企业的支持，从而减轻自己的负担。但也必须看到，一些运输或旅游公司打着"经营半径扩大到宇宙"的牌子谋取巨额利润：利用改造后的洲际火箭替用户将小物品（名片、照片、死者骨灰等）运往月球；有一家名为"太空冒险"的旅游公司推出载客环绕月球飞行业务，为时16天，停靠国际中间站，每人1亿美元。

越揩越脏

在我的职业生涯中,碰到过好几个对卫生不是穷讲究的欧洲人。改革开放初期,一次在四川,我和一个奥地利人一起去拜会一位中国企业家,由于事情谈得不理想,我们谢绝了主人的招待午餐。不幸路上突然大雨瓢泼,于是干脆进了一家路边饭馆。馆子有点风格,就是卫生条件不佳,桌子都没有揩干净。我一面嘀咕一面拿起隔壁空桌子上的抹布准备揩一下。老外见状赶紧说:"别揩!别揩!你没看见这抹布有多脏吗?越揩越脏!"我突然意识到:"真是一块既脏又油腻的抹布。"我看着老外,以为他想走了。"陈先生,我们就在这里对付一顿吧。"。

从此我总结了一句话:抹布若要体现洗涤和保洁作用,必须以身作则,首先要做到自身是清洁卫生的,否则只能起反作用:越揩越脏。其实,倘若细说起来,抹布最早并不用来擦抹和清洗物体,而主要是擦脸抹身用的。故早先在欧洲的养老院和医院里,把毛巾也统称为抹布,为此对"抹布"的卫生很重视,护士或护工通常必须为每个委托人准备两块"抹布",一块用于上身,另一块用于下身,目的是防止身体其他部位的病菌被带入私处。有人认为,普通抹布可以说是细菌的培养基,所以后来又有了普通抹布和一次性抹布之分,一次性抹布专门用来清洁私处,用后即被扔掉。

随着文明的进展和卫生知识的不断普及,洗人体的"抹布"改称为"毛巾",抹布只指用来洗物、擦地、清除污垢等的织物。尽管有了分工,但仍然有人习惯于把洗脚毛巾叫做抹(脚)布。鉴于抹布是针对物体而言的,抹布的地位明显降低了(如西方常常用"抹布"来指称一些身体虚弱或在生活、工作和社会上不够坚强、缺少抵抗力的人)。在工矿企业中,一次性工业抹布多用旧衣服和旧织物做成;有的国家对生产工业抹布也制定了专门的生产标准,凡用旧衣服和旧织物作原料,"必须是干燥、结实、清洁的棉织物或亚麻布,需含有粘胶纤维;不许混有钩子、棒状物、拉链和其他硬质物件……"

与此同时,家庭里的抹布使用更趋讲究。不过在用传统方法洗碗时,人们对有些问题似乎存在不同看法,比如清水漂洗过的餐具和厨具是否需要擦干;有的说擦干等于是二次污染,笔者以为,如果用来擦干的抹布从一开始就是一块新抹布且经常保持干净,不作洗碗、洗油腻锅和抹灶台用,那么应该将碗筷擦干,这是一种"清洁餐具"的标志。说到这里,让我想起了我国以前的一些饮食店,从服务员拿出来的一叠碗里可以倒出很多水,而且经常忙得连倒都不倒干净就盛上食物了,看了让人揪心;不过那时候的饮食店都是国营或大集体所有制的,能切实做到用开水消毒餐具,这一点又让我感到宽心。尽管如此我还是喜欢干燥的餐具。

有些人的做法也许有点极端,因为怕感染细菌,在用抹布洗东西时总是不忘加入消毒剂,连洗手也非用消毒肥皂不可。这其实是一个没有必要的误区,因为这样做的结果是促使形成抵抗力越来越强的病菌,反而使人容易受到感染,再说过分强烈的洗涤剂会给环境增加负担。故建议不要经常在普通的洗涤行为中用抗菌皂,因为抗菌皂同时也会杀灭皮肤酸性(保护)被膜。

云里雾里说细菌

念书时读到过一些气象谚语，其中有不少是关于"看云识天气"的，比如"日落西山乌云托，定要晒煞乌龟壳。"（日落时，西方天空有碎块的乌云，而通过云隙却仍能看到蓝天，则次日必定是晴天）。

云是悬浮在空中由水滴或（和）冰晶组成的可见聚集体，其底部不接触地面。根据不同的云高（云底离地面的垂直高度），通常分为高云、中云和低云三族。和动物、植物一样，云也有其分类，云族下面分为 10 个云属，云属又分为云类（共有 29 类），每一种云都有符号表示，如卷云 Ci、层云 St、积云 Cu、积雨云 Cb……

云是按云状（云的外形）分类的，云状演变能表明大气结构和天气的变化。准确预报天气变化，尤其是预警台风、暴雨、龙卷风、冰雹、强降雪等气象灾害，云是重要的研究对象。为了满足全球对天气预报准确性和时效性的要求，世界气象组织十分重视诸如"全球大气研究计划"的国际合作项目（包括"全球大气试验"）。使用对地静止卫星和极轨卫星，白天黑夜地进行观测，以提高天气预报的质量和时效。

不久前，一个天体物理研究中心的科学家们通过对斯洛文尼亚首都卢布尔雅那的一次雷阵暴时降下的冰雹颗粒的分析，发现造成此次雷阵暴的积云含有大量有机化合物，种类和数量均非常可观,估计大部分是通过强风被吸入积云的。专家们用营养液从冰雹溶化的水中激活了细菌。人们确信,细菌在云中极为恶劣的条件下并没有死亡,而是找到了能存活、繁衍甚至还能突变的空间,因为被发现的并不仅仅是地面上典型的细菌。

  云是大气最复杂的聚集体,研究者于是开始怀疑,导致降水(包括雨、雪、雾等)的机制很可能并没有被人类完全理解,所以前几年预报下雨的时间精度常常不能达到一个小时。精确预报天气必须做到顾及云中的种种参数以及它们所起的变化作用。云的形成直接影响到全球大气层及其气候,云高本身就决定着云吸收多少阳光和辐射热,或者反射多少阳光。

  一直以来,云总是被农民看作预知天气的参照物,云是"农民智慧"中的主角;可是到了今天,人们反而觉得对云的认识很不够,云甚至被认为是天气预报中"既重要又很难捉摸的"因素;具体来说,云的变化太快,在空间和时间方面的分配很不均匀;再者,对云这一影响因素很难进行量化,所以也就很难在气候模型中"打包成参数"。

  细菌到底对云及天气变化有什么影响?有人利用一种所谓的假单胞菌作过试验,发现这一菌种能在云中使水提前结冰。奥地利科学家指出,细菌利用简单的碳化合物作为能量,使自己适应数千米高度的极端条件,至于到了什么程度,目前只能推测。令人不快的是,云中搭载了致病的细菌,那云就是病菌的弹射器,可以很快将疾病传播到很远的地方——从一个洲到另一个洲;下雨后、下雪后、落冰雹后……病菌便开始在地上肆虐。

咋的这么累

按说人不应该很累的，尤其不应该累得筋疲力尽。比如，人最懂得休息和睡眠，进化过程中的早期发明便是睡眠，而且以"生物钟"的形式牢牢地扎根在基因密码中，并对外界的"节拍"（如光和温度等）作出敏感的反应。

有人说，累与不累，也许是人类自己在"折腾"，于是拿世界著名发明家爱迪生来说事。爱迪生认为人动不动便觉得疲倦，是因为他们睡得太多。他把自己的电灯发明看成是向惰性作斗争的手段。爱迪生的电灯专利又推动了发电机和配电网的研发和产生，使得人造光24小时把工厂的厂房照得如同白昼；配上机器生产的流水线，让人累得苦不堪言。平心而论，以上分析是混淆概念的说法，爱迪生的发明功不可没，问题出在那时的剥削者和劳动者之间的不公平关系。

后来，健康学家马克斯·伯彻-本纳提出了一个重要发现：阳光会使疲倦的人清醒和恢复活力。他说，晴天的日子里，阳光送来10万勒克司的照度，而室内的人造光也就在500勒克司左右，整天在人造光下度过的人确实会有筋疲力尽的感觉。

如果说缺少阳光和永不停息的流水线造成的累是一种被动的累，那么今天出现的新的疲倦浪潮多数是主动的累（或者说是可以控制的累）：超能量的"云计算"信息服务，从无数比光速还快的仪器向我们席卷而来;除此以外,还要我们对上述信息作出本能的反应:杀毒软件升级、修改密码、分享照片、搜索信息、网上聊天、对付广告短片和广告词、立马发表评论和评价……对此,脑科学家警告说,那么多五花八门的东西,对大脑构成了过分的要求和压力,简直在损害大脑。在不同的任务之间跳来跳去会消耗灰质(灰色脑细胞,脑、脊髓内神经细胞体集中的地方)的许多能量。

怎么办?很简单,集中到最重要的任务。然而大脑的调节不是那么容易的,我们会被一切新的和闪光的东西所吸引,这一点尤其适用于年轻人,所以我们很容易被分散注意力。再说,现代虚拟式沟通手段(手机上网)几乎让人变成"强迫症用户",青少年和中年人特别受到伤害,据最新调查分析,他们每天上网至少 4 小时,用过量的时间操作多任务处理机,导致有关脑区的脑物质减少,从而影响专心致志。

现代脑研究认为,使筋疲力尽的大脑得到恢复的最好办法是采用科学睡眠方式。我们醒着时由感官感受到的东西要等到睡眠时由大脑整理分类和构组分析,美国神经科学家们于 2013 年发现,每天晚上睡眠时,脑细胞会稍微收缩一点,使细胞空间的液体能流动,这时,分子垃圾和分子有害物得到排除。

大脑在睡眠状态下真的在"充电"——注意力集中能力重新回升,可惜现实却是人们的睡眠时间在减少,最近 100 年来,人的睡眠时间减少了(最多达)1.5 小时。尤其是近几年来,睡眠质量也有了变化,深睡时间变少了,从原来的 25%降到了 17%。原因还是玩智能手机和平板电脑。须知屏幕的蓝光成分是有"咖啡因效应"的。

再苦不过饱和潜

小时候常在河边看一些玩伴比赛"躲闷子"——屏住呼吸,比谁在水里待的时间长,其实这是一种潜水动作,但它也曾是一种劳动方式,2 700多年前的中国已经有了在海底采珍珠的"潜水员";日本的采珠女叫"海女",现在由于珍珠的人工培育,已经不需要潜水采珠了,不过作为旅游节目的"海女采珠"仍能在日本看到。而不用呼吸装置的"自由潜水"已发展成一种体育运动,水深的世界纪录已超过100米。

从事潜水员职业的人,如今是非常受人尊重的,因为他们所操的工作被称为"世上最艰苦的职业"。随着深海石油开采、钻探岛的建设及底部管道的敷设、改善焊缝或其他维修工作的要求,都需要长时间的潜水作业,这就带来了好几个问题;首先是呼吸问题,尽管呼吸的是压缩后的普通空气,但是由于潜水深度增加而造成压力增大,空气中的氮气会渗透到潜水员中枢神经系统的细胞里,从而造成所谓的"氮麻醉",所以通常改成水肺(一种装着氦和氧的混合气体的气瓶,因为氦的麻醉效应小于氮)潜水。

另一个问题是减压病。正常的大气压是1个巴,冲了气的汽车轮胎有2.7个巴。而潜水时,深度每增加10米,就会增加一个大气压,于是,潜水员血液溶解空气的能力也增加;如果他们从深海回到海面时的卸压太快,则溶解在血液和身体组织里的气体会形成小气泡,从而阻碍血液流动,重者会导致生命危险;因此,潜水员在完成任务后,必须在减压舱里慢慢减压,实现压力平衡,压力平衡所需的时间往往超过实际工作的时间。

为了减少潜水作业工序之间的压力平衡时间,人们发明了"饱和潜水法"。先让潜水员在舱内加压,使体内的气体完全饱和,这样就可以在深水高压下工作很长时间,作业任务完成后就可一次性减压出水,这是因为在高压下待到一定时间,人体血液和组织里渗入的气体便达到饱和,气体含量就不会改变。

随着石油工业和天然气工业的大力开发,眼下全世界认为饱和潜水是所有艰苦和危险职业之最,只有很少量的人在从事这类工作,他们经常必须在高压下待上几十天,承受好几十个巴的大气压,在高压下,人会觉得自己的骨头都在挤碰。由于一个作业任务经常要分成多个工序,在工序和工序之间的非作业时间就只能回到窄小的生活舱——往往用一艘专门的船中某个舱室或某个压力容器,呆在舱内既拥挤又难受,吃饭也有不少限制,一般不能吃太硬的食物(以免损坏牙齿),也不能吃有异味或容易引起放屁的食物;如厕和洗澡前后都要报告,由地面监控人员指挥行事。生活舱内保持着 38℃ 的温度,潜水员穿短袖衬衣,下水作业换成"热水服",以保持正常体温。尽管如此,中国的 12 名潜水员在南海超百米深水中曾连续生活 390 小时、以 126 小时的高效作业时间创造了海底油管更换纪录。

令人欣慰的是,为了可持续地解决人类的能源问题和建设人类共同的美好家园,深海潜水(尤其是饱和潜水)永远凯歌高奏,后继有人。

早春话榛

榛系桦木科落叶灌木或小乔木，花先叶而开，也是早春时节的蜜源树种。小坚果即美味的榛子，果仁圆而肥白，吃起来松脆，有一股异香，是一种高级茶点，亦可作为喝咖啡时的佐品。欧洲人用它做果仁糕点或果仁巧克力。榛子与扁桃、胡桃和腰果并称为"四大坚果"。

榛分布于北半球寒带至温带，我国的东北、华北、西北、西南都有出产，别名山板栗。我国境内的榛主要有8个种：川榛、滇榛、维西榛、华榛、刺榛、毛榛、平榛、绒苞榛。从陕西半坡村遗址发现的大量榛子果壳来看，可以断定我国石器时代的人已开始采食榛子。但在漫长的岁月中，榛子在我国一直处于野生状态。土耳其的栽培历史较久，有1 000年以上。20世纪30年代，在意大利、西班牙、土耳其、美国首先兴起现代化栽培。今天，土耳其的榛子栽培面积和产量占世界第一位（占世界总面积66％、占世界总产量70％）。意大利和西班牙分别占第二位和第三位。榛子和榛仁的加工产品是土耳其的重要出口商品，榛子被誉为土耳其的"国宝"。

榛于9 000年前就出现在中欧大陆上，一直成为松鼠、睡鼠、松鸦等林间动物的美食。后来榛被看作流浪者和无定居者的食物，身价倍增，地方当局规定不准砍伐榛树。陌生人捡拾榛果不许超过"一把"（一只手能抓住的量）。榛树的枝条被做成地界的标志杆，法官的权杖也用榛木做成。后来，榛树条甚至被神化，人们相信它能破案、有驱赶女妖和摆脱长虫的作用。17世纪以前，民间用榛树条做成"测泉叉"和"探矿叉"，用来寻找水源和矿藏。对榛树的崇拜最后发展到把它当成性激素用，当时流传着一种习俗，把榛树皮烧成灰，拌到饭菜里，或在饭菜上浇一点榛油，给性冷淡者吃，有提高性欲的作用。盲目地赋予榛树这样那样的神奇功能，有可能是榛树长期不被人工栽培的原因之一。

20世纪60年代，我国开始了对榛子的研究，70年代时，辽宁省引种欧洲榛，直至20世纪末，陆续用平榛和欧榛进行种间杂交和选育优良品种。

榛子富含油脂，有利于脂溶性维生素在体内的吸收，钾、铁含量也很高，有助于增强人的体质、抵御疲劳、防止衰老、增强记忆。科研人员最近宣布已从榛树中分离出紫杉酚，紫杉酚是较为有效的常用癌症药物，可用来治疗子宫癌和乳腺癌。这一发现不仅为生产该药提供了新的来源，而且可降低生产成本。

土耳其每年要烧掉25万吨榛子果壳，从燃烧时产生的混合气体中可提炼出氢气（氢在混合气体中的含量为15％），因此每年可获得相当数量的氢，作汽车燃料使用。

都说榛子好吃，一点不假，炒熟了吃又香又脆；做成榛子羹、榛莲粥等，是美味的保健营养品，更何况还有重要的治病作用。种榛子、吃榛子，何乐而不为。

毡包与模块移动房

"包"是满语中"家"和"屋"的意思,"毡包"则是蒙古、哈萨克、塔吉克等民族的牧民居住的帐篷,又称"毡帐""穹庐""旃帐"等(元戏曲家马致远《汉宫秋》中有"毡帐秋风迷宿草,穹庐夜月听悲笳"之句);在蒙古人居住的地区则称为"蒙古包"。

游牧生活因天气、生活和生产条件的不断变化而必须经常改变住地,因而毡包也就是长期以来的移动房。随着科技的发展和劳动生产力不断提高,游牧民正在逐步向定居化方向发展,减少移动房的比例。但另一方面,现代城市人中却在不断出现游牧式打工者,这些人被称为"现代游牧民"。在国外,各种款式和不同结构的模块移动房于是也就纷纷推出市场。

"现代游牧民"只是一个戏称,这些人其实都是技术专家,有的甚至属于精英。比如有的公司内有专门的现场服务部,服务人员基本上都是经验丰富的工程师,他们为公司到用户那里去执行项目(如成套设备安装、调试和投产),一个项目竣工,一两年时间也就过去了,接着又开始下一个项目。然而越来越多的人不愿成年累月住旅馆和招待所,他们舍不得自己住惯了的"家"和"屋",要把自己的房子也带走,这行吗? 行,完全可以。

可以买一个"现代蒙古包"——模块移动房。一套模块移动房的面积通常在40和65平方米之间,一般是二室户,加卫生间和厨房,供单身或两人居住。房子由许多标准模块和特殊模块组装而成,根据形势变化的需要(如家里添丁或有钱了),房子很容易任意扩大,通过增添模块而变成三室一厅或三室二厅。这一特点非常类似蒙古包:蒙古包的大小取决于构成蒙古包圆形围墙的"网壁"数量,网壁拆卸后可折叠,便于运输。一般牧民住6至8扇网壁的蒙古包,大的包可达24扇;也就是说只要增加网壁的数量就能扩大毡包的规模。毡包和模块移动房的共同优点在于:灵活性大、拆装容易、搬迁方便。不过模块移动房是相当现代化的住房,它包括漂亮的门厅、台阶和隔热屋顶,它的另一个优点是保障居住环境和不受贬值损失。倘若你的住房后面有了新的动静(如建一条新的高速公路或高架路而影响了居住质量,或住房所在地的房价跌落),你可以随时将房子拆掉搬走,拆卸和安装都只需要2天。

当然,从理论上说,购置模块移动房很容易,但实际操作并不那么简单,比如要找一块安置移动房的土地(这一点在国外可能比较好解决,可以买一小块地或租一块地)。尽管如此,设计者和开发者认为模块移动房在今后相当长的时间内将逐渐成为方向。

长生不老的副作用

人都希望长寿,总是念念不忘长生不老。战国时期,我国就有一批炼丹士(也称术士或方士)在孜孜矻矻效力于统治阶级——炼出能使人长生不老的"仙丹"。可惜由于科学不发达和认知落后,他们基本上都走进了悲惨的误区。这些"仙丹"不仅对人体毫无益处,而且导致很多人葬送了性命。受害人以皇帝居多,因为任务是皇帝下达的,享用者也是皇帝自己。唐朝的武宗和宣宗就是因过量服用"仙丹"而中毒身亡的。难怪宋欧阳修将炼丹术斥之为"惑世以害生"。1965 年,在一座东晋时的墓中出土了 200 多粒"仙丹",经化验发现,其主要成分是硫化汞(含硫 13%,含汞 60.9%)。这样的毒物竟然被当作"灵丹妙药",吃了不死才怪呢,可悲矣哉。

中世纪的欧洲风行一种"长生不老泉",著名的宗教画家卢卡斯·克拉那赫(以画中女性人体呈纺锤形而自成一格,也称"老克拉那赫",因其子也是画家)创作于 1546 年的《长生不老泉》生动地表现了当时的人们对永恒生命的追求。

2013 年,谷歌发起成立了 Calico 实验室,其负责人是分子生物学家阿瑟·莱文森,他将一些细胞生物学家、肿瘤学家、生物化学家、心脏病专家……召集到自己的团队中,准备从事一次史无前例的大型研究。宗旨为"延长人的寿命,直至永远"。莱文森及其团队将对谷歌所拥有的全部关于老年病的数据资源重新仔细研究,并探索出至今未被发现的人类衰老过程中的种种关系。这一课题的具体使命在于,有朝一日让纳米机器人"游入"人体血液中,将那些导致人类寿命缩短的"肇事者"清除掉。

目前世界上对"长生不老研究"的态度有三派:拥护派;反对派;温和派(或称理智派)。应该说温和派的意见比较现实和理智,他们认为,新的研究不可避免地会遭到别人的怀疑和嘲笑,只要回顾一下人类历史上的汽车、火车头和飞机的发明,就会明白,没有那些大胆的幻想家,没有那些敢于冲闯全新道路的科学家,人类的文明也许是另外一片景象。但是在表示拥护之前,我们也不妨冷静地思考一下:如果人类真的实现了"长生不死"的愿望,世界将会何等模样?

应该说,假如攻克了衰老难题,那就等于创造了一种新的人,他们不再有躯体上的限制,也没有了时间上的紧迫感。联系到整个社会,意味着社会的停滞不前,因为到那时候,时间的流逝变得毫无意义,人们已经不需要珍惜时间,每个人都会有很多很多时间,所有的事情都可以慢慢来。世上只有有限的东西才会显得珍贵,一个无衰老的社会首先让人感到的是"无聊"。

目前的事实是,生命是有限的,因此也是宝贵的。我们不能轻率地对待生命,生命也在迫使我们做出决定,我们要实现什么?我们的宝贵时间应投入到什么地方……凡此种种带有紧迫感的考虑,无论对作为个体的人和整个社会来讲,都是只争朝夕的事情。

令人想不到的是,一些曾经认为"长生研究无意义"的人开始重新思考:不管人类能否实现长生不老的愿望,科学家们的努力应当大力支持,因为他们至少能为治疗绝症和延缓衰老作出贡献。

找回苦味

人对于甜味只有一种味觉受体，但在感觉苦味时，却用到25种味觉受体，因为苦味觉在人类进化中起着重要作用，能使我们以采集植物为生存手段之一的祖先拯救自己的生命；苦味觉向人发出的信号常常意味着：有毒！

然而"苦"不仅仅和"毒"有关，倘若能以较温和的剂量使用之，是有利于人的健康的。可以这么说："植物用来对付病原体和敌人（动物）的物质也可为人类所用，从而起到类似的功效。"有些地方的进化事实向人们透露了某种方向——让人不要鄙弃苦味的天然药物（草药），比如在一些疟疾多发地区，许多人长期以来习惯于一种苦味的树皮，在他们的心目中，这种苦味是美好舒适的，它来自于能抵御疟疾的天然植物。不过专家们经研究发现，对于苦的东西，人的反应是各式各样和稀奇古怪的，这种现象不是简单的口味问题，而是一个可以从中推断一个人的免疫系统状况的问题：不喜欢苦味的人，他们的免疫系统能力较强；反之，喜欢苦味食物的人，免疫力可能较弱，而苦味刺激正好能激励免疫系统。

"良药苦口利于病"，这不仅是中国古代的智慧语言，也是全世界人民自古以来的共识。在研究过程中，人们重新发现了这一古老的经典机制：想要药物起作用，药就必须是苦的，因为苦味能推动免疫系统，苦味受体相当于身体固有的报警系统。最新的研究告诉人们,这一系统不仅仅局限于舌头上,而是一直深入到离舌头很远的部位,比如在鼻子里、鼻窦里、支气管里,甚至在心脏中也能找到苦味受体;它们是人体天生的免疫系统之组成部分,能协助人体清除病菌。有的研究者发现尿路中的苦味受体在推动免疫系统时很有独到之处,受体在接触膀胱炎的病菌后,首先是激励膀胱将尿排掉,而不是很快去抵御感染。

有些传染病科专家正在致力于研发一种利用苦味受体的"传染病预检法",具体说,是测出一个人的"苦味受体敏感性"(此处的"敏感"指当事人对苦味敏感,喜欢苦味,说明本身的免疫力较弱,易感染疾病)。

另一方面,可以利用苦味受体,在疾病的初始阶段有的放矢地刺激苦味受体,于是就能引起一个免疫应答,将疾病扼杀在早期。苦味草药和调味植物如蒲公英、苦艾、独活草、啤酒花、龙胆属等或这些植物的提取物能引起这样的效应。

苦味有利健康,苦味刺激能激励和推动免疫系统。因此有人提倡,药物最好不要制成带甜味的,哪怕儿童的药物也还是苦的好,宁让他们捏鼻子皱眉,也比记住美好的甜味强。从营养学角度来看,人们在进食时,往往只能容忍"享受型食品"带有苦味(比如啤酒、咖啡、苦艾酒、苦丁茶等),岂不知苦味对健康有多么重要,为了健康地活着,把苦味找回来吧。

正能量礼赞

晚饭后我下楼去倒垃圾,在电梯里碰到一位小姑娘。"你好!"还没跨进电梯门她就跟我打招呼了。孩子大概七八岁模样,长得眉清目秀,一身干净、漂亮而不刺目的衣服,背一个小双肩。我问她:"你怎么一个人乘电梯?""妈妈在楼下等我。""你要去哪里?""去补课。"电梯到底层了,小姑娘问我:"我有什么可以帮你的吗?"我赶忙回答:"没有没有,谢谢!""我帮你拿书包吧?"我反问道。"不用不用,谢谢!"。后来我又碰到小姑娘几次,发现她每次说的话都不一样,这表明她不是在说别人教给她的套语。

真是一个正能量小姑娘,碰到正能量的人和行为,能让人心里特别愉悦,觉得这个世界很阳光。

正能量这个词从 2012 年开始经常被引用,最初是网上有人把传递伦敦奥运会火炬形容成"点燃正能量,引爆小宇宙"。2013年,"汉语盘点 2013"评选结果揭晓,"房"被评为年度字,"正能量"被评为年度词。从此,"正能量"一词成为在中国流行和应用最广的转义词(因为它最早属于自然科学词汇)。

正能量用来表示一种健康乐观、积极向上、励志劝业、激励奋进的行为和语言,体现为人处世的正确心态,提倡利国利家,给人希望和力量。善于正能量思维的人往往有着一种友好、善良和乐观的心态,他们会从许多事物(包括人)中看到好的一面,会有意识地去做让自己心情好起来的事情。他们能正确对待失败和挫折。研究发现,心态平衡和正面思维能使人的感觉器官更好地工作,使人更好地观察和倾听,从而具有较高的创意能力,点子特别多。

具有正能量的人,心态好,身体也好,身心健康本是紧密相关的。感受正能量,对我们的内脏器官来讲,犹如获得一种"生命之水"。正能量者确信健康掌握在自己手里,因而能保持更长时间的年轻和健康,难怪有人说,心态健康是预防衰老的重要佐料。

无数研究证明,人的抵抗力是通过一种充满希望和乐观主义的态度而得以强大的,心态好了能活化人体的自疗力。正能量者不会把周围的人看成敌人,他们往往一开始就把对方假定为一个可爱的人。正能量具有很强的感染力,且看一个外国小故事:

一个春天的早晨,老人沿着街道散步,看见前面有个熟人,她正在将一个人们丢弃的塑料瓶和其他垃圾捡起来放进一个大袋子。于是他走到她面前问她为什么要这样做。"这很简单,因为垃圾在严重污染环境,污染环境也就是损害人类自己。""可是大街上、整个国家、全世界,到处都有垃圾,而人们每天又在'生产'大量新的垃圾,你做与不做这件事情,有什么区别呢?""至少对我走过的这块地方来讲,是有区别的。你也来帮着做吧。"他心里嘀咕说:"捡垃圾?捡到死也捡不完的。"

晚上他睡不着,一直在思索着白天的事情,垃圾、生命……第二天一早他就起床了,简单吃罢早餐,匆匆走了出去。他终于找到了她,帮她一起捡了一整天垃圾。傍晚前,当他们分手时,他对她说:"你说得对,这样的事情,做与不做是有区别的。"

世界需要更多的正能量。

正确理解达尔文

达尔文学说是在达尔文所著《物种起源》一书所奠定的基础上建立的关于生物发展一般规律的学说,被生物学上的成就所论证和发展。《物种起源》一书的出版是生物学史上的一个转折点,提出以自然选择为基础的进化学说,说明了物种是可变的,并对生物适应性作了正确的解释。恩格斯高度评价了达尔文的进化论,指出进化论是19世纪自然科学三大发现之一。达尔文通过环球考察,收集了大量有关动植物演变和发展的资料,指出生物进化的主导力量是自然选择,也就是遗传、变异和选择三种因素综合作用的过程。

然而达尔文进化学说自问世以来,经历了各种各样的误解、歪曲、篡改和滥用。首先是在很长一段时间流传着一种谬误:只有最强大的、最聪明的才能生存下去,大自然的一切都是按这一规律编排的。这一断言一代一代地传承着,直至心怀叵测的人把这一"规律"作为"弱肉强食"的法律依据、作为侵犯人类尊严乃至杀害"无价值生命"的理论根据,而且振振有词地把矛头指向达尔文。人们于是猛醒过来:达尔文并没有说过"强者生存",而是说"最有适应能力者"能生存下来;甚至有人指出,很可能是最早的译者太马虎而造成的,把"最能适应者"译成了"最强者"。

只有读通了进化论,才能正确地解释生物界与进化论有关的现象,比如猎豹是动物界跑得最快的动物,它们的起跑速度极快,并在2秒钟内可加速到70千米/时,最高时速可达110千米以上。猎豹虽然有强大的骨骼系统、肌肉系统和神经系统在支持其高速奔跑的无氧运动,但它们的供氧和排出二氧化碳的呼吸系统跟不上节奏,及时排热能力也存在问题,因此不能长时间坚持这种高速度。如果猎豹不能在1分钟内抓到猎物,它们必须考虑放弃,把机会让给比它们跑得慢的狮子和鬣狗。弄到后来,猎豹慢慢被列入濒危动物。

遗传、变异和选择三者的综合作用其实很重要。很多人错误地认为熊猫是食草动物,这是一个大误解,熊猫是确确实实的食肉动物;大熊猫的犬牙锋利,消化道纯粹是食肉动物型。食草动物的消化道都很长(因植物纤维难以消化,比如羊肠的长度是自身体长的25倍),而大熊猫的肠道长度只有体长的4至6倍。800万年前,熊猫的个子其实只有狐狸那么大,由于冰川期的到来,它们和其他食肉动物一起被寒冷逼到了一片很小的地方,在生存斗争中,熊猫选择了"吃素"。后来冰川退去,熊猫发展成大个子,它们只有不断地吃下大量竹子,才能维持能量需要。有时碰到营养吸收率特别低的时候,熊猫也会吃竹鼠、羊肉、鸟肉,甚至会进村偷袭山羊和绵羊。

再来看看人类吧,节食能力是一个重要的生存因素,尤其在食物供应不足的情况下。居住在亚利桑那州西拉河及索尔特河流域的北美印第安人皮马人能节食很长时间,没有一个种族能与之相比,因为皮马人细胞中的胰岛素受体很少,人体组织中糖的利用容易发生障碍,皮马人的节食能力很好地体现了人的适应性与生存能力的关系。

脂肪的来龙去脉

减肥不是一件容易的事情，因为人的身体有一种本能：把脂肪储存起来，作为以后食物短缺时的储备能源。很长时间以来，人们把燃烧脂肪当作减肥的代名词；那么减肥时，脂肪去哪儿啦？是烧掉了吗？其实呀，说"燃烧"，只是一个比喻，由于多年来科学界也没有确切地搞清楚，减肥时到底发生了什么，所以让"燃烧"这一模糊概念一直流传着。

人体可以利用的能是葡萄糖和脂肪酸，糖是人体的主要功能物质，如果吃下的糖类太多，大量葡萄糖便随饮食送进血液，有了葡萄糖，身体就养成了不再吸收脂肪酸的习惯，使用脂肪酸的机制也就越来越差。但是，不管吃什么，身体是需要有一定量的葡萄糖的，即使不从饮食中吸取所需的葡萄糖，也可以通过糖质新生作用制造人体所需的最低量葡萄糖，而糖质新生作用的过程会消耗能量，也就是消耗身体的脂肪。因此，只要不过多地摄取糖类，身体在一天中还是有机会使用（燃烧）脂肪酸的。

2014年，澳大利亚新南威尔士大学的科学家们发现减肥时的大部分脂肪（80%以上）切切实实地跑到空气中去了，因为脂肪是由碳、氢、氧组合成的，减肥时组合成的二氧化碳随着血液被送至肺部而后作为呼吸空气离开人体；剩下的（过多）体内脂肪以液体形式（汗、尿、泪水等）排出。但是专家们建议减肥者应多作有氧运动,以便提升氧气的摄取量,更好地消耗体内多余的热量,让身体越来越习惯于消耗脂肪。

中国人在秦汉以前每日只吃两餐,汉以后逐渐改成一日三餐或四餐。眼下欧美人通行一日三餐,外加两次中间小餐(上午咖啡和下午茶或下午咖啡),本来,人们普遍认为,这样的饮食习惯是确保健康无病、体形优美的基础;不得不承认,大部分人都是随着这一理念长大的。然而最新的研究指出,这种饮食规则是错误的:我们就是吃得太多,尤其是吃的次数太多(国人也越来越嗜好下午咖啡,同时也难免会享用一些茶点)。正因为遵循了这样的饮食习惯,我们容易发胖、容易得病;面对这一问题,有关科学家建议实行短时节食(或称间歇性节食,系与有人连续几天乃至几周节食相比较而言)。具体地说,每天应该少吃一餐,即放弃晚餐或早餐,这样便能形成一段较长时间(14 小时,最好 16 小时)的不进食,比如晚上七点吃晚饭,到第二天早上九点再吃早饭。也可以换一种方式:一天正常吃饭,另一天节食;或者连续 5 天正常吃饭,然后连续 2 天节食。

这样做的作用原理是,体内的糖储存器(骨骼肌和肝脏)要在较长的(餐间)间歇时间里排空;另一方面,人体为了确保各方面的功能,会自己生产糖分(糖质新生作用),而这一过程意味着"消耗能量,消耗身体的脂肪"。除此以外,间歇性节食有利于清除病菌和病毒、有利于杀死有病的细胞、增强健康细胞、有利于胰岛素分泌较少的Ⅱ型糖尿病人。

植物的智商

人说植物是真正的生存艺术家,它们为我们居住的星球提供了80%的生物量——(可用于发电的)有机燃料。植物的聪敏睿智不容否认,尽管植物并不具备脑子,但在许多困难的情况下,它们知道该如何自助。它们会与菌类和细菌沟通协调,甚至会让动物加入帮忙;它们懂得亲缘关系,如果同属的生命受到威胁,它们会动用基因这一武器。

是啊,植物是没有大脑的,但许多科学家都把植物看成是智商较高的生物,"植物神经学家"斯蒂芬诺·曼库索在其所著《植物的智商》一书中解释了植物是如何通过"思维中枢"解决复杂问题的。植物能觉察到土壤中的营养物质的多少,所以一棵植株有时候会改变生长方向,它们也知道绕开有害物质或障碍物。曼库索说:"植物不需要脑子,它们通过'分散型智慧'和'分散型存活'方式而衍生在地球上,所以我们经常能看到一棵已经'风烛残年'的古树仍然活得很精神,而实际上它身上却有着许多创伤;难怪世界上有那么多的'百年树'和'千年树'。"

其实,博物学家和进化论的奠基人达尔文当时(19世纪)已经在思考植物的特殊能力了,他补充过这样的话:"根须具有类似于大脑的功能。"今天人们已经清楚,根须使植物不仅具有触觉,而且还有听觉和视觉;它们甚至具有我们人类没有的其他感觉器官,比如它们能感知重力、地磁场、大气压、地震引起的震动波……有的科学家认为植物也有自己的性格,羽扇豆(一种富含蛋白质的饲料)喜欢玩弄"骗术":通过变更花蕊的色彩,给某些采蜜者一种假信息;反过来,倘若来者是真正的"制蜜能手",它就会发出诱人的香气。

　　植物与人一样需要水分,植物的每一部分都离不开水;水源么,主要是天落水和人工浇水,但浇水并不是哪里需要往哪里浇,只要浇到分布着根系的土壤中,植物的根会发挥智能,会合理地吸收、分配和输送。植物根部的表皮有一层半透膜,半透膜是能让较小分子或离子"进出"的薄膜,这个过程叫作渗透,渗透时会产生较高的渗透压,植物就是通过这一压力以及毛细作用和蒸腾作用,把水分送至树干、树枝、树叶,直至最高的树冠。因为水分子是可以自由通过植物根部表皮的半透膜的,水分在从水分子浓度较大的土壤中渗透到水分子浓度较小的植物细胞时,产生的渗透压可大到足以把水分送至高达数十米的参天大树的树冠。

　　正因为如此,一颗千年枯树仍然有其花枝招展的地方。

纸媒的优势

降温了,觉得该换件厚点的滑雪衫了,我们家的厚衣服以及被子等都置于卧室边上的储藏室里,这是一个面积只有1.5平方米的小斗室。"在最上面那一格里",妻子说。然而在拉出衣服的同时,一个长方体的密封塑料箱让我情不自禁地感慨起来。这个箱子是我于1993年在南京东路的一家照相器材商店买的,是为了防潮而专门用来存放我在德国出差时买回的彩色摄像机的,机器不是德国货,而是日本Panasonic生产的,从此我每次出差,不论是国内还是国外,都要带上"长枪短炮"(摄像机+照相机),拍了许多值得留念的照片和录像带。

滑雪衫拿在手中出神了好一会,脑海中只出现了不少多年前的画面,我原先以为可留作纪念的东西已经无法再现。从模拟到数字,一大跃进,而今是数字化日新月异。记得有个人曾经提醒过:要注意数字文件的安全(包括照片、视频和文字)。我恍然大悟:我(或者说许多人)已经栽了跟头。智能手机能把人们生活中美好的时光或景象、形象留住,供我们欣赏、转发、点赞、回忆,然而这些文档和资料是不可能永久保留的。我们的手机或电脑里也许充满了成千上万的文字和抓拍的照片,可它们的保存时间归根结底是有限的。只要稍稍回想一下,就会觉得我们离开软盘的时间并不久远,接着就是盒式录像带以及模拟式录像机的消亡。

多媒体时代,科技研发永远是进行时,一种数字媒体很快就会被另一种新的所超越。我曾在电脑中保存过绍兴莲花落(戏曲样式)电视剧《翠姐姐回娘家》上下集,可过了不久就成了空文档(消失了)。买过邓丽君的歌曲全集(CD),再配上 DVD 放映机加"多媒体盒",勉强用电视机听了一段时间,现在好像 DVD 又不行了。总之,录成的像带没有机器可放了,好端端的彩色摄像机在塑料箱中睡大觉,丢掉真舍不得(至少还有九成新,因为平时较少用),留着又无法使用。

要想让自己的资料较长时间留存下去,就应尽早采取安全措施,将它们保护起来,比如采用多种储存介质相结合,保存在不同的地点:家里留一份,另外再留一个备份在办公室,两个硬盘经常用小优盘来回互补。能做到这样也就算未雨绸缪了。可是,即使这样做了,还是不等于"一劳永逸",问题在于有了移动硬盘做备份,仍然难以避免意想不到的"全军覆没"。因为硬盘本身也是有时效的,一般认为,硬盘的寿命平均为 10 年。

另外,可以把一些对家庭成员比较重要的文档"精整"出来,请人做成纸质文件。欧洲不少国家流行一种服务,帮助需要的顾客打印纸质老文档,包括老照片、老文字等,有的人也会自己做。有一个数字是引人注目的:打印出来的纸质文件,通常能保存 350 至 400 年,这是没有其他载体能比得上的,即使到了时间也不怕,后人会见机而复制或再版的。

朋友,千万不要把自己收藏的纸质书"扫光"而让书房"转型",很多人都在争辩纸质书和数字书的优劣,笔者仅从小小一个视角表示一点看法而已。

趾

趾，如今都作"脚指头"讲，但最早却是"脚"的意思。《毛诗故训传》曰："趾，足也。"所以成语"趾高气扬"中的"趾"即"脚"之称。

人的脚有一个特殊功能：使人直立行走，并保持稳定、平衡。其中最关键的是支撑身体的重量，这是通过足弓（足穿窿）而有效实现的。足弓由纵向足弓和横向足弓组成，有了足弓，足底就形成"三点"（足跟、拇趾球和小趾球），体重就能被三点稳妥可靠地支托着。足弓还有一个衡量标准：足弓指数（足弓的长与高之比），通常为10∶3至10∶3.3。

脚和趾对于人非常重要，然而人们往往忽视脚和趾，比如五个手指都有名字，但五个脚趾中却只有两个有名字：拇趾和小趾。其余三个趾只能叫"第二趾、第三趾和第四趾"，有人把无名的三个趾也按手指名称呼：食趾、中趾、无名趾。中趾说得通，食趾就不对了，因为在西方语言中，食指都叫"示指"，是用来指示和表示的，眼下我国的一些重要辞书都在"食指"条中加了"也叫示指"的解释。所以把第二趾称为"食趾"或"示趾"显然很不合适。无奈脚趾已经失去了这一功能。

不管如何，有一点是肯定的：脚和脚趾一定要被善待。西方有一本名叫《矫形外科与足矫形》的医书，提到很早以前，人们就对脚进行了分类：拇趾在所有脚趾中最长的脚称为埃及脚；第二趾

（或第二、三趾）和拇趾一样长的脚名为罗马脚；第二趾长于拇趾的脚是希腊脚。这样的分类绝不表示罗马人是罗马脚、埃及人都长着埃及脚……这三种类型的脚全世界都有：埃及脚占44％、罗马脚占36％、希腊脚占20％。脚型的这种分类是西方文化中的一个发明，至于为什么要这么叫，几乎没有人知道。笔者曾听到过一种对"希腊脚"的解释，自古以来，希腊神话中的女神形象有一个特点：她们的第二趾比拇趾长，这是一种神圣的力量，同时也显示了极强的性感。凡是处女的女神，她们的脚都是被服饰遮着的。看来希腊脚的概念源自艺术家的审美理念。脚型是遗传的，至于传承母亲的还是父亲的，尚不清楚。

西方某些鞋子生产者把脚型分得更细，比如从埃及脚尚可分出盎格鲁撒克逊脚型（脚掌往后渐窄，后跟也窄）、日耳曼脚型（前脚掌明显大，足跖和后跟窄）、波罗的海脚型（埃及脚中足跖和后跟较宽的一个变种，多见于波罗的海东岸爱沙尼亚、拉脱维亚和立陶宛）等。鞋子要合脚还得考虑到某些足病及趾畸形：扇形足、老趼足、多趾足、少趾足、短趾足、并趾足……曾经流行过"五香豆鞋"——被认为是有利于脚健康的款式，其实那是一种适合于日耳曼脚型穿的鞋。

鞋的形状要适合于脚的形状，有一种足病叫拇外翻，拇趾过分外倾，与第一跖骨内翻而形成脚趾畸形，往往因穿不合适的鞋引起（如鞋太尖或鞋跟太高），轻者可通过矫形鞋矫正，严重时需手术治疗。识脚而后购鞋，鞋应合其脚，可谓重要矣。

至诚至忠导盲犬

尽管社会为盲人创造了不少弥补生活中缺陷的条件：盲文、盲道、导忙杆等等，然而生活在黑暗世界中的盲人仍然有很多不方便；再说盲道多为非盲人占用，常人既没有"盲道意识"，盲人也基本上不用盲道。

其实，除人以外，盲人外出最好的"引导者"是导盲犬，据记载，约公元前100年，有个德国国王用过导盲犬，但通常认为，世界上第一只正式导盲犬是1819年维也纳某神甫用的一只犬。1916年在德国创建了世界上第一所导盲犬训练学校，1926年，国际导盲犬协会成立。导盲犬曾为第一次世界大战中受毒气伤害致盲的残废军人作出了巨大贡献。

导盲犬的培训十分严格，候选犬出生后2个月即被送至盲人家庭，直至1岁，继续被送至导盲犬训练学校或训练中心培训4至6个月。接着，盲人和"准导盲犬"共同在培训中心受训4周，打好默契配合的基础。在此期间，盲人也必须学会帮狗洗澡、提供饮食和处理排泄物等事情。如果这一关过不了，盲人和导盲犬今后便无法合作。

盲人基本上通过导盲犬的鼻子、头部发出的信号以及信息线——专门的导盲挽具行事，导盲犬的鼻子常送到盲人的手中，头部始终接触盲人的膝盖。导盲挽具是一条灵敏刚性的皮带，可以准确传递导盲犬发出的信号。

盲人和导盲犬的合作按"矩形系统"进行,也就是说,具体的某一小段路始终是直线的,然后不断以"左转""右转"来改变方向。惟有这样,盲人对走过的路及转过的弯便有了印象,从而能确定自己的即时位置。

行路中难免不会碰到挂下来的树枝、朝外面开着的窗门之类的危险物,这些东西很容易偏离导盲犬的正常视野,所以导盲犬必须时刻注视环境,从远处提前发现障碍物。

导盲犬善于为盲主人"占座位",倘若想在公园里歇会儿,导盲犬会走到长椅跟前,身子对着椅子,将头放到空位置上,直至盲主人坐下。精明的导盲犬做得更出色,如果是在地铁里,它干脆过去先在椅子上坐下,然后再让给主人。

为了保证导盲犬的性情温和、情绪稳定,从而使信息准确,一般都选雌犬做导盲犬,因为雄犬有时会耍"好斗性"和"忘记性"。但这不等于雌犬不会惹麻烦,特别是在发情时,很难避免行路中的雌犬行为变化。为此,培训后的雌犬通常都做绝育手术。

盲人一般走在导盲犬的右后侧,其膝盖始终和犬之右后腿保持接触,以便随时获得信息。虽说导盲犬是犬中最听话的,但它们也有注意力不集中的时候,主人可通过触摸导盲犬的耳朵得知是与否。如果耳朵向前,并紧贴着头,说明它很专心。

在马路上碰到导盲犬,非盲人不得干扰和影响导盲犬,不得抚摸、赶哄、给食等。如想给盲人指方向,应站在与犬对称的一面,常用12点表示正前方,2点表示右前方。

中年之坎

有人说,中年危机是一种不切合实际的想象,处于中年的人是最为洋洋得意的。

然而事实并非如此,并非每个人都按某种理论规律生活着的,拿家庭来说,人成了家,按共同制定的"家庭计划"步入中年,到了中年,早就意识到的事情慢慢都会相继发生,如果父母不在了,那么在正常情况下,下一次"死"的就是自己。在婚姻和夫妻关系方面,爱的渴望和追求已经变成了例行公事般的"维持和经营"。事业上,升职或腾达之类的事情,该发生的都已发生。自己希望达到的目标如果至今尚未实现,那么今后也不会实现了(或者说不再那么容易实现了)。倘若现在还想跳槽,那就是和比自己年轻得多的人去竞争。从身体状况来看,运气好的话,还是一个健康的人,但多数人也许已经处于亚健康状态。

中年危机作为一个概念,1974年首次出现在美国女作家盖尔·希伊所著的《在人生的中年》一书中,当时被人们认为只是作者的一种假说,但后来许多国际研究小组分别独立进行了研究,得出了共同的结论,证明中年危机确实存在。今天,通常把个体进入中年后产生的心理危机感定义为中年危机,两性的中年危机有所差别,不同性格的人,中年危机也有所不同。国外把中年危机看成一种福利社会的伴随现象，因为谈及中年危机，便离不开对生活的满意度和幸福感。

许多研究都获得了基本相似的幸福曲线，由于这条曲线的形状呈 U 字形，所以也称 U 形曲线，U 字左上端那一点大概是二十几岁，右上端那一点为六十几岁，这两个点的附近，是人对生活最满意的时候，左边：意气风发，踌躇满志；右边：满意知足，泰然低调。U 字下方的弧形便是人生的心理低谷，通常出现在 40 至 50 岁。然而并非全世界的幸福曲线都是一个模式的，在非洲，满意度在每一个年龄段都显得较低，在贫困中长大的人，没有很大的期望，随时都可能放弃希望。在东欧和南美，期望值开始较高，随着年龄的增长而连续下降。北欧人的中年危机"症状"最轻，他们对自己的生活较为满意。

进入中年后，由于工作、生活和生理上的不适应，往往产生心理上的不平衡。男人时而会觉得有一种"老化"在威胁他们，在单位，一些工作被年轻人接替，产生一种"被靠边"的感觉，有些人的中年危机持续时间较长，如果不能及时建立新的心理平衡，那么危机就要继续到退休了，而且退休后还会延伸一段时间（尤其对那些曾经处于高职高位的人来讲，容易变成"中年晚期危机"，他们需要努力克服失落感、空虚感、无所事事感及焦虑情绪等）。相对而言，女子的中年危机没有男子那么严重，因为她们的地位落差较小，但需要过好更年期这一关。

人到中年，不妨做一个总结平衡，摈弃上半生的不幸、挫折和痛苦，告别至习惯的生活方式，将自己从某些束缚中解放出来，把中年危机当作一种契机，开辟新的道路。

主场效应与神话

在球类比赛(尤其是足球、排球等)中,一向流传着"主场效应"的说法。比赛在其中一支球队所在的城市或省会进行,该比赛场地对该球队而言就是主场,对另一球队来讲即客场。如果是世界比赛,主场就是球队的所在国。通常认为,比赛对主场球队有许多优势。统计表明,主场球队的取胜概率是客场球队的2倍(如果两队的水平基本上旗鼓相当的话)。这种说法是有道理的,因为客队可能要长途跋涉,对比赛地的气候和环境有适应过程。到国外去比赛,还有一个时差问题,时差是一个比较重要的因素;据体育运动医学专家研究,客队在这种情况下的输球概率每差一个时区,会额外增加20%。此外,主场球迷的鼓劲口号和狂喊声很容易影响球员乃至裁判,倘若喊声是冲着裁判而发的,客场球员兴许还会多吃黄牌。测试表明,在主场比赛的球员血液中会有更多的睾酮,因而会奋不顾身地投入到"捍卫自己地盘"的战斗中去。

足球比赛中,人们常常把一些带有愿望或者没有绝对后果的事情称为神话,主场效应被看成一个神话般的理论,在很多情况下能应验。然而已经过去的巴西世界杯期间,很多人看好巴西队,认为历史成绩最好的巴西队,又碰上了主场效应,集天地人和,夺冠的可能性占48.5%,阿根廷占14.1%,德国占11.4%。但最后结果是残酷的现实打破了神话,在半决赛中,巴西队遭德国队猛杀,以 1∶7 的劣绩一败涂地。神话之所以没有出现,也许就是巴西头号球星内马尔腰椎间盘严重受伤无缘半决赛,队长席尔瓦又偏偏累计两张黄牌缠身而被停赛,主场效应再强也难以挽救巴西队的惨败命运。

作为客场球队的德国队一如既往,没有主场优势,凭借严谨、理性和坚毅的作风,仍像一辆稳重的日耳曼战车,碾碎了巴西神话,却又给了足球大国一点面子。记得德国多特蒙德工业大学的物理学教授梅廷·托兰曾经根据每个球队的进球率,计算了德国队夺冠概率为 20.33%,英国队 11.67%,巴西队 9.04%。德国队的战绩比神话更美丽,现实比神话精彩得多,但神话体现了一般规律、球迷的希望和球员的目标,正因为有了神话,彩票满天飞,世界杯也就更加多姿多彩。

足球比赛中流传的神话其实应理解为:很有可能,但不一定如此。比如人们提到的另一个神话说:足球比赛是很危险的球类运动。不过很多事实却在告诉人们,有时候足球场上更为安全。为此,有人总结了 20 次足球队员不寻常的受伤,它们都没有发生在足球场上:德国球员斯特凡·孔茨三次韧带撕裂均发生在从巴士中下车时;丹麦实力派球员阿兰·尼尔森曾连续缺席了好几场比赛,因为他的女儿用手指挖伤了他的眼睛……

有一位足球教练说得好,所谓的神话和现实,其实是"可能"和"意外"的游戏,好让全世界球迷围着世界杯转。

箸·住·筷

筷乃夹取食物的餐具,筷的别名有箸、筯、齐肩大士……箸同筯。但"借箸"不是"借筷子"的意思。张良曾对刘邦说:"臣请借前箸为大王筹之。"(意为借刘邦吃饭的筷子,用来比画当时的形势)。"借箸"遂成为"代人策划"之意。还有一个与筷子有关的成语亦很有意思:送人一双金筷子,不是送金,而是为了表彰其人刚直。五代·王仁裕《开元天宝遗事》卷上"赐箸表直":"宋璟为宰相,朝野人心归美焉。时春御宴,帝以所用金箸令内臣赐璟……帝曰:'所赐之物,非赐汝金,盖赐卿之箸,表卿之直也。'璟遂下殿拜谢。"

早些年,参加过一次老朋友聚餐,在座者皆一些有过国外生活体验的人。席间话题转到了餐具——筷子和刀叉,有的说筷子灵活,有的说刀叉利索。刀叉派中的一员举了一个说明筷子弊端的例子:"……吃着吃着,一位老兄拿起面前的一根筷子,将其大头伸进头发丛中,一个劲儿挠起头皮来矣。""不对,不对,你说的根本不能成为筷子缺点的证据,那是某些人的素质问题,与筷子无关。""对。"一位筷子派附和说,"我在国外也看见过一个服务员顺手拿起一把洗干净的叉子刮手臂呢。"争了半天,原来论据和论点没有对上号。不过中国是用筷大国之一,也许有必要借这一话题说说用筷子的规矩和用筷人的素质。

用筷子其实是有一套礼仪的,有很多"不"需要遵守,因箸与

"住"同音,而住也表示"停止"和"不做"的意思。"不敲筷",通常认为,用筷子敲打盘子或碗碟是没有教养的表现,因为只有小孩子会乱敲筷子,人们往往骂敲筷子的人为"讨饭坯"。"不竖筷",筷子必须水平放置在饭桌上,不能将筷子竖插在饭上或菜肴上,否则很不吉利。"不作半途筷",用筷夹起了盘中的菜,但很快又放了回去,这是不礼貌、不卫生的做法。"不游筷",拿着筷子在这个盘子里拨两下,又到那个盘子里挫两下,没个定数,不知想吃哪个菜。"不抄底",不能在菜碗里翻来翻去,抄底儿寻觅自己爱吃的东西。"不窥筷",手擎着筷子,却不出手,东瞅瞅,西瞧瞧,好像对哪个菜都不满意似的。"不吮筷"(小孩子多有这样的动作)。"不泪筷",夹菜过程中不能滴答汁汤。(尽量)"不掉筷"(但三国时的刘备却故意在曹操面前掉落筷子,让曹操获得"刘备胆小无能"的错误印象)。

　　古代的帝王和贵族家庭都备有银筷,用以鉴别食物是否有毒。传说以前有个人好讲卫生,但凡在外面吃饭总是自带筷子,有一次上他妻子的亲戚家吃饭,妻子不许他自带筷子,他只好不带。开饭时,他拿着筷子心里甚是别扭,突然间,他将握在手里的筷子往一个客人的饭碗里一插,并问道:"你可知道这是什么意思?""你拿我当亡灵么?"(中国自古祭祖时才将筷子插在饭上或肉上)"没有,没有,我跟你开个玩笑而已。"他妻子听了心里又好气又好笑:"这个死老公真有心机。"其实,几年前国内外已报道了"百度智能筷",可通过内装式传感器和测量仪,得知大米中的含镉量、所用的食用油是否来自地沟油以及其他有害数据是否超标。对此好像也存在不同看法,有的人非常期待,有的人觉得无所谓。

专注与一心多用

一心多用这一概念早就在民间流传了,不过在科学技术不发达的过去,人们认为一般人通常做不到这一点,只有思路敏捷或惯于"跳转"思维的人才能同时做两件以上的事情。在国外也有同样意思的表述:多任务处理。美国前总统林登·贝恩斯·约翰逊在20世纪60年代评价他的政治对手杰拉尔德·福特时说过:"他不可能同时放屁和嚼口香糖。"当时的绝大多数人认为这是一句贬义的评语;但也有少数人持相反意见:不会一心二用有什么错,做事就是要专心致志嘛。

随着电子技术和信息技术的日新月异,不少强调速度和效率的企业主、管理者和员工不仅乐于重提一心多用,而且觉得只有提倡一心多用,才能体现时代精神,在他们看来,工作时间和业余时间的界限已经消失。而反方的声音很强烈:很多交通事故缘开车时兼做别的事情。

意见似乎很不一致,其实,在谈及一心多用或多任务处理时,首先要搞清楚引用的例子是否属于一心多用,有人指出利用排队时间处理工作问题,这不叫一心多用。一面弹钢琴一面唱歌,才是一种多任务处理的能力;边走路边说话也是一种(较低级的)多任务处理,因为走路是人的一种习惯性的、要求很少专注力的行动。由此看来,一心二用或多用完全是可能的。

倘若有一个工程师在准备一份专题报告,"与此同时"又在打电话,眼睛还在收看电子邮件,貌似一心多用,其实这是典型的快速更换任务,他的注意力在写报告、打电话和看邮件之间来回跳转。除此以外还有一种假性多任务处理:林先生的汽车需要送去年检了,但他还要为一个重要会议作发言准备,再说又到了纳税申报的时候,偏偏妻子说今天不能去学校接孩子了。林先生禁不住心烦地说了一句:"叫我怎么可能一心多用呢?"其实林先生确实有很多事情要做,但不等于所有事情必须同时去做。

20 世纪 20 年代,流行着一个心理学家们乐于传讲的故事。一群科学家相约到一家餐馆吃饭,人多,点菜也比较复杂,但那位服务员每当客人点一个菜都默默地点一下头,却什么也没记下来。等到他将饭菜一一端上桌来,大伙发现他一点都没有搞错。当科学家们离开餐馆时,还在一个劲儿地佩服那位服务员给人印象深刻的记忆力。然而有一位科学家因忘了东西又折回餐馆去,可那位服务员一点都不记得刚才的事情了。后来服务员向人解释说:"只要我完成了一个点菜任务,我就有意识地将它忘记。"这件事情引起了一位名叫蔡加尼克的女教师的注意,她开始研究这个问题,最后发现,人的大脑能更容易记住尚未解决的事情;潜意识时刻在提醒我们,还有一个任务需要我们关注。这种现象被称为"蔡加尼克效应"。这一发现可以用来解释,为什么当我们有许多任务时可以将任务来回切换;有专家打比方说,不断切换就像是在给我们的思维机器加油。

专心致志应当提倡,但也不能否定人的一心多用的能力。

"茄门"与"茄门货"

"茄门"是上海方言中的俚语（"茄"用上海话发音为 ga），这一方言词大约产生于 19 世纪末、20 世纪初。"茄门"在上海话中是"冷淡"、"懒得理睬"、"不感兴趣"的意思。那么这种意思为何要用"茄门"二字来表示？那是因为当时来到冒险家乐园上海的世界列强中，德国人比较傲气，他们在上海神气活现使上海人对他们产生了反感。"德国人"在英语中叫 German，那时被音译成"茄门"，于是上海人把德国人称为"茄门"，同时带有一种讨厌的口气。久而久之，"茄门"便转义为"冷淡"、"不想理睬"。

德意志民族中是有少数人让人觉得"茄门"，然而不可否认的是，"茄门"生产的"茄门货"却又很受中国人乃至全世界的欢迎，"茄门货"系笔者杜撰。且不说名扬世界的西门子电气产品，就连克虏伯的不锈钢也以 SKS 在上海落户；纵览当今市场，"茄门货"还真不少呢：妮维雅护肤霜呀、贝克啤酒呀、百灵电动剃须刀呀……人们肯定还记得，电视曾为"得宝"纸巾（Tempo）大做广告，而 100 多种老牌德国货几乎都可引出一个启迪人的故事。

说起"得宝"，那是德国纽伦堡联合纸品公司推出的一种新产品——纸手帕，它为当时人类卫生习惯的进步作出了贡献。1988 年，"得宝"纸巾又作改进，采用所谓的"双纤维系统"，即内面用长纤维，使纸巾坚固耐拉，外面用短纤维，提高柔软感。七十几年来，

"得宝"纸巾一直在欧洲备受青睐,在香港亦颇受欢迎。

其实,我们日常生活中用到的许多物品,追溯起来都和"茄门货"有关,装饰房屋要用膨胀螺丝,字写错了要用修正液,感冒头疼可服阿司匹林……现在的男孩女孩酷爱阿迪达斯(adidas),阿迪达斯最早是德国一家生产运动鞋的小厂,创始人名叫阿迪·达斯勒,第二次世界大战后厂名才改为阿迪达斯,并以呈三角的三条粗线作商标。德国有一个阿迪达斯博物馆,杰西·欧文斯于1936年穿了阿迪达斯运动鞋连得4枚金牌,这双鞋被陈列在博物馆里。1978年,阿迪·达斯勒作为第一个非美国人被收入美国体育用品业名人纪念馆。今天,几乎没有一个国家不知道阿迪达斯的。

"茄门"和"茄门货"似乎是一对矛盾,"茄门"被人冷淡,"茄门货"受人欢迎,我想,这个问题牵涉到德国人的民族性,除了"高傲"以外,德意志民族曾经还以"认真、守纪、准时"而出名。

走出智慧来

当人类尚未发明交通工具的时候，步行是一个人从甲地至乙地的唯一移动方式。这种本来是生活和生存所需的行动，到了17世纪的欧洲发展成市民的休闲和消遣活动，称为散步，源自意大利文 spaziare（在空间里伸展的意思）。普通市民在野外、马路上、公园里散步，贵族在王宫的花园里散步。18世纪，散步成为浪漫主义新潮；至19世纪又变成了有钱人的活动，散步时必须带拄杖、遮阳帽等专门装备，属上流社会周末的"必修棵"。当时人们散步是为了社交。

其实，步行也好，散步也好，我们的祖先早就发现人的足底布满了连通全身器官的穴位，走路时对足底的刺激和按摩等于在运动五脏六腑，步行有利于身体健康是显而易见的。

当然，人不一定在有移动需要的时候才步行；当我们碰到紧急事情而必须想个对策的时候，会不停地走来走去，这种在旁人看来纯属令人发晕的动作往往会使人想出个好主意来，因为行走同样也在锻炼大脑、刺激大脑，有的西方语言中把思维过程或思路称为"思想行走"。古希腊哲学家和科学家亚里士多德在雅典的阿波罗神庙里基本上是一面走动一面给学生讲课的。古代的修道院里都建有十字形柱廊，修士们习惯于在柱廊里走来走去思考问题。许多天才的思想家、哲学家和科学家都是有名的"思想行走者"，如法国哲学家,物理学家和生理学家笛卡儿在坐下来写作前总要散步好几个小时;还有德国哲学家康德和法国启蒙思想家卢梭均习惯于在幽静的漫步中探索哲理。

古代思想家和哲学家凭直觉和经验得出的结论今天已被科学所证实,走路时呼吸较强烈,血液流通改善,大脑获得的氧气比坐着时多,其接受能力、创造性思维能力和记忆能力也得到相应锻炼,因此大脑功能最多能增强 20%。此外,由于走路时两半脑都比较活跃,左脑的逻辑思维能力和右脑的创造性思维能力及形象思维能力的相互配合得到加强,于是,我们坐在案头苦思冥想处理不了的问题,往往在散步过程中或散步以后被成功解决了。

在充分认识到步行的健脑作用后,人们创造了更多的步行方式:能量步行(走得较快)、间隙步行(有时快有时慢)、爬高步行、水中步行、带长棍步行……

当你思路堵塞的时候,不妨离开工作室,出去走走。

尊重胖人

一次在飞机上看到一位体重极度超标的旅客十分不安地站在空姐配餐厨房的边上,他没有地方可坐,座椅靠手挡着,身子坐不下去。没有办法,空姐只好跟胖旅客的邻座商量:将他们俩的座位之间的靠手翻上去,让胖旅客的身体在旁边座位上"借一点光",邻座旅客同意了。不过这位旅客在整个飞行途中多次离开自己的座位,到厕所附近去"透气",他抱怨说自己被挤得透不过气来了。

我十分同情和尊敬这位给胖旅客部分让座的旅客,他懂得同情和尊重胖人。全世界的胖人都怕坐飞机,怕因座位引起的尴尬事情而受到歧视,因为不是所有的人都能对他们谦让的。欧洲某航空公司的某一趟航班曾经将一个体重200公斤的胖旅客"赶"下飞机,因为他的邻座提意见说,他被胖子"挤扁"了,没有动弹的余地了。

以上事情发生在经济舱里,有些胖人或他们的家属比较有经验:事先购两个座位的机票,或者买一张头等舱的机票。也有个别航空公司试行过国际航线按乘客体重加行李的总重量售票,好像不大行得通。然而问题明显地摆在那里:世上肥胖者很多,而且有越来越多的趋势。

据联合国粮农组织最近一次报道,成年人体重指数(简称BMI,衡量健康的一种标准,体重除以身高的平方)30以上的在南非共和国占33.5%,在墨西哥占32.8%,在美国占31.8%……新的排行榜之所以和以前的不一样,可能和城市化有关,城市化的步子迈得大的国家,公民的饮食和运动习惯以及食物结构都有较大变化:从事农业生产少了、妇女参加工作的多了、吃快餐和便当的人多了、体内营养物质的燃烧少了。一个国家越富裕,它接受发达国家的缺点也越多,肥胖是其中的一个问题。除发达国家外,还有一些富裕的近东国家如沙特阿拉伯、科威特等,那里有不少人把肥胖看成富裕的象征,很少通过运动去调整体重。

  肥胖必然给人带来生活和工作上的不便,南非的警察队伍中出现了相当数量的胖人,但当局并没有用解雇和退役的简单做法来处理这个问题,而是将他们送至约翰内斯堡的一个运动减肥中心,让他们通过运动把体重减下来。

  南非的做法是一种值得称道的措施,其实人们也在积极想办法解决胖人乘飞机的问题,比如伦敦有一家设计公司专门为机舱研发了一种宽度可调节的"可变座位",通过按钮,移动部件就会将117厘米长的三人座"重组"成二人座,靠手和靠背都会跟着作相应的改变,而中间尚留出的一部分位置可作临时放置小件物品的地方。可变座位不仅消除了胖人"被歧视"的感觉,也为有特殊需要的乘客提供了更多的选择,比如带孩子的家庭往往需要较宽的座位。如果采用可变座位,那座位的宽度将是确定机票价格的因素之一。当然,航空公司最后是否会采纳这一方案,还需同时考虑经济效益的问题。

坐着·站着·被人瞧着

20世纪初,美国著名企业管理学家和经济学家弗雷德里克·温斯洛·泰勒发明了旨在提高员工工作效率的"大空间办公室"。有些人曾经对这一发明有反感,时至今日,却有人从中看到了一种始料未及的正面效应:当员工们坐在大空间里从事自己的工作、同时又有那么多人在有意无意地看着自己工作,一种对自己能力的"放大作用"油然而生,从而会更加重视自己从事的工作。这一现象在体育比赛中也能得到印证:观众越多,运动员会把自己在赛场上的作用估计得更重要,因此发挥得更好。荷兰乌德勒支大学的心理学家还宣布了几个人们没有想到的发现:倘若我们跟好几个人在一起吃饭,便会觉得饭菜格外可口。还有,大伙在一起吃一盘薯片,会觉得这盘薯片比独自一个人吃的时候多。

关于提高工作效率的另一个说法是:有时候,站着做事比坐着干活效率高。一个长时间趴在桌子上写读的人,最好能经常站起来,或者有条件的话,不时地换到一张(桌面可调成斜面的)立式桌子旁去工作,这样不仅可减少对身体的负担,而且会振作精神。爱因斯坦曾经担任伯尔尼专利局的"三级技术助理",同时他还在完成关于分子大小的博士论文,因此他在伯尔尼专利局专门有一张供站立工作的桌子。后来又有科学家让一群受试大学生一会儿坐着,一会儿站着,参与斯特鲁普(Stroop)实验:他们必须用很快的速度,看着各种颜色写的字,说出写字用的色彩,而不是字义所表达的色彩;换句话说,有的字所表达的意思和写字的色彩是一致的(如"红"字用红色写),有的是不一致的(如"黄"字用蓝色写成),要求看着字义马上说出写字用的色彩。实验结果表明,站着的人平均每个字用100毫秒的时间,坐着的人平均用120毫秒的时间。科学家于是得出结论说,站着的人比坐着的人更多地处于紧张状态,大脑也会提供更多的关注力。其他的实验同样证明了,精神处于微紧张状态下,更有利于思维能力的发挥。

顺便提一下,当我们专心在做一件事情,比如在练功、练拳或练舞,练到心神极致时,突然听得身后有人拍掌叫好,难道是让观察者站在后面更能使工作者得到好评和鼓舞?有关科学家指出,我们说的是工作者因周围的人群而提升了自我价值,从而产生了更多的工作激情;而冷不丁从身后传来一个点赞,是一种来自外界的评价和带有客套的恭敬,其促进作用远不如自我激励。不妨说一下,有人总认为自己已有"第六感觉",说他能知道是否有人在背后偷偷看着他。其实应该这么说,有些人坐着工作时有一种习惯:时不时转过身去或侧身看看,当然大多数情况下是没有人的,也不会形成什么记忆。但说不定偶尔会有一二次正好碰上有人,这种情况属于"选择性感觉",它会被当事人误作"第六感觉"而牢牢记住。一味等着这种误觉的出现,那只能适得其反,分散注意力,无利于工作。

撑住残秋是此花

菊花约有 20 几个别名,比较常用的有黄花、节花、帝女花、九花等;花色也有近 20 种。按花期分,菊花有早菊、中菊、晚菊。11 月看到的主要是中菊,晚菊绽放在 12 月。菊花坚贞不屈、傲霜凛然,被誉为"花中隐士""寿客""佳友"等,和梅、竹、兰并称"四君子"。

作为传统名花,菊花在我国已有 3 000 年栽培史,东晋时传至朝鲜,再由朝鲜传至日本;17 世纪传入荷兰并相继传到欧洲。然而欧洲的园艺学家有更具体的说法,他们认为菊花真正传入欧洲要更晚一些。1789 年,法国有一个名叫路易·布朗夏尔的海员从澳门带回第一批菊花,因不懂栽培,这些品种中只成活一种。直至 1843 年,英国园艺家霍伯特·福琼受英国皇家园艺协会委托,从中国带回各种菊花品种。1846 年,英国成立了第一个菊花协会(今天,该协会已有数千名会员)。后来,菊花相继传至美洲,又经法国传入其他欧洲国家。

中国历代文人中,咏菊、颂菊的特别多。陶渊明是我国历史上有名的"爱菊居士",他辞官隐居后,把酒吟诗、种菊自赏,以"颂菊"讽刺当时的政治腐败、官场黑暗。所以林黛玉的《咏菊》诗中有"一从陶令评章后,千古高风说到今"之句。

宋代大文豪苏轼某日拜访宰相王安石,见书桌上有咏菊诗句

"西风昨夜过园林,吹落黄花满地金"。苏轼以为诗句有错,便继吟"秋花不比春花落,说与诗人仔细吟"。后来,因为乌台诗案,苏轼被贬任黄州团练副使。至黄州,苏轼果见满地黄花铺金,回京后遂向王安石致意。清代著名文学家蒲松龄将他的爱菊之癖深切地表述在《聊斋志异》的《黄英》篇中。

除观赏外,菊花有药用、食用价值。黄菊(杭菊)可疏风散热、治风热感冒、头痛咽疼、红眼病。白菊有利于治疗头痛眩晕、青光眼。野菊的疗效最强,被誉为"中药广谱抗菌素",用来消炎退热。菊花可煮粥、做羹、泡茶、酿酒、做糕,晒干了可做枕芯,有镇静、安眠、降血压之功能。

菊花是我国开封市市花,每年10月25日至11月25日是开封市的"菊花花会"。无独有偶,欧洲也有一个"菊花节"。每年10月20日至11月11日,在德国的"菊花城"拉尔举行规模盛大、内容充实、艺术含量高的菊花艺术节。拉尔属德国巴登-符滕堡州,位于黑林山边。拉尔的菊花节也是德国最大的露天花会。菊花节期间,拉尔人的家里,尤其是窗台上都放满了姹紫嫣红的菊花,马路上交通安全岛上亦可见到美丽的菊花盆。2007年的菊花节有一种特别推荐——菊花啤酒,系用黑林山的泉水,在当地的古堡啤酒坊掺入菊花酿制而成。花会期间,有7家风味餐馆提供各种菊花菜。还有一家咖啡馆别出心裁地推出了菊花夹心巧克力。菊花节于10月20日下午2点以"菊花皇后"加冕仪式及相继的音乐会揭开序幕。11月11日举行闭幕式,同时放音乐烟花。游人和当地居民尽情欢乐,互道"明年再见!"

在即将进入冬天的残秋,人们是多么留恋菊花呀。

耳大者长寿？

中国有句古话："耳大福大。"此说法也流行于亚洲其他一些国家如朝鲜、日本等。福气好肯定也包括寿命长，看到一些长寿的老人，人们禁不住会说："瞧他老人家耳朵有多大呀，好福气啊，长命百岁。"其实这一因果关系应该倒过来说才对：是因为长寿，所以人的耳朵才大了。童话《小红帽》中，小红帽问伪装成奶奶的狼："奶奶，你的耳朵怎么这样大呀？"狼回答说："为了更好地听你说话呀。"这一文学中的回答居然在科学中歪打正着。

人到了老年耳朵会越来越大，这是 20 世纪 90 年代已经发现的一个人类生物学现象。随着年岁的增长，脑袋和耳朵的比例也就相应地不断发生变化；尽管人体早就不再长大，然而耳朵却是继续按每年微小的速率长大。科学家甚至研究出一个耳朵平均大小（长度）的公式：55.9 毫米＋(0.22×年龄数)毫米。

早在 1887 年，有一位名叫施瓦尔贝的欧洲人写过一本《耳解剖学教科书》，其中提到，组成我们听觉系统的耳软骨随着年龄的增长便失去弹性，耳朵于是开始松弛，这一说法听起来颇有道理，但一直没有得到恰当的证实。至 2007 年，一个由人类生物学家组成的科研小组对 1 448 名受试人员的耳朵作了为期 6 周的细心观察研究和分析，研究工作完全依靠计算机程序的支撑。受试人员中年龄最小的只有几个星期，最大的 92 岁。研究结论比较令人信服,人们发现耳朵确实一直在长大,但它不是随便不停地长大,而是有一定规律可循。研究表明,并非耳朵的所有部分都在不断长大,真正在长大的只是外耳,包括长度和宽度。

婴儿出生时,耳朵大得和脑袋不成比例,以后就慢慢地与身体其他部分一起较为协调地长大,到了6岁左右,耳的生长开始减慢,至生长发育旺盛的青春期,耳朵几乎不再跟着长大了。等到骨骼成形了,耳朵又开始慢慢长大,但此后身体和骨骼却停止生长;否则,如果身体和耳朵那样继续长大,那么80岁的老人身高都将大于2米。

耳朵的继续长大(由其在老年时)到底是为什么?从生物功能来讲是为了弥补老年人随着年龄增长不断衰退的听力以及确定声源方位的能力,"喇叭口"大了,肯定有利于听声音并确定其方位。从生物构造来说,耳朵长大主要是外耳长大,外耳由耳郭(也称耳廓)和外耳道组成,耳郭主要由软骨构成,软骨包有一层脂肪组织,脂肪组织的外面便是皮肤,随着年龄的增长,脂肪组织逐步萎缩,皮肤和脂肪组织之间的连接也就越来越松弛,外耳的长度和宽度必然会有一定程度的增加,尤其是长度。

除此以外,20世纪50年代曾经有人发现,随着年龄增大,人体中会补充产生耳软骨基质,软骨细胞间也就有了更多的"充填物",因此能使人到老年者的耳朵变大几个毫米。

果中独备四时气

"枇杷秋荫,冬花,春实,夏熟,备四时之气,他物无与类者。"《群芳谱》)。枇杷树四季常绿,金秋时节,叶茂枝繁,严冬,百花纷谢而仍婆娑不凋,芳香白蕾寒始放,直至初夏,结出满枝金果。枇杷又称卢谲、金丸、琵琶果、蜜丸,初夏时分,与樱桃、梅子并称"果中三宝"。

素有"南国佳木"之誉的枇杷,关于其别名,历史上有过一些争论。苏东坡曾作诗曰:"客来茶罢空无有,卢橘微黄尚带酸。"但苏的朋友认为苏搞错了,卢橘不是枇杷。于是苏东坡引证《花镜》:"枇杷一名卢橘,树高一二丈,叶如琵琶,又如驴耳,背有淡黄色毛……"至今广东某些地方仍称枇杷为卢橘。然李时珍也说:"注《文选》者,以枇杷为卢橘,误矣。"

明沈石田收到友人送来的枇杷及附帖:"敬奉琵琶,望祈笑纳。"沈石田回帖讥之,友人因作打油诗自嘲:"枇杷不是这琵琶,只为当年识字差。若是琵琶能结果,满城箫管尽开花。"

枇杷原产我国,有 100 多个品种,分为三大类:草种枇杷、红种枇杷和白沙枇杷。草种枇杷果大核大,肉薄微酸,但上市较早,也不至于滞销。红种枇杷皮薄肉细味甘,个儿也大。白沙枇杷肉白汁多味鲜糯,为枇杷之上品。太湖洞庭山的"照钟"和浙江塘栖的"软条白沙"均为白沙枇杷中的名种;红种枇杷以福建莆田的"大钟"及塘栖的"大红袍"为佳；此外，塘栖的"宝珠"又居草种枇杷之首。

黄澄澄、惹人喜爱的枇杷，其味道在果品中独具一格，它不以浓烈的香味和强烈的甜味见长，而是给人以淡雅的味觉享受，尤宜作文人相聚时的助兴和消遣品。"听之无声、食之有味"的"琵琶"富含各种营养：蛋白质、果糖、纤维素、胡萝卜素、柠檬酸、苹果酸、维生素 A、B、C 及果胶、铁、钙、钾、磷……因此有利于皮肤健康、保护视力、促进儿童生长发育。

枇杷膏是我国民间方剂，用枇杷叶煎汁去叶，合入秋梨、莲肉、白蜜、大枣等群味同煎收膏，主治咳嗽、劳伤、身体虚弱等。类似的偏方有枇杷叶粥，功效亦为止咳、化痰、清肺。

枇杷树的适应性强，常植于花园和庭院中，既是果树又是观赏植物。枇杷还是上好的蜜源植物，枇杷蜜是上等蜂蜜之一。枇杷木材呈红棕色，木质既硬又韧，是做工具柄、木梳和手杖等的好材料。

需要提醒一下，枇杷不宜放入冰箱，否则容易变黑。枇杷剥皮后，如暂时不吃，可浸在凉开水、盐水或糖水中，以免褐化。切勿食用尚未成熟的枇杷。

枇杷除鲜吃外，还可榨汁、做果酱、果露、果酒、果脯和罐头食品，出口到不长枇杷的地方，让那里的人们也有口福尝枇杷。

哈啰,我们是地球人

人类遭遇所谓的外星人已有 60 年历史,遗憾的是,关于外星人的"目击资料"不胜枚举,但我们至今没有见过一个活生生的外星人站在我们面前。虽然外星人造访地球的目的不明,是侵袭?是科研?是友好访问?还是因为他们也想看看有没有他们心目中的外星人?然而有一点可以肯定,如果坐在不明飞行器里的真是外星人,那他们的科学比地球人昌明,因为他们主动找到了外星人——地球人,而我们只是被动地遭遇了外星人。

其实地球人一直想让外星人知道地球上居住着地球人。1974 年,位于波多黎各当时世界最大的射电望远镜站的一位美国天文学家向宇宙发出了一条信息,发射目标是武仙座的 13 号梅西耶星团,这一星团离我们的距离有 22 800 光年。这条信息的文件大小为 1.679 KB,提供了地球人生命的原子结构、DNA 的分子结构、地球人的平均身高、地球人口数量以及太阳系的形象化示意图。这一信息以光速传递,将在公元 24770 年左右到达目的地。如果这一信息在那里被收到、解译并立即答复,我们最早也要在公元 47570 年左右收到回音。

1972 年,当先锋 10 号(一称先驱者 10 号)宇宙探测器发射时,随带了许多信息。探测器上有一块镀金铝板——地球名片,板的左上边画着氢原子结构,氢是宇宙间最丰富的元素,只要别的星球有人，就能看懂。左中是呈放射形的线条，表示出离地球最近的若干脉冲星的位置。左下是大小不等的圆圈，最大的表示太阳，从表示地球的小圈上引出一根带箭头的线，说明探测器是从这里发射的。板的右面用简单的笔画刻画着地球人一男一女，他们在（向外星人）招手。这些信息都是为宇宙路上可能碰到的外星人准备的。先锋10号于1983年离开了我们的太阳系，从2003年开始已经失去联系。如果一切正常，估计再过2百万年，先锋10号应该可以到达主星（星座中最亮的星）。也许会有一艘外星人的宇宙飞船提前发现这一"宇宙瓶邮"，从而出现戏剧性转折。

先锋10号发射后5年，即1977年，宇宙探测器旅行者1号和旅行者2号发射，2005年8月，美国国家航空和航天局宣布，旅行者1号已经离开地球100天文单位（1天文单位＝149.6百万公里），约相当于150亿公里。

旅行者1号和旅行者2号都装有特殊运载物：一张镀金铜质的唱片。唱片上灌制了地球上各种大自然的声音，诸如隆隆的雷声、鸟类的鸣啭、各种家禽的叫声；用55种语言表达了有关地球的信息和人类创造的最美丽的音乐。这份录音资料的估计寿命为5亿年。好奇的外星人一旦发现这张唱片，可以利用封套上以简单符号表达的说明书，收听这张唱片中的地球人之音。据报道，旅行者1号直至2006年仍在正常工作，它曾访问过木星和土星，是至今离地球最远的人造飞行器。

只要宇宙中地球以外的其他星球确有外星人存在，相信无论是遥远的还是不久的将来，总有一天，外星人和地球人会握手的。

好人乎？坏人乎？

为什么有的人是好人，有的人是坏人；做一个好人为什么很难；人之初，性本善；还是人性本恶。围绕"好人与坏人"、"善与恶"的讨论已持续了2 000多年，至今没有统一意见。当人们无法解释的时候，便选择了最简单的答案：善与恶是每个人自己的抉择。

思想家、哲学家的观点显然很难和科学家的观点相一致。战国思想家孟子和荀子分别提出"性善说"和"性恶说"。法国启蒙思想家卢梭是"性善说"的支持者，他认为坏人本性善，是外界让他变坏的。宗教改革家马丁·路德倾向于"性恶说"。而古希腊哲学家苏格拉底则独树一帜，他的观点是"善出于知，恶出于无知。"有更多的人却相信，人既然是从动物进化而来，人身上也就多多少少残留着动物性（或兽性），动物性首先表现在生存斗争中，生存斗争是自私的。婴儿生下来要吃奶，他不管母亲是否有奶水、是否感到吸吮的疼痛。许多幼儿都显得很自私，自己的东西管得很紧，不许别人碰；倘若日后没有父母和外界的不断教育，说不定个个都会发展成十足的个人主义者，这正是荀子的"人性本恶论"的体现。荀子主张通过教化，限制向恶发展的趋势，使人性之恶向善转化。

"性善说"的追随者通常认为，善在摇篮里已经形成，恶则是渐渐在人身上滋长起来的。但有些事实不得不提，比如童年时经受了暴力，大起来自己也会施暴，而且程度有加无减。对孩子施暴力会造就施暴的成年人,因为社会经历和情感经历对大脑发育具有持久性影响。通过媒体(电视、电脑游戏机等)间接经受暴力同样会使孩子染上暴力,特别是对8岁以下儿童,因为他们几乎还分不清幻想和现实。

按现代科学认知,善、恶与人的本性没有关系,它们是文化范畴里的概念。每一个民族,每一种文化都有自己的道德观和价值观,根据这些道德观和价值观制定出伦理尺度、确定好与坏、善与恶的标准。可以想象,不同的时间、不同的地点,好与坏、善与恶的标准和内涵是不一样的。

有些一向被认为是好人的人突然成了罪犯,让人费解。奥地利比较心理学家康拉德·洛伦茨因此把人设想成一个蒸汽锅炉,锅炉上装着各种安全阀,人的暴力行为、侵犯性和犯罪行为都被安全阀控制着,通常情况下锅炉不会爆炸。

有关大脑的神经生物研究最近发现,在靠近眼窝上方的脑区,也就是大脑边缘系统最外边的一个大脑皮质功能区是决定一个人的理智、良心和文明的。在犯罪者身上的调查研究表明,倘若这一皮质功能区受损或遭破坏,人就会变得无公益性、变得粗暴、变得不道德。无数例子证明,人体器官损坏、新陈代谢功能失调、大脑中信息素失去平衡等都会导致人的个性改变。重罪或死罪行为几乎都有脑生物背景。新的研究不仅动摇了"善恶抉择理论",而且正在促使研究一种大脑皮质移植,即通过向大脑皮质植入一个微电极,修补导致侵犯公益的脑损伤,以此改善人的"个性",使人变好。

蝴蝶与蝴蝶效应

色彩斑斓的蝴蝶被誉为"会飞的鲜花",每年6月至9月,它们和真正的鲜花相映成趣,为大自然谱写出夏日里最美丽的景致。

全世界约有14 000多种蝴蝶,大部分分布在美洲,以亚马逊河流域为最多,我国的台湾也是蝴蝶品种很多的地方。

蝴蝶在英文中叫"butterfly",butter是黄油,白脱油,fly是有翅昆虫,因古代传说蝴蝶爱偷吃奶油之类的东西,故名。据格林兄弟所著《德语词典》解释,德语中的"Milchdieb"(偷奶贼)也有"蝴蝶"的意思,尤指"菜粉蝶"。

蝴蝶中有一种名叫"伊莎贝拉"的稀有品种,系1839年由一位西班牙昆虫学家发现并以西班牙女王伊莎贝拉的名字命名。这一品种被认为是欧洲最美丽、最罕见的蝴蝶,可惜寿命只有3天3夜。因珍贵又产生了一个传说:对着"伊莎贝拉"许愿,即能梦想成真,因为她会将许愿者的愿望带上天去。

近几年来,采集和研究蝴蝶已蔚然成风,欧美一些国家的环境研究中心定期开展蝴蝶"人口普查"活动。参加活动的调查员每周在野外工作1至2小时,将调查结果填入在线数据库。

蝴蝶最吸引人的是翅膀上丰富多样的色彩和花纹,因为蝴蝶具备两个条件:首先,蝴蝶的翅鳞中有着无数多层次的、各种各样的不可溶色素,关键的一点是蝴蝶翅膀上的翅鳞能促使产生干涉色。当两种单色光的相干波发生干涉时，便产生一系列明暗条纹——干涉条纹。当白光发生干涉时，就产生从紫色至红色的一系列彩色条纹。这些由干涉作用形成的颜色即干涉色，干涉色的特点是观察者获得的色彩印象随观察角度的改变而发生变化。

说到蝴蝶，应该提一下"蝴蝶效应"，它是气象学家洛伦茨提出的。蝴蝶效应是一个十分有意义的推论和比喻：南美洲亚马逊河流域有一只蝴蝶扇动了几下翅膀，蝴蝶的这一举动有可能在美国得克萨斯州引起一场龙卷风。理由：蝴蝶翅膀的运动会导致其周围空气系统的变化，产生微弱的气流；而这一微弱气流又会造成它周围的空气或其他系统发生相应的变化，如此推论下去，引起一系列连锁反应，最终导致其他系统的极大变化。蝴蝶效应要说明一个问题：事物发展的结果对初始条件具有极敏感的依赖性，初始条件的少许偏差将会导致结果的极大差异。

蝴蝶效应在社会学中被用来说明：一个坏的微小机制，如果不予及时调节和引导，有可能给社会带来很大危害。反之，一个好的微小机制，通过正确引导和一段时间的努力，将会产生正面的轰动效应。西方有一首民歌形象地道出了一个十分微小的初始条件，经过不断放大，对未来造成极为严重的后果：丢了一个钉子，坏了一只蹄铁；坏了一只蹄铁，折了一匹战马；折了一匹战马，伤了一个骑士；伤了一个骑士，输了一场战争；输了一场战争，亡了一个帝国。

节约利用生命能

一辆新汽车,从投入运行、达到一定的公里数直至成为"老爷车"而最后报废,这是物理规律;人的衰老也一样,它是一个十分正常又十分复杂的生化过程,谁也无法逃避。我们虽然不能将生物钟倒拨,但我们可以让它走得慢一点。

关于衰老的理论有许多种:器官功能理论、磨损理论、缺陷理论(酶的催化效率随着年龄的增长而降低,于是遗传特征的缺陷增多,细胞出现功能障碍,新陈代谢发生紊乱)、胶原结网理论、程序理论、端粒理论等。

鉴于现代社会不正常的快节奏在不断损害人的健康,有不少衰老学家、生物学家、时间生理学家经多方面的长期研究和分析,提出了一种新的理论:生命能理论。这一理论认为,每一个人和每一个动物都是带着一定量的生命能来到世上的。机体摄取养料,吸入氧气,在生命能和酶的作用下引起细胞内各种复杂的化学反应,于是人或动物便获得维持生命所需的基本物质和动力。维持生物体的生长、繁殖、运动等生命活动过程中的化学变化总称为新陈代谢,而每一个生命活动过程都需要用到生命能。

生命能科学家提出,动物和人的生命过程可分成3个明显阶段:胚胎发育阶段、个体发育阶段和成年阶段(直至死亡)。一旦一个阶段的生命能用完了,机体便进入下一个阶段。按生命能理论,体重与代谢率(生命过程的速度标准,其单位为焦耳/克[体重]·小时)的关系对衰老起着重要作用。经研究得出,蜂鸟的体重约2克,其代谢率为200;燕雀属体重约20克,代谢率66;家鼠体重约200克,代谢率20;狗的体重约15公斤,代谢率7.2;母牛平均体重约800公斤,代谢率2.4;象的平均体重约7吨,代谢率1.4;蓝鲸平均体重约170吨,代谢率0.3。

从上述对照可以看出,一个机体的体重越小,代谢率越大(每克体重每小时消耗的能量越大)。关键在于,无论是人还是动物,每一克体重都相应拥有2 500千焦的生命能,这一数值适用于人和大部分动物。

所以,如果我们过多、过快或者没有必要地消耗生命能,那么我们也就会过早地衰老和死亡。人的生命只有一次,一生中要作无数次呼吸、肠蠕动、心跳动、眨眼……而这些活动过程每一次都要消耗生命能。倘若我们的生活和劳动节奏无限加快、我们的饮食不当引起过多的肠蠕动、因没有必要地动感情(过分激动、过分高兴、过分哭泣、过分害怕)而造成过多的心跳和眨眼次数、因吸烟和酗酒而额外消耗排毒所需的能量……就意味着我们会过早衰老和终结生命。

生命能理论是一种崭新的、大胆的理论,目前科学界对此尚持有不同看法。这一理论和无节制的快节奏理论是针锋相对的,因此也被称为"懒惰理论"。

菱角轶事

当我还是孩提的时候，就常和菱角打交道，因为菱不仅能吃，而且还能玩。有一种黑色（或棕色）的两角弯成弓形的菱，在我的故乡叫"趴菱"，有些人将上嘴唇的胡子修成两边翘起来，像趴菱的样子，这样的胡子因此称"趴菱胡子"。将趴菱煮熟了，从中间穿透一个孔，然后把菱肉抠掉，插进筷子，穿上绳子拉动，趴菱便像风车般转起来。如孔不穿透，则成一个可吹的趴菱哨子。

菱的原产地在欧洲，改良种则产自我国和印度。菱的外形特点是有角，有两角、三角和四角的，但也有无角的，如闻名江南的嘉兴南湖菱，因无角，故又称圆菱、和尚菱、馄饨菱。

菱角是鲜美的水生果品，生吃爽甜多汁；煮熟了粉绵可口，能顶主食，味不亚于栗子，所以欧洲人称菱为"水栗"。李时珍曰："嫩时剥食甘美，老则蒸煮食之，野人暴干，剁米为饭为粥，为糕为果，皆可渡荒歉。盖泽农有利之物也。"中世纪的欧洲有一个富商的儿子看中了一个民间女子，将其抢来逼其成亲，女子不从，于是被关在一个杂物间，不给吃的。3天后，女子发现这个杂物间有许多小泥人，她便拿在手里欣赏，不小心摔破了一个。此时她正饿得慌，便捡起碎片舔了一下，发现是甜的，于是干脆咬碎咽之，竟可充饥。原来这些泥人是这家小姐平时用捣碎后的菱肉和水做成的。这位女子后来被人救走。

古时,杭州西湖与杭州湾相通,后因泥沙淤塞堰堵而独立成湖。宋时,西湖因菰菜(茭白)丛生,葑草芜蔓而渐趋堵塞,湖水减少。其时苏东坡出知杭州知州,他开始招募民工,整治西湖,用湖中挖出的葑泥筑成一条横贯西湖的长堤——苏堤。同时在湖中广种菱角,因菱角的横枝呈网状生入水中,可达9尺之深,从而阻止了其他蔓草的生长,使西湖重新碧波万顷,造福于民。

菱角的优秀品种除南湖菱以外,尚有苏州的水红菱和白洋淀"三宝"之一的老菱角,白洋淀人有一句谚语:七菱八落。说的是那里的菱角7月成熟,8月脱落。在欧洲许多地方,菱角几乎面临灭绝,不少国家因之将菱列入保护植物,并把生长菱角的小镇开发成旅游胜地。

菱角营养丰富,夏日里做一份菱肉烧豆腐,清爽、美味、消暑。菱粉不仅是烹调时不可或缺的勾芡粉,而且能保护皮肤黏膜,有养颜作用。明目清心、增强视力是菱的又一功效,在防癌抗癌方面,菱也有辅助作用。

中国许多古代诗词中,可读到夏日的湖塘采菱歌声萦绕的景象,采菱女边唱菱歌边采菱,看似幽闲,其实隐藏着多少凄苦呀:"采菱科,采菱科……采得菱来余几何……但采菱科救饥渴"("菱科"即菱角的方言)。

落叶牵愁秋风劲

对不少人来说，秋天是彩色的——红色的、橙色的、黄色的、绿色的树叶构画出锦绣原野；秋高气爽的日子，让人觉得秋天不愧是美丽的季节。然而又有不少人认为秋天是凄凉的，西风乍起，就吹得满地落叶；没有太阳的日子，灰色是大地的主调。白天越来越短，人的情绪低落，容易伤感，疲倦乏力，常有孤独感，这种现象我们称之为秋郁或季节性抑郁。此外，嗜睡、嗜甜食和碳水化合物食品也是秋郁的典型症状。

人和动植物的健康生长需要足够的自然光，可惜人的一生大部分时间是在人造光的照射下度过的，而进入秋天，白天越来越短，自然光照时间越来越少，人们接受人造光的时间也就越来越长，秋郁因此也叫缺（自然）光抑郁症。普通的灯具（人造光）只提供自然光谱中的一部分，缺少对人体健康有利的光，如适量的紫外光，紫外光能促使体内的胆固醇转化为维生素 D，其中维生素 D_2 和维生素 D_3 于人体健康至关重要，佝偻病即维生素 D 缺乏所致。就松果体而言，缺少阳光或自然光，容易造成人体激素平衡障碍，引起各种器质性疾病和心理障碍，导致秋郁的各种症状。此外，暖色调灯具的人造光多趋向于光谱中的红色，其波长接近傍晚日落时的自然光，起到一种安静、疲倦的作用，是不适宜工作的光，因为这种光被松果体作为"黑暗"记录，从而分泌褪黑激素（市面上称为

"脑白金",最早作为安眠剂"美梦宁"而引入我国),引起睡眠欲——松果体根据昼夜自然光的变化而控制褪黑激素的分泌,黑暗了便分泌褪黑激素,促进睡眠。

秋日里,为了打起精神、提高情绪、消除悲观,我们应该多到室外走走,多接受自然光的照射,哪怕没有太阳的阴天和下雨天,只要有自然光,都有好处。

秋冬时节,由于松果体感受的阳光减少,使身体常处于"上夜班"状态,甚至白天也产生褪黑激素,让人的心理和身体停留在一种无动力的阶段,这种现象越到北方越严重。总之,光和情绪有密切联系,所以光疗常被用来治疗季节性抑郁症。症状严重时,接受治疗者坐在一盏自然光灯(或称全谱灯)旁1至2小时,每隔1分钟朝灯看一下,因为这种光疗是通过眼—脑的路径对生物节奏起调节作用的。自然光灯是模仿全谱的自然光谱制成的,而且有意识地作滤光处理,如将紫外线控制在有益无害的程度。

还有,秋天到来以后,宜穿色彩明快醒目的衣服,多听优雅轻松的音乐;喝一杯热茶,洗一个热水澡,这些都有利于提高情绪。

秋郁是一种季节性症状,和一般所说的抑郁症是有区别的,过了冬天,到了来年春暖花开,面临我们的又是一个个艳阳天。

明月高挂好淘宝

寒光撒人间,中秋月皎皎。月球——地球的天然卫星,有史以来不仅陪伴着人类度过无数个黑夜,而且给人类带来许多美好的遐想。自从1969年7月20日"阿波罗11号"飞船在月球静海西南角着陆,宇航员阿姆斯特朗首次登上月球以后,人类对月球的造访越来越频繁,对月球的了解越来越多。在人们的心目中,月亮不再是神秘的广寒宫,而是一个可以造福于人类的宝库。

人类经过无数次对月球的探测、取样、分析,发现月球表面拥有大量的氦-3,氦-3是稀有气体氦的同位素,其原子核只有2个质子和1个中子,比普通氦少1个中子。氦-3在地球上很难得到,但却大量存在于太阳风中。可是由于地球磁场的阻挡,氦-3不能到达地球表面。相反,月球没有磁场和大气,氦-3可以直达月球表面,经过亿万年的流星撞击,月球表层储存了大量来自太阳风的氦-3。正因为氦-3少一个中子,所以它是产生能源的美妙燃料——氦-3与氢的同位素氘进行核聚变反应形成普通氦(氦-4)的同时释放出巨大能量。这种聚变的优点是可获得清洁、安全、高效的发电燃料,提供经济、无污染、无放射性的"完美能源"。据估算,使用月球能源氦-3的成本只占核电站发电成本的10%。关于地球和月球上氦-3储量的说法颇不一致,地球上氦-3储量,有的说只有0.5吨,也有的说有15吨;而月球上氦-3的储量至少有

100万吨,就算是这样,已可满足全球几千年的电力需求。航天科学家认为,用航天飞机运输,每次可将20吨液化氦-3运回地球。但为了降低成本,有人建议直接在月球上建造核电站,发出的电力除了供月球基地使用,还可通过激光或微波先发送到近地轨道上的能量中继卫星,然后再送到地球。

月球的上表层富含陨石材料,再下面除了有许多铁、镍等矿石外,尚有不少稀有金属,如化学性质很稳定的高硬度金属铱。

想利用月球上的宝藏,首先要建立基本设施,然后进行开采、冶炼和加工,最后才谈得上运输。尽管月球不适于人类移民和定居,但月球两极估计存在1 100万至3.3亿吨水冰,不仅能解决从事淘宝的人在月球上生存用水问题,如果将水分解成氢和氧,又能作为重要燃料。此外,月球表面被称为土被的岩屑中含有大量与金属结合在一起的氧,不仅可供未来的月球"垦殖者"呼吸用,还能作为火箭推进燃料。大量存在的硅可用来生产太阳能电池,月岩中的铝和钛是优秀的建筑材料。至于将加工好的原料或半成品运回地球,由于月球的引力较小,运输费用相对较低。

月球还能作为开发太阳系许多小行星资源的出发点,比如直径只有2公里的近地小行星阿蒙蕴藏着大量铁、镍、钴、铂等,其金属蕴藏量是人类至今已在地球上开采总量的30倍,价值达20兆美元。类似这样的天体在地球轨道上有几百个,到这些天体去比到火星去容易得多。

当然,到月亮淘宝是极其宏大的工程,没有几十年时间不可能完成。然而这样的工程有可能也有必要实施,因为地球上的资源总有一天会耗尽的。

默默无闻的蚯蚓

上班要走一小段路，好几次下雨，看到世纪大道宽阔的人行道上蠕动着很多很多蚯蚓。路人并不把它们当一回事，既没有人讨厌，也没有人呵护，直至什么时候雨过天晴，它们因来不及返回湿度恰当的洞穴而干死在路上。

蚯蚓又叫"曲鳝"、"地龙"，英语中的蚯蚓（angleworm）可直译为"钓鱼虫"。蚯蚓是常见的陆生环节动物，它们通常生活在土壤的表层，怕干旱（天旱时会钻到 2 米深处），喜潮湿（但暴雨时离开洞穴爬到地表来）。

蚯蚓平时昼伏夜出，吃食腐败的有机物，连同泥土一起摄入，因此蚯蚓于人类有疏松土壤、改良土壤、提高土壤肥力的作用，达尔文在进化论中就提到过蚯蚓为人类打造耕地。一公顷土地上的蚯蚓每年能排出以吨计的极其肥沃的烂泥和粪便。蚯蚓富含蛋白质，可作鸟类的饲料和鱼饵。汶川大地震时，什邡女职工崔昌会靠蚯蚓、青草充饥坚持 216 小时获救。蚯蚓体内分泌的一种特殊酶能分解蛋白质、脂肪和木质纤维，所以树叶、烂草、禽畜粪便、生活垃圾、食品工业的下脚料等都能成为蚯蚓的食料，从一定程度讲，蚯蚓还是"环境净化者"。由于蚯蚓能吸收土壤中的汞、铅、铜等微量金属元素（在蚯蚓体内的含量为外界的 10 倍左右），有人认为蚯蚓可作土壤重金属污染的检测动物。

蚯蚓没有视觉器官，但触觉器官十分灵敏。科学家曾经做过两个试验，在蚯蚓行走的路上放上一个障碍物，当蚯蚓的皮肤触及该障碍物时，它们便很快转向。将蚯蚓放在光线强弱不同的地方，蚯蚓便朝弱光处蠕动。

蚯蚓为雌雄同体，但由于性细胞的成熟期不同，它们仍然必须异体受精。交配时两条蚯蚓互抱，分别将精子输入对方的精囊。

民间有一种误传，认为可以将蚯蚓任意铲成两段甚至几段，它们不久都会长成新的蚯蚓，这种说法是错误的。蚯蚓确实有较强的再生能力，但这种再生是有条件的。如果在身体的中间将蚯蚓一分为二，蚯蚓成活不了，因为蚯蚓身体中部的再生能力最弱。再说，蚯蚓的每一个环节都具有只能再生尾部的基因。换言之，分断后的两段身体，后半段会再生出一个尾部，成为一条有两个尾部的蚯蚓，它迟早会饿死，而尚能存活的时间则取决于分断时留下的环节数量。至于分断的前半部是否能成活，取决于分断处是否在第十环节以后，因为蚯蚓的重要器官都在前10节。对前半段来讲，能否再生失去的环节，还需一个条件，如果被截去的环节不超过4个，那么这4个环节全部能再生；倘若被截去的环节超过15个，则通常已不能再生。

蚯蚓是默默无闻的贡献者，它们造福人类却不受保护。时有媒体报导，人们在生产和供应蚯蚓肉丸子、蚯蚓汉堡包、油炸蚯蚓……蚯蚓真可怜，它们纯粹是大自然中的最弱者，遇到敌人，唯一的办法是自残，将尾部留下。

女人施威穿拖鞋

拖鞋通常是在家里穿的，穿着拖鞋出门去，哪怕是男人，也会被认为随便懒散。然而上海的女士们曾经在某个夏天开始穿着拖鞋到处施威，人们甚至把拖鞋象征女人，比如"顶着拖鞋""钻到拖鞋里"表示丈夫对妻子的依顺和听从，"拖鞋英雄"成了对怕老婆者的讽刺（"英雄"此处为反语）；"挥舞拖鞋"即老婆在家里发发号施令。闹忙起来，街上、车上，连办公室里也满眼拖鞋。一天下雨，进地铁和出地铁时，看到不少女士踢里跶拉地穿着塑料制的时装拖鞋。到了办公室，一进门我就说："嗨，做女人真方便，可以穿背心、穿拖鞋上班，雨天也不用愁。"秘书马上冲我还了一句："你是什么意思，你想穿也去穿好了。"再一看，原来她也穿着一双拖鞋。

拖鞋产生于什么时候，没有考证过，产生于哪个国家，也许不能笼统而言，很多国家都有自己的拖鞋演变过程。欧洲人一谈到服饰，总喜欢和法国扯在一起。拖鞋在法语中叫 pantoufle，德语叫 Pantoffel，意大利语叫 pantofola，都差不多。不过意大利语的 pantofola 主要指便鞋，拖鞋是便鞋的一种。其实德国人对拖鞋有另一种叫法，即"跶拉鞋"，很形象的。

在世界鞋文化发展过程中，拖鞋跟女人的关系更多些，也许是女人在家里呆的时间多一些吧。首先是呆在家里可以随便一些，所以法国人把"穿着拖鞋"转义施威；"吻妻子的拖鞋"者是个百分之百惧内的丈夫;根据《格林童话》的作者格林兄弟解释,这些成语和俗语有个出典。古代,在战争中被打败的人为了表示对胜利者的完全服从,就让胜利者把穿着鞋的脚搁到自己的后脑勺上。又因胜利者非常得意,打了胜仗往往松松垮垮,常把穿着拖鞋的脚搁到失败者的脖子上,这一用法后来慢慢转移到家庭和夫妻关系中。

话要说回来,以前女子多在家里穿拖鞋,上街、上车、上班也"抓着"拖鞋则纯粹是"现代风",穿拖鞋以不穿袜子为佳,而且拖鞋一定要合脚,让脚趾能"抓住"拖鞋,走路便"跟脚"。有的女士认为只要穿拖鞋就是新潮,因此把20世纪六七十年代的老式拖鞋、简陋拖鞋也穿出来亮相,那是对"时尚"的一种误解。不要忘了,不是随便一双拖鞋都能体现新潮的,现在流行的是能衬托纤纤玉趾的时装拖鞋。

女士们尽可穿着漂亮的拖鞋在外面"施威",施展你们的靓丽威风,可不要在家里向丈夫施威而使其成为"拖鞋英雄"呵。

爬塌草屋说橄榄

儿时的生活情趣是很难忘记的，尤其是生活在上海这个五行八作并举的世界，蒙上季节时令色彩的小贩叫卖声令人终生难忘，冬夜里一声"檀香橄榄……卖橄榄"叫得人满嘴生津。

橄榄放到嘴里，"虽咀涩难任，竟当甘无敌"。也就是说，这种果实上口时苦涩，咀嚼后却回味无穷。因有一个故事，说有个人不知橄榄为何物，吃后觉得很苦，于是吐出扔到草屋上，但片刻后感到满口甘甜，旋即爬上草屋，要将橄榄找回来，竟爬塌了草屋。

橄榄又名青果、白榄、谏果，我国广东、福建栽培最多，亦产于台湾、广西、四川、浙江。橄榄具有助消化、解酒、清肺利咽的功能，用于沏茶能助香。苏杭一带，新年以"元宝茶"待客，杯中放的就是一枚橄榄。

橄榄果可加工成蜜饯（如香草橄榄、考扁橄榄、沉香橄榄），也可盐渍（如咸橄榄），既能消闲，又有药用价值，故俗称"药橄榄"。在我的记忆中，橄榄核还有一个妙用，将核晒干，用一尖物戳进核的一头，另一头放在火上烧，果核便点着燃烧，并产生蓝色火焰，在孩子眼里，这是一种美丽的烟花。

欧洲人说的橄榄系指油橄榄，拉丁文叫"奥利瓦"，因此欧洲人称中国的橄榄为"支那奥利瓦"。和中国橄榄不一样，油橄榄的果肉和核仁用来榨油。约4 000年前，油橄榄从叙利亚传入希腊，从此橄榄和希腊文化息息相关，当时被称作"绿色金子"。橄榄油可供食用，可作为（天主教仪式使用的）"圣油"，在古代用作灯油。橄榄在西方是纯洁、生育、生命力与和平的象征，《圣经》中有200多处提到橄榄和橄榄树。传说如果橄榄树由一个娼妓或荡妇所种，那它就长不大或永远不会结果。如果说桂冠是戴在打了胜仗的英雄头上的，那么橄榄冠则是送给奥林匹克和平竞赛优胜者的。

古希腊丰产、智慧、艺术、科学女神，和平劳动的庇护者雅典娜在同波塞冬争夺雅典城时，将一长矛投向城堡的岩墙上，墙上长出一棵橄榄树，她把这棵树送给雅典人民，于是众神将雅典城判给雅典娜，雅典娜便成了雅典城及其和平的保护神。自从毕加索画了衔橄榄枝的和平鸽后，橄榄树和橄榄枝无可争辩地成了和平的象征，愿和平鸽多将橄榄枝送往没有橄榄树的地方，让和平的光辉照到地球的每个角落。

感悟平民仙葩

凤仙花,矮小的个子,一年生草本植物,一向被看成花草中的下品,自然也就不登大雅之堂,通常被种植在篱边墙角或菊花旁,只有陪衬和"伺候"菊花的份儿,因此有人便称她为"菊婢"。然而凤仙花却没有因此而自卑,没有因此而自暴自弃;她既不像有些花卉那样姹紫嫣红地推荐自己,也不像另一些草本植物那样与世无争、甘于寂寞。她倔强地对人们说:"别碰我!"凤仙花果实成熟时,只要你轻轻碰她一下,果荚便"啪"地一声蹦开,里面的种子被弹射出来、被无边无际地传播,凤仙花因此又叫"急性子"(亦系中药名)。越是受轻视,越要顽强地生存和推广自己。可是人们偏偏误解了凤仙花的这种传承意志,一味地将凤仙花比喻为"急噪""无耐心""一触即发"。倒是我们中国人看出了其中的道理:凤仙花籽被弹出果荚后,只要一入土,便很容易生根发芽;用凤仙花比喻一个人,说明这个人适应能力强。

小时候,一到夏天,家里后天井柏树旁小缸里的两三棵凤仙花便开始飞凤,我每天要去看看她们,知道红色的凤仙花花瓣可以涂指甲,当指甲油使用,可是不懂"工艺"(按:应将凤仙花瓣与明矾一起捣烂,涂于指甲上,然后用叶片将指头包起来,第二天指甲便呈现出血红色)。以前劳动人民无力购置指甲油,而古代女孩子所用的办法是每个贫苦人都用得起的。好一个凤仙花,普通的花儿就是为普通的人儿而开,所以凤仙花也称指甲花。

普通的花儿何来这么美丽的名字?传说古代有个美丽的少女名凤仙,嫁与邻居一青年为妻,一天在路上撞见衙内,衙内见其貌美,顿生调戏之念。凤仙智胜衙内,幸免受辱,然衙内耿耿于怀。凤仙知道必有大祸降临,于是随母亲和夫君逃离家乡。路上母亲经闭腹痛,三人因歇息山间。此时衙役追到,夫妇无处可逃,双双跳崖自尽。是夜女儿托梦母亲:明日山间盛开之红白花可治母病。次日,母亲采花煎服,果然病愈,因名此花为凤仙。凤仙是母亲的好女儿,后人又称凤仙花为"好女儿花"。

凤仙花是民间的花、老百姓的花,她生根于民间,服务于民间。凤仙花的嫩茎可供食用,以肉、蛋、竹笋等相配,或烩炒,或炖烧,味皆别致。李时珍曾提到:"人采其肥茎汋脆,以充莴笋,嫩华酒浸一宿亦可食。"凤仙花全草入药,根、茎、叶、花、种子(种子有小毒,即"急性子")均可治病,是平民的药库;民间常用来清热解毒、通经催生;治鹅掌疯灰指甲、风湿性关节炎、百日咳、跌打损伤等。因凤仙花对氟化氢较敏感,故能间接提供有关氟化氢污染的信息。

凤仙花原产我国、印度、马来西亚,花的颜色很多:红、黄、紫、白、绿、青莲……她们通常落户在老百姓的家园里,为平民所欣赏、为平民作贡献,谦虚而顽强,在平民的眼中,她们是色艳姿奇的仙葩。

千朵浓芳,占断春光

桃花是春天的象征,花开时艳红鲜丽,夺目于春风暖日中,向被誉为美人、惹人喜爱的人、美好事物等;然因其开花时间短,10来天便花败萼残,故常寓意"红颜薄命";而桃花的绯红色则比喻男女艳事——桃色事件。

桃原产我国,至少有3 000多年的栽培历史,《诗经》中已有"桃之夭夭,灼灼其华"的记载。张骞通西域时,桃经甘肃、新疆传入波斯(今伊朗)和印度,后又传至希腊、罗马及欧洲其他国家;古希腊人称为"波斯桃",乃极大误解。在德国流传着一个笑话,某日,一位男子托一位上街购物的女子买1公斤桃子,女子重复问了一句:"你是要桃子?"(德语中桃子的发音几乎和"为自己"一样)"废话,当然为自己,你以为我是为别人买的?"

关于桃,是可以写一部"桃文化"的,不是吗?信手便可架构几个篇章:桃花茶、桃花酒、人面桃花、桃花地名、桃花夫人、桃花鳜、桃花节、桃与鬼、桃花源、桃色事件、桃与美容、桃李满天下、对联中的桃、通体皆宝的桃……

仅一个桃花源,就引出300多副千古传诵的佳联;武陵陈章恢的长联《桃川万寿宫》长达220字,论古说今,广引经典、对仗工整、言之有物,不失为稀联、好联。而陶渊明的散文名篇则更是以朴素优美的语言勾画出一个古代百姓所盼望的"春蚕收长丝,秋熟靡王税"的安定和谐的理想社会。

当然,桃的现实意义在于桃的观赏、食用和药用功能。观赏桃以千叶重瓣者、花色浓艳者、枝干展放者为上品,通常不结果或少结果。观赏桃以碧桃为优:"碧桃天上栽和露,不是凡花数"(秦观)。花色以绛桃和花碧桃最可人。食用桃可分为硬肉桃、水蜜桃、蟠桃、油桃、黄桃。浙江奉化水蜜桃有色白、汁多、味甜、个大、肉酥五大特点,是我国水蜜桃中的绝品,享有"琼瑶玉露"的美名,在我国已有500多年的栽培历史,奉化因此被国家命名为"中国水蜜桃之乡"。

桃是多功能植物,除观赏和食用价值外,其每一个部位都是有用之物。说到药用价值,首先要提桃仁,桃仁中所含之苦杏仁甙由于酸或酵素的作用,加水分解而产生的氢氰酸有镇咳作用;但此物不能大量服用,否则会麻痹延髓呼吸中枢而引起中毒死亡。桃花含山柰酚、香豆精;白桃花含三叶豆甙;花蕾含柚皮素,能利水、通便、活血。用一把桃枝,切短,以酒一升煎至半升服之,可治卒心痛。桃树胶可用作乳化剂和粘合剂,亦用以治石淋(小便涩痛,尿出砂石)、血淋(尿血或尿中带血)和痢疾。桃树叶阴干烟熏,可灭蚊;嫩叶煎汤,内服治白带,熏洗治湿疹、痔疮。碧桃干是一味传统中药,功能敛汗、止血。桃花用白酒密封浸泡,早晚各饮少量,同时倒少许在手掌中,双掌搓至发热,再揉擦面孔,对治黄褐斑、黑斑及面色晦黑较有效果。桃尚可作"环境污染检测器",因桃对硫化物、氯化物、氟化物等污染物非常敏感。

桃花盛开的时候,身处桃花盛开的地方,只觉得春天分外美好。

千姿百态说蘑菇

古罗马皇帝克劳迪乌斯在辛劳了一天以后,舒服地躺下吃饭(古罗马人喜欢在床上从事各种活动,包括吃饭、宴会、接见等)。吃饭前,也许皇后还祝他"胃口好"。可是当他吃完饭,心里却产生了怀疑:有人在饭里下了毒?因为他肚子疼、痉挛、呼吸困难、嘴流吐沫。这一折磨人的痛苦死亡持续了半天,这位古罗马皇帝"驾崩"了。美国病理学家威廉·瓦伦特后来写过一份报道,确定克劳迪乌斯死于蕈毒碱中毒,因为他最后一餐饭吃的是有毒的蘑菇,饭是阿格里皮娜皇后亲手做的,也是她伺候皇帝吃的。欧洲中世纪时有吃面食中毒的现象,后来发现是长在麦穗里的一种叫"麦角"的东西在作怪,麦角在脱粒时混入麦子,春天会长出有毒的菌头菌柄,被一起加工成面粉,所以能引起中毒。

蘑菇学名蕈,属高等真菌,许多蘑菇只有和它们的伙伴树木在一起才能形成子实体,它们的名字因此都来自和它们共生的伙伴:云杉牛肝菌、松树牛肝菌、橡树牛肝菌。树和蘑菇如此无间地互依互靠,这就是为什么蘑菇种类那么多,而可以人工培植的又那么少的原因。

市场上卖的蘑菇都是可食用蕈,野外生长的蘑菇品种繁多,有的是可食用的,有的是有毒的;还有的长得非常漂亮,蕈盖呈各种宝石色,在阳光下闪闪发亮,煞是好看。有一种蘑菇,尽管可吃,但如果同时喝酒,甚至吃蘑菇前2天或后2天喝酒都有中毒的危险。蛤蟆菌(毒蛇蕈)是一种很毒的蘑菇,西方称之为"捕蝇菌",以前人们将牛奶浇在这种蘑菇上,以引诱苍蝇并毒死之。其实苍蝇只是被暂时麻痹,几小时后又会活起来;而人吃了这种毒菌却会严重蕈中毒,出现精神恍惚、吐泻等。看来,采蘑菇和鉴别蘑菇还真是一门学问。

采蘑菇的人常会看到这样的现象:蘑菇在草地上长成一个圆圈,这个圆圈叫"蕈圈",这是怎么回事?原来,我们所看到的蘑菇仅仅是"冰山之尖",地底下却是大片的菌丝网体,为了寻找养料,这个网在不断向四周扩展,每至秋天,菌丝网的端头便长出子实体。于是我们在地上看到蘑菇排成了圆圈,直径从20厘米至几米不等。这种蕈圈多出现在草地上,树林里较少见,因为有树木的影响。不过树林里的蘑菇菌丝在地下把树木都联成了网,树木之间因此可以交换养料,于是孤寂的云杉便能接受山毛榉的"静脉滴液"。

食用是蘑菇的主要功用,但不少蘑菇尚具有药用价值,最为有名的就是在我国自古被誉为"仙草"的灵芝,灵芝属担子菌亚门,性温、味甘;能益精气、强筋骨;治乏力疲劳、失眠、健忘、心悸、慢性支气管炎和神经衰弱等。此外,不少蘑菇含有菌色素,可作羊毛、呢绒、亚麻布、丝绸、棉布的染料。

钱脏不脏？

古罗马皇帝韦斯巴芗（公元9—79）在位时为了增加国库收入和整顿财政，曾征收"如厕税"，此举遭到老百姓的反对，连他儿子也满腹牢骚；于是他对儿子说："厕所虽脏钱不脏。""钱不脏"从此成了一切爱钱人的最好借口，同时也和"钱是世界上最脏的东西"唱起了对台戏。

在大多数人的心目中，钱是脏的。由于钱的流通性极大，就像一家商店或一个旅馆的门把手一样，千人摸万人碰，所以带有无数病毒和细菌，会传染疾病。很多人领了工资或报销后都要上卫生间洗洗手，这无疑是一个讲卫生的好习惯。曾几何时，联合国卫生组织检定发现，我国的人民币是世界上最脏的钱。人民币之脏已经达到有辱国家形象的地步，最能体现这一点的是菜市场里作为商品等价物的钱币，卖鱼的、卖肉的、卖咸菜的……他们收进和找出的钱就像霉干菜一样，又湿、又皱、又脏。卫生部门曾对北京、上海、广州、重庆、南京和大连6个城市的窗口行业收入的人民币及银行出纳员的手和工作服进行检测，发现了大量大肠杆菌、金黄色葡萄球菌、变形杆菌、肝炎病毒……不仅流通已久的旧币上带有大量病原体，连刚提取的新票也有问题。看来人民币污染已成为病毒和病菌传播的重要途径之一，有关部门建议，在收取、支付和操作人民币的前后，应对人民币进行消毒处理，操作人员事后必须认真洗手(最好用消毒液)。

然而,当人们纷纷把钱币当作疾病的"媒介"时,国外提出了令人宽心的最新研究结果和观点,对钱币传染疾病的说法基本上予以否定。来自澳大利亚和新西兰的实验结果表明,从各种食品销售点收集到的钱币(包括纸币和硬币)所携带的细菌和病毒远比人们想象的少,它们不是导致疾病的罪魁祸首。德意志银行确定,至少硬币是不会传染疾病的,因为制造硬币的材料中有铜、砷等元素,它们对多种细菌有抵抗作用。此外,硬币的表面较为光平,病毒和细菌不易扩散和蔓延,纸币表面的棉质倒是微生物的天堂;病原体尽管会从一个钱包漫游到另一个钱包,但它们的密度不会超过水果和蔬菜表面的细菌和病毒的密度。再说,人们决不会用嘴去舔钱币,更不会去吃钱币;所以说,钱币传染疾病的可能性较小。从理论上讲,钱币携带的诺罗病毒(旧称诺瓦克病毒,因 1968 年在美国俄亥俄州的诺瓦克镇发现而命名)是高传染率的顽固性病毒,有可能引起胃肠炎和腹泻。

如果想到有很多物品与人的接触频率和钱币一样高,甚至高于钱币,那么不妨接受韦斯巴芗"钱不脏"的观点,放心使用和操作钱币吧;不过有一点是应该能做到的:接触食品前和接触钱币后都要好好洗手。

绕篱攀架牵牛花

"牵藤藤,上篱笆,藤藤上边挂喇叭;红喇叭,白喇叭,太阳出来美如画。"夏日的清早,绕篱攀架的牵牛花枝头便重新绽出朵朵喇叭状的鲜花,所以牵牛花又叫喇叭花,这非常形象。但她为什么要称牵牛花,这里有一个美丽动人的传说。很久很久以前,某地伏牛山脚的一个村子里住着一对孪生姐妹,一天在锄地时发现了一个银喇叭。姐妹俩正在惊讶之际,突然出现了一位白发老人并对她们说:"此山是玉帝用来镇压一百头曾在人间作恶的青牛精的,已经900年了。明天他们都将变成金牛,并不再危害人间。今晚你们听到'哗啦啦'一声,同时看到一道金光,这是伏牛山开眼,你们可将银喇叭塞进山眼,并念3遍'伏牛山,哗啦啦,开山要用银喇叭',山眼就会变大,你们即可进去抱出一头金牛,它足以供你们一辈子享用。记住,天一亮山就要关的,你们不要被关在里边。另外,不要吹银喇叭,不然,一百头牛又会变活而冲出来。"谁知姐妹俩想的却不一样,她们觉得金牛既不能吃,又不能穿,要它何用,还不如把金牛吹活了分给乡亲们耕地呢。半夜,当山眼开大了,姐妹俩先后挤了进去。姐姐吹起银喇叭,只见一头头壮牛活蹦乱跳地冲了出来。等到最后一头牛想出来时,天色渐亮,山眼越来越小,牛被夹住出不来。姐妹俩在后面使劲推牛屁股也不管用。乡亲们赶来相救,在牛鼻子上套了个鼻圈,用绳子拴在鼻圈上把牛牵了出来。但山眼随即合上,姐妹俩被关在了伏牛山里。

太阳升起了,山眼里的银喇叭变成了一朵喇叭花,为了纪念这对善良的孪生姐妹,喇叭花又被称为牵牛花。

牵牛花因其缠绕攀缘的习性和民间传说而被喻为"努力""上进""勤劳""善良";在国外,牵牛花则表示"爱情"和"钟情"。如法国某些地方有一种类似于中国"抛绣球"的公开择夫习俗。少女在发髻上插一朵紫色牵牛花,手执一把紫色雨伞,小伙子们一看就明白了。

牵牛花一般早上开花,晚上和阴雨天闭合,欧洲人以前把她当作"天气预报员",甚至认为只要把牵牛花的花蕾掐掉,就能求到雨水,这当然很不科学。其实,在较为明亮的满月夜里,牵牛花也会开放,甚至还能招致昆虫。牵牛花有自己的生物钟,在自然条件下经过8至10个小时的黑暗(花闭合)后便自动开放;因此可以通过提前将盆栽牵牛花端进暗室或延长光照时间而改变牵牛花的开放和闭合时间。

牵牛子可入药,称为"黑丑"(黑牵牛子)"白丑"(白牵牛子)和二丑(黑白丑混合);性寒,味苦,有毒,应遵医嘱使用;能刺激、蠕动肠道,有逐水通便、杀虫、消积功能。黑丑研成细粉与蛋清混和,睡前涂于患处,次日清早洗去,连用数次,有助于消除雀斑。

谚曰:"秋赏菊,冬扶梅,春种海棠,夏养牵牛。"夏日,牵牛花盛开在庭院里和居室的窗前,她们不仅给人美感,而且让人心静而富于幻想。

进化下一步

笔者碰到过好几个欧洲人，他们是左撇子，吸烟用左手，拿工具用左手，吃中餐用左手拿筷子，但开会时偏偏用右手做笔记。问他们怎么会这样，他们笑笑说，用右手写字是在学校里被老师强制训练出来的。1980年以前，许多西方国家的学校通行"改造"左撇子，但老师唯一能做到的是让左撇子学生用右手写字，对别的左手动作就鞭长莫及了。

世界人口中约有10％—15％是左撇子。左撇子和人的基因有很大关系，夫妻两人都是右撇子，生出的孩子左撇子概率仅2％；如其中一人是左撇子，则孩子是左撇子的可能性为17％；倘两人都是左撇子，很有可能孩子也是左撇子，这种可能性占50％。令人不解的是，单卵双生子，即基因相同的双生子，也有可能其中一个是左撇子，另一个则是右撇子。

从石器时代石斧的形状和使用情况看，那时候的左撇子比今天要多得多。西方的古文化学家和考古学家甚至认为，石器时代至少有一半人，重要的事情都用右手来做。至于后来是什么导致了左撇子向右撇子发展，这个问题尚在探索之中。有一种推测认为，人的语言中心大多位于左半脑（极大部分左撇子的语言中心也在左半脑），语言的发展导致了左半脑占优势并控制右手的各种动作。

许多优秀的运动员都是左撇子,特别是从事二人对抗比赛（如网球、羽毛球、击剑等）和竞技体育（拳击、摔跤等）的运动员,他们绝对是优胜型。除了天赋以外,他们往往具有另一种优势：右撇子通常不熟悉也不习惯左撇子的动作过程,面对对方的进攻,常常感到意外,很难正确判断出,球或出击会落到什么地方。为此右撇子运动员不得不在训练中有的放矢地找左撇子运动员陪练。何止运动员,许多政治家、文学家、艺术家、建筑学家都是左撇子,不妨随便举些例子：米开朗琪罗、劳特雷克、达·芬奇、鲁本斯、丢勒、罗伯特·舒曼、本杰明·布里顿、嘉宝、朱莉娅·罗伯茨、克劳斯·金斯基、莫扎特、卓别林、贝多芬、弗朗茨·卡夫卡、尼采、歌德、马克·吐温、安德森、卡斯特罗、拿破仑·波拿巴、查尔斯王子、威廉王子、维多利亚女王、比尔·克林顿……

人的创意中心位于右半脑,因此左撇子的复杂感觉和下意识思维能力更强,这正是创造性和天赋的基础。有一份调查资料表明,高等院校毕业生中的左撇子数量比平均统计多一倍。传统的观点已被打破,以往认为左撇子不够灵活、动作较慢。在古代日本,结婚后如丈夫发现妻子是左撇子,可以提出离婚。而今天的左撇子研究学家们干脆把这一切视为"胡闹",他们提出一种新理论：从当代社会的科学技术、经济文化来看,左撇子将是人类进化的下一个阶段。因为与"普通脑"相比,左撇子的两个脑半球实现了更好的"网络交织"。

左撇子有没有缺点,有,他们思考和动作倾向于"混合型",比如有的左撇子往往可以无计划地同时做二三件事,最后一件也做不好是可想而知的。

三周酉时

醋,中国古时称"酢"。神话说酒是杜康发明的,杜康因此被封为中国的酒神。其实"杜康造酒"神话的背后还挂着一个"杜杼造醋"的传说。有一年年边,杜康要出门一段时间为亲朋造酒,临走关照儿子杜杼把家里的酒糟处理一下。儿子心想,都快过年了,有谁家愿意要这些酒糟呢?于是他把酒糟放进一只缸里,加了水,盖好盖子,打算用来喂牲口。20天过去了,杜杼把这事儿给忘了。晚上却做了一个梦:一位银发老人向他索讨调味汁。"除了酒,我哪来调味汁呀。"老人指指水缸说:"里面就是,到明日酉时,已经泡了21日了,可以吃了。"

第二天傍晚,父亲正好赶回家来。杜杼对父亲说了梦里的事情,父亲好奇地揭开缸盖,一股酸气冲天。酒能吃,这"酒糟汤"也不至于吃死人吧。年初一吃饺子时,父子俩舀了一点"酒糟汤"让大家蘸饺子,味道极好。这汤该叫什么名字呢?聪明的杜杼按照银发老人所述,将"廿一日"和"酉"拼合起来,成为一个"醋"字。

无论是中国还是外国,醋最初都是用酒做的。英语中"醋"叫vinegar,系从法语的 vin(葡萄酒)和 aigre(酸的)组合演变而成。作为调味品的醋,2 600多年前的《礼记·檀弓》中已有记载。

从食用角度而言,醋的功能首先是增进食欲、帮助消化和杀菌。食醋有利于治疗肠炎,预防流行性感冒,治疗高血压、失眠,抗衰老、增强肾功能、利尿……除此以外，在日常生活中，醋能解决许多小问题：烹调时可解鱼腥、软化鱼骨、炖、烧、煮时催熟；炒茄子加少量醋使之不会变黑；煮鸡蛋前在水中加些醋，煮后容易剥壳；鞋油中加几滴醋，可使皮鞋擦得更亮；蘸醋擦铜器、银器，能使之持久光亮；洗净的毛绒织品在滴醋的清水中漂洗，能增加光泽；手上留下的葱或洋葱味，蘸醋后便能洗除；洗袜子加少量醋，能杀菌除臭。

"少盐多醋"是中国人的饮食健康哲学，但吃醋也要有节制，吃多了对肠胃有刺激。中医认为，空腹不宜吃醋，服药者不宜多吃醋，服茯苓、丹参者不宜食醋、牛奶与醋不宜同食、羊肉与醋不宜同食（容易增加心脏功能负担）、烧海参不宜加醋。

醋往往被用作比喻，除了表示"酸"以外，在西语中尚有"刻薄""尖酸""活力"的意思。如果说某事成了醋，那就是"告吹"了的意思（酒发酵时间过长，成了醋，无法喝了）。最有特色的是中国人说"吃醋"，相传唐太宗赐宰相房玄龄两名小妾，房夫人怎么也不让她们进门。唐太宗闻悉后宣房夫人进宫："你竟敢违背朕的旨意。给你两条路，要么领回两位美人，和气过日子；要么喝了这罐毒酒，免得你再妒忌别人。"房夫人是个烈性女子，竟将毒酒一饮而尽，饮完才知是醋。唐太宗叹气曰："房夫人，莫怪朕用此法逼你，实在是你的妒忌心太大。念你宁死忠恋丈夫，朕收回成命。"从此，"吃醋"便成为女人间妒忌的代名词。

何谓匹特搏

"匹特搏"系英语 paintball 的中文音译,又称"野战游戏"、"生存游戏",较确切的名称是"彩弹式模拟战争游戏",简称"彩弹(射击)游戏"或"彩弹(射击)比赛"。匹特搏正式形成于1981年,在这以前,美国有一种相当普及的"幸存者游戏",此游戏规定几个人去抢夺一面被守护的旗子,抢旗人如果被守旗人的手触到,即意味"被击毙",因而必须退出比赛。抢到旗子而"未被击毙"者,便是优胜者,也叫"幸存者"。20世纪60年代,美国人查利·纳尔逊用发射器将彩弹(彩弹内是颜料)射向树木和正在跑动的牲畜,为的是把树木和牲畜打上标记,表示这些树木应砍伐或这些牲畜有病需隔离。彩弹从汽车或马背上发射,比人工标记效率高。至1981年,鲍勃·古恩西和查尔斯·盖恩斯将"幸存者游戏"和彩弹射击结合起来,创造出一种团队组合夺旗的运动项目,起名"匹特搏"。此后,匹特搏不断得到改进和完善,并从美国传至世界各地。

彩弹是匹特搏比赛中采用的子弹,它是一种用明胶和甘油制成的胶囊,内装彩色水基糊状胶液。明胶和甘油在微生物作用下会自然分解,无环境污染作用。彩弹发射器(彩弹枪)的动力是压缩的二氧化碳,因二氧化碳压缩到一定程度即成为液态,扳动枪机,就从动力罐放出一定量的液态二氧化碳,并膨胀为气体,膨胀力将彩弹推出枪膛。

有人担心彩弹射击比赛会出伤害事故,美国的一份保险统计打消了人们的顾虑:因彩弹比赛造成伤害而引起理赔的比例在排行榜中位于最后几名,甚至排在高尔夫球后面。然而我国仅有的几个彩弹俱乐部(彩弹比赛在我国很年轻,1994年才传入)却有严格的安全制度。参加彩弹比赛的运动员必须穿上迷彩服,戴上符合国际标准的匹特搏头盔和面罩,参加此项比赛的双方队员必须严格遵守比赛安全规则。首先,十二岁以下儿童以及高血压、心脏病人等不得参加彩弹比赛;比赛开始以前严禁开枪,不准在距对方10米以内开枪;严禁向未戴好头盔面罩的队员射击;双方队员必须无条件服从裁判;彩弹枪支属民用枪支,严禁带出俱乐部场地……

目前全世界约有1 500万彩弹运动员,他们均属相关的俱乐部,俱乐部出版有专业杂志。比赛场地往往选在被封锁的坡地、废弃的厂房等。彩弹比赛正在拥有越来越多的运动员和观众,且经常被电视台现场直播。彩弹比赛曾作为"军事游戏""警察游戏""消防游戏"而受到群众喜爱,但近来在美国和英国被用作训练管理人员(企业和部门的经理等人员及普通白领)的运动,因为彩弹比赛不仅是锻炼人的体力、智力、勇敢、果断的项目,而且是提高团队领导人和团队成员的团队精神、协调意识和互相信任的游戏,它让每个队员体会到:团队战斗力是取胜的关键;擅自行动、脱离集体、另搞一套只会符合"敌方"利益;没有沟通,再好的个人战术也无济于事。

是鱼不是鱼

一个老外问我："是鱼不是鱼，是鱼不能吃，你知道是什么吗？""是衣鱼。"不是我聪明，是因为以前有另一个老外也问过我同样的问题。

衣鱼是专门破坏书画、文件、衣物的害虫，和蟑螂、蚊子等一样，是人们家里"不受欢迎的二房客"。衣鱼又名蠹鱼、白鱼、壁鱼、书虫，属昆虫纲，缨尾目，衣鱼科，我国古称"蟫"。《尔雅·释虫》："蟫，白鱼。"《尔雅翼·释虫一》："始则黄色，既老则身有粉，视之如银，故名白鱼。荆楚之俗，七月曝经书及衣裳，以为卷轴久则有白鱼。"

衣鱼是一种原始的无翅昆虫，长得很像鱼，身体细而扁，只有8至10毫米长，长有银灰色细鳞，头部有一对丝状触角，腹端有两条尾须和一条中尾丝，欧洲人管它们叫"银鱼"或"小银鱼"。说它"原始"，因为早在3亿年以前，衣鱼已经出现在地球上；到了3亿年后的今天，无论从外形和结构上讲，衣鱼没有太多的进化；可以这么说，现在的衣鱼是远古衣鱼的"活化石"。

衣鱼嗜好淀粉和含糖的食物（所以在国外有别名叫"糖客"），如胶水中的葡聚糖、浆糊、装订好的书籍、食糖、毛发等；尽管如此，衣鱼也会饥不择食，有时会吃人造纤维、其他昆虫的尸体，甚至连自己蜕下的皮也吃。如果条件恶劣，衣鱼可以挨饿几个月而安然无恙。

在我国,破坏书画的叫西洋衣鱼、啃食衣物的叫敏栉衣鱼、出现在厨房里的叫小灶衣鱼。

衣鱼性喜温暖潮湿,如果温度在25至30摄氏度、相对湿度在80%—90%,那么,抹过浆糊的书籍、裱过的字画、糊过的纸盒、毛料服装、壁缝、地砖缝等都可成为衣鱼的觅食和栖息地。

记得很清楚,小时候与邻居的小朋友玩过一种游戏,我们俩拿了一本很旧的线装插图书,每人翻一次书,看谁翻到的地方人物多,谁就赢,输者给赢者一张香烟牌子。有一次翻到一处,那一页被蛀虫(衣鱼)蛀了一圈,这一圈的形状似蝴蝶,我们俩看呆了。现在回想起来,好像有答案了:可能有人用胶水或浆糊在那一页上画过一个蝴蝶轮廓。

衣鱼怕光,晚上才出来行动,一遇光亮便迅速逃走,很难抓住它,因为其腹端的中尾丝像天线一样灵敏。

对付衣鱼通常只要保持室内干燥通风,用无机材料将有缝的地方封住便能收到效果。必要时可采取一些措施,比如撒上硼砂和砂糖的混合物、将石膏粉撒在湿布上放于衣橱或书橱近处。有一个巧妙的办法:取一枚土豆,在土豆上挖一个洞,挖下的碎土豆可留在洞里,晚上衣鱼便会钻进去,第二天清早可将土豆、衣鱼一锅端。此外,蜘蛛是衣鱼的天敌。国外把衣鱼当作测量室内空气清洁度的活仪器,因为衣鱼对环境中的有害气体十分敏感,倘若室内有装饰留下的或材料中散发的有害气体,那么衣鱼是无法生存的。

衣鱼的唯一好处是可以入药,制成中药"白鱼散"可治小儿疾病、可利尿。

水,生命之液

无论水以液态、气态还是以冰的形态出现,人时时刻刻在和水打交道。水是一种非常特殊的物质,没有水,地球上的生命是不可想象的。按最新说法,地球表面的五分之四被水(海洋、河流、湖泊等)覆盖。据统计,每平方厘米的地球表面平均约有 264 升海水,但只有 7.3 升淡水和 0.1 升水蒸气。全球水量情况大致为:极地冰和冰川占 2.010 0%、地下水占 0.582 5%、海面蒸发占 0.030 7%、海洋上空降水占 0.027 8%、江河湖泊占 0.016 3%、陆地降水占 0.008 0%、陆地蒸发占 0.005 1%、大气中水分占 0.000 9%、海洋占 97.318 7%。人体所含水分一般在 60%—70%,出生 1 天的婴儿含水 75%—80%、3 个月的婴儿含水约 70%、25 岁的成人含水约 60%、85 岁老人含水约 50%。人体中水分缺乏,就会出现各种问题,若减少 3%,唾液和尿量便立即减少(约 5%),心跳和脉搏加快,体温开始升高;如减少 10%,会导致神志不清;减少 20%,会导致死亡。

从 1940 年以来,世界每年淡水耗量在不断增长,现在的耗量是 1940 年的 4 倍。当然,如果将现有的世界水资源平均分配,使每个人都获得足够的水,那么世界水资源是够用的,而且只需动用现有水资源的十分之一。然而问题在于,地球上的淡水分布很不均匀,目前尚有 10 亿多人无法吃到干净的饮用水;再说,世界人口增长迅速,据联合国教科文组织估计,至2050年,吃不到干净水的人数可上升到30亿。据悉,每人每天生活水的用量,美国占首位:295升,日本278升,挪威269升,澳大利亚256升,加拿大255升、瑞士237升、意大利213升、瑞典191升……荷兰130升、德国128升、比利时120升。

一个人通常每天摄入的水量为2 000至2 500毫升,根据人体水平衡,每天也应排出同样的水量。一个60公斤体重的人,在温和的气候条件下,每天饮水约1 100毫升、随食物吸收约850毫升、通过机体代谢获得的氧化水约250毫升。这些量重新被排出体外:通过粪便排出80毫升、通过尿液排出1 350毫升、从肺排出170毫升、通过皮肤排出600毫升。遗憾的是,全世界用过的水只有10%被处理,供重新使用。此外,在生产食品时耗用的水量也是非常可观的。比如为了获得1公斤肉,要用掉5 000升水,生产1公斤面包或1公斤橙汁要用1 000升水,获得1公斤番茄要用80升水。

值得注意的是,地球上大部分水流入了农业生产,全球灌溉用水平均70%来自淡水,少数工业化国家高达90%。至于工业生产过程的耗水,则根据工业化程度的高低以及生产设备的技术含量和效率,差别很大。全世界有三分之一的国家,他们所用电能的一半是通过水力发电生产的。

联合国报道:每年有500万人因缺乏饮用水或饮用被污染的水而病死。世界上有80个国家(占全球人口40%)严重缺水。有专家认为,21世纪是人类为液体而打仗的时代——为石油打仗、为水打仗。"有朝一日,严重缺水可能引发战争。"是耸人听闻吗?

为什么骂人

骂人是人类社会的一种普遍现象,骂语也是人类语言的组成部分。老百姓会骂人,当官的也会骂人;佛门法师会骂人,教授也会骂人;男人会骂人,女人也会骂人;小孩子很快就学会了骂人。总之,全世界都在骂人,各个阶层都在骂人。有的人在单位里不骂人,但在家里要骂人;有的人表面上不骂人,却在心里骂人。

骂人当然是不好的现象,那么我们为什么要骂人呢?因为骂人和心理及生理有关系。当一件事情或一个人激怒了我们,我们就会激动起来,前者是主动的,后者是被动的。但这一情感激动必须释放出来,人的心态才会平衡。于是"见鬼""该死""混账"之类的话便是最起码的释放手段。我们的大脑中有一个和激动等情感有关的脑区,它会很快绕过脑中的"检查官"而将激动的情绪以骂人话的形式释放出去。而这一"检查官"就是大脑额前皮层,它通常是用来监控和抑制人身上"残留兽性"的,所以它是一个"文明检查官"。如果情绪很激烈,它很容易被绕开,骂语便冲开闸门而肆意泛滥。有的研究者认为,某些过分严重的激动情绪如果被强制压在心里,对心理和生理健康是不利的。再说,骂人也是避免武力冲突的手段。另一些人则持相反意见,因为骂人太凶正是引起武力冲突的原因。

然而很多人觉得,关于"骂人",不能作绝对论断,即使到了非骂人不可的时候,也要讲究"骂人艺术",有的国家专门出版了《骂语词典》。换句话说,骂人或发泄激动情绪要用恰当的词语并要说出道理来。

中国人骂得最多的是"他妈的"。"无论是谁,只要在中国过活,便总得常听到'他妈的'或其相类的口头禅……这就可以算是中国的'国骂'了。"(鲁迅《论"他妈的!"》)

一般来说,在一个国家里,什么是禁忌,什么就会成为骂人语。在某些国家,父亲很有权威,因此便成了骂的对象。如"我放你爸的屁"(原意为"我在你爸的胡子上放屁");德国人喜欢干净,讨厌屎尿,他们因此也有一句国骂叫"大便"(Scheisse,因为"大便"不符合中国人的骂人习惯,故常译作"胡扯""见鬼""该死"或"他妈的")。"大便"已成为德国人挂在嘴边的口头禅,他们甚至经常用"大便"来骂自己、埋怨自己。

中国社会长期受到封建礼教的束缚,和性有关的词被道貌岸然地作为禁忌,因此民间就偏偏要用这些词来骂人。问题是为什么在骂人时专把别人的"妈"拎出来,而不去冒犯"他爸"呢?这很可能是母系社会的残余影响所致。那时候的女人,尤其是母亲,她们是颇有威望的,冲撞母亲显然属禁忌。于是,要骂就要骂母亲(当然是骂别人的母亲)。

我们应努力提倡不骂人,至少有一点必须注意,一定要避免用恶毒的、刻薄的、十分下流的谩骂去攻击别人,否则,骂人行为很容易升级为打架乃至犯罪行为。

为什么随地吐痰

20世纪50年代,法国著名作家和存在主义文学创始人萨特及其女友波伏娃应邀到中国友好访问,新中国给他们留下了美好的印象。谈及观感,有两件东西让他们难忘:热水瓶和痰盂。热水瓶象征中国人的含蓄——外冷内热;痰盂是让中国人做到不随地吐痰的重要器皿。

说实在的,中国人喜欢随地吐痰(包括随地擤鼻涕)的坏习惯一向受到地球人的鄙视,可悲的是,戴上了"吐痰大国"的帽子,许多人居然都无所谓。如果你向任何一个路人提问:"随地吐痰好不好?"大概都会说:"不好。"近几年来,不少大城市都搞过"不要随地吐痰"的运动,但收效甚微。我一直在自问,为什么国人有那么多痰、为什么总是随地乱吐?在这个问题上有没有客观原因?想来想去,觉得还是有原因的,但中国地大人多,南方和北方、东部和西部,自然环境及气候条件差别很大,吐痰现象也不尽相同。平时有痰,是因为喉咙里有黏液。气候干燥、沙尘飞扬的地方,人的喉咙里黏液就会多一点。此外,由于劳动或体育运动累了,唾液也会增加。无论是喉咙的黏液还是鼻腔的黏液,人们都不会咽下肚去。自古以来,中国人习惯于清空鼻腔和喉咙的黏液——鼻涕和痰(有的地方甚至迷信痰液和唾液是懒散的根子,必须将它们清除掉),很多人因而养成了清嗓子、吐唾液的习惯。

笔者很久以前曾在北方某省会一个大企业工作过,最不喜欢的是那个地方的人在开会时卷纸烟,卷完后点着,吸一口烟吐一口唾液,会议结束后,每个吸烟者的脚边都是一大摊唾液,这确实让人无法忍受。显然,如此吐痰纯粹是干燥和烟叶造成的。问题在于,国外也有干燥和自然条件不好的地方,但人们比较注意控制自己,更注意吐痰的方式。如果说痰多有客观原因的话,那么随地吐痰应该是没有理由的。以前的人不知道痰里有细菌和病毒、不知道痰液会传播疾病,他们认为只要痰液不留在体内就没事了,所以觉得将痰吐在广阔的田地里、吐在路上乃至吐在家里的泥地上是无伤大雅的。

西方国家于19世纪末和20世纪初发起过反吐痰运动(为了防止结核病传染和流行,收到了较好的效果)。非典流行时期,我国不少城市执行过对随地吐痰者罚款的规定,即便那样,不自觉的人仍然在抵制和反感;非典过后,这股热也慢慢退去。看来,仅仅靠政府和有关机构的措施,收效有限。人的生活习惯和人的素质起着决定性作用。小农经济造成了人只管自己的小家庭,只要自己家里干净,外面吐个满地狼藉也"与我无关"。再说,中国封建社会闭关自守、不讲科学和处于落后的历史太久,西方的先进科学和现代医学传入太晚;封建专制、无知和愚昧导致了不少根深蒂固的陋习。

治理随地吐痰的问题,是一个艰巨的任务,因为它首先是一个改造国民素质的问题,其次要改造自然,使人们的喉咙里少一点黏液,再则,公共卫生设施也要相应跟上。试想,有了唾液或痰液,吐到了纸巾上,难道人们会将它藏进包包带回家去吗?

文明琐语

乘电梯先后碰到过两个小朋友，一个友好地提醒我还没到，出去时对我说："叔叔再见！"；另一个一开门就往外跑。我进去一看，按钮板上全亮着红灯，这意味着我将乘"慢车"上去，不管有人没人，每一站都要停靠——显然是刚才那个小朋友的恶作剧。相比之下，一个文明，另一个不文明。

"文明"指人类社会进步的状态，包括物质文明和精神文明。早期，人们简单地把文明理解成"新的"和"新式的"，如把话剧称为"文明戏"，把新式结婚叫做"文明结婚"。

说起来，"文明"一词本系古汉语，见于《易·乾》："见龙在田，天下文明"。但它又用作英语"civilization"（原出拉丁文"civis"）的意译，所以"文明"在现代汉语中是外来词。我们现在经常用"文明"与"不文明"来说明一个人行为举止的优劣好坏，这跟"civilization"的其中一个解释"教养，修养"十分切合。

文明的行为通常用礼仪作标准，有的礼仪看来简单，其实尚需大家进一步了解和熟悉。握手是原始社会就已形成的礼仪，陌生人在路上相遇，双方为了表示无恶意，将手中的东西放下，伸出手去让对方触摸，这一习俗渐而成为后来的握手礼仪。然而简单的握手礼节并没有被每一个人所完全掌握，比如在女士面前，男士不可主动伸出手去握手；跟上司握手也要等上司先伸出手。握手的时候一定要看着对方,不能心不在焉。

做个文明人,首先也要学会不做很多事情,诸如公共场所不得大声说话、不要为别人抢占座位……尤其是在公交车上,为了一个座位而大吵大骂实在低俗失礼。在会议室、餐厅、咖啡屋,有教养的人一般不接听手机。笔者曾在飞机上看到一个旅客,乘务员对他说了多次,让他关机,他就是不关机,临了只好对他下最后通牒,他这才狠狠地瞪着乘务员关了手机。

养狗当然没有什么好指责的,但小区的草地只有狗能堂而皇之地践踏并在其中撒尿拉屎,而人却必须保护草地,不得入内。就因为狗是人类的宠物而可以任意破坏环境卫生吗?我在想,我国在养狗方面恐怕未必要跟国际接轨吧。

再说一个不知已经说了多少年的老问题——随地吐痰。我们随时随处能看到或听到一种几乎是标准化的"啊哼……喀……呸"口腔动作(许多司机同时便摇下窗玻璃,让痰吐在马路上,远离自己)。一次陪刘梦溪、陈祖芬夫妇观光东方明珠,陈女士提到插队的事情颇有点咬牙切齿(当时也是因为有人插队),她说她已经写过3篇关于插队的文章了,好像是"积习难改"了。

当然,外面的习惯不一定都是好的、对的。举个例子,不管在什么场合,包括在吃饭时,有些国家的老外有个很不文明的习惯,只要他们觉得鼻子里有什么东西,就要拿出纸巾大声地、拼着命地擤鼻子。礼仪中有菁芜良莠,只有舍其所短,取其所长,才能使社会更和谐、更进步。当文明化为每个人的自觉行动时,世界必然会更加美好。

无聊和无聊者

世界网上购物调查报告显示,三分之一的女士是因为无聊才上网购物的。人们往往把过分闲空而使人闷得发慌称为无聊,其实无聊还有另外一种意思:没有意义的、低级的、令人讨厌的行为、言谈被斥之为无聊;同样也可以用无聊形容人和物:"你这个人简直无聊透了。"常听西方人说:"这家酒店的早餐太无聊。"此处的"无聊"系"单调""老一套"之意。

对无聊的定义较为不一致,20世纪著名灵性大师奥修(与甘地、尼赫鲁等人并称为"改变印度命运的十大人物")认为:"无聊意味着你的生活方式是错误的,但它是一件大好事,它能促使你去想办法,作出必要的改变。"现代社会学家将无聊分为3种类型:存在性无聊、情景性无聊(莫名其妙地感到无聊和内心空虚)和厌倦性无聊。并非只有在"无所事事"时,人才有无聊感,当一个人整天忙活于简单、紧张而又具重复性的劳动时,他同样会觉得很无聊。不论面对哪一种无聊,我们都希望能尽快摆脱无聊,但必须用积极和有意义的行为去"挤掉"无聊,才能结束无聊状态,否则就陷入了"以无聊代替无聊"的境地,从而使人更加无聊。所以说,启动积极思维功能相当重要。

人们从甲地坐飞机去乙地,飞行时间为2.5小时,在机场还得等1个小时,面对这一无聊,一种人向来以打牌、搓麻将或神聊打发时间,此时此地,既无搭子,又没有合适的空间——很无聊;另一种人喜欢看书读报学知识,他们没有无聊感;还有一种人把这几个小时作为思考某一件事情的机会,或干脆关闭大脑,进入尼采所说的"心灵平静"的境界。显然,第一种人的态度是不可取的。

当今社会,还可以增加一种类型的无聊。有很少一部分人(中外都有)"天生"就习惯于无聊,他们也是"天生的"无聊之人。这样的无聊应该称之为"混混型无聊",可用中国的一句顺口溜加以对照:大官大混混,小官小混混,无官瞎混混,瞎子走路不混混。

无聊会产生什么后果?美国一个研究小组经过长达25年的调研得出结论:无聊的工作有可能缩短人的寿命,从事"无决定权的工作"的人,他们的早亡率最高可达50%。然而偏偏有一种针锋相对的观点声称:无聊时,人便有机会跟自己打交道;当一个人独自从事无聊工作时,他会作"幻想旅行",甚至会想出(或被逼出)颇具创意的念头来。

有人问,小孩子有无聊感吗?动物有无聊感吗?小孩子的无聊感较少,他们需要有单独待着的时间,好做自己的事情、发挥自己的想象力。父母不必把孩子的日程排得满满的,让他们学这学那的。至于动物,它们不会感到无聊,因为动物缺乏足够的时间知觉。

午间效率盹

亚洲人(尤其是中国人)和地中海沿岸的民族都有午睡习惯,特别是在夏天。唐白居易诗曰:"不作午时眠,日长安可度。"《齐东野话》中提到一位名叫有规的僧人,他午睡时间很长,竟然会"睡起不知天早晚,西窗残日已无多"。在中国古代,不仅老爷、夫人、公子、小姐等崇尚午睡,连丫环、小厮也有权在午间打个盹。再说,春秋时曾流行"一日二餐",每天只吃早晚两餐(至今有的地方周末仍然每天只吃两顿),午间这段时间就用来小憩。

午睡,古时称"午梦"或"昼寝",现代的中国人仍然提倡午休,不少地方的单位,曾经实行过一种夏令作息时间,午休时间长达2至2.5小时,职工除了回家做饭吃饭,还可休息1个多小时。其实,对上班族而言,午间小盹非常重要,不仅夏天重要,冬天同样重要,在电子和高科技竞争的现代更为重要,这是近几年来的实践和科学家研究得出的结论。无论是白领还是蓝领,每个人的工作压力都很大,加班加点已成家常便饭,午间的休息因而显得分外宝贵。越来越多的人已经理解和接受"只有午间打个盹,才能保持和提高工作效率"这一道理。因此就出现了一个新概念,谓之"午间效率盹",简称"效率盹",至今已在日本、美国、英国、加拿大等国得到较广泛的推广。如日本市面上开设的"打盹铺"是专为需要午间打盹的员工提供服务的,在那儿可以租到打盹帐篷或打盹管道(管式打盹空间),让人无干扰地小憩10至30分钟。也有的会社(公司)设立了无光或微光休息室,供员工午休。类似的有美国的"午睡房"、西班牙的"午休沙龙"等。也有人会从家里带一块毯子,午饭后将它铺在办公桌旁,如此小睡片刻。智利的一名议员曾向议会提交过一个议案,建议将员工的午睡权列入劳动法。美国《内科档案》载文报导,有24 000名希腊人参加了"欧洲癌症和营养长期研究"工程中的一个项目,这些志愿者的年龄在20和86岁之间;研究表明,午间时而小憩半小时者,心肌梗塞的概率减少12%。

午饭后,多数人觉得有点困倦,但最好不用打牌、聊天、吸烟、大量饮茶和喝咖啡等"措施"来提神。有人喜欢伏案打盹,这样做容易造成脑部供血不足,非但不能让大脑得到休息,反而会使脑功能受影响。伏案午休后,人会觉得头脑昏涨、局部麻木、眼睛发花,伏案打盹因此只能适得其反。打效率盹是需要讲究科学的,首先是午饭不宜过饱、不能太油腻,饭后应稍稍待一会儿再午休。午休前宜排除干扰因素:有条件的可将门窗关上,或在门上挂一"请勿打扰"的牌子,关掉电脑和手机,启动来电转移。午休不一定要躺下,坐在椅子上,脚放高一点,闭上眼睛即可。打盹时间应控制在10至30分钟,不能超过30分钟,否则醒后要用很长时间才能打起精神,而且会影响晚间睡眠;还有一点,打盹时应注意不要着凉。有人建议午休前不妨喝一小杯咖啡,过30分钟便会自动醒来,因为咖啡通常过30分钟才发挥作用。专家提醒:65岁以上者、心脑血管有严重障碍者、体重超标较多者不宜较长时间躺下午睡。

打效率盹后,人体的内啡肽会明显升高,人自然感到精神爽快、浑身舒坦。上班族们,不妨来点效率盹吧。

新春话茶点

儿时喜欢过年,因为过年时大人们不断地拿出南北炒货、糕饼点心、水果干果给自己的孩子们吃,或者和元宝茶一起招待客人。由于这些"零食"是佐茶的,所以通称为茶点。

茶点又叫茶食,中华民族写下了并正在继续谱写美丽的茶文化,茶点是茶文化的一部分,逢年过节喝茶更加讲究茶点。杭绍一带最流行的茶点是各类瓜子、枫桥香榧、绍兴香糕、临平甘蔗、昌化小核桃、黑枣、金橘、青果、(橄榄)、橘饼等。绍兴香糕在绍兴是春节招待客人和走亲戚必备的礼品,它们香气淡雅、吃口松酥、甜度适中。绍兴香糕品种繁多,有桂花香糕、玫瑰香糕、椒盐香糕、鸡骨头香糕(形如鸡骨,故名)……香榧子有一种异香,绍兴人常说:"香榧一进嘴,三日不吃水。"此话的意思为,吃过香榧后,嘴里留有余香,连茶都不敢喝了,为什么?怕茶水冲掉了香气。

清朝,尤其是"康乾盛世"之际,系中国茶馆之鼎盛时期,当时杭州城里有大小茶馆 800 多家,茶店里所备的茶点有瓜子、酱干、春卷、水晶糕、酥烧饼、小果碟等。姑苏人尤嗜芝麻茶点,姑苏城里曾流行一句俗语叫"芝麻通鉴"。有一家店用拆散的《通鉴》(《资治通鉴》)书页包装芝麻茶点,某人买回吃后便阅读这残缺的《通鉴》,觉得自己掌握了许多学问,便到处卖弄,一旦被人问住答不上来,便曰:"对不起,我家《芝麻通鉴》只写到这里。"于是"芝麻通鉴"用来讽刺没有学问却装出有学问的人。

茶点往往也是各地的名点和土特产,如江苏淮安的茶馓,此物在上海亦很流行,上海人称之为"麻油馓子",旧时常在弄堂里被叫卖。茶馓是苏北地区的一种名点,起源于清朝后期的淮安,首创人姓岳,最早称"岳家茶馓",因其家位于鼓楼附近,故又称"鼓楼茶馓",后因生产者渐多,外省人便通称"淮安茶馓"。茶馓的特点是形细如一把梳子,油炸后色泽金黄,香脆诱人,除当茶点外,常作为看望产妇的礼品。

英国人是西方最爱喝茶的民族,茶是英国最流行的饮料,通常每天喝两次茶,上午一次被上班族看作"茶休";不过英国人更重视的是下午茶,通常在家庭里喝,也常邀一些客人,由女主人亲自制作茶点招待客人。据传下午茶是英国贝德福德公爵夫人发明的,她每到下午便觉精神不济、懒散无聊,而且有饥饿感,于是让仆人准备些点心和茶来打发时间,从此英国就有了喝下午茶的习俗。属于茶点的一般有布丁、葡萄干烤饼、水果派、三明治、奶油甜饼、奶酪牛角包、鸡肉松饼……有一种茶肠是很受欢迎的咸味茶点,它以新鲜牛肉和猪肉为原料,加入胡椒、豆蔻等调味品,以牛盲肠作肠衣,经灌肠、烘烤、煮制而成,为欧洲茶点中的上品。英式下午茶的传统茶点是"三层塔",三层盘里装着不同的点心,应从下往上吃,先咸而后甜。

如今我国也渐渐流行下午茶,新春时节,不妨在家里开个下午茶派对,或与朋友上茶坊一起享受一下好环境、好心情、好茶点。

信息知多少

人类知识的增长已经达到前所未有的速度,美国一个名为"信息知多少"的大型研究项目首次尝试将人类知识进行量化,得出个结论:每年产生于各种载体和介质的知识量大得惊人。一个不容忽视的问题摆在了我们面前:如何让知识供天下人共享,如何为后代保存人类史上的全部知识?

图书馆和档案库历来是保存人类知识最神圣的地方,然而历史上不少图书馆,它们往往不是毁于大火,便是消失在战争中。世界著名图书馆之一,埃及的亚历山大图书馆曾经历过多次火灾,致使50多万篇文字丢失。即便没有火灾和战争,凡是在1845和1980年间形成的书籍,多用酸性纸张,它们会发脆、破损和遭虫蛀,全世界图书馆里有成百万册的图书正在损坏,已经无法抢救。

专家们于是试图在互联网上建立一个包含人类全部知识的图书馆,并让每个人都能通过点击搜索加以利用。美国的计算机专家们正在从事一个浩大的工程:把人类全部知识(包括所有发表过的文字和音像)存储在网上,让世人共享(军事机密另当别论)。

1996年,人们开始着手创建"互联网档案馆",馆址设在旧金山。专门的扫描机器人每天能扫描几百本藏书(扫描时自动翻页);特殊的程序24小时连续搜索,以便随时"抓拍"当今电子时代新产生的网页。因为凡是今天尚未存入计算机的、以纸为载体的知识，不久的将来都会消失。

　　数字技术让知识从原来的纸质载体中解放出来，今天，一张CD可容纳一本词典的内容。做成电子文档的内容可以任意复制、任意再生产、任意粘贴、加标记和评论，从而组合并压缩成新的版本。世界很多大型图书馆已开始实行馆藏资料数字化，如德国巴伐利亚国家图书馆正在积极开展这一工作，因为发现有20％的图书已面临毁灭的威胁。馆属的慕尼黑数字化中心有3个扫描机器人，每小时能扫描1 300页，但成本较高，扫描250页的一本书，会产生40欧元的费用。因此从2007年2月起，该图书馆将100多万册图书包给Google搜索引擎进行数字化处理。由于Google从商业赢利出发，通常要向合作伙伴提出条件——对其他搜索引擎封锁数字化后的知识，所以不是所有的图书馆都愿与Google合作，一些图书馆便成立了"开放内容联盟"，以抵制恶性商业化炒作，促进知识共享和知识更新。美国国家健康研究所是美国最重要的生物医学研究机构，该机构也主张知识共享，其下属之基因档案馆也是世界最大的基因库，它保存着260 000个有机体的基因顺序，每个研究员都可上网查阅。

　　还有一个问题：载体已不采用纸张，但硬盘和光盘会弱化和失效，网页会瘫痪，软件会过时。所以科学界同时面临着另一个课题：研究安全型、未来型存储介质，如全息存储器。

一点是多少

点,作为物质,它是一个细小的痕迹;它可以是一个雨点,可以是汉字笔画中的一点,也可以是标点符号中的一点(如逗点或省略号中的一点)。在某些事物的前面加"一点",即表示该事物的少量,如"一点礼物""一点心意"……所以点是微不足道的。难怪古代西方有的数学家说点几乎就是零,和整个宇宙相比,点的面积是零,它占的空间也是零。

当代的天文物理学家们却非常尊重这个点,因为整个宇宙是从一个点开始的:约137亿年以前,宇宙在所谓的"开天辟地大爆炸"中诞生,这一巨大的爆炸是从一个点发展而成的。

其实点是很有意义的,我们生活在点的时代,我们在说话和写作中不是也常常用到"卖点""视点""亮点""看点"……吗?在艺术领域中同样有很多点,五线谱里,音符的右边加一个点,表示该音符延长一半;在音符的上方或下方加一点,表示该音符为断音音符。绘画艺术中有一个流派称为"点彩派"(法国印象派后期),画中的形体全用彩点结合来表现。我们今天发电子邮件,邮箱地址则更离不开点(dot)了。

在日常生活中,只有当缺少点的时候,人们才会觉得它的重要。爱尔兰作家乔埃斯(1882—1941)在他的代表长篇小说《尤里西斯》中写了一段文字,由4万个字组成,竟然没有一个标点符号,他的作品本来就晦涩难懂，这么一来，便更增加了阅读难度。

  点可以表示抽象的概念，我们常说"关于这一点"，这里的点就不是小小的一个点了，而是指"一个问题""一个方面""一个部分"。点，说小也小，说大也大，但点到底有没有定量，也就是说，一点是多少？

  要说点的定量，还真有。凸版印刷术推广后，法国人皮埃尔·西蒙·傅立叶于1735年发明了表示字体大小的"点系统"。他随便取了一个长度单位30厘米，将它除以864，得出的结果为0.347 22毫米，他把它定为一个点的量。如果有一个用户要求用10个点的字体印制一篇文章，那就意味着字体的高度为3.472 2毫米。但傅立叶犯了一个错误，当时法国仍流行1英尺等于"罗马国王卡尔一世脚的长度"，相当于32.4厘米，于是傅立叶必须用32.4厘米作被除数，除以864，得出0.375毫米，作为一点的大小。公制推广后，一米相当于2 666个点。后来，美国的"DTP印刷机"传入欧洲，这种印刷机印出的字体，一个点为0.353毫米，被称为DTP-点，系根据25.4毫米（1英寸）除以72得出。

  短文到此收笔，读者尚有兴趣，不妨数一下，看看本文中出现了多少个"点"字。

助残帮老机器人

一个飞碟般的家伙,看上去又有点像铁饼,只要你往里灌洗洁剂,然后按下开关,这玩意儿就开始帮你清洁地板。他首先为你吸尘,然后湿洗,有必要的话,再重点擦、刷,最后进行干燥,整个过程不需要有人管理。这就是清洗地板的机器人,尽管他长得并不像人。他不会漏过每一个平方米的地板,通过他身上的光电传感器,他会绕开放在房间的落地花瓶,会自己钻到立柜底下去清洗,如果碰到楼梯的边缘,会自动倒退;在蓄电池的电能用尽以前,他还会自动到充电位置去充电。还有一种被称为"家庭保姆"的机器人,她不仅会做家务,还会照看孩子;她的体内装有摄像头,所以能辨别出家庭成员。

今天的家政机器人虽然尚未普及,就像 20 世纪七八十年代 PC(个人电脑)机尚未进入普通人家一样;然而机器人正在悄悄进驻民宅和写字楼,再过 15 年,人们会感到在家务劳动和日常生活中离不开机器人。到那时候,机器人将比现在的更加智能。

今后还会有多种多样能按人的意思执行任务的机器人,但最关键的是要将人—机沟通问题解决好。据统计,目前全世界 60 岁以上的老人占全部人口的五分之一;到 2040 年,超过 60 岁的人将占三分之一,而且病人和残疾人的数量会大幅度上升。到时候谁来担任家庭服务和照顾老人、残疾人的工作?说不定就是机器人。

客厅里的家政服务机器人正在通过语言识别器按一个老年女病人的意思,依靠激光定位装置找到去厨房的路,当他走到冰箱跟前的时候,便伸出右臂将冰箱门拉开,管箍般的左手夹住一个玻璃杯,可伸缩的右手再夹住一瓶果汁。关好冰箱门,机器人从原路走回客厅,来到老太太跟前,将饮料和杯子都放在茶几上。但事情有时候并不是一帆风顺的,如果主人(尤其是病人)的话说得模糊不清,机器人是听不懂的;还有,室内光线的反射会使机器人失去方向,这时一切都得重新开始,所以还有许多研究工作要做。用机器人本来是为了给人带来快乐,一旦机器人成了一个傻子,那是很糟糕的事情。

由于家政机器人的研制工作比人们想象的要困难得多,研究人员暂时放弃了其中一个目标——将机器人造得尽量与人酷似。日本索尼公司研制的 Qrio 机器人只有 58 厘米高,7 公斤重,臂和腿用微电机和微减速机驱动,手足的动作用高度复杂的电子控制装置协调。Qrio 甚至会走楼梯和跳舞,然而索尼公司停止了这一项目,主要原因是这个机器人耗电量太大,蓄电池的电量只够工作一小时,服务时间太短。增加蓄电池数量意味着增加机器人的体积和重量,也不是办法。于是有人想出了一个方案:不让机器人走路,而是让他们滚动,以便节能和延长机器人服务时间。三菱电气公司实现了这一方案,研发出一个长相和米琪林轮胎小男人一样的滚动机器人,他扮演着各种各样的角色:看门者,有人撬窃,他会将报警信号发到主人的手机上;聊天者,家里人过生日,他会致贺词,还会聊上几句;看护者,提醒老人或病人该吃药了、该按预约去医院就诊了。四年前圣诞节前夕,100 个这样的机器人被发往世界各地需要照顾的老人和残疾人家里。

苏河湾的夏天

我虽生在杭州、长在杭州,在杭九中念完初一后才转学到上海,但实际上自我上小学后,每年寒暑假都要到上海(父母在上海工作)。黄浦江、苏州河早在我幼小的心灵里留下了深刻印象,尤其是苏州河,她就在我家门口。

我家老房子在人称天妃(后)宫桥(河南路桥)的桥堍,旧上海市商会隔壁的一条弄堂里。来过我家的同学都惊讶地说:"你们这里比'七十二家房客'还要闹猛。"此话一点不夸张,这条名叫"五福公"的弄堂据说以前是一家旅社,主要由两个大天井以及狭长的里天井组成,上下两层。早先是一间客房一户人家,后来住户越来越多,便搭起阁楼住两家,有的地方甚至伸出了三层阁,这么一来,我估计住户总数有七十二的两三倍之多。

五福公是一个值得怀念的平民生活小世界,是上海市井文化的缩影;这里是小商小贩必然光顾的地方,我在这里学会了各种叫卖声:夏天,从一清早开始,直至晚上10点、11点,优美而各具特色的吆喝声不绝于耳。最早的要数卖大饼油条和麻油馓子了,接着来的是"酥蛋面包!五分两只面包,五分三只面包!"居然也要给你抹上一点所谓的"奶油",哪怕没有正儿八经的黄油或果酱,但至少不会给你"加毒"。卖糖粥糖藕、油煎馄饨和冷馄饨的担子以及"修阳伞"!"阿有坏格棕绷修哦?阿有坏格藤绷修哦?"等几乎都会在固定的时间里出现。让我觉得很新鲜的是"坏钞票调豆腐干",如果你有缺角、污损或半张的钞票,可以换取一定数量的豆腐干。

晚饭前,随着拖音很长的"酱生姜……甜酱瓜"及短促低调的"夜饭菜"声的传来,你可以决定,是来点清爽的扬州酱菜呢,还是加个"广东叉烧"或猪头肉之类的荤菜,以便小酌几口,缓解一天下来的劳累。晚饭后该是"现炒热白果"登场了。在我的记忆中,伴随着小调般的"哎……火热赤豆汤,茴香……啦茶叶蛋,火腿……粽子哎,猪油……八宝饭!"那副重担是每天的压轴戏,有人往往在"肚皮倒是有点饿了"的由头下选择其中的一件。弄堂的叫卖声好比是人们夏日生活的时钟,相信它们是不会误事的。

"市商会门口乘风凉"是居民夏季作息时间表上最悠闲的固定项目。没有空调,不用电扇,绝对环保、非常绿色;有什么比黄浦江畔和苏州河边的自然风更舒服的?市商会的大铁门早已关上了,从大门到里面的建筑物有很长一段路,坐在铁门口能尽享穿堂风的惬意。劳动了一天的弄堂人像来到了天堂似的,开始漫无边际地"吹牛皮",疲劳也就不知不觉被驱赶殆尽。

有时父亲会带我到天妃宫桥上去走走。在桥的最高处,父亲常让我猜猜远处驶来的电车14路还是19路。我很少能猜对,而父亲却百猜百中。父亲后来告诉我窍门:只要是从天潼路转弯来的就是19路,而从远处一直过来的肯定是14路。一句话让我受益终身:解决问题一定要找窍门。

如今,随着上海旧城的改造动迁,见证了世纪沧桑的苏河湾居民依依告别了母亲河,却永远也忘不了苏河湾的夏日风情,忘不了相处了几十年的老邻居。

从"绍兴华侨"说起

20世纪80年代,在杭州流行过一个时髦的词儿——"绍兴华侨",那是杭州人用来指称那些一味模仿海外华侨穿着打扮,但又学得不伦不类,反而弄巧成拙的人。"华侨"前面冠以"绍兴"二字,意谓"土华侨"也。可见绍兴在人们的心目中是土气的。

然而我却十分喜欢绍兴的土气。念中学的时候就根据鲁迅先生《祝福》《故乡》《孔乙己》《风波》等作品真切朴实的描写,在脑海中勾画出对绍兴的美好想象:夏日的黄昏,农民们端着香喷喷的白米饭在屋前的场上晚餐,桌上散发出在锅里蒸得乌黑的霉干菜所特有的浓郁芬芳;头戴乌毡帽、坐在曲尺形柜台边的酒客津津有味地呷着老酒,品尝茴香豆、油豆腐;我甚至梦里走在绍兴的石板路上……平时,也可在街头听见高亢激昂、铿锵有致的绍兴大班。

我去过三次百草园,其中一次按鲁迅先生在作品中的指点,从"百草园"步行到"三味书屋"。曾在百草园里折了一段细竹子,请园门口一位刻字老先生刻了"横眉冷对千夫指,俯首甘为孺子牛"。后来,日子久了,竹子枯黄了,字本来就刻得很浅,字迹也模糊了,我心生一个想法,因以前稍稍学过一点石刻和木刻,便用鲁迅先生精美灵巧的小楷手迹,木刻了这两句诗……

我之所以喜欢绍兴的另一个原因是祖父跟我讲过的很多故事都发生在绍兴。记得有一次去绍兴是坐汽车去的,车子行驶在萧绍公路上,但见一路上水稻、麻类、芋艿片片葱绿,宁绍杭运河及无数港汊溪流将田野分割成棋盘模样;将至柯桥,一条长长的纤塘留下了纤夫苦难生涯的痕迹,时代一去不返,纤塘已成历史的见证和拍摄电影、电视剧的实景场所。

绍兴也在进行现代化建设,高楼大厦早就"林立"了这座地级城市,但绍兴很大程度上在现代化建设的同时,保留着乡土气,这与有识之士的呼吁分不开,很多外国游客也纷纷这样建议。绍兴山清水秀,尤以水著称,"山阴道上行,如在镜中游",东湖的精致碧透是西湖所不及的;而吼山的石势看来鬼斧神工,其实它们倒是我们祖先以家庭为单位凿打锤敲而成的,"人工"与"神工"在这里已浑然难分。我拍了一张以吼山为背景、以正在划桨的乌篷船为主体的照片,明镜似的湖水让船儿和船老大的动态倒影成为一幅靓丽而清晰的摄影作品。都说绍兴是"东方的威尼斯",威尼斯是无数的水道和小岛交织成的网络,而绍兴却是以秀水衬托的镜城,乡土格调更为别致。

吃　辣

某些国家的人吃辣很厉害，如墨西哥人、印度人、匈牙利人、朝鲜人、韩国人……中国某些省份（湖南、四川、湖北、云南等）也以吃辣出名，嗜辣椒已经到了"无辣不吃饭"的地步。革命战争时期，部队上也流传着"不辣不革命"的豪言壮语，毛主席吃辣椒的本领和瘾头特别大，他随身带着干辣椒，不吃饭的时候也会把辣椒送到嘴里嚼食。英国女王伊丽莎白二世有一次宴请贵宾，她照例自带辣椒酱，并向客人解释说："没有辣椒的饭菜好比是病号饭。"

墨西哥人吃辣椒已有 8 000 多年的历史，他们可以把一顿饭全部用辣椒做成。印度人的炒辣椒更绝：把油熬热了，先扔几个干辣椒到油锅里，接着再放几匙辣椒粉，最后再把切好的新鲜辣椒倒入锅里煸炒。

美国新墨西哥州有个叫哈奇的小地方，每年 9 月 5 日在这里举行热闹非凡的辣椒节，届时进行辣椒评比和辣椒烹饪比赛，还要选出一位"辣椒女王"。该地一位名叫琼·罗斯福的农民曾培育出长达 35 厘米的辣椒，从而获奖，并将记录载入《吉尼斯世界之最大全》。哈奇这个地方只有居民 1 300 人左右，一到辣椒节，临时人口一下子可翻 25 倍，人们在辣椒节上出售新鲜辣椒或辣椒酱。

墨西哥也有一个辣酱节，在每年的 10 月份举行。墨西哥城南部阿托克潘村的大部分村民从事辣椒酱生产，辣酱节期间村民们当场制作辣椒酱,现做现卖,成为颇受游客欢迎的旅游食品。

辣椒原产南美洲,17世纪传入我国,故亦称"番椒",又名"榛椒""大椒""辣茄",约有7 000多个品种,包括辣的和不辣的;其实,只有辣的才叫辣椒,不辣的应称"甜椒"或"彩椒"(包括青椒)。我国云南有一种辣椒,其辣无比,只要舌尖稍微碰一下,就会使人辣得难以忍受,疼痛万分。墨西哥阿兹台克人把辣椒的辣度分成"辣"到"极辣"6个等级。1912年,美国制药家斯科维尔制定了测量辣度的方法,因此辣度的单位也就叫斯科维尔。一位被称为"辣椒博士"的美国植物病理学家用这种测量方法测出甜椒的辣度为零,墨西哥最辣的辣椒"哈巴内罗"拥有30万斯科维尔。

辣椒能把人辣出眼泪、辣出鼻涕、辣出汗水,不爱吃辣椒的人禁不住要问:"人们何苦要吃辣椒呢?"这是因为吃辣椒有三大好处:营养丰富、祛风散寒、增进食欲。每100克辣椒的维生素C含量超过100毫克,在蔬菜中占首位,此外,辣椒尚含有维生素B1、B2、胡萝卜素及其他营养物质。谚语曰:"三个辣椒,顶件棉袄"。辣椒中的主要辣味物质辣椒素对身体具有刺激作用,辣椒素一旦和舌尖及嘴里的神经感受器接触,神经递质即将"烧灼"信息传给大脑,大脑便让身体处于戒备状态,心跳和脉搏加快,皮肤血管扩张,从而使人感到"发热"。大脑同时促进胃液和唾液分泌,使胃肠蠕动加快,这就有利于消化和增进食欲。

辣椒,很多人越吃越想吃。据心理学家分析,吃辣椒后,"烧灼"信息使大脑把身体作为"受伤"对待,促使身体释放一种自体止痛剂,这种止痛剂就像少量麻醉剂,能致轻微的欣快作用。难怪人们明知辣椒很辣,却仍然如此爱不释手。

窗 口

从古至今,中国的知识分子苦读谓之"十年寒窗","同窗"即同学或学友;了解外国和对外开放的渠道有个美名叫"世界之窗"。

窗在古代仅仅是墙上的一个孔,主要用途为采光和通风。然而这一窗口也可能成为一种不安全的通道,为歹徒及不怀好意者提供"破窗而入"的机会。但是没窗也不行,特别是在气候炎热的国家和地区,所以古代埃及、波斯及美索不达米亚平原的人们都把窗开在屋顶上,成为一种天窗。中国自古也有天窗,李商隐有诗句:"猿声连月槛,鸟影落天窗"。上海和江南某些地方的民居有不少是带有"老虎窗"的,这是天窗的改良形式。

窗的另一用途是供人眺望,它让人身在室内而能眼望世界,成为沟通室内室外的"口子"。公元五至六世纪,窗子在欧洲也叫"眼门",它和"眼睛""观望"有关系。一座房子的窗子就像一个人的眼睛一样,正因为如此,人的眼睛也被形容为窗口。古希腊的哲学家们最先把眼睛称为"心灵之窗",从眼睛可以看出一个人的内心。德国画家丢勒画过一幅神学家费利普·梅兰克森的半身侧面肖像,并在肖像的眼睛里画了窗十字梃架;还有一位叫加尔的比利时画家则干脆把眼睛画成了气窗。

人们不仅非常需要窗,而且十分崇拜窗,古代亚述人(亚述为公元前2000年至公元前600年间美索不达米亚平原上的文明古国)崇拜窗神基利利；埃及传说中有一个长着鹰头的护窗神荷鲁斯；罗马的瓷瓶画中，多数窗框上画有女子的形象。在玻璃没有发明前，为安全起见，人们用兽皮挡在窗口，或将贝壳、大理石、石英磨成薄片做窗板。十七世纪的欧洲农民无钱制备昂贵的窗板，只好白天让窗子畅通着，到了傍晚，用木板将窗口堵起来。

闺楼小姐依窗而望，窗外的小伙殷勤地弹奏着小夜曲，此时此刻，普普通通的窗便成了浪漫主义的道具。

"窗"这个字眼是带有某种诗意的，难怪人们把机场、码头、火车站、邮局……也称作"窗口"。但愿所有的窗口多带一些诗意，每一个窗口都能为人解决一个问题，莫让人见了窗口就犯愁，更不能使人觉得窗口像卡口。眼下很多场所都利用高科技创设了"一站式"服务窗口，使窗口更好地为人们服务。

光 阴

年复一年——时间进展的标志。"年"在汉语中不仅是时间单位,而且还有"岁首"的意思,"过年"即"迎新岁"。

年、月、日、时、分、秒是表示时间的常用概念和单位。和"秒"有关的概念叫"闰秒"(标准时刻增加或减少的 1 秒,即所谓的正闰秒或负闰秒),设置闰秒是为了调整原子时与世界时由于地球自转不均匀而产生不同步的矛盾。现在所用的公历是罗马教皇格里高利于 1582 年改革后确定的,因此也叫格里历。本来,一年 12 个月,单月为大月,双月为小月,二月作为平月,平月 29 天。那么为什么现在八月、十月和十二月是大月,九月和十一月却为小月,而平月又只有 28 天呢?原来,这是历史上的"计时专制"导致的:古罗马帝国皇帝奥古斯都登基后,定要将和自己同名的八月 Augusdus 改成大月,怎么办?只好从平月中取出一天,使八月成了大月,九月以后的月大月小也就被迫作了相应的调整——计时专制(乱套)的后果。

其实我国阴历中也有类似的"计时专制",一月称"正月",逢到改朝换代,要重新"改正"月份的次序,改正后的第一个月叫"正月",中国历史上出现过好几个不同的正月,这就不奇怪了。

一天 24 小时,但以前世界各国都有自己的计时标准,没有时区的划分。1884 年,在华盛顿召开了一次吵吵闹闹的国际经度会议,会上讨论了子午线问题。起先有人建议定在耶路撒冷或埃及基奥普斯法老金字塔所在地,但美国和英国坚持格林威治(旧译);而法国又极力反对,认为巴黎最合适;最后美英的意见占上风,而法国一直阳奉阴违,至1911年才将格林尼治子午线绘制到地图上。

说到小时,有人兴许会问,一个钟头为什么要叫一个"小时",而不叫一个"大时"。其实"大时"是时辰的意思,在钟表传入以前,我国用时辰计时,一个时辰为两个钟头,为区别起见,把时辰称为"大时",一个钟头称为一个"小时"。

然而远古时代的人没有计时仪器,"山中无历日,寒尽不知年",他们凭借"地球钟"识别时间。但据全世界近50个原子钟站的测量,由于受潮汐、洋流、天气变化和冰山移动的影响,"地球钟"的走时(自转)每隔100年也要慢几毫秒。

时间是一个抽象的概念,它是宇宙的两大基本概念之一(另一概念为空间),但它可被人们利用而创造出具体事物。不同的人对时间会有不同的理解,不管怎么说,光阴在流逝,人类应该随着时间的节拍变得更加文明和进步,决不能逆时针而行。

动物中的养父养母

有一只新生虎仔被其亲生妈妈抛弃,却被一只雌性猎獾狗接受,它们成了母子关系。养母百般呵护虎仔,舔它、偎依它,给它喂奶。直至有一天,养母被汽车压死,悲伤的亲生狗仔女儿于是承担起抚养虎仔的责任,据说后来"姐弟俩"都被动物园收养。

据动物行为学家称,世界上约有 120 种哺乳动物和 150 种鸟儿中存在养父母和养子女的关系。很多猎人都有这方面的经验。有个猎人在狩猎时发现一头只有七天大的小野猪,于是将小野猪带回家,交给雌猎狗。雌猎狗立即担当起养母的职责,而且做得尽心尽力,原来猎狗正好处于假怀孕时期,小野猪来得正是时候,是养母施展母亲本能的机会,而且开始分泌很多乳液。据猎人介绍,雌猎狗经常会经历假怀孕,所以把一只其他物种的孤儿托付给雌性猎狗是最可靠的了,她们甚至还会抚养小狍子。不过哺乳期过后,"母子"比较容易分手,对养母来说,乳汁已经干枯,"养母激素"已经减少到正常水平,当养母的欲望也渐渐熄灭。但养子却不一样,它们一生铭记着将它们养大的母亲,他们身上会保留很多养母物种的特性。

泰国的一些生物学家为了抢救濒临灭绝的野生动物,采取在动物园繁殖的办法,抚养到一定时候将动物放归大自然。比如小老虎,为使它们在自然界能生存,必须将它们抚养得十分强壮。经试验,发现猪乳能很快让虎仔发育壮大,所以让虎仔由母猪哺乳,在小虎习惯于家猪习性前,将它们及时放送到大自然。

有的专家则认为,小动物由别的物种抚养会带来负面影响,它们会搞不清自己的角色、会丧失自己的本能、会分不清敌人和朋友。一头由人抚养大的雄性野猪,在发情时容易对人发泄和进攻,因为它长期把人当作同类者,此时此刻就很自然把人当作情敌,所以通常情况下,人在与孤儿动物打交道时,应保持较大的距离。动物行为学家康拉德·洛伦茨经研究曾提出一种理论,他认为许多幼小动物对"母亲"是没有固定印象的,在它们生活初期出现的每一个形象乃至每一个物体,都有可能成为它们的主导形象。洛伦茨发现有一只小鹅总是跟着他、伴随着他,小鹅显然是把他当成了妈妈。所以说,天鹅在水上老是跟着一只脚蹬小船、孤儿刺猬把短柄扫帚当成母亲……这些现象就很好解释了。

反过来,人也会成为动物的养子,但多数是被狗或狼养大。在西伯利亚发现的七岁狗孩于3岁时被父母遗弃,后来被家里的狗领养大。人们发现他时,看见他在用四肢爬行,会嗥叫,给他食物吃,他先要嗅一嗅,接着狼吞虎咽地吃光。不少人认为动物(尤其是灵长目动物)有道德和同情的本能,它们不仅能非常感人地关心需要帮助的同类,而且善于当其他物种的养父养母,这一点雄性黑猩猩做得最为出色。但有的研究者则相信,动物之所以好为养父母,激素起着很大作用。

动物自救与互救

据说现在生产灭鼠药要求具备一个特点：让药性在老鼠吃后几天再发作，原因是人们发现老鼠间会互通情报，当一只老鼠吃了坏的食物或有毒的食物，会向其他老鼠发出警告。

大自然中，无论是陆上、空中还是水里，许多动物在生存斗争中都具有一种自己独特的保护机制。这一机制的主要目的是通过发送信息，向同类求救，或使同类免受"牺牲"，或者是让大家联合起来对付敌人。

海豚经常生活在大集体中，成年海豚或小海豚都会发出各种各样的声音：尖细的声音、咯吱声、颤音、嘎嘎声……用这些声音来制定狩猎计划。海豚的最大敌人是鲨鱼，如果有一条鲨鱼正在威胁一头小海豚，就会有两头成年海豚离开群体，吸引鲨鱼的注意力，一旦鲨鱼上当，这时其他海豚将鲨鱼包围起来，齐心协力奋歼鲨鱼。在和敌人作战过程中万一有一头海豚受重伤，因而身体不断下沉，同伴们会全力相帮，将它托出水面，让它能继续呼吸。

有一种名叫黑尾草原犬鼠的动物，外貌又像松鼠又像狗，它们往往以大家庭的方式生活，一个家庭最多会有上百只犬鼠，它们有着严格的生活秩序和报警系统。每一个家庭居住在自己挖的"地下城"里，地洞无规则地分布在好几层，每一个洞穴之间都有通道相连，但也有的是封闭式的（死胡同）。一个家庭里的通道总长可达300米，整个地下城相当于一个网络系统。入口是一个隐蔽的竖通道，深达好几米。为防止下大雨时雨水流入地下城，犬鼠们在入口周围筑起高达60厘米的土堤。机灵的犬鼠也把土堤作为瞭望塔，平时一直有家庭成员在堤上放哨，看到有敌人接近，便竖起身子仰天发出类似犬吠的警报声，这一声音会一站一站地传下去，直至最后一个地洞。

大自然赋予动物的自我保护方法往往是非常切合实际的，当一只金鸫发现敌人了，它会发出高频的尖细啼啭，只有同类能理解，其他鸟类或敌人无法知道声音的来源，因此不会暴露发警报的金鸫。而羚羊更有意思，当一只羚羊发现敌人时，便一个劲儿跳舞，它可以往空中跳起好几米，同时伸直四肢，突起背部，常常把敌人弄得莫名其妙，等到看傻了眼的敌人明白过来，这只羚羊才凭借自己的速度逃走，而其他羚羊则早已到达了安全地带。

除了自救，动物世界中的跨种合作也是至关生死存亡的战略手段。珊瑚虫是终生水螅型腔肠动物，在海底，遇到其他物种进攻时，它们是无法逃跑的，然而在长期的进化过程中，它们发展了一种防御方法。石珊瑚只要和一种有毒的绿藻接触，就会受其所含毒素影响，在二三天内死亡。为了避免这一点，石珊瑚会向生活在珊瑚礁的鱼类发出求救信号：往海水中射出芳香物质，这时有一种被称为"灭毒工"的鱼会迅速赶来，能在15分钟内将有毒绿藻吃光。

动物，由于它们的进化远远不及人类，所以除了本身拥有的一两种"撒手锏"外，有时候不得不借助于其他物种的帮助，于是某些鱼类被允许居住在珊瑚群中。

面包黄油，一对伴侣

咖啡和面包都是西餐和西点中不可或缺的食品。在家里喝咖啡有三种方式，一种谓之清咖（国外称黑咖，不放糖不加牛奶，因此咖啡显得浓黑），第二种是咖啡加糖，第三种即咖啡加牛奶。在中国，人们较少用牛奶，往往代之以"咖啡伴侣"——一种植脂末，可使咖啡"层次丰富、浓郁饱满"。欧美人不用咖啡伴侣，而是用直径约30毫米的圆形铝箔盖和塑料盒包装的"奶精球"，拽住一角就能撕开的方便鲜奶。一种食物能够成为另一种食物的伴侣，说明两者之不可分离，从这一意义来理解，真正互为伴侣的只有面包涂黄油。欧洲人吃早餐必有面包，而且一定要涂黄油。

有人认为吃黄油不容易消化，这是一种假象和误解。黄油中的脂肪能促使产生肠抑胃素，能抑制胃的运动机能，因而延长食物在胃里的停留时间，从而让人产生一种"饱感"。其实黄油的熔点只有34℃，低于人的体温，是容易消化的。

西方人十分重视早餐，一个人经过整整一夜的"斋戒"，肠胃确实需要被安慰一下了。早餐没有黄油，面包再新鲜，也味同嚼蜡。黄油不仅美味可口，而且营养丰富，含有多种维生素以及人体产生细胞十分需要的一些基本脂肪酸；不过人们可能会联想到脂肪和胆固醇，其实人体的许多组织（如肝脏和肾上腺）都会自己产生胆固醇，血液中胆固醇只有10%—20%是直接从食物中摄取的。血液中的脂质如果和蛋白质结合成脂蛋白，则脂质会随血液流动而被带走，胆固醇和蛋白质结合后，也就不会积聚而发生粥样斑块。而黄油中的某些脂肪酸能促使生成高密度脂蛋白，它不仅能使脂质通过血液输出血管，而且会带走沉积在动脉中的脂质。

健康人的胆固醇代谢会由机体自动调节，体内的反馈机制可以平衡人体产生的胆固醇和通过饮食进入人体的胆固醇。通常认为，健康人只要受体没有障碍，每天食用胆固醇保持在体重的千分之一以下就不会有害处。

欧洲人食用黄油历史悠久，古罗马作家和史学家大普林尼（公元23—79年）在其著作中就已提到黄油。欧洲人食黄油的要求很高，非牛奶制成的黄油不食。中世纪时，英国农民曾为争取奶牛放牧权而发动过农民战争，因为人们不愿吃羊奶制成的黄油。今天，无论在西方还是中国，很多厨师和美食家都在用黄油煎、炒、炸……并推出了很多创意美味。

罗嗦至此，一直在围绕着"黄油"二字转；"黄油"是外来词，但它既不是意译，也不是音译，"黄油"一词是中国人给起的，而且很容易跟一种润滑油相混淆——从石油中分馏出来的黄色膏状油脂，在机械加工中都称黄油。很多人（比如上海老克勒）曾经用过外语原文 butter 的音译"白脱"……然而还有不少人一直坚持在用"黄油"。

表情和笑纹愁纹

表情,是从面部或姿态的变化而表达出的内心思想感情,有时也可仅作动词看待。当我们碰到一个陌生人,会情不自禁地对他产生一种好感;有的人一露面就惹人讨厌;还有的人让人"一见钟情"。这些"第一印象"首先应归功于脸部表情,"回眸一笑百媚生",能不讨人喜欢吗?

同样,某人是否喜欢别人,也可以从他的表情中看出来,其中瞳孔的大小最能说明问题。在光线不变的情况下,一个人的瞳孔变大,说明他看见了赏心悦目的东西,或者他面前的人对他有吸引力。比如一个男人看到漂亮女人的照片,他的瞳孔就会放大。古人早已掌握了这一知识,古埃及的女人懂得用颠茄叶的提取物滴眼睛,以便向男人表示她的一片爱心(用颠茄叶及其根制成的浸膏和酊剂具有扩大瞳孔的作用)。

瞳孔的大小主要和光线的强弱有关,光线变弱,瞳孔扩大,那是为了让更多的光线进入眼睛;其次和脑中的情绪中心有关,确切地说,是下丘脑在控制。人在兴奋(包括通过视觉引起的兴奋)时会分泌出更多的生长激素、新陈代谢激素和性激素,同时向瞳孔发出脉冲;换言之,情绪可以影响人的表情。

有趣的是,脸部表情也会反过来影响人的情绪。据研究,若将装出来的笑容保持20分钟,人的情绪会暂时好转。因此,精神科和心理科医生可用"表情疗法"来调理病人或当事人的情绪，而最好的处方就是"笑"。更有意思的是，当我们微笑或苦恼的时候，我们周围的人也会因受"感染"而高兴或沮丧起来，这一效应称之为"情绪和谐"。

人的表情相当丰富，面部肌肉由80余种不同的小肌组成，可以产生出多达上万种的肌肉动作组合。

表情是天生的还是习成的？为了解答这一问题，人们拍摄了关于聋哑孤儿的视频。这些儿童出生后从未见过父母的脸，也从未听见过父母说话，尽管如此，他们的表情不亚于普通人，由此可见，表情是天生的，是遗传的。

笑与哭是人的两大基本表情。孩子把吃的东西塞进嘴里，如果是甜的，嘴角便往上抬，似乎不想让美食失去，它和笑的表情一致，故笑又叫"甜味表情"；倘若食物是苦的，则舌头便会离开腭面，下颌往下压，嘴角于是往下挂，呈现一副哭丧脸，所以哭就是"苦味表情"。婴儿出生后通常只会两种表情——甜味表情和苦味表情，2岁以后表情开始逐渐丰富。

应该指出，由喜怒哀乐引起的表情会随着时间的进展而在人的脸上留下不同程度的痕迹，年龄越大，表情痕迹越深。表情过多或过分地道，会使参与表情的皮肤经常受累，使支持皮肤的胶原束变细，结缔组织松弛，脸部皮肤变得没有弹性而出现皱纹——笑纹、愁纹……

恩断怨尽说离婚

"婚姻就像一座围城,城里的人想逃出来,城外的人想冲进去"。尽管《围城》的故事纯属虚构,但却显得十分真实。有人甚至断章取义:冲进去的人迟早要离婚的。

男女结为夫妇本来是一件喜事,出于传统意识,一般不轻易离婚,然而离婚毕竟是古已有之的事情。在古代中国,所谓的离婚多指"休妻",休妻有"七出之条"(无子、淫佚、不事舅姑、口舌、盗窃、妒忌、恶疾),妻子只要触犯其中一项,就构成休妻的条件;此外如夫妻无感情也可成为休妻的理由,谓之"义绝"。不过女方亦可用"三不去"(服公婆之丧不满三年、妻子别无依靠、婚前丈夫贫贱而婚后富贵)为理由拒绝丈夫的离婚要求。

根据公元前451年制定的法律,古罗马的休妻形式是丈夫对妻子说:"拿起你的东西走吧!"于是可怜的妻子必须把一串钥匙交还丈夫。在中国封建社会,妻子主动提出离婚叫"跳槽",这种权利实际上很难兑现。同样,古代西方也强调妻子必须与丈夫同甘共苦,不能离开丈夫。

宗教改革前,欧洲的小公国是没有离婚的:凡是老天爷撮合的,不许人为分开。倘若实在无法维持婚姻关系,最多只能分居,但不能再婚。罗马皇帝奥古斯都统治时期,却存在一种反常现象,不仅允许离婚,而且离婚后的女子或丈夫去世后的寡妇必须赶快再嫁,因为国家需要孩子。此规定后来被废除。

很多人对离婚颇有忌讳,比如中国民间有一种风俗:离婚字据要在室外写,磨墨要用茶水,用过的砚台不再使用。据说以前国外有些国家的离婚不叫"离婚",一般通过"追认婚姻无效"来解除婚姻,为此必须提出充分证据,证明结婚时"不具备婚姻条件","无结婚意愿"或"无结婚能力"。

眼下西方的离婚率高得惊人,有人追踪过举行集体婚礼的100对夫妇,最后发现,不到几年已有33对离婚。

"忘掉旧时恩,结束昔日怨",有道是不合则离,离婚是公民的自由和权利,话是这么说,但笔者想提醒一句,为孩子们想想吧。

一职多能的秘书

直至20世纪70年代,我国的秘书多为男子,他们是某一部门或某个单位整理文书、联系工作、收发文件、起草发言稿……的工作人员,是领导的助手。80年代后,女秘书在我国悄然兴起,尤其在三资企业(中外合资经营企业、中外合作经营企业、外商独资经营企业)以及外国企业驻中国的办事机构中,秘书几乎都由女子担任。秘书被狭隘地定义为"煮咖啡的打字员",她们是穿着得体、满脸堆笑的"办公室仙女"。不妨补充一句,在中国的很多协会或联合会中,设立秘书长,职位仅次于副主席甚至相当于副主席。

秘书也是一种官职,在外交官眼里,秘书就是指"一等秘书""二等秘书""三等秘书",他们是介于参赞和随员之间的外交官,享有外交特权。英语中,如果秘书一词大写,那就是大臣的意思,美语中则表示部长。其实,我国古代的秘书也是一种官职,自秦汉以来的封建王朝均设有"秘书"这一官职,秘书掌管文武官员递呈给皇帝的奏章函牍、皇帝传下的圣旨和宫禁图书等。

今天所说的秘书,实际上是兼做接待工作的文书和干事,因此称"秘书"有点不太贴切,如英语中秘书一词的原意为"上部附有书橱的写字台";德语中秘书的本意系"台板可折叠的写字柜"。可见秘书和书写有关,与"秘"无关。

秘书中也有级别,一般分为接待秘书、行政秘书、高级秘书、首席秘书;就工作范围而言,还有私人秘书和集体秘书之分。

秘书本来是一种男职。20世纪20年代中期,欧洲秘书界发生过一次革命,这次革命的目的是把男秘书赶下台,革命的结果是女人占领秘书舞台,但对当时的中国几乎没有影响。当今,秘书工作越来越受到重视,许多国家都成立了秘书协会或秘书联合会,这些组织经常举行研讨会,介绍秘书中的女强人,促进秘书工作,同时不断为争取和保护秘书的社会地位而斗争。不少国家已经有了秘书节。

现代高科技对秘书工作同样提出了高要求,只会打字和煮咖啡是绝对不能胜任秘书工作的。一个秘书必须会掌握和操作办公室里所有的办公设备及电子通信设备,而且还要兼有一点公关本领。欧洲已把首席秘书的地位提到"领导层次",她们应以"助理经理"的身份与上司一起思考、一起工作、一起承担责任;为此,许多妇女利用业余时间进修演讲学、国民经济学、企业管理学、心理学、人事学、外语、计算机操作、领导行为学。新型首席秘书和高级秘书在上司万一遇到意外情况而不知所措时,必须会主动采取应急措施,处理好问题。